LES LUNDIS RÉVOLUTIONNAIRES

# HISTOIRE ANECDOTIQUE DE LA RÉVOLUTION FRANÇAISE

PAR

JEAN-BERNARD

AVEC UNE PRÉFACE DE

CLOVIS HUGUES

## 1793

PARIS
SEVIN, LIBRAIRE-ÉDITEUR
8, BOULEVARD DES ITALIENS, 8

# HISTOIRE ANECDOTIQUE
DE LA
# RÉVOLUTION FRANÇAISE

## *A LA MÊME LIBRAIRIE*

# OUVRAGES DE JEAN-BERNARD

**Histoire anecdotique de la Révolution française :**

— **1789,** avec une préface de JULES CLARETIE, de l'Académie française. 1 vol . . . . . . . . . . . . . . . 3.50

— **1790,** avec une préface de LÉON CLADEL. 1 vol. 3.50

— **1791,** avec une préface de ERNEST HAMEL. 1 vol. 3.50

— **1792,** avec une préface de JULES SIMON. 1 vol. 3.50

— **1793,** avec une préface de CLOVIS HUGUES. 1 vol. 3.50

**Quelques poésies de Robespierre.** 1 vol. . . . . 1 »

## EN PRÉPARATION :

**Histoire anecdotique de la Révolution française.**

— **année 1794.**

— — **1795.**

Saint-Amand (Cher). — Imprimerie Daniel-Chambon

LES LUNDIS RÉVOLUTIONNAIRES

# HISTOIRE ANECDOTIQUE DE LA RÉVOLUTION FRANÇAISE

PAR

JEAN-BERNARD

AVEC UNE PRÉFACE DE

CLOVIS HUGUES

1793

PARIS
SEVIN, LIBRAIRE-ÉDITEUR
8, BOULEVARD DES ITALIENS, 8

# PRÉFACE [1]

HISTOIRE

DE LA

# RÉVOLUTION FRANÇAISE

PAR

**JEAN BERNARD**

## I

Oui, la France éblouit l'histoire,
Quand, terrible et du sang aux mains,
Elle sculpte dans de la gloire,
Les imperdables droits humains ;

(1) Après la publication de mon quatrième volume, la préface de ce cinquième volume devait être écrite par Benoît Malon, le grand écrivain socialiste mort en 1894, dont Jules Simon a écrit une magistrale préface ; je lui demandai d'écrire la préface du cinquième volume, contenant le récit de l'année 1793. Il me répondit de Cannes, où il se trouvait alors, une longue lettre d'où j'extrais les lignes suivantes :

Quand, avec la hâche et l'épée,
Elle taille en pleine épopée
Sa tragique rebellion
Et qu'à deux pas de la fournaise,
La Révolution la baise,
Avec sa gueule de lion !

Elle surgit dans les fanfares,
Elle est trois fois sainte, pendant
Que le flot des siècles barbares
Expire à ses pieds en grondant.
Des voix s'éveillent sous la terre ;
— Délivre l'âme ! dit Voltaire,
— Fais la lumière ! dit Rousseau.
Et toutes ces phrases ailées
Flottent autour d'elle, envolées
Comme la chanson d'un oiseau.

Le canon tonne sur les plaines,
D'un bout du monde à l'autre bout :
La guerre aux tyrans ! plus de chaînes !
Aux armes citoyens ! debout !
Un cri s'élève dans l'espace :
C'est la Marseillaise qui passe

« Vous me demandez si je veux tenir la promesse que je vous fis l'hiver passé, au sortir d'une de nos réunions amicales ? Je crois bien que je le veux. Il sera original, à coup sûr, de voir succéder en tête de votre ouvrage, comme préfacier, un ancien membre de la Commune de 1871 à un membre du gouvernement qui le fit condamner à la déportation, de voir succéder Benoît Malon à Jules Simon. Nous avons été tous deux de l'Internationale ; mais depuis, nous n'avons pas suivi la même route ; il a été président du Conseil, sénateur, et j'ai vogué, souffert, sur les chemins de l'exil. N'importe ; je ne lui en veux pas, pas plus à lui qu'aux autres. Je ne dirai pas le bien que je pense de votre *Histoire de la Révolution* avec le même talent, mais je le dirai avec autant de sincérité et avec un grand amour de la plèbe, dont

Comme un grand vent sur les blés mûrs !
L'Europe tremble ; et ses cohortes,
Plus vaines que des feuilles mortes,
Croulent comme des pans de murs.

## II

Mais, si belle que soit la France,
Si haute que soit sa clarté,
Nous dirons : Paix et délivrance !
Nous irons clamant : Liberté,
Et même en nos banquets de fête,
Nous demanderons au prophète
Le mot sacré du lendemain,
Tant que la caravane humaine
Trainera son injuste peine
Parmi les ronces du chemin !

Les assauts, les vertus altières,
Les héros vite ensevelis,
Les drapeaux volant aux frontières,
Avec l'orage dans leurs plis,
Tous ces tribuns, tous ces poètes

vous vantez si justement l'héroïsme. La Révolution n'a pas été faite pour la bourgeoisie, elle a été faite par le prolétaire et pour le prolétaire ; pendant cent ans la bourgeoisie l'a confisquée, essayant de fermer la soupape ; vains efforts ! Le jour du peuple, du vrai peuple, est arrivé. Voilà ce que je dirai dans votre préface... »

La maladie empêcha Benoît Malon de tenir sa promesse. On le ramena mourant de Cannes et il vint finir dans ce Paris qu'il avait tant aimé. Dans ses papiers on ne trouva que des notes trop incomplètes pour pouvoir être utilisées.

En suivant son cercueil, ceux qui ont pu se mesurer à sa taille ont dû voir combien il les dépassait en élévation et en hauteur. Il avait la conviction et la foi et il vous les communiquait en dépit

Jouant leurs gloires et leurs têtes
Sur l'échafaud illimité,
Tous ces fronts ceints d'une auréole
Ont-ils fait oublier qu'on vole
Le pain blanc du déshérité ?

Partout l'heureuse apothéose ;
Partout l'éclatant laurier vert :
L'ombre est morte, l'aube est éclose,
Dès que le livre s'est ouvert.
Mais les parias de la mine
Peinent des bras et de l'échine,
Avec leur bière sous l'orteil ;
Et le maître que l'or enivre
Leur ôte, avec le droit de vivre
Le droit de bénir le soleil !

La fosse s'ajoute à la tombe.
Joie au camp ! les morts sont couchés.
Pour la tête d'un roi qui tombe.
Que de prolétaires fauchés !
Pour un dauphin dont la tempête
A tordu l'innocent squelette,

de tout. Par ses œuvres il a plus fait pour le socialisme que cent ambitieux de notre connaissance qui profitent de ses études et de ses labeurs. Une des bonnes qualités de Benoît Malon était la tolérance. Avec sa hauteur de vues, il voyait loin et comprenait à merveille que l'esprit se formant et se déformant à la chaleur des idées, il importe surtout de se le pétrir avec patience et douceur, au lieu de le vouloir changer d'aspect tout d'un coup, au risque de le briser net.

Ne pouvant avoir une entrée en matière de Benoît Malon, je me suis adressé, pour tenir mon récit de 1793, à son ami Clovis Hugues ; à défaut du philosophe du prolétariat, mort, nous avons eu le poète des prolétaires dans le plein epanouissement de ses élans lyriques.

J.-B.

Que d'enfants du peuple engloutis !
Pour quelques princesses tuées,
Que de mères prostituées
Par la sombre faim des petits !

Les nouveaux tribuns ont encore
Le geste large et souverain,
Quand la période sonore
Chante dans leurs poumons d'airain :
Mais s'ils frappent du pied la terre,
Si quelque horde militaire
Se dresse à leur appel guerrier,
C'est la patrie endolorie
Qui, dans le sang de la patrie,
Fera pousser l'affreux laurier !

Déchaînez vous, guerres civiles !
Malheur aux vaincus ! Gloire aux forts !
Le pavé sinistre des villes
Pleut en suaire sur les morts.
L'horrible corbeau centenaire
Demande dans l'ombre au tonnerre
S'il est vrai qu'un siècle ait coulé ;
Par dessus l'horreur de l'abîme,
La Révolution sublime
N'est plus qu'un grand spectre étoilé !

## III

Et cependant, coûte que coûte,
Dussions-nous sombrer sous les vents,
Il faudra que nous t'ayons toute,
O Justice, pain des vivants !

Car ce n'est pas en vain que l'Etre,
Chassant les dieux, brisant le maître,
Détrônant le prêtre et le roi,
T'a pétrie et comme inondée
Du levain sacrée de l'Idée,
Au tabernacle de la Loi.

Eh! pourquoi vivre, si le rêve
Ne refleurissait plus jamais,
Si le sourd travail de la sève
S'arrêtait au flanc des sommets,
Si la terre, la grande aïeule,
Ne travaillait plus pour la meule,
Quand on a broyé les épis;
Et si l'humanité farouche
Cessait de mordre à pleine bouche
Le sein nu des sphinx accroupis?

La justice veut la justice;
Rien de ce qu'on fonde n'est sûr;
Pas de progrès qui s'accomplisse,
Sans créer un progrès futur.
Jamais une halte suprême!
L'idéal renaît de lui-même
Dans le labeur universel.
Tout finit et tout recommence:
Le peuple, c'est la mer immense;
Le droit révolté, c'est le sel!

CLOVIS HUGUES.

*Paris, 2 décembre 1894*

# HISTOIRE DE LA RÉVOLUTION

Du 1er au 6 janvier 1793.

## I

## PREMIÈRE SEMAINE D'AGITATIONS

PARIS ET LE PROCÈS DU ROI. — OPINION DES DÉPARTEMENTS. — MANŒUVRES DES GIRONDINS. — DIVISIONS INTESTINES. — CONTRE L'ANGLETERRE. — SITUATION MATÉRIELLE DES ARMÉES. — NAISSANCE DU COMITÉ DE SALUT PUBLIC. — SCÈNES TUMULTUEUSES A LA CONVENTION. — L'AN II DE LA RÉPUBLIQUE.

Paris et la France s'occupent du procès du roi, et, dans toutes les sections, on paraphrase le mot de Barère : « Il n'y a que les morts qui ne reviennent pas. » A la Convention, dans les cafés, dans les clubs, à Paris, dans les départements, on ne parle que de l'appel au peuple [1]. La surexcitation est générale ; dans la séance du 4 janvier, on lit de nombreuses adresses venues des départements, engageant les députés à se montrer inexorables, à frapper Louis XVI, sans crainte comme sans pitié. L'Assemblée primaire d'Arreau écrit : « Qu'il périsse, s'il est coupable ! » — La ville de Mâcon : « Malheur à qui parlerait de pardon ! nous le déclarons

(1) *Histoire parlementaire*. XXI p. 353.

infâme et traître à la patrie. Vous jugerez aussi Antoinette, et, si elle est coupable, vous la punirez. ». — Saint-Flour : « Nous vous réitérons la demande de punir le traître détrôné. Que faire, d'ailleurs, de cet être malfaisant ? Qu'il subisse la peine due à ses forfaits. » — Le district de Blois : « Des ruines du trône brisé semble s'élever un monstre : qu'il périsse [1] ! »

Les journaux ne sont pas moins énergiques, et les *Révolutions de Paris* impriment, s'adressant aux députés : « Commencez par vous débarrasser de votre ci-devant roi. De façon ou d'autre, prononcez sur son sort, mais la mort, elle est due à l'assassin, au traitre, au parjure, quel qu'il soit et quoi qu'il puisse en arriver. — Cela fait, interdisez-vous d'en parler désormais, soit en bien, soit en mal ; qu'il n'en soit plus question. »

Quelques villes de province essayèrent, pourtant, de faire entendre un autre langage, et on lut notamment un arrêté du Conseil du Finistère, dénonçant à la Convention « les factieux qui dominent la Ville de Paris, ayant pour chefs Robespierre, Marat, Chabot, Bazire et leurs partisans. » Quelques jours plus tard, deux délégués du département de la Loire dénoncèrent la Convention à elle-même et lui reprochèrent de céder à la pression des tribunaux « envahis par les factieux. »

Ces adresses, conseillées et favorisées par les Girondins, ne peuvent créer la diversion souhaitée par les modérés. Leur jeu est maladroitement mis à jour par un des leurs, Richaud, qui, immédiatement après la lecture de l'adresse du Finistère, se lève et demande la suppression de la permanence des sections. Comme les Girondins croient avoir la majorité, ils veulent délibérer séance tenante ; en vain la Montagne sollicite l'ajournement :

(1) *Moniteur*.

on réclame un vote immédiat; les députés avancés demandent alors l'appel nominal.

— L'appel nominal ou la guerre civile ! s'écrie le peintre David.

Marat montre au centre son poing crispé :

— F... coquins de l'ancien régime ! clame-t-il.

Au milieu du bruit, après une agitation d'une heure, le bureau déclare que l'Assemblée repousse l'appel nominal.

Robespierre monte à la tribune.

— J'ai demandé la parole, dit-il, pour des observations particulières...

Mais il ne peut continuer ; le président, les murmures de l'Assemblée, lui coupent la parole. Une partie de la Convention réclame la censure, une autre demande qu'il soit entendu. Les cris : à l'Abbaye ! à l'ordre ! et les apostrophes violentes se croisent. On lui lance des injures : Scélérat ! factieux ! Impudent ! calomniateur !

Chambon le toise :

— Nous ne craignons pas tes poignards.

Marat intervient, soutenant Robespierre contre le centre, qu'il traite ainsi :

— Faction Rolandine, gueux éhontés ! Vous trahissez la patrie !

Le vacarme redouble : Maximilien, toujours à la tribune, froid, attend ; le président Barère brise la sonnette entre ses mains, et finalement, de guerre lasse, on laisse parler Robespierre, qui soutient l'utilité de la permanence des sections, et obtient que la Convention passe à l'ordre du jour.

***

Puis c'est Kersaint qui monte à la tribune, et, dans

une sortie véhémente, dénonçe, pour la centième fois, la perfidie du gouvernement anglais, contre lequel il propose d'armer trente vaisseaux de ligne et vingt-cinq frégates, de garnir toutes nos côtes de soldats, en même temps, de former un Comité de défense nationale, composé de députés pris dans le sein de la Convention. L'établissement de ce comité fut décrété, mais, le 23 mars suivant, sur la proposition de Quinette, on le transforma en Comité de Salut public, dont le rôle fut si grand par la suite.

Du reste, il était plus facile de parler de projets belliqueux à la tribune que de les exécuter véritablement ; l'état matériel des armées était peu florissant : le courage et l'enthousiasme des soldats tenaient lieu de tout. Les troupes manquant d'habits, de souliers, étant exposées à toutes les intempéries de l'hiver, à travers les pluies et les neiges, « le seul moyen de leur faire oublier leur incroyable dénuement était de les mener à l'ennemi. »

***

Cette semaine, la discussion du procès de Louis XVI occupe la Convention. Rabaud Saint-Etienne, Salles, Robespierre, Saint-Just, Barbaroux, Vergniaud avaient déjà pris la parole. Brissot, Gensonné soutinrent l'appel au peuple. Barère, se séparant de ses amis de la Gironde, se prononça, dans un interminable discours, pour le jugement du roi par l'Assemblée.

La discussion fut interrompue par une députation de la Commune, venant, en exécution du décret du 24 décembre, rendre compte de l'état de Paris et de sa force publique.

Le maire prend la parole, et déclare que la capitale « demande seulement la mort de Louis Capet. » Il se plaint ensuite des « maisons de jeux, des maisons de filles publiques, qui recèlent nos ennemis, les traîtres qui ont porté les armes contre la patrie. »

Quant aux forces militaires de Paris, elles se composent de cent vingt-mille neuf cent soixante-dix-neuf hommes, dont cent dix mille cinq cent quarante-deux gardes nationaux.

La Commune de Paris se plaint aussi des agitations créées par les prêtres et par les émigrés « qui se travestissent sous toutes les formes, circulent dans les assemblées et fomentent l'esprit de sédition. » La municipalité termine, en demandant des lois énergiques pour réprimer ceux qui seraient tentés de troubler l'ordre.

***

L'irritation des fractions de la Convention, les unes contre les autres, augmentait encore, à la suite d'incidents comme celui de l'arrestation du peintre du roi, Boze.

Avant le 10 août, Vergniaud, Guadé, Brissot et Gensonné avaient écrit une lettre au roi pour lui conseiller de reformer un ministère girondin. Cette lettre, confiée à Boze, fut remise à Thierry, valet de chambre du roi, qui la fit parvenir à son adresse.

Boze fut amené à la barre pour s'expliquer ; il le fit en termes modérés, reconnaissant le fait en lui-même. C'était une preuve nouvelle de cet amour du pouvoir qui avait toujours fortement tenu au cœur des Girondins, mais non pas assurément, comme on essaya de le prouver, avec une vraie débauche d'outrages et d'injures, une preuve de trahison de ces âmes ardentes et impétueuses, dont le patriotisme fut au-dessus de tout soupçon.

Guadet et Vergniaud se défendirent avec autant d'éloquence que d'indignation, et, après avoir perdu deux heures à ces querelles intestines, la Convention, passa à l'ordre du jour.

La Commune essaya encore de se mêler de ce qui ne la regardait point, en supprimant, par arrêté, la Fête des Rois, cette cérémonie familiale, qui, en dehors de tout caractère politique, se célébra, cette année 1793, comme auparavant, comme plus tard, le verre en main, en buvant au roi de la fève, le seul contre lequel ne peuvent rien, ni les événements, ni les révolutions [1], fête réservée aux gens aisés, dans cette année de misère de 1793, où le pain était rare et la misère grande dans les masses ouvrières de Paris, manquant du nécessaire, livrées aux hasards des journées sans travail et sans salaire.

Au milieu de ces terribles circonstances, l'ardeur de la propagande ne se démentait pas une seule minute chez les Girondins, qui, avec la nouvelle année, firent paraître deux nouveaux journaux : l'un, *Le Bulletin des Amis de la Vérité*, qui vécut trois mois à peine ; l'autre, *Le Journal des Amis*, « ouvrage destiné à la propagation et la défense des vrais principes de la liberté, » par Claude Fauchet, évêque du Calvados.

Ce journal est daté du 6 janvier 1793, soit l'an II de la Liberté, comme venait de le décréter la Convention, pour concilier l'ère vulgaire avec le calendrier révolutionnaire. Fauchet ne renonçait pas à ses espérances mystiques, et, dans le *Journal des Amis*, il donnait corps à ses aspirations sociales sous la forme la plus lyrique. Il lui arriva même, vers la même époque, de terminer une lettre pastorale par une véritable prière politique ;

(1) *Chronique de Paris*.

« *Prière pour la nation française et pour tous les frères de l'univers.*

« Dieu tout-puissant, qui disposez de nous avec des ménagements infinis pour notre liberté, et qui, par la voix du peuple exactement recueillie, faites retentir les accents de votre raison éternelle, vous appelez enfin, efficacement, par l'action de votre grâce et de votre miséricode, à la fraternité évangélique, le genre humain étranger si longtemps à la société véritable ; nous vous supplions de consommer votre œuvre pour le bonheur et le salut universel des frères. Dans votre bonté propice, rendez la nation française digne de servir de modèle au monde entier. Dirigez-la dans les principes de la liberté parfaite, en sorte qu'elle ne reconnaisse plus d'autre dominateur que vous, souverain père des hommes, et d'autre maître que le Verbe incarné Jésus Christ, votre Fils, qui vit et règne avec vous en l'unité divine, dans les siècles des siècles. Ainsi soit-il. »

***

La poésie ne chômait pas non plus, et cette semaine vit paraître le premier *Chansonnier patriotique* ou recueil de chansons, vaudevilles, pots-pourris patriotiques, par différents auteurs, tels que Dugazon, Riouff, Piis.

Le petit volume commence, comme tous les recueils de l'année, par l'*Hymne des Marseillais*.

Comme originalité, nous trouvons un Noël de circonstance, chanté sur l'air des *Bourgeois de Chartres*. Le sujet de ce cantique est naïf et reflète bien pourtant l'époque où il fut composé. En voici le sujet : tous les rois se retirent dans le ciel, ne se sentant plus en sûreté sur la terre ; mais Jésus-Christ, chef des sans-culottes, refuse de les recevoir.

Les rois partent. Leur place
Est remplie aussitôt.
Jésus fait la grimace,
Voyant avec Chabot
Le parti *cordelier*, ennemi des despotes
Qui les poursuit avec ardeur,
Mais pour être leur successeur
Et gagner des culottes.

Jésus crut voir Pilate,
Sitôt qu'il vit Danton ;
Joseph, franc démocrate,
Le maudit sans façon.
La Sainte-Vierge eut peur, apercevant Rovère ;
Le bœuf vit Legendre et beugla.
L'âne vit Billaut et trembla,
Pour son foin, sa litière.

Suivi de ses dévotes,
De sa cour entouré,
Le Dieu des sans-culottes,
Robespierre, est entré.
Je vous dénonce tous, cria l'orateur blême ;
Jésus, ce sont des intrigants,
Ils te prodiguent un encens
Qui n'est dû qu'à moi-même.

Desmoulins, Clootz, Dubois-Crancé, Thuriot, Fabre d'Eglantine, Collot-d'Herbois, Tallien, Bazire, sont, tour à tour, piqués par le chansonnier comique.

Vous aussi, dans l'étable
Vous fûtes, ô Merlin !
O Robert admirable !
Bentabole divin :
Ciel ! entre des larrons s'il faut que je périsse,
Dit Dieu, je subirai mon sort ;
Mais c'est trop, avant ma mort,
Commencer mon supplice.

Le style en dit assez pour que l'on puisse reconnaître encore une œuvre de propagande girondine contre les avancés de la Montagne ; plaisanteries bien inoffensives, si on les compare aux cruelles attaques, aux accusations envenimées que se lancent, dans les clubs et dans la Convention, ces deux partis qui, après la mort du roi, vont se déchirer l'un l'autre et exterminer de part et d'autre les meilleurs défenseurs de la liberté.

---

## II

# PROCEDES DIPLOMATIQUES

COUP D'ŒIL A L'EXTÉRIEUR ET DANS PARIS. — LETTRE DE MERLIN DE THIONVILLE. — LACROIX REVIENT EN BELGIQUE. — LE COMPTE RENDU DES MINISTRES. — NICE ET LIÈGE. — MASSACRE DE BASSEVILLE, A ROME. — L'ANGLETERRE RENVOIE NOTRE AMBASSADEUR. — LES PASSEPORTS ET L'OPÉRA.

Un décret remet au 14 la position des questions concernant le procès de Louis XVI devant la Convention. En attendant, la famille royale continue sa vie relativement tranquille, et, le 13 janvier, un officier, de garde au Temple, écrit à Marat : « Jamais la famille de Louis « XVI n'a été plus gaie qu'aujourd'hui ; Louis a passé « la matinée à cuire des marrons. » [1].

La veille, Merlin de Thionville, alors commissaire de la Convention près la garnison qui défend la ville de Mayence contre le roi de Prusse, écrit une lettre à l'Assemblée, contre Louis XVI le « nationicide », et il envoie son vote en faveur de la mort.

Une autre lettre des commissaires Haussmann et Reubel annonce que les troupes sont dans les meilleures dispositions, mais qu'elles manquent de tout. La lettre se termine ainsi : « C'est au nom de Louis de Capet que « des tyrans égorgent nos frères, et nous apprenons que « Louis vit encore ! »

(1) *Journal de la République française* no 99.

Et pendant que ces cris terribles arrivent de l'étranger à Paris, la famille royale croque des châtaignes !

Lacroix [1] et Danton, qui étaient partis pour la Belgique, sont arrivés pour prendre part au jugement ; ils étaient allés à Liège avec Le Camus et Gossuin, à la suite d'une lettre de Dumouriez, qui se plaignait que l'armée était dans le plus grand dénuement — ce qui était vrai. Le ministre de la guerre, Pache, avait répondu que rien ne manquait. Entre ces deux assertions contradictoires, la Convention avait envoyé quatre commissaires pour juger de l'état des choses et donner des ordres sur les lieux [2]. Danton et Lacroix étaient partis le 1er décembre 1792 ; revenus cette semaine, ils ne furent entendus qu'après le procès du roi.

Devant certaines accusations visant la probité des ministres, Roland envoya une lettre, se déchargeant de toute solidarité pour les faits concernant ses anciens collègues du ministère ; il annonçait que, malgré les inculpations multipliées contre lui, il resterait au pouvoir par amour du bien public.

Suivait une seconde lettre, signée de tous les minis-

() J P. de Lacroix naquit à Pont Audemer en 1754. Il était avocat à Anet près Dreux ; en 1789 il embrassa les idées nouvelles. D'abord nommé Procureur général syndic d'Eure-et-Loir il fut envoyé en 1791 à l'Assemblée Législative. Il se lia intimement avec Danton. Il fit la motion de déporter les prêtres insermentés à La Guyane. Le département d'Eure-et-Loir l'élut une seconde fois et l'envoya à la Convention. Nommé, avec Danton, membre du comité de salut public. Attaqué plusieurs fois dans le sein de la Convention au sujet de sa mission en Belgique, il se défendit avec autant d'énergie que de succès. Il fut compris dans le procès de Danton et comme lui condamné à mort.

Ses ennemis l'accusaient à tort d'avoir acquis une fortune scandaleuse en Belgique. Quant il mourut, son fils ne trouva même pas les biens que Lacroix possédait avant la Révolution et dont une partie avait été dépensée par le Conventionnel au service de la liberté.

(2) *Miranda dans la Révolution française* par Aristide Rojas. Caracas, 1887, p. 17.

tres, qui exposait que le compte général de leur gestion, demandé par la Convention, ne serait pas présenté avant le 1er février ; mais chaque ministre se déclarait prêt à rendre son compte particulier, sous sa responsabilité personnelle.

Nous verrons ces comptes soumis à la Convention, et aucune critique, sérieuse ou fondée, ne pourra les atteindre.

Cependant, la Révolution continue son mouvement d'attraction sur les peuples. Nice, après un vote presque unanime de ses habitants, demande à être rattachée à la France. Le décret de réunion fut rendu le 31 janvier.

Liège, elle aussi, par 9,660 votants contre 40 protestataires, demande à faire partie de la France.

L'amour des peuples libres pour la jeune République avait pour contrepoids la haine des nations asservies. A Rome, la populace, surexcitée par les prêtres fanatiques, [1] massacrait le représentant de la France, Hugon de Basseville, ancien secrétaire d'ambassade à Naples, et chargé, auprès du Saint-Siège, d'une sorte de mission extraordinaire.

De Basseville avait remplacé, comme écusson, sur les panneaux de sa voiture, les anciennes armes royales par les armes nouvelles de la République, surmontées du bonnet phrygien.

Les prêtres réfractaires, réfugiés à Rome, et les émigrés ameutèrent la populace, qui se précipita sur la voiture ; Basseville n'eut que le temps de se réfugier dans la maison d'un banquier français ; la foule hurlante, chantant des cantiques, poussant des cris de rage et des menaces de mort, l'y poursuivit ; un perruquier frappa le

(1) Montgaillard, *Histoire de France* t. III, p. 344.

représentant de France d'un coup de rasoir [1]. Le malheureux expira, et tous ces forcenés coururent dans les églises remercier Dieu de leur victoire.

***

L'Angleterre rompait définitivement avec la France. Déjà, après le 10 août, Pitt, cet ennemi de la Révolution, avait rappelé lord Gower, ambassadeur d'Angleterre, prétextant que ses lettres de créance étaient caduques, depuis l'emprisonnement du roi. Dès ce moment, Chauvelain, notre ambassadeur à Londres, y fut regardé comme n'ayant plus son caractère officiel.

Sur ses réclamations, Pitt lui adressa une note sèche, déclarant qu'il ne pouvait être accrédité à Londres que comme ministre de sa Majesté Très-Chrétienne. En s'adressant au diplomate, on reprochait surtout à la France d'avoir violé les traités, en affranchissant la navigation de l'Escaut, qui parcourt la Belgique et la Hollande, et sur lequel les Hollandais seuls avaient le droit de naviguer jusque-là. Quoique l'Angleterre ne fût pas directement engagée dans cette question, elle voyait là une atteinte portée à ses droits : Pitt lui reprochait encore d'avoir, par le décret du 19 novembre rendu par la Convention, promis secours et assistance aux autres peuples qui voudraient secouer le joug de leur gouvernement.

C'était la guerre déclarée à la France, et à ses idées d'émancipation, qu'elle répandait à travers l'Europe.

Les aristocrates qui étaient rentrés nombreux en France essayaient d'en sortir : en utilisant leurs anciennes relations avec les actrices ou les danseuses de l'O-

(1) *Révolution de Paris — Danton émigre,* par le docte ur Robine p. 10.

péra, ils se procuraient des passeports, soit comme musiciens, soit comme pères ou maris d'artistes. Ces parentés se multiplièrent à un tel point, que la Commune arrêta qu'aucun individu des trois ordres de l'Opéra : orchestre, danse et chant, ne pourrait obtenir un passeport, sans produire un certificat de civisme délivré par un des directeurs, Francœur[1], dont le patriotisme semblait sûr ; ce qui n'empêcha pas la Commune, le 16 septembre suivant, sur la proposition d'Hébert, de prendre un arrêté, ordonnant l'arrestation de Cellerier et de Francœur, administrateurs de l'Opéra, jugés « hommes suspects » [2].

La musique, du reste, ne chômait pas durant ces terribles journées : l'Opéra jouait l'*Œdipe à Colonne, Roland* et l'*Iphigénie en Aulide,* de Glück ; au théâtre italien, le *Siège de Lille* alternait avec *Paul et Virginie.* Non seulement on chantait la meilleure musique de l'époque, mais on se préoccupait aussi de former des musiciens.

Avant 1784, il n'y avait pas de Conservatoire en France ; les jeunes gens apprenaient, d'ordinaire, à chanter dans les maîtrises des cathédrales. Quand les écoles des chapitres furent supprimées, la musique de la garde nationale de Paris essaya de les remplacer en partie ; elle forma un certain nombre d'élèves, et, cette semaine ci, elle se chargea encore de cent vingt élèves volontaires, pris dans les quarante-huit sections de Paris. Pour être

*Chronique de Paris.*

(2) *Procès-verbaux de la Commune.* — Francœur, ancien sous-intendant de la musique du roi ; il sortit de prison le 21 août 1793. Son fils Louis-Benjamin. Francœur, géomètre distingué, lui fit obtenir une pension en 1803, grâce à ses relations avec Jérôme Bonaparte, frère du premier consul Francœur mourut à Paris, sous le premier empire, dans une honnête aisance.

admis, il fallait être fils de citoyen soldat, être âgé de douze à seize ans. Cette école de pupilles musiciens était dirigée par Saurette ; elle comptait de nombreux professeurs, qui enseignaient à ces jeunes gens à exécuter des morceaux patriotiques pour les fêtes publiques.

---

## III

# CONDAMNATION DE LOUIS XVI

DISCUSSION D'UN ARRÊTÉ DE LA COMMUNE CONTRE LES SPECTACLES. — VOTES SUR LES TROIS QUESTIONS. — VOTES MOTIVÉS. — PHILIPPE-EGALITÉ. — FAMILLE SANS ENTRAILLES — LE RÉSULTAT. — UN CONVENTIONNEL MALADE. — INTERVENTION DE L'ESPAGNE. — APOSTROPHE DE LOUVET A DANTON. — DEMANDE «IN EXTREMIS» REJETÉE.

Elle est ouverte, cette fameuse séance dans laquelle on va décider du sort de Louis XVI.

On commence par perdre trois heures à discuter un arrêté de la Commune, ordonnant la fermeture des spectacles. C'est Buzot qui porte la question à la tribune. La discussion se traîne depuis deux heures déjà, quand Lecointre interrompt, ramenant ses collègues à la question :

— Nous sommes ici pour juger le roi ! s'écrie-t-il.

La fermeture des théâtres est néanmoins attaquée encore une grosse heure durant.

On apporte au président une lettre de Santerre, commandant général de la garde nationale, lettre lue publiquement et, ainsi conçue :

« Citoyen Président. — J'ai l'honneur d'informer la «Convention que Paris est dans la plus grande tranquil«lité, malgré les agitateurs et les malveillants, et que «l'on n'a rien à craindre par les mesures que l'on a prises.»

C'était une réponse aux aristocrates, répandant le bruit que la Convention allait juger «le couteau sur la gorge» et sous la pression des avant-gardes des sections ou des faubourgs.

***

Dans la séance du 15 janvier eut lieu le premier appel nominal sur la *première question* : Louis Capet est-il coupable de conspiration contre la liberté de la nation, et d'attentat contre la sûreté de l'Etat?

Huit députés étaient absents pour cause de maladie.

Vingt étaient en mission, en qualité de commissaires.

Trente-sept votants refusèrent de se prononcer, adoptant à peu près l'opinion suivante de l'évêque du Calvados :

«Oui, j'en suis convaincu comme citoyen, je le dé-«clare comme législateur ; comme juge, je n'en ai pas la «qualité, je ne prononce rien.

CLAUDE FAUCHET.

Six cent quatre-vingt-trois répondirent : *Oui*.

L'assemblée se composait de sept cent quarante-neuf membres.

Sur la *seconde question* : Le jugement de la Convention nationale contre Louis Capet sera-t-il soumis à la ratification du peuple ?

Nous trouvons :

| | |
|---|---|
| Absents pour cause de maladie....... | 9 |
| Membre qui s'est récusé.............. | 1 |
| Qui ont refusé de voter.............. | 4 |
| Qui ont motivé leurs votes........... | 11 |
| Absents par commission............... | 20 |
| Pour la ratification du peuple....... | 281 |
| Contre ............................... | 423 |
| | 749 |

L'appel au peuple repoussé, c'était la dernière espérance de ceux qui auraient voulu sauver le roi, à l'exemple de Guadet, disant à sa femme, au début du procès du roi, : « Je ferai tout ce que je pourrai pour sauver la vie de Louis XVI. L'humanité ne le conseillât-elle pas, que l'intérêt du pays le commanderait encore. Il est la dernière barrière qui nous garantisse ; et sa tête, en tombant, entraînera les nôtres. Mais, pour cela, nous n'avons qu'un moyen, qui est l'appel au peuple. Si nous l'acquittions, il serait égorgé sous nos yeux par la populace. Si l'appel au peuple ne passe pas, ajoutait-il, nous sommes perdus avec lui. » Il se prononça néanmoins pour la mort, mais il vota pour le sursis, alors que Vergniaud votait contre.

Restait à prononcer la pénalité.

Le 16 est une des séances les plus fameuses des annales parlementaires de la France. Dans les tribunes, des dames en toilette restèrent là pendant ces longs débats, prenant leurs repas sans quitter la salle, riant et plaisantant, se servant de lorgnettes et d'éventails, comme au spectacle.

Des écrivains royalistes ont parlé de la présence de garçons bouchers, portant des tabliers ensanglantés, qui auraient occupé une partie des tribunes. C'est là une pure invention ; le fait n'est rapporté par aucun témoin oculaire. Mercié, qui ne néglige aucun détail pittoresque et qui a écrit le récit de cette séance, n'en fait aucune mention. Mercié siégeait au centre et vota contre la peine de mort. Et, d'ailleurs, est-ce-que la Convention aurait supporté un pareil spectacte ? elle subit parfois les influences du dehors, mais elle n'abdiqua jamais sa dignité.

La séance du 16 s'ouvrit à dix heures du matin, et on

recommença à discuter la question de l'arrêté de la Commune sur la fermeture des spectacles.

Après une heure de cet intermède, Danton rappelle l'Assemblée à sa mission :

— Je croyais qu'il était d'autres objets qui doivent nous occuper que la comédie.

— Quelques voix : (il s'agit de la liberté !)

Danton reprend :

— Oui, il s'agit de la liberté ; il s'agit de la tragédie que vous devez donner aux nations : il s'agit de faire tomber, sous la hache des lois, la tête d'un tyran et non de misérables comédies[1] .

La discussion fut longue, passionnée ; puis, on rendit compte de l'état de Paris.

Enfin, vers cinq heures du soir, commenca à la tribune le défilé des députés, venant apporter et souvent motiver leur vote.

La nuit vint, on alluma des flambeaux, et la séance continua toujours ; la nuit passa, et l'aube éclaira de nouveau la salle, sans que le public eût quitté les tribunes, et les députés leurs bancs.

Des dames élégantes pointaient les votes sur des cartes qu'elles piquaient avec une épingle ; jusqu'au dernier moment, le résultat fut incertain.

— Je parie pour la mort, disaient les uns.

— Et moi contre[2] , disaient d'autres.

Au début, des exclamations accueillaient les votes : des oh... ! ou des ah... ! mais à la fin tout le monde était très énervé, dompté par la fatigue et le sommeil. Plusieurs députés s'endormaient, et il fallut en réveiller plusieurs, quand vint leur tour de voter[3] .

(1) Histoire parlementaire, TXXIII, p. 149.
(2) Mercié. — *Le Nouveau Paris,* ch. CCXLVIII.
(3) id.

Durant ce long défilé, les spectatrices bien mises mangeaient des glaces et des oranges, tandis que les députés de leur connaissance venaient les saluer, causer avec elles, ou allaient leur chercher des rafraîchissements[1].

Dans les galeries supérieures on buvait de l'eau-de-vie et du vin, on mangeait de la charcuterie.

***

Il est quelques-uns de ces votes qui méritent d'être retenus par l'histoire ; celui de Robespierre est un véritable discours : il ne forme pas moins de trois pages.

Détachons-en une phrase :

« Le sentiment qui m'a porté, mais en vain, à l'Assemblée constituante, à proposer l'abolition de la peine de mort, est le même qui me force aujourd'hui à demander qu'elle soit appliquée au tyran de ma patrie et à la royauté elle-même, dans sa personne. »

On appella le dernier député de la liste de Paris, Philippe-Egalité. Un mouvement de curiosité se produisit ; les spectateurs des tribunes se penchèrent ; mais lui, calme, froid, le visage impassible, monta les marches du bureau, et d'une voix ferme, dit :

— Uniquement occupé de mon devoir, convaincu que tous ceux qui ont attenté ou attenteront à la Souveraineté du peuple méritent la mort, je vote pour la mort.

Il descendit de la tribune, au milieu d'une rumeur exprimant de la surprise et un peu de dégoût. Cet homme était peut-être le seul qui eût le droit de faire taire les inspirations de sa conscience, en admettant que sa conscience parlât ce jour-là, et que ce ne fût pas

1) Mercié. — *Le Nouveau Paris*, ch. CCXLVIII.

cette implacable ambition qui vit au fond des cœurs de tous les hommes de cette même famille.

Le défilé des députés du Pas-de-Calais commença : Carnot était le premier.

— Pour mon opinion, dit-il, la justice veut que Louis meure, et la politique le veut également. Jamais, je l'avoue, devoir ne pesa davantage sur mon cœur, que celui qui m'est imposé ; mais je pense que pour prouver votre attachement aux liens de l'Egalité, pour prouver que les ambitieux ne vous effraient pas, vous devez frapper de mort le tyran. Je vote pour la mort.

Quand le tour du département de l'Aisne fut venu, Condorcet dit :

— La peine contre les conspirateurs est la mort ; mais cette peine est contre mes principes ; je ne la voterai jamais. Je ne puis voter la réclusion, car nulle loi n'autorise à la porter. Je vote pour la peine la plus grave du Code pénal, et qui ne soit pas la mort.

Pendant qu'on opére le recensement des votes, Vergniaud, qui présidait, annonçe qu'il vient de recevoir deux lettres, l'une des défenseurs de Louis XVI, l'autre du ministre des affaires étrangères, communiquant une lettre de l'ambassadeur d'Espagne.

On réclame l'ordre du jour ; on n'admet pas que l'Espagne essaie d intervenir, pour la seconde fois, en faveur du roi de France.

Danton veut couper la parole à un orateur ; Louvet lui crie :

— Tu n'es pas encore roi, Danton !

Danton lance à l'auteur de *Faublas* un terrible regard de mépris et cette riposte :

— Je demande que l'insolent, qui dit que je ne suis

pas encore roi, soit rappelé à l'ordre du jour, avec censure.

Puis, montant à la tribune, il parle contre ceux qui veulent dicter des lois à la République. On passe à l'ordre du jour.

Quant aux défenseurs du roi, on décide d'ajourner la lecture de leur lettre après le dépouillement du scrutin.

A ce moment, Duchatel, député des Deux-Sèvres, malade, la tête enveloppée de linges, se fait apporter au pied de la tribune ; il demande à voter : et le conventionnel, qui, pour accomplir un acte de clémence, s'est arraché du lit où le retenait ladouleur, vote pour le bannissement.

On proclame le résultat du recensement :

| | |
|---|---|
| Absents par commission | 15 |
| — par maladie | 7 |
| — sans cause | 1 |
| Abstentions | 5 |

Votants : 721. — La majorité est de 361.

| | |
|---|---|
| Pour la détention | 286 |
| Pour les fers | 2 |
| Pour la mort avec condition | 46 |
| Pour la mort avec sursis | 26 |
| Pour la mort | 361 |
| | 721 |

Majorité pour la mort : 53.

Pas une voix ne s'était prononcée pour l'innocence.

Trois ministres protestants et dix huit prêtres catholiques votèrent la mort.

Si on additionne ensemble les voix qui se sont prononcées pour la détention, pour les fers, pour la mort avec condition et pour la mort avec sursis, on obtient un résultat de 360. De telle sorte qu'il semble que la peine capitale ait été prononcée seulement à une voix de majorité, comme les historiens royalistes l'ont souvent écrit et comme on le répète encore tous les jours.

C'est là une erreur.

Les 26 députés qui votèrent la mort avec sursis, demandant qu'on discutât le jour où la peine serait appliquée, déclarèrent « que leur vote était indépendant de cette demande. »[1] Ces 26 voix doivent donc être comptées, suivant l'intention des votants, et comme elles le furent en effet, pour la mort.

Le dépouillement terminé, Vergniaud, avec l'accent de la douleur, se lève :

— Je déclare, au nom de la Convention nationale, que la peine qu'elle prononce contre Louis Capet, est la mort.

Les deux conventionnels ayant voté pour les fers sont Condorcet et Dupuis, tous deux députés de l'Aisne.

Les trois défenseurs du roi, interdits, viennent réclamer le droit, pour le monarque, de faire appel au tribunal du peuple.

La Convention, pour reconnaître le caractère sacré des défenseurs et rendre hommage à leur zèle, leur accorde les honneurs de la séance ; mais elle passe à l'ordre du jour.

La séance est levée : elle avait duré trente sept heures.

Ce fut Malesherbes qui se chargea de la pénible mission d'aller porter au roi la fatale nouvelle ; il le trouva assis devant la table, la tête entre les mains. Au bruit de la porte qui s'ouvrait, Louis XVI releva la tête

(1) *Histoire Parlemeaire*, XXIII, p. 206.

et aperçut le visage du vieillard tout en pleurs ; il comprit et, se levant :

— Depuis deux jours, dit-il, je suis à chercher si j'ai, dans le cours de mon règne, pu mériter de mes sujets le plus léger reproche. Eh bien, M. Malesherbes, je vous jure, dans toute la sincérité de mon cœur, comme un homme qui va paraître devant Dieu, que j'ai constamment voulu le bonheur de mon peuple et que je n'ai pas formé un vœu qui lui fût contraire[1] .

Cet homme était sincère ; l'éducation royale lui avait façonné le cerveau de telle sorte, que le crime d'avoir appelé l'Etranger contre la France, d'avoir entretenu les ennemis de son pays, de leur avoir livré les plans de nos armées, lui paraissait un acte ordinaire, licite, ordonné « par l'intérêt de son peuple. »

Ce n'était pas un méchant homme, mais c'était un roi.

La bonté naturelle l'emporta même sur la nature royale, quand, apprenant, de Malesherbes, qu'on tenterait sans doute un décisif effort pour le délivrer, il prononça ces admirables paroles :

— Non je ne veux pas ; je ne leur pardonnerais pas, s'il y avait une seule goutte de sang versée pour moi[2] .

(1) *Journal de Malesherbes.*
(2) *id.*

IV

# LA MORT DE LOUIS XVI

Le dimanche 20 janvier, le Ministre de la justice, Garat, accompagné du Conseil exécutif, vint annoncer au roi qu'il mourrait le lendemain,

Garat, précédé de Santerre, entre, le chapeau sur la tête.

— Louis, dit-il, la Convention nationale a chargé le conseil exécutif provisoire de vous signifier ses décrets des 15, 16, 19 et 20 janvier. Le secrétaire du conseil va vous en faire la lecture.

Grouvelle lut le décret d'une voix tremblante ; le roi écouta avec beaucoup de calme.

Louis XVI prit alors une lettre préparée à l'avance, et dit à Garat :

— Monsieur le Ministre de la justice, je vous prie de remettre, sur le champ, cette lettre à la Convention nationale.

Garat paraissait hésiter.

— Je vais vous en faire lecture.

Et le roi lut une courte lettre, demandant trois jours pour se préparer à paraître devant Dieu, « demandant » de pouvoir voir librement la personne qu'il indique» rait ; de pouvoir voir, librement et sans témoins, sa » famille. — « Je désirerais bien, disait-t-il, que la Con» vention nationale s'occupât tout de suite du sort de » ma famille, et qu'elle lui permît de se retirer libre» ment où elle jugerait à propos. »

Garat prit la lettre et promit de la porter à la Convention. Comme il sortait, le roi fouilla dans sa poche, en retira un portefeuille, et dit :

— Monsieur, si la Convention accorde ma demande pour la personne que je désire, voici son adresse.

Puis il remit une feuille de papier, où était écrit, d'une écriture autre que celle du roi : « M. Edgeworth de Firmont, n° 483, rue du Bac »[1] .

Quand le Ministre fut sorti, Louis XVI se promena un moment dans sa chambre ; quelques instants après, s'adressant à son valet de chambre :

— Cléry, dit-il, demandez mon dîner !

Deux municipaux vinrent annoncer à Cléry que la Commune, par un raffinement de surveillance, qu'on peut appeler de la cruauté, venait de prendre un arrêté interdisant à Louis XVI de se servir, à ses repas, de fourchette et de couteau[2] .

— Me croit-on assez lâche, s'écria le roi, pour que j'attente à ma vie.

« En général, la Commune ne s'est point fait honneur » pendant tout le temps de la surveillance des prison- » niers du Temple. Elle n'a pas su concilier ce qu'elle » devait à l'humanité et à l'infortune, avec les précau- » tions qu'exigeait le dépôt qu'elle avait en garde »[3] .

A six heures, Garat revint apporter la réponse de la Convention, déclarant que Louis était libre d'appeler tel ministre du culte que bon lui semblerait, qu'il pouvait voir, sans témoins, sa famille, mais rejetant la demande de sursis. La Convention ajoutait : « que la » Nation, toujours grande et toujours juste, s'occuperait » de sa famille. »

(1) *Journal de Cléry.*
(2) *Les Révolutions de Paris.*
(3) *Révolution de Paris.*

C'était mentir en termes ampoulés. La Convention ne sut pas comprendre que si Louis XVI méritait la mort, que si Marie-Antoinette était coupable, il y avait des enfants innocents qui réclamaient non seulement pitié, mais justice, et qu'elle n'avait pas le droit de martyriser, comme elle le fit.

Louis XVI, apprenant la décision de la Convention, se contenta de demander son confesseur. Le prêtre parut, et on les laissa seuls.

Le roi resta deux heures enfermé avec le prêtre.[1]

A huit heures, il sortit de son cabinet, et dit aux commissaires de le conduire vers sa famille ; ils répondirent que cela ne se pouvait pas, mais qu'on allait la faire descendre.

— A la bonne heure, dit le roi, mais je pourrai au moins les voir seul, dans ma chambre ?

— Non, dit l'un des gardiens, nous avons arrêté, avec le Ministre de la justice, que ce serait dans la salle à manger.

— Vous avez entendu que le décret de la Convention me permet de les voir sans témoins.

— Cela est vrai, vous serez en particulier ; on fermera la porte, mais par le vitrage nous aurons les yeux sur vous.

(1) Firmont (Henri Essex-Edgeworth de) naquit en 1745 au bourg d'Edgewerthtown en Irlande ; son père était un anglican converti ; il fit ses études au collège des Jésuites de Toulouse. Après avoir été ordonné prêtre, il vint s'établir à Paris où il fut mis en relations avec Mme Elisabeth qui parla de lui à Louis XVI pendant la détention de la famille royale au Temple. Il fut averti en secret par Mme Elisabeth que le roi comptait sur lui et il attendit. Après la mort du roi, l'abbé a lui même démenti la fameuse phrase « Fils de Saint-Louis, montez au ciel », qu'il ne prononça jamais. Après l'exécution, l'abbé Firmont se retira à Choisy-le-Roi, où il resta jusqu'en 1796. Il passa alors en Angleterre, puis alla retrouver le comte de Provence (Louis XVIII), auprès de qui il resta ; il le suivit à Blakembourg ou il mourut le 22 mai 1807. Louis XVIII composa, dit-on, lui même l'épitaphe latine qui fut placée sur son tombeau.

La Commune se montrait cruelle et stupide jusqu'au bout.

— Faites descendre ma famille, dit le roi.

A huit heures et demie, la reine parut, tenant son fils par la main, puis venait sa fille, conduite par Madame Elisabeth. Tous se précipitèrent dans les bras du roi, et, pendant quelques minutes, cette malheureuse famille s'étreignit dans un même embrassement.

Ah ! on peut être sèvère pour Louis XVI, plus sèvère encore pour Marie-Antoinette ; mais comment ne pas se sentir ému et touché, en présence de ce mari qui embrasse sa femme pour la dernière fois, de ce père qui couvre de baisers le front de ses jeunes enfants qu'il ne doit plus revoir !

Louis XVI s'assit, la reine à sa gauche, Madame Elisabeth à sa droite, la jeune princesse presqu'en face et le petit prince entre les jambes du roi. Ils parlèrent à voix basse et s'embrassèrent à plusieurs reprises, sous le regard indiscret de barbares guichetiers, l'œil collé derrière les carreaux, épiant ces victimes, — des princes, si vous voulez, mais des vaincus, qui avaient droit à la pitié suprême et au dernier respect.

La scène dura une heure trois quarts.

A dix heures un quart, Louis se leva, le premier ; tous le suivirent, poussant des gémissements douloureux.

— Je vous assure, dit le roi, que je vous verrai demain matin, à huit heures.

—Vous nous le promettez, répétèrent-ils, tous ensemble.

— Oui, je vous le promets.

— Pourquoi pas à sept heures ? demanda la reine.

— Eh bien ! oui, à sept heures, répondit le roi, Adieu !

Les sanglots redoublèrent ; la jeune princesse tomba évanouie aux pieds du roi, et on dut l'emporter pendant que le petit Dauphin voulait s'échapper, s'écriant :

— Laissez-moi passer ! laissez-moi passer ! je vais demander au peuple qu'il ne fasse pas mourir papa-roi.

Louis XVI alla s'enfermer encore avec son confesseur, resté dans sa chambre, et demeura avec lui une demi-heure ; puis il vint s'asseoir devant le souper servi par Cléry ; il mangea peu, mais avec appétit.

Après souper, le roi se coucha ; Cléry allait lui rouler ses cheveux :

— Ce n'est pas la peine, dit-il.

Quand le valet de chambre eut fermé les rideaux :

— Cléry, vous m'éveillerez à à cinq heures.

L'abbé de Firmont s'occupa de se procurer les ornements nécessaires pour célébrer la messe, le lendemain. Il coucha dans le lit de Cléry, qui reposa sur une chaise.

Le roi dormit d'un profond sommeil ; le lendemain matin, en s'éveillant :

— J'ai bien dormi, dit-il : j'en avais besoin, la journée d'hier m'avait fatigué.[1]

Cléry habilla le roi, le coiffa. Louis XVI changea de chemise et mit une culotte grise, des bas blancs, une veste blanche et un habit brun ; puis il fouilla dans ses poches, en retira sa montre, un cachet aux armes royales, son portefeuille et sa boîte à tabac, qu'il posa sur la table.

Cléry disposa un autel sur la commode, puis servit la messe à l'abbé de Firmont ; le roi se tint à genoux par terre, et communia.

A sept heures, Louis remit à Cléry les objets qu'il avait déposés sur la cheminée, en le priant de les faire parvenir à sa famille.

(1) *Journal de Cléry.*

— Dites à la reine, à mes enfants, à ma sœur, à qui j'avais promis de les voir ce matin, que j'ai voulu leur épargner la douleur d'une séparation si cruelle. Combien il m'en coûte de partir, sans recevoir leurs derniers embrassements !

Il désirait que Cléry lui coupât les cheveux, mais la Commune, ridicule en ceci comme dans tout le reste, refusa les ciseaux.

Un bruit sourd montait de Paris en armes ; on entendait la générale, le bruit des canons roulés sur le pavé, les pas des chevaux.

— Je crois qu'ils approchent, dit le roi.[1]

Deux prêtres défroqués, Jacques Roux et Jacques Bernard, commissaires de la Commune pénétrèrent dans la pièce où se trouvait le roi. Louis XVI rentra un moment dans son cabinet, tomba aux genoux de son confesseur :

— Tout est consommé, Monsieur : donnez-moi votre bénédiction, et priez Dieu qu'il me soutienne jusqu'à la fin.

Il reparut, et, prenant son testament, il le confia à Jacques Roux.

— Je vous prie de remettre ce papier à la reine, à ma femme.

Le défroqué, qui « dans sa mission, parla en bourreau avide de hautes œuvres », répondit :

— Je ne suis chargé que de vous conduire à l'échafaud

— C'est juste, répondit le roi.[2]

S'adressant alors à un autre municipal, à Gobeau.

— Remettez ce papier, je vous prie, à la reine, — et, se reprenant vivement, — à ma femme ; vous pouvez en

(1) *Dernières heures de Louis XVI* par l'abbé Edgewoorth de Firmont.
(2) Rapport de Jacques Roux à la Commune.

prendre lecture ; il y a des dispositions que je désire que la Commune connaisse.[1]

Cléry lui présenta sa redingote :

— Je n'en ai pas besoin, donnez-moi seulement mon chapeau.

Cléry le lui remit ; Louis XVI lui prit la main et la lui serra :

Puis :

— Allons ! partons ! dit-il en s'adressant à Santerre.

Il descendit l'escalier, traversa la première cour à pied, se retournant par deux fois vers le bâtiment où il laissait sa femme, ses enfants, sa sœur. Dans la seconde cour, il monta en voiture avec son confesseur et deux gendarmes.[2]

Les tambours battirent aux champs, et le cortège se mit en marche, pendant que la reine, s'élançait vers la fenêtre de sa chambre, en tenant ses enfants sur sa poitrine, et s'écriait tout en larmes :

C'en est fait, nous ne le verrons plus[3] !

***

Louis XVI traversa Paris, depuis le Temple jusqu'à

(1) Rapport de Jacques Roux à la Commune

(2) Ceux qui ont voulu reconstituer les petits détails des grandes scènes de l'Histoire de la Révolution se sont demandé de quelle façon Louis XVI fut conduit à l'échafaud ?

Malgré les discussions qui ont eu lieu à ce sujet, c'est un peintre, M. Motte, qui a dit le dernier mot sur cette affaire, quand il a exposé au salon de 1890 (No 1948) un tableau, nous montrant Louis XVI se rendant à l'échafaud dans le carrosse du ministre des finances.

Il avait d'abord été décidé que la voiture du maire amènerait Louis Capet du Temple au lieu de l'exécution (*). Mais la Commune s'opposa à ce que la voiture du maire servit à cet usage (**). Le ministre des finances Clavière offrit alors sa voiture, qui servit au roi pour cette dernière et lugubre promenade (***).

(*) Archives de l'Hôtel-de-Ville.

(**) Archives nationales A. F. II. 3.

(***) Journal d'un bourgeois de Paris, par Ed. Biré.

(3) Supplément au journal de Cléry.

l'ancienne place Louis XV, au milieu d'une double haie de soldats armés de piques et de fusils. Partout un silence énorme tombait sur Paris ; le roi lisait dans un bréviaire les psaumes des agonisants.

Depuis la prison jusqu'au lieu de l'exécution, le cortège passa entre une haie de piques ou de fusils, portés par des hommes immobiles.

Partout un morne silence ; quelques voix timides de femmes criaient grâce ! grâce ! les boutiques entr'ouvertes étaient rares, les croisées demeuraient fermées.

A dix heures 10 minutes, on arriva au pied de l'échafaud qui élevait ses deux longs bras, soutenant le couperet, en face des Tuileries.

Le roi descendit de voiture, jeta un regard autour de lui, comme s'il eût cherché quelque groupe. On assure que, jusqu'au dernier moment, il espérait qu'un complot réussirait à le sauver ; le projet en avait été, en effet, formé entre cinq cents personnes ; mais vingt-cinq seulement se trouvèrent au rendez-vous.

Les tambours battirent :

— Taisez-vous ! cria Louis XVI.

Les tambours se turent ; mais on donna l'ordre de continuer, et les roulements reprirent.

— Quelle trahison ! s'écria le roi, je suis perdu ! je suis perdu !

Les bourreaux l'entourèrent, voulant lui ôter ses habits ; il les défit lui-même. Quand on voulut lui lier les mains, une sorte de lutte s'engagea.

— Me lier les mains ! disait-il, indigné.

Il fallut l'intervention de l'abbé de Firmont, qui le calma par ces mots :

— Sire, dans ce nouvel outrage, je ne vois qu'un dernier trait de ressemblance entre votre Majesté et le Dieu qui va être votre récompense.

Le roi, résigné, se laissa faire.

— Je boirai le calice jusqu'à la lie.

On lui attacha les mains, on lui coupa les cheveux, et, appuyé sur le bras de son confesseur, il monta lentement les degrés de la guillotine. Arrivé sur la plate-forme, il s'élanca, commanda une seconde fois silence aux tambours, et, d'une voix très forte « qui dut être entendue au Pont Tournant : »

— Je meurs innocent de tous les crimes qu'on m'impute ; je pardonne aux auteurs de ma mort, et je prie Dieu que le sang que vous allez répandre, ne retombe jamais sur la France

La voix fut couverte par le roulement des tambours, qui battirent sur l'ordre de l'acteur Dugazon, capitaine de la garde nationale, de service ce jour-là.

Silence ! faites silence ! criait Louis XVI furieux, frappant du pied la plate-forme de la guillotine.[2]

Richard, un des aides, prit un pistolet et mit le roi en joue ; on le jeta, avec peine, sur la planche, pendant qu'il poussait des cris surhumains, que fit cesser la chute du couperet.[3]

Sanson prit la tête et la montra au peuple.

Un cri de « vive la République » retentit et fut répété par quatre-vingt-mille hommes massés sur les quais. (4)

Des soldats vinrent tremper la pointe de leur sabre

(1) Dernières heures de Louis XVI.
(2) Récit de Santerre. (*Memoires inédits de Mercier du Rocher*).
(3) id. id id. id.
(4) Mercier. *Le Nouveau Paris*. (LXXXII).

dans le sang qui avait coulé (5). Un homme monta sur la guillotine, ramassa des caillots de sang à pleines mains et en aspergea les assistants (6), disant :

— On nous a prévenus que le sang de Louis Capet retomberait sur nos têtes : eh bien, qu'il y retombe !

Des jeunes gens organisèrent des rondes et se mirent à danser ; les assistants défilèrent, se tenant sous le « bras, en riant, causant familièrement, comme lorsqu'on revient d'une fête. » (7).

Le corps, placé dans un panier d'osier, fut apporté au cimetière de la Madeleine, où on le recouvrit de chaux vive, qui le consuma rapidement.

Voici, dans son texte, le récit de cette journée par un témoin oculaire :

« Il est sorti du Temple à neuf heures, après s'être fait bien coiffer. Arrivé à l'échaffaut, en bas, le bourreau lui a coupé un peu des cheveux de derrière et retroussé le reste, lui a ôté sa redingote brune ; il est monté avec fermeté sur l'échaffaud, où il n'a pas resté six minutes. Il a dit hautement qu'il mouroit innocent et pardonnoit à ses ennemis. Il vouloit dire encor quelque chose, mais les trois bourreaux l'ont saisi au collet et attaché promptement sur la planche bassecule de la guillotine, et, dans la minute, sa tête a été séparée du corps.

« Il avoit un grand gilet blanc sous la retinguote, et un pantalon ; après l'exécution, les bourreaux ont montré sa tête au public innombrable : sa tête n'avoit point été dérangée de la frisure et sembloit une tête à perruque. Ensuite il a été mis dans un long panier d'osier

(5) *Révolution de Paris.* No 185.
(6) id.
(7) Mercier.

qui a été chargé sur la charrette du bourreau, et, de là, transporté au cimetière de la Magdelaine, parroisse du lieu du supplice, sous une escorte de cent dragons à cheval, et tout de suite mis dans un trou de 12 pieds de profondeur où on a jetté deux pleins tonneaux de chaux vive et recomblé le trou sans autre cérémonie que deux prêtres, sans chanter, ni cierges allumés, et tout habillé. Sa femme ny sa famille ne s'en sont pas mêlés de sa sépulture d'égalité, suivant l'usage d'à présent.

. . . . . . . . . . . . . . . . . . . . . .

« Une chose singulière, c'est que, lorsque la charrette du bourreau a rapporté du cimetière le panier d'osier, il est tombé par terre, et, aussitôt, une foule de gens se sont jettés dessus, et ont frotté le fond du panier avec des linges, leurs mouchoirs, des papiers blancs et un entr'autres avec deux dés à jouer, de sorte que tout cela étoit rempli du sang du tyran, pour le conserver en mémoire du jugement. » (8)

Le soir, les théâtres de Paris ouvrirent leurs portes comme à l'ordinaire. (9).

(8) *Revue retrospective*. Août 1892.

(9) La guillotine ayant servi à l'exécution de Louis XVI est aujourd'hui à Nouméa, où elle sert aux executions des condamnés ; ce détail a été donné par M. Hugues Le Roux dans un article du *Figaro* du mois d'août 1891. M. Hugues Le Roux m'a dit tenir ces renseignements du département de la marine et des colonies. D'autre part, M Roullet, peintre qui a voyagé à Nouméa, confirme ce fait.

# TESTAMENT DE LOUIS
## envoyé à la commune de Paris LE 21 JANVIER 1793

« Au nom de la très-Sainte-Trinité, du Père, du fils et du Saint-Esprit, aujourd'hui vingt cinquième jour de décembre 1792, moi Louis XVIe du nom, roi de France, étant depuis plus de quatre mois enfermé avec ma famille dans la tour du Temple, à Paris, par ceux qui étaient mes sujets et privé de toutes communications quelconques, même, depuis le 11 du courant, avec ma famille ; de plus, impliqué dans un procès dont il est impossible de prévoir l'issue à cause des passions des hommes, et dont on ne trouve aucun prétexte ni moyen dans aucune loi existante, n'ayant que Dieu pour témoin de mes pensées, et auquel je puisse m'adresser, je déclare ici, en sa présence, mes dernières volontés et mes sentimens.

« Je laisse mon âme à Dieu, mon créateur, je le prie de la recevoir dans sa miséricorde, de ne pas la juger d'après mes mérites, mais par ceux de notre seigneur Jésus-Christ qui s'est offert en sacrifice à Dieu son père, pour nous autres hommes, quelques indignes que nous en fussions, et moi le premier.

« Je meurs dans l'union de notre sainte mère l'Eglise catholique, apostolique et romaine, qui tient ses pouvoirs, par une succession non interrompue, de Saint-Pierre, auquel Jésus-Christ les avait confiés : Je crois fermement et je confesse tout ce qui est contenu dans le symbole et les commandemens de Dieu et de l'Eglise, les sacremens et les mystères tels que l'Eglise catholique les enseigne et les a toujours enseignés. Je n'ai jamais prétendu me rendre juge dans les différentes manières d'expliquer les dogmes qui déchirent l'Eglise de Jésus-Christ ; mais je m'en suis rapporté et rapporterais toujours, si Dieu m'accorde vie, aux décisions que les supérieurs ecclésiastiques, unis à la sainte Eglise catholique, donnent et donneront conformément à la discipline de l'Eglise suivie depuis Jésus-Christ. Je plains de tout mon cœur nos frères qui peuvent être dans l'erreur, mais je ne prétends pas les juger ; e ne les aime pas moins tous en Jésus-Christ, suivant ce que la charité chrétienne nous enseigne. Je prie Dieu de me pardonner tous mes péchés ; j'ai cherché à les connaître scrupuleusement, à les détester et à m'humilier en sa présence ; ne pouvant me servir du ministère d'un prêtre catholique. Je prie Dieu de recevoir la confession que je lui ai faite, et surtout le repentir profond que j'ai d'avoir mis mon nom (quoique cela fût contre ma volonté) à des actes qui peuvent être contraires à la discipline et à la croyance de l'Eglise catholique, à laquelle je sois toujours resté sincèrement ami de cœur. Je prie Dieu de recevoir la ferme résolution où je suis, s'il m'accorde vie, de me servir, aussitôt que je le pourrai, du ministère d'un prêtre catholique pour m'accuser de tous mes péchés et recevoir le sacrement de pénitence.

« Je prie tous ceux que je pourrais avoir offensés par inadvertance (car je ne me rappelle pas avoir fait sciemment aucune offense à personne) ou ceux à qui j'aurais pu avoir donné de mauvais exemples ou des scandales, de me pardonner le mal qu'ils croient que je peux leur avoir fait.

« Je prie tous ceux qui ont de la charité d'unir leurs prières aux miennes pour obtenir de Dieu le pardon de mes péchés.

« Je pardonne de tout mon cœur à ceux qui se sont faits mes ennemis, sans que je leur aie donné aucun sujet, et je prie Dieu de leur pardonner, de même que ceux qui, par un zéle mal entendu, m'ont fait beaucoup de mal.

« Je recommande à Dieu, ma femme, mes enfans, ma sœur, mes tantes, mes frères et tous ceux qui me sont attachés par le bien du sang ou par quelque autre manière que ce puisse être ; je prie Dieu particulièrement de jeter des yeux de miséricorde sur ma femme, mes enfants et ma sœur, qui souffrent depuis longtemps avec moi, de les soutenir par sa grâce, s'ils viennent à me perdre, et tant qu'ils resteront dans ce monde périssable.

« Je recommande mes enfants à ma femme ; je n'ai jamais douté de sa tendresse maternelle pour eux ; je lui recommande surtout d'en faire de bons chrétiens et d'honnêtes hommes, de leur faire regarder les grandeurs de ce monde (s'ils sont condamnés à les éprouver) comme des biens dangereux et périssables, et de tourner leurs regards vers la seule gloire solide et durable de l'éternité : je prie ma sœur de vouloir bien continuer sa tendresse à mes enfants et de leur tenir lieu de mère s'ils avaient le malheur de perdre la leur.

« Je prie ma femme de me pardonner tous les maux qu'elle souffre pour moi et les chagrins que je pourrais lui avoir donnés dans le cours de notre union, comme elle peut être sûre que je ne garde rien contre elle, si elle croyait avoir quelque chose à se reprocher.

« Je recommande bien vivement à mes enfants, après ce qu'ils doivent à Dieu, qui doit marcher avant tout, de rester toujours unis entre eux, soumis et obéissans à leur mère et reconnaissants de tous les soins et les peines qu'elle se donne pour eux et en mémoire de moi. Je les prie de regarder ma sœur comme une seconde mère.

« Je recommande à mon fils, s'il avait le malheur de devenir roi, de songer qu'il se doit tout entier au bonheur de ses concitoyens, qu'il doit oublier toute haine et tout ressentiment, et nommément tout ce qui a rapport aux malheurs et aux chagrins que j'éprouve ; qu'il ne peut faire le bonheur des peuples qu'en régnant suivant les lois, mais en même temps qu'un roi ne peut les faire respecter et faire le bien qui est dans son cœur qu'autant qu'il a l'autorité nécessaire, et qu'autrement, lié dans ses opérations et n'inspirant point de respect, il est plus nuisible qu'utile.

« Je recommande à mon fils d'avoir soin de toutes les personnes qui m'étaient attachées, autant que les circonstances où il se trouvera lui en donneront les facultés ; de songer que c'est une dette sacrée que j'ai contractée envers les enfans ou parens de ceux qui ont péri pour moi, et ensuite de ceux qui sont malheureux pour moi. Je sais qu'il y a plusieurs personnes de celles qui m'étaient attachées, qui ne se sont pas conduites envers moi comme elles le devaient, et qui ont même montré de l'ingratitude ; mais je leur pardonne (souvent dans les momens de trouble et d'effervescence on n'est pas le maître de soi), et je prie mon fils, s'il en trouve l'occasion, de ne songer qu'à leur malheur.

» Je voudrais pouvoir témoigner ici ma reconnaissance à ceux qui m'ont montré un véritable attachement et désintéressement ; d'un côté, si j'étais sensiblement touché de l'ingratitude et de la déloyauté de gens à qui je n'avais jamais témoigné que des bontés, à eux, à leurs parents ou amis ; de l'autre, j'ai eu de la consolation à voir l'attachement et l'intérêt gratuit que beaucoup de personnes m'ont montré ; je les prie d'en recevoir mes remerciemens : dans la situation où sont encore les choses, je craindrais de les compromettre si je parlais plus explicitement ; mais je recommande à mon fils de chercher les occasions de pouvoir les reconnaître.

» Je croirais calomnier cependant les sentiments de la nation, si je ne recommandais ouvertement à mon fils, MM. de Charmilly et Hue, que leur véritable attachement pour moi avaient portés à s'enfermer avec moi dans ce triste séjour, et qui ont pensé en être les malheureuses victimes ; je lui recommande aussi Cléry, des soins duquel j'ai eu tout lieu de me louer depuis qu'il est avec moi : Comme c'est lui qui est resté avec moi jusqu'à la fin, je prie MM. de la Commune de lui remettre mes hardes, mes livres, ma montre, ma bourse et les autres petits effets qui ont été déposés au Conseil de la Commune.

« Je pardonne encore très volontiers à ceux qui me gardaient, les mauvais traitemens et les gênes dont ils ont cru devoir user envers moi : j'ai trouvé quelques âmes sensibles et compatissantes ; que celles là jouissent dans leur cœur de la tranquillité que doit leur donner leur façon de penser.

» Je prie MM. Malesherbes, Tronchet et Desèze, de recevoir ici tous mes remerciemens et l'expression de ma sensibilité pour tous les soins et les peines qu'ils se sont donnés pour moi.

» Je finis en déclarant devant Dieu, et prêt à paraître devant lui que je ne me reproche aucun des crimes qui sont avancés contre moi.

» *Fait double à la Tour du Temple, le 25 décembre 1792.*

Signé, LOUIS.

*Est écrit, Baudrais, officier municipal.*

# V

# ASSASSINAT DE LEPELETIER SAINT-FARGEAU

Assassinat d'un conventionnel. — Ses funérailles. — Son assassin. — On fouille le Palais-Royal. — Six mille arrestations. — Surveillance du Dauphin. — La Reine prend le deuil. — Sa fermeté dans le malheur. — Protestation du bourreau. — Démission de Kersaint. — Danton et Lacroix rendent leurs comptes. — Plantation de l'arbre de la Fraternité.

Le 20 janvier, la veille de la mort du Roi, un conventionnel populaire, Michel Lepeletier de Saint-Fargeau, était assassiné au Palais-Royal.

Le crime eut lieu à six heures du soir, dans un restaurant à la mode, tenu par Février. Lepeletier était seul, dans une salle, au fond du restaurant ; un jeune homme, d'une haute taille, entre, s'approche du comptoir derrière lequel était assise la femme de Février :

— Est-il vrai, demande-t-il, qu'un représentant du peuple soit chez vous ?

— Oui, il est là-bas, au fond.

Le jeune homme va droit vers le conventionnel :

— Vous êtes Lepeletier de Saint-Fargeau ?

— Oui.

— Vous avez voté la mort du Roi ?

— Oui.

— Eh bien, meurs, scélérat ! voici ta récompense.[1]

En même temps, il frappe le conventionnel d'un coup de sabre dans le flanc.

Février accourt, il saisit l'assassin, mais celui-ci se débat, se dégage et s'enfuit.

On prévint le frère du conventionnel, qui vint, une demi-heure après, juste à temps pour recevoir son dernier soupir :

— Je meurs content, dit Lepeletier, je meurs pour la liberté de mon pays.

Et il expira.

Michel Lepeletier Saint-Fargeau était un grand seigneur de l'ancien régime ; très riche, il s'était montré bienfaisant, et avait, tout de suite, embrassé les idées nouvelles.

Un de ses amis s'étonnait de son attitude politique :

— Mon ami, lui dit-il, quand on a appartenu au Parlement de Paris et qu'on a une grande fortune, il n'y a que l'un de ces deux partis à prendre : il faut être à Coblentz ou au faîte de la Montagne. [2]

Comme travaux, il s'était signalé par un rapport sur le Code pénal et par un plan d'éducation nationale, dans lequel il demandait « l'éducation commune, gratuite, obligatoire. »

Tandis que le cadavre de Louis XVI était jeté dans un panier et porté sur une charrette, au cimetière voisin, pour y être consumé le plus vite possible sous une couche de chaux vive, la Convention décrétait des funérailles triomphales au conventionnel mort pour avoir fait son devoir.

(1) *Vie de Michel Lepeletier* faite et présentée à la société des Jacobins par Félix Lepeletier son frère (1793.)
(2) *Essais Historiques de Beaulieu.* T. IV.

Le corps fut porté solennellement au Panthéon, au milieu d'une véritable apothéose.

On avait organisé une de ces représentations civiques, empruntée aux récits des fêtes romaines. Les canonniers défilèrent avec leurs canons, les tambours voilés battaient une marche funèbre ; des citoyens portaient *les Droits de l'homme*, gravés sur des tables de marbre, d'autres portaient la statue de la Liberté ; les faisceaux des 84 départements étaient promenés par les fédérés. On voyait les vêtements de la victime encore ensanglantés, hissés au bout d'une pique, entourés de branches de chêne et de cyprès. La Convention en corps, la Commune, les Jacobins, précédaient le catafalque sur lequel reposait le corps de Lepeletier, que suivaient sa famille et des groupes de mères en deuil, tenant leurs enfants par la main.[1]

Au moment où le cortège allait se mettre en marche, Palloy, l'insipide patriote Palloy, vint remettre à la famille du mort une pierre de la Bastille, sur laquelle était gravée la lettre du président de la Convention à la mère de Lepeletier.

Le cortège se mit en marche à midi ; les musiques jouaient des airs funèbres. Le catafalque sortit de la maison d'un frère du mort, place des Piques (place des Victoires). Le piédestal de l'ex-statue de Louis XIV était disposé à le recevoir. Le corps était placé sans linceul, le visage à nu, la tête penchée ; elle n'était pas défigurée ; on aurait dit que Lepeletier sommeillait. Le président de la Convention monta près du mort et lui plaça une couronne de chêne sur la tête.[2]

Une première halte eut lieu devant le club des Jacobins;

(1) *Révolution de Paris.*
(2.) id.

puis une seconde devant le club des Cordeliers, dont la façade était couverte de guirlandes de cyprès.

Arrivé au Panthéon, le cortège s'arrêta, et les deux frères du défunt s'avancèrent : l'un d'eux,[3] vêtu en garde national, prononça l'éloge de son frère : discours mal placé, mal dit, avec des gestes dramatiques et des éclats de voix hors de propos. Le plus éloquent fut le second frère, qui ne dit rien, se contentant de manifester sa douleur par ses larmes.

Après plusieurs autres discours, le cadavre fut porté dans l'intérieur du Panthéon, au bruit des fanfares et des musiques.

Curtius, qui avait un musée de cire, exposa un groupe, représentant Lepeletier étendu sur son lit de mort, tel qu'il avait été exposé sur la place des Piques.

Les poëtes se mirent de la partie, et les journaux du lendemain publièrent le quatrain suivant :

Lepeletier n'est plus ! une main ennemie
Que dût anéantir le feu vengeur du ciel,
Frappe à la fois du coup le plus cruel
Les malheureux et la Patrie. 4

Les aristocrates, qui demandaient le respect pour leurs morts, se mirent à rire en présence du cercueil de Lepeletier, et, le jour de l'enterrement, ils publièrent l'épitaphe suivante :

(3.) Félix Lepeletier Saint-Fargeau, fut compris dans le complot de Babœuf, et, après la mort de celui-ci, il adopta un de ses enfants. Député en 1815, il fit l'éloge de Napoléon 1er, qu'il appela « le sauveur de la Patrie » ; après avoir été opposé au retour des Bourbons, il mourut à Paris en 1825, adversaire de la légitimité.

(4) *Chronique de Paris.*

Ci-gît Michel Lepeletier,
Représentant de son métier,
Jadis président à mortier,
Par la grâce de Louis seize,
Contre lequel il a voté,
Mort en Janvier,
Chez Février,
L'an mil sept cent quatre-vingt-treize,
Au Jardin de l'Egalité 5

Les obsèques au Panthéon mettaient également ces beaux apôtres en joie, et leur plume méchante distillait le quatrain suivant :

Tout est changé dans nos affaires,
Jusqu'aux fourches patibulaires :
Autrefois c'était Montfaucon
Aujourd'hui c'est le Panthéon.

Le lendemain, la veuve de Lepeletier, ses deux frères et sa petite fille, âgée de six ans, parurent à la barre de la Convention, pour la remercier des honneurs rendus, la veille, à Lepeletier.

Sur la proposition de Barère, l'Assemblée décida qu'elle adoptait la fille de St-Fargeau.

***

A la demande de Thouret, dix mille livres furent votés pour celui qui se rendrait maître de l'assassin. Celui-ci fût arrêté le vendredi suivant. C'était un ancien garde du corps nommé Paris, que le fanatisme royaliste avait poussé. Après avoir cherché le duc d'Orléans, toute la journée, pour le frapper, il avait passé sa rage de vengeance sur le premier régicide qu'il avait rencontré.

(5) *La Feuille du Matin.*

Paris était sorti de la capitale le 26 janvier ; il partit à pied, vêtu du costume de garde national ; il coucha à Gisors, dans la nuit du dimanche au lundi. Le 31 janvier, il arriva à Forges-les-Eaux. Probablement pour calmer le trouble auquel son âme était en proie, il but plus que de raison, et ses manières étranges attirèrent l'attention des habitants ; on le surveilla et on l'aperçut par le trou de la serrure de sa chambre, se promener avec l'air égaré, se mettre à genoux, baiser à plusieurs reprises sa main droite.

Prévenue, la municipalité envoya trois gendarmes pour lui demander ses passeports. Paris était couché. Comme il ne pouvait montrer de papiers, les gendarmes l'invitèrent à les suivre à la mairie, il répondit qu'il y allait, mais, ayant fait un mouvement sur le côté droit, il saisit un pistolet qui se trouvait dans le traversin, et se brûla la cervelle. [1]

On saisit son portefeuille, dans lequel on trouva 1208 livres en assignats, son extrait de naissance et son congé de licenciement de la garde du roi, en date du 1er juin 1792. Au dos de ce brevet, Paris avait écrit de sa main :

« *Mon brevet d'Honneur* »

« Qu'on n'inquiète personne ; personne n'a été mon complice dans la mort du scélérat Saint-Fargeau. Si je ne l'eusse pas rencontré sous ma main, je faisais une plus belle action, je purgeais la France du régicide, du parricide d'Orléans. Qu'on n'inquiète personne ; tous les français sont des lâches, auxquels je dis :

(1) *Révolution de Paris*.

« Peuple, dans tes forfaits jettant partout l'effroi,
« Avec calme et plaisir j'abandonne la vie.
« Ce n'est que par la mort qu'on peut fuir l'infamie
« Qu'imprima sur nos fronts le sang de notre roi.

Signé : PARIS,

« *L'aîné, garde du roi assassiné par les Français.*[7] »

Mais, avant que l'on connût ce suicide, la Commune prit les plus grandes précautions, et commença par faire cerner le Palais-Royal (palais de l'Égalité), pour y arrêter les citoyens sans cartes et sans asiles, réfugiés dans ces repaires, où se trouvaient de nombreux tripots et de nombreuses maisons de filles, lieux propices pour cacher les aristocrates qui n'avaient pas de domicile, et parmi lesquels on espérait rencontrer l'assassin.

Santerre commanda vingt-cinq hommes à chacune des quarante-huit sections : soit douze cents hommes, qui, avec trois mille trois cents fédérés, à sept heures précises du soir, investirent le Palais-Royal.

Six mille hommes environ, trouvés sans carte de civisme, furent conduits dans les sections ; plusieurs furent arrêtés, mais l'assassin ne se trouvait pas parmi eux.

Ce blocus dura toute la nuit ; mais c'est un des abus d'autorité dont on commençait à ne plus s'étonner. Le Comité de sûreté générale, pris pourtant dans le sein de la Montagne, soulevait ainsi de justes critiques, de la part des patriotes ; et Prudhomme, le journaliste républicain, le comparait au Conseil des Dix.

(7) Malgré ce suicide, le frère de Lepeletier a toujours cru que l'assassin de son frère n'était pas mort. Il a écrit cette opinion dans une note ajoutée aux pièces justificatives qu'il a réunies dans son édition des œuvres de son frère. Les explications qu'il fournit nous paraissent dictée par un amour des plus touchants, mais trop enclin à s'illusionner. Aucune des allégations avancées par lui ne nous semble probante, et on peut considérer comme certain le suicide de Paris à Forges-les-Eaux.

Sur la proposition d'Hébert, la Commune, craignant, si le fils de Louis XVI échappait, « de voir bientôt se ranger autour de lui un parti formidable, » redoublait de vigilance pour conserver cet ôtage.

Marie-Antoinette, elle, dont il serait injuste de ne pas reconnaître la hauteur d'âme, la grandeur de caractère et le courage admirable dans le malheur, se mit à traiter son fils en roi. Comme sa belle-sœur lui montrait combien peu il leur restait d'espoir :

— Je compte beaucoup sur l'inconstance des Français et sur l'issue de la guerre. Le temps et les puissances coalisées, voilà nos soutiens.

Cette femme, si folle, si légère, quand elle était sur le trône, n'eut pas une minute de faiblesse en prison : durant ces douloureuses journées, elle arracha la sympathie par la fermeté de son cœur, l'énergie de son âme et son merveilleux amour maternel.

Le lendemain de la mort du Roi, nous trouvons sur les registres des arrêtés du Temple : « Marie-Antoinette demande pour elle un habillement complet de deuil, et pour sa famille, le plus simple. »

La Commune délibère et accorde cette demande. Un costume de femme du peuple, en toile et en laine, tel est le vêtement de la fille de Marie-Thérèse, portant le deuil du petit-fils de Louis XIV.

Elle enferme ses beaux cheveux blonds, qui blanchissent, dans un bonnet blanc à long tuyaux ; elle porte un fichu de laine blanche, noué sur la poitrine, cachant ces épaules, si belles jadis, qui ont porté la pourpre royale. Une robe noire sans volants et une paire de souliers grossiers complètent le costume.

Si le Conseil de la Commune accorde ces quelques vêtements, il refusa à Cléry d'aller servir la Reine, comme il avait servi le roi, c'est-à-dire, avec un dévouement extraordinaire ; il refusa aussi à la nourrice de la jeune princesse, la citoyenne Laurent, l'autorisation, qu'elle sollicitait, d'aller voir sa fille de lait.

Les prisonniers restèrent seuls, abîmés dans leur douleur, pendant qu'au dehors on s'occupait des petits incidents qui avaient accompagné le drame du 21 janvier.

On avait attaqué la probité professionnelle du bourreau, qui protesta, en publiant le billet suivant :

« Citoyens, j'apprends dans le moment qu'il *coure* le bruit que je vends ou fais vendre des cheveux de Louis Capet. S'il en a été vendu, ce commerce infâme ne peut avoir eu lieu que par des fripons : la vérité est que je n'ai pas souffert que personne de chez moi en rapportât ou en prît le plus léger vestige. »

SANSON,

*Exécuteur des jugements criminels.*

Le même jour, Kersaint, député de Seine-et-Oise, envoya fièrement sa démission à la Convention.

« L'amour de mon pays m'a fait endurer le malheur d'être le collègue des panégyristes et des promoteurs du 2 septembre ; je veux au moins défendre ma mémoire du reproche d'avoir été leur complice, et je n'ai pour cela qu'un moment, celui-ci ; demain, il ne serait plus temps. Je rentre dans le sein du peuple. »

Mandé à la barre pour s'expliquer, Kersaint déclare n'avoir voulu parler que des promoteurs des journées de septembre, et de Marat, qui avait écrit qu'il fallait égorger deux cent mille citoyens. Le Président l'invita à reprendre sa place : il refusa ; on lui décerna les honneurs de la séance, qu'il refusa également.

Dans les séances des 22 et 23, Lacroix et Danton rendirent compte de la mission qu'ils avaient remplie en Belgique, et purent répondre de manière à détruire toutes les calomnies qu'on a essayé de porter sur leur probité. [1]

Du 22 au 31, les séances furent occupées par deux rapports : l'un, de Dubois Crancé, sur l'organisation des armées ; l'autre, de Sieyès, sur l'organisation du ministère de la guerre.

Roland, alarmé de la tournure que prenaient les évènements, fatigué de lutter contre d'injustes attaques, donna sa démission, dans une longue lettre où il rendait compte de la façon dont il avait géré le pouvoir : « J'ai longtemps méprisé la calomnie, disait-il en terminant, mais enfin l'indignation s'est jointe au mépris ».

Le ministère, en perdant Roland, n'était pas affaibli ; il perdait un esprit honnête, mais aussi un homme sans grandes conceptions, ayant plus d'entêtement orgueilleux que de fermeté. Garat, ministre de la justice prit la place de Roland.

Après les plaintes de Roland, la Convention entendit celle des tribunaux, se plaignant de l'incivisme des avoués, et décréta : « Que les avoués ne pourraient exercer leurs fonctions auprès d'un tribunal quelconque, sans être pourvus d'un certificat de civisme du lieu de leur domicile. »

La semaine se termina par une fête civique ; on planta l'arbre de la Fraternité sur la place du Carrousel, en l'honneur des fédérés des départements et des fédérés des sections. Une députation de la Convention, le Con-

(1) Voir plus loin notre chapitre sur les *Concussions de Danton en Belgique*.

seil de la Commune, les Jacobins en corps, y assistèrent ; on jura, de nouveau, de détruire les tyrans qui marchaient contre la France, et de conserver la liberté.

---

# LA GUERRE DÉCLARÉE A L'ANGLETERRE

## VI

LA GUERRE DÉCLARÉE A L'ANGLETERRE. — CRÉATION DE 800 MILLIONS D'ASSIGNATS. — PLAINTES DE LA COMMUNE CONTRE LES PRISONNIERS DU TEMPLE. — HUMANITÉ DE PLUSIEURS COMMISSAIRES. — LES THÈMES DÉFENDUS. — LA SAINT-CHARLEMAGNE. — MÉSAVENTURES D'UN PETIT CRIEUR PUBLIC. — DÉMISSION DE CHAMBON. — PACHE REMERCIÉ. — TROIS PIÈCES A SUCCÈS. — LE TRIOMPHE DE LA RÉPUBLIQUE. — LA CHASTE SUZANNE. — LA PAPESSE JEANNE.

Le 1er février, sur un rapport de Brissot, la Convention déclarait la guerre à l'Angleterre ; en même temps, elle rendait un décret, créant huit cent millions d'assignats, et déclarant qu'il pouvait y en avoir trois milliards cent millions en circulation. Ce décret, destiné à combler le déficit, devenu plus grand avec les dépenses nouvelles, ne fit que diminuer la confiance publique dans les assignats, dont la valeur était déjà amoindrie.

A Paris, ce double décret, d'une importance capitale, fut moins commenté que les récriminations de plusieurs membres de la Commune contre Marie-Antoinette. Quelques jours auparavant, un commissaire s'était plaint des soins exigés par la garde des prisonniers du Temple, et surtout de la table de Marie-Antoinette, qui était trop somptueusement servie.

« Il est étonnant, s'était-il écrié, qu'après la mort de « Louis Capet, on nous établisse encore les valets de « chambre de sa femme ; oui, les valets de chambre, « car, sans doute, c'est pour vider son pot de chambre

« qu'on nous y envoie ; il est temps qu'on relève le « Conseil général de ce fardeau. »

Et il avait ajouté : « Il est scandaleux qu'on voie encore au Temple huit cuisinières. Qu'on l'envoie à la Conciergerie ou à la Force ».[1]

Tous les membres de la Commune n'étaient heureusement pas si rigides : le chirurgien Lacaze put être introduit au Temple, pour donner promptement des soins à la jeune princesse, qui avait des plaies aux jambes ; en même temps, l'apothicaire Robert, reçut l'ordre de préparer les médicaments prescrits.

Malgré des accès de brutalité inutile, nombreux furent les commissaires qui surent concilier leur devoir de gardiens avec la pitié due au malheur. Souvent un commissaire se surprenait, essuyant une larme furtive, à la vue de cette femme résignée, qui avait été une reine puissante, aimable, belle, enjouée, et à la vue de ces deux enfants, qui n'avaient commis d'autre faute que de naître sur les marches du trône. Lebœuf s'emploie à faire obtenir au petit prince *les Aventures de Télémaque*; Maille se découvre respectueusement devant les prisonniers, et ne consent à remettre son chapeau que lorsqu'ils sont passés. Lepitre [2], professeur de rhéto-

(1) *Chronique de Paris.*

(2) Lepitre (Jacques François), d'abord professeur de l'Université, puis chef d'une des premières maisons d'éducation de Paris, était né le 6 janvier 1764. Partisan de la Révolution, membre de la Commune, il était néanmoins lié avec les monarchistes. Désigné par le sort pour être un des commissaires chargés de surveiller le roi au Temple, il se montra très humain et consentit à faire quelques commissions au dehors. Après le 21 janvier, la sensibilité de son âme l'emporta sur son patriotisme, et il participa à un plan d'évasion, de concert avec Toulan et le marquis de Jarjayes, plan qui échoua. Toulan fut condamné à mort, le marquis de Jarjayes put gagner l'étranger et Lepitre fut traduit devant le tribunal révolutionnaire, mais acquitté. En 1816, il fut nommé professeur de rhétorique au lycée de Rouen et plus tard à celui de Versailles, où il mourut le 18 janvier 1821. Il a laissé un récit sur la captivité de la famille royale au Temple.

rique, apporte à la reine l'hommage de ses romances sentimentales ; l'épicier Daugé, séduit par la grâce du duc de Normandie, ne peut s'empêcher de l'embrasser en cachette, sur la plateforme de la tour.

On pourrait citer bien d'autres exemples : ceux de l'administrateur de la police Jobert [1], du maçon Vincent, de l'architecte Rugneau, de Michonis [2] ; quelques-uns payèrent leur humanité d'une comparution devant le tribunal révolutionnaire.

Ces attendrissements étaient dangereux à une époque où le patriotisme, devenu soupçonneux à l'exces, poussait les sections à des investigations minutieuses [3].

Dans une des dernières séances des Jacobins, du mois de janvier, on entendit une députation de la section des Tuileries se plaindre de ce que des professeurs avaient donné à leurs élèves des thèmes pour les apitoyer sur le sort de Louis XVI ; on manda les professeurs, et on s'aperçut que tout cela était exagéré [4].

Exagérée aussi, l'accusation de Réal, portée à la Commune, contre Forestier, principal du collège des Quatre-Nations, dénoncé pour avoir fait célébrer, par les élèves, la traditionnelle fête scolaire de Saint-Charlemagne.

Réal prononça un véritable réquisitoire contre Forestier et contre Charlemagne.

Enquête faite, on apprit que tout s'était borné à l'observation d'un usage ; que Forestier, ayant fait tous ses

(1) JOBERT ancien négociant de Paris ; au 9 thermidor, il poussa la Commune à se révolter en faveur de Robespierre, fut mis hors la loi et exécuté le 11 thermidor.

(2) MICHONIS, limonadier ; son humanité au Temple lui valut plusieurs dénonciations ; il fut arrêté deux fois et renvoyé devant le tribunal révolutionnaire, pour avoir offert à la reine un œillet dans lequel se trouvait un billet ; il fut condamné à mort et exécuté le 17 juin 1794.

(3) *Histoire parlementaire*. X. XXIII. page 92.

(4) *Le Républicain* (3 février 1793).

efforts pour donner à cette fête une tournure républicaine, s'était au contraire montré bon patriote ; au nom de la Saint-Charlemagne, il avait substitué celui de fête de l'émulation ; au banquet, il avait porté des santés à la Liberté, à l'Egalité et à la République.

La Commune elle-même ne trouva rien à reprendre, et elle se déclara satisfaite de la conduite de Forestier.

***

On ne plaisantait pas à ce moment, et les Parisiens étaient surchauffés.

Le 2 février, au Palais-Egalité, (Palais Royal), un enfant criait et vendait une brochure.

— Demandez les crimes de Louis XVI, deux sous !

Un homme trouve ce titre mauvais, et veut interdire à l'enfant de crier.

— Mais, c'est mon métier et mon gagne-pain !

— N'importe, je te défends de crier ce titre.

Le vendeur ne tient aucun compte de ces observations, et il continue de crier, étendant le bras vers les passants pour leur offrir la brochure.

Son interlocuteur tire un sabre, et, d'un coup violent, abat le poignet de l'enfant ; puis il se sauve et se perd dans la foule.

Epoque de mœurs violentes, où l'on ne s'étonne pas de voir les esprits pacifiques fuir les responsabilités.

Aussi, ce même jour, 2 février, le maire de Paris, Chambon [1], l'ami des Girondins, donna sa démission. Tracassé à la suite de son attitude modérée devant la

(1) Chambon (Antoine Benoit) était médecin à Paris ; il se lia avec les Girondins et particulièrement avec Gensonné dont il partagea la haine pour Robespierre. A la suite du 31 Mai 1793, il fut décrété d'accusation, déclaré traitre à la patrie et mis hors la loi. Découvert à Lubersac, où il s'était caché, il fut tué dans une grange, au mois de novembre. En 1795, la Convention accorda une pension à sa veuve.

Convention, à propos de l'arrêté suspendant *l'Ami des Lois*, il préfère abandonner l'Hôtel-de-Ville, et il se contente de sa place à la Convention, où il représente la Corrèze.

Au même moment, le ministre de la guerre, Pache [1], si souvent attaqué avec acharnement par la Gironde et avec non moins d'acharnement par La Montagne, était remercié ; on le renvoyait du ministère, et l'on décrétait, en même temps, que son successeur aurait six adjoints choisis par lui, mais agréées par le conseil exécutif.

Pache avait notamment pour défenseur Marat, dont la protection ne portait pas bonheur, et qui était lui-même attaqué, de la plus violente façon, dans la séance du 3 février. Marat réclamait contre la nomination du conventionnel Lidon, comme commissaire aux armées ; il lui reprochait surtout d'avoir voté pour l'appel au peuple dans le procès de Louis XVI.

Boyer-Fonfrède traita d'insolence l'observation de Marat, et l'Assemblée passa à l'ordre du jour.

***

Aux théâtres, l'attention publique était attirée par quatre pièces nouvelles : *Dumouriez à Bruxelles*, *Le Triomphe de la République*, à l'Opéra, *La chaste Su-*

(1) PACHE (Jean-Nicolas) était fils d'un suisse, concierge du maréchal de Castries ; il reçut une bonne éducation ; il se lia avec Brissot et fut employé dans les ministères, refusant avec obstination les appointements de sa place, ce qui lui valut une grande réputation de désintéressement, au point qu'on ne l'appelait que *Papa Pache*. Le 3 octobre 1792 il remplaça Servan au ministère de la guerre, où il s'entoura d'agents révolutionnaires ; il se montra rigoureux contre les fournisseurs qui se liguèrent et répandirent le bruit de son incapacité. Il dut quitter le ministère devant les oppositions suscitées à ce sujet. Il fut arrêté, dans le courant de mai 1794, par ordre du comité de Salut public comme complice d'Hébert et acquitté. Après avoir été impliqué dans la conspiration de Babœuf et s'être innocenté, il se retira de la vie publique et mourut dans l'obscurité.

*zanne* au Vaudeville [1], et *La papesse Jeanne*, au Théâtre des Troubadours [2].

La première de *Dumouriez à Bruxelles ou les Vivandières*, eut lieu le 29 Janvier. La pièce contenait une nombreuse figuration, avec des marches et des évolutions de choristes. A la fin de la pièce, Mlle Candeille s'avancait pour nommer l'auteur de la pièce, quand, tout à coup, une femme, déjà âgée, se lève aux premières loges et s'écrie :

— Citoyens, vous demandez l'auteur, le voici : c'est moi, c'est Olympe de Gouges. Si vous n'avez pas trouvé la pièce bonne, c'est que les acteurs l'ont horriblement jouée.

Là-dessus éclatent les sifflets, les applaudissements ironiques, entremêlés de grands éclats de rire.

A la deuxième représentation, le parterre escalade la scène et danse la Carmagnole, enterrant la pièce sous des refrains et des chansons à la mode.

Olympe de Gouges publia ses mémoires, attribuant son échec à une cabale de comédiens. « Ces misérables, écrit-elle, me reprochent mon incivisme, parce que je me suis proposée pour la défense officieuse de Louis XVI. »

*Le Triomphe de la République*, de Gossec, était la mise en action de *la Marseillaise*, et se terminait par un ballet, où les différentes nations, après un pas nouveau, venaient rendre hommage à la Liberté.

*La chaste Suzanne*, représentée le 5 janvier, était

(1) Le théâtre du Vaudeville fut ouvert en 1792, près du Palais royal, sur l'emplacement d'une ancienne salle de danse appelée Waux-hall ; un incendie le détruisit en 1838, et le Vaudeville fut alors construit place de la Bourse, jusqu'au moment où on le transporta boulevard des Capucines.

(2) *Le théâtre de la Révolution* par Welschinger.

passée inaperçue tout d'abord ; mais, à la suite de la mort de Louis XVI, les royalistes y découvrirent des allusions, qui firent du parterre du Vaudeville un véritable champ de bataille.

Quand Azarias, le juge, dit aux vieillards Accaras et Barzabos :

— Vous avez été des dénonciateurs, vous ne pouvez être des juges.

Les royalistes éclatèrent en applaudissements. On trouvait là une sorte de paraphrase de la parole de Desèze, dans le procès de Louis XVI. « Je cherche parmi vous des juges et ne trouve que des accusateurs. »

En outre, on voulut voir dans la pièce de nombreuses allusions à Marie-Antoinette, et les patriotes allèrent siffler l'auteur. Delpêche s'en plaignit à la Commune, représentant les siffleurs comme une poignée de perturbateurs après dîner.

La Commune « chargea le comité de police de surveiller cette pièce, afin qu'elle n'occasionnât aucun trouble, et d'empêcher qu'elle ne pervertît l'opinion publique. »

Quant à la plainte de Delpêche, le Conseil général « passe à l'ordre du jour, attendu qu'elle ne peut inspirer que le mépris. »

Le Comité de Police exigea des auteurs, Barré, Bordet et Desfontaines, qui étaient d'ailleurs des patriotes et qui n'y avaient pas entendu malice, des corrections et la suppression de tout ce qui pouvait fournir prétexte au tapage. Pour plus de sécurité, les auteurs prièrent les Jacobins d'envoyer quatre délégués à la re-

(1) « *Histoire des Théâtres* par Etienne de Martainville. — T. III p. 67.

prise, afin de s'assurer que la pièce ne contenait plus rien d'anti patriotique.

Les quatre délégués se montrèrent satisfaits, et la pièce put continuer.

Tout autres étaient les manifestations provoquées par *La Papesse Jeanne*, comédie en un acte et en vers.

Les personnages étaient cinq cardinaux, dont un cachait la papesse Jeanne, et deux paysans.

Au lever du rideau, la scène représente le jardin du conclave : on procède à une élection ; mais, comme le résultat se fait attendre, le peuple menace de briser les grilles.

Parmi les candidats, se trouve la papesse Jeanne, dissimulée sous des habits de cardinal ; en vue de sa nouvelle dignité, elle prie Florello, son amant, de renoncer à son amour.

Celui-ci propose un accomodement, et chante :

Pour prix d'un inutile amour,
Pour prix des regrets que j'emporte,
Daignez du moins, daignez un jour,
Du Paradis m'ouvrir la porte.
Ou souffrez qu'un amant discret,
Qui certes n'est pas incrédule,
Aille, quelquefois en secret,
Du pape baiser la mule.

Jeanne est élue. Elle arrive, en habits pontificaux, entourée du Sacré-Collège, qui chante :

A notre nouveau Saint-Père,
Ciel, accorde ton appui.
Sur la Chaire de Saint-Pierre,
La vertu monte aujourd'hui.

Le peuple accourt et les femmes donnent leur note. Le

chœur des dames romaines dévoile ses impressions dans ce couplet :

Quel avenir agréable
Nous promet ce choix flatteur !
Il est jeune, il est aimable,
Il fera notre bonheur.

Le nouveau pape, ou plutôt la papesse, entre en fonctions et commence à prendre des mesures que les Sans-Culottes auraient contresignées. Elle supprime les impôts, confisque les biens des cardinaux et ordonne le mariage des prêtres.

Le célibat du vice est la source infinie.
Je veux que désormais le clergé se marie.

Le tout se termine par une ronde et par des couplets en l'honneur des Jacobins.

Pièce hardie, risquée, farce agréablement rimée, excitant au mépris et au ridicule d'une religion dont les prêtres se vengeaient, en organisant la guerre civile.

Du 3 au 9 Février 1793.

# PETITES MESURES ET PETITES PROPOSITIONS

PACHE ÉLU MAIRE DE PARIS. — BEURNONVILLE NOMMÉ MINISTRE DE LA GUERRE. — LE CONCOURS DES VOITURES D'AMBULANCES. — LA PENSION DU MOLIÈRE ITALIEN. — CRÉATION D'UN MUSÉUM. — DÉCOUVERTE D'UN RUBENS. — MARIE-ANTOINETTE DEMANDE DES CHEMISES POUR SON FILS. — PLUS DE CHIENS NI DE CHATS. — TROUBLES DE LYON. — CARRIER MODÉRÉ. — LA PREMIÈRE DE « FÉNELON. »

A la suite de la démission de Chambon, Pache, le ministre de la guerre, renversé par les efforts des Girondins, fut élu maire de Paris, grâce aux menées de la Montagne. La situation de maire de Paris était assurément aussi importante, dans ces jours troublés, que celle de ministre de la guerre. Le traitement du maire s'élevait à cent mille livres, son rôle était considérable et son influence très grande dans tous les événements.

La Convention, pour remplacer Pache au ministère de la guerre, nomma un ami intime de Dumouriez, Beurnonville.

En arrivant, Beurnonville mit sa signature au bas d'une mesure préparée par ses prédécesseurs. Il s'agissait d'un prix proposé pour la construction de voitures d'ambulances, destinées à transporter les malades et les blessés des armées.

Les conditions exigées étaient que les voitures fussent commodes, légères, solides, le moins dispendieuses possible ; qu'elles pussent passer dans les mauvais chemins, dans les ornières ; que le chargement et le déchargement fussent faciles. Le prix accordé au meilleur modèle était de dix mille livres.

Les soins corporels aux blessés ne faisaient pas oublier la protection due aux écrivains ; et, le 7 février, Chénier montait à la tribune de la Convention pour demander de continuer à Goldoni, surnommé par Voltaire « le Molière de l'Italie », une pension de quatre mille livres que la France lui servait depuis 1758.

Goldoni avait alors quatre-vingt-six ans, et, suivant Chénier, « il descendait dans la tombe en bénissant le ciel d'être Français et républicain. »

La pension fut maintenue à l'unanimité.

En même temps, la Convention s'occupait de la formation d'un Muséum national, où seraient rassemblés les chefs-d'œuvre de la peinture, de la sculpture et de la bibliographie ; elle votait la restauration d'un Rubens trouvé couvert de poussière « la rouille du temps » dans un grenier obscur de Saint-Lazare.

La Commune, elle, s'occupait d'objets plus minutieux et examinait une demande faite par Marie-Antoinette « de quinze chemises pour son fils, attendu que sur vingt-quatre il y en a neuf anciennement faites, qui lui sont devenues beaucoup trop courtes, parce qu'il grandit chaque jour sensiblement. »

Le conseil de service au Temple, après en avoir délibéré, renvoya cette demande au conseil général de la Commune, qui y fit droit.

***

Ces minuties ne paraissaient pas déplacées à une époque où Santerre se livrait à des calculs rigoureux sur ce que mangeaient les chiens et les chats de la ville de Paris ; il en arrivait à trouver approximativement que ces animaux absorbaient par jour la nourriture de quinze cents citoyens. ou dix sacs de farine. Santerre proposait donc de supprimer chiens et chats.

***

Prudhomme, dans son journal, lui opposait une autre proposition.

Il calculait que, chaque dimanche, on distribuait au moins un pain bénit dans chaque paroisse des quatre-vingt-six départements. Chaque pain pesant en moyenne quatre livres, en comptant deux paroisses par municipalité, c'était cent mille pains par semaine consommés pour le luxe du culte ; soit seize cent mille livres de pain, gaspillé ou perdu.

En supprimant les pains bénits, Prudhomme avait trouvé le moyen de diminuer la disette.

Ces mesquines discussions et ces puérilités passèrent inaperçues en face des gros événements de la semaine : les troubles de la ville de Lyon. qui avaient commencé dans le courant de janvier et qui continuèrent durant tout le mois de février.

Ces troubles commencèrent à propos d'une mesure prise par le conseil général de la commune, refusant aux vingt-six notaires de Lyon — royalistes pour la plupart — le certificat de civisme, nécessaire pour l'exercice de leur profession.

Cette mesure éveilla les passions, les esprits fermentèrent, et la municipalité ordonna des visites domiciliaires, qui durèrent plusieurs jours et amenèrent l'arrestation de cent cinquante personnes.

En même temps, les Girondins lyonnais accusèrent les Jacobins de vouloir placer la guillotine sur les ponts de la ville. Le maire Nivière, un modéré, désapprouve les visites domiciliaires, donne sa démission, mais il est réélu par huit mille suffrages sur neuf mille votants. Les aristocrates envahissent le club des Jacobins, déplacent les statues de Jean-Jacques Rousseau et de la Liberté. Les contre-révolutionnaires s'emparent des postes de la poudrière et de l'arsenal.

Sur le rapport de Tallien, dans la séance du 25 février, la Convention envoya trois commissaires, Rovère, Bazire et Legendre, pour aller à Lyon rétablir l'ordre.

Il était trop tard, Lyon était en proie, pour de longs mois, à la guerre civile.

Un journaliste Girondin de Lyon vint à Paris protester contre le rapport de Tallien, et publia une lettre contre les exaltés, qu'il accusait d'avoir voulu installer la guillotine sur les ponts, afin que les têtes, une fois coupées, les corps tombassent dans la rivière, « Notre révolution, s'écrie l'auteur, ne peut-elle donc s'affermir que par le sang des victimes ? »

Ce modéré, que le sang faisait reculer, se nommait Carrier, le futur proconsul de Nantes !

Les trois députés de la Convention partirent pour Lyon, et l'Assemblée, le 7 février, votait une taxe progressive sur les riches, afin d'arrêter le déficit.

Au théâtre de la République on représentait une tragédie nouvelle de « Fénelon » de M. J. Chénier, écrite dans la note du jour, et dont voici une courte analyse :

Fénelon arrive à Cambrai, où il trouve un de ses amis d'enfance, le commandant de la ville : d'Elmance, dont la femme, Héloïse, et la fille sont prisonnières au fond d'un cloître.

Fénelon, après l'avoir consolé, lui expose ses projets

et lui apprend qu'il veut instruire la jeunesse avec *Télémaque*.

> Le mauvais courtisan, je veux peindre, à la fois,
> Les misères du peuple et les crimes des rois.

Fénelon apprend le lieu où est enfermée Héloïse, au fond du souterrain d'un couvent. Il veut aller la délivrer sans retard ; en vain un prêtre vient lui annoncer qu'on l'attend à l'église pour les cérémonies ; l'archevêque ne veut rien entendre.

> Une femme périt dans un séjour d'effroi ;
> Du fond de son tombeau la victime m'appelle.
> Mon cœur entend ses cris et je vole auprès d'elle ;
> C'est mon premier devoir, servons l'humanité...
> Après, nous rendrons grâce à la divinité.

Fénelon pénètre dans le cloître, délivre Héloïse et la rend à son mari, d'Elmance, qui le remercie, comme bien l'on pense.

Il le loue dans une tirade :

> Si les prêtres toujours vous avaient ressemblé,
> Le genre humain par eux eût été consolé,
> Le nom de Dieu n'eût pas ensanglanté la terre.

Fénelon termine par une déclaration plus dans le ton d'un jacobin que dans celui d'un archevêque.

> C'est ainsi que de Dieu la loi pure et sacrée,
> Par ses persécuteurs se voit déshonorée !
> A force d'attentats, ils la feront haïr.

On applaudit fort cette pièce, en février 1793, au lendemain de la mort du roi ; mais, l'année suivante, en mars 1794, la Commune la trouvera trop peu patriotique et l'interdira en même temps que *Henri VIII*, *Calas*,

*Horace, Andromaque, Phèdre, Britannicus, Bajazet, le Malade imaginaire.*

C'était le moment où la Commune, pratiquant ce qu'on appela « l'Hébertisme des arts, » changeait et corrigeait, suivant une formule prétendue révolutionnaire, des vers du *Cid*, de *Tartufe* et du *Misanthrope*.

Nous n'en sommes pas encore là.

---

# VIII

# SITUATION TENDUE

SITUATION GÉNÉRALE. — DISETTE. — GUERRE CIVILE. — ARTICLE DE FAUCHET. — PROJET DE CONSTITUTION DE CONDORCET. — UN AMI DE MARAT EMPRISONNÉ. — INCIDENTS A LA CONVENTION. — VŒU DES RÉPUBLICAINS LYONNAIS. — LES ÉTATS DE MONACO RÉUNIS A LA FRANCE. — VŒU POUR LA DESTRUCTION DES MOINEAUX. — ON SOUSCRIT POUR LES VAISSEAUX.

La France est, en ce moment, dans une des crises les plus terribles qu'elle ait jamais traversées.

La guerre civile éclate à Lyon, en Vendée ; la disette agite Paris, et la misère, exploitée par les aristocrates, pousse les malheureux au sac des boutiques et des boulangeries ; l'Europe tout entière se concerte, se coalise, se lève et marche pour écraser la jeune République.

L'évêque journaliste Fauchet, dans le *Journal des Amis*, écrit ces lignes, où se reflètent l'épouvante et la terreur :

« L'ancien monde touche à son terme, il va bientôt achever de se dissoudre : un second chaos doit précéder la création nouvelle ; il faut que les éléments de la nature se mêlent, se combattent, se confondent, pour faire éclore la société véritable : c'est la guerre universelle, qui va enfanter la paix de l'Univers ; c'est l'entière dissolution des mœurs, qui va créer la vertu des nations ;

c'est le malheur de tous qui va nécessiter le bonheur général. « Nous sommes au moment le plus terrible de la crise de l'humanité. »

La Convention, malgré quelques incidents intimes, des plus vifs, ne perd ni son courage ni son sang-froid ; elle s'occupe, sans retard, du recrutement de l'armée ; elle réorganise la marine, les ministères, et trouve encore le temps d'écouter Condorcet, qui fait son rapport sur le plan d'une Constitution républicaine, plan renvoyé à un comité dans les premiers jours de la session.

Le projet de Constitution est précédé d'une longue étude philosophique, de cinquante pages, en petit texte, et le projet lui-même débute par ces quatre lignes :

« La nation Française se constitue en République, une et indivisible, et fonde son gouvernement sur les droits de l'homme, qu'elle a reconnus et déclarés, et sur les principes de l'égalité et de la souveraineté du peuple. »

Tous les habitants mâles, du territoire, sont admis au titre de citoyen français ; tous les citoyens âgés de vingt-cinq ans sont éligibles à toutes les places. Le suffrage universel est la base des élections. Toutes les places, toutes les fonctions sont électives. Le Jury, en matière civile, juge les procès, après que les arbitres librement choisis se sont prononcés sur chacun d'eux.

Les élections ont lieu par scrutin de liste de département.

La peine de mort est supprimée.

Le peuple conserve le droit de demander la réforme de la Constitution.

Après avoir écouté la lecture du rapport et du projet, on remit à plus tard la discussion de ce plan général, qui fut distribué à chaque député, afin d'être étudié et approfondi.

***

A la Convention, on assistait parfois à des scènes étranges.

Plusieurs conventionnels se rendaient armés aux séances. Merlin de Thionville, non content des deux pistolets passés dans sa ceinture, se mit à porter un sabre comme Marat.[1] Le député des Bouches-du-Rhône, Granet, ne quittait jamais un gros bâton, dont il menaçait ceux qui n'étaient pas de son avis.[2] Un d'eux, Bardry de la Loire, s'élance sur Chambon et veut le frapper.[3] Ce même Chambon et cinq ou six de ses collègues se précipitent vers la tribune où se trouvait Robespierre, et, malgré les efforts des huissiers, menacent Robespierre, à qui Chambon montre sa canne à lance.[4] Un autre conventionnel, du côté droit, se dirige sur Duquesnoy, qu'il veut frapper d'un coup de sabre.[5]

Quels que fussent les importants travaux dont elle s'occupait en ce moment, la Convention perdait souvent son temps à des incidents d'une extrême violence, comme celui du 12 février.

Après le 10 août, la Commune de Paris avait envoyé dans les départements de nombreux commissaires, pour rechercher des armes destinées aux bataillons de volontaires, et, au besoin, réquisitionner des chevaux. Un de ceux-là était Royou, dit Guermen, le frère de cet abbé Royou, rédacteur du journal l'*Ami du roi*, qui avait été mis en accusation, l'année précédente, pour avoir défendu

(1) Bayot *Mémoires*.
(2) *Biographie universelle* de Michaux.
(3) Séance du 7 janvier 1793.
(4) *Paris 1793*, par Ed. Biré.
(5) *Deuxième discours de A.-B.-S. Guffroy, député du Pas-de-Calais (Laroche.)*

la Royauté avec autant d'imprudence que de chaleur ; mais Royou, le commissaire de la Commune, était l'ami de Marat et fort haï des aristocrates. Les administrateurs du département du Finistère l'avaient fait arrêter et conduire à Paris, parce que ses pouvoirs manquaient du sceau du conseil exécutif, et parce que la signature de Roland y avait été rayée. C'était évidemment un prétexte pour se débarrasser d'un proconsul dont les actes, arbitraires peut-être, gênaient les administrateurs modérés du Finistère.

Le 12 février, la question de la détention de Royou vient devant l'Assemblée, et Marat y prend part, criant, tempêtant, invectivant contre ses interrupteurs.

S'adressant aux membres de l'extrême droite, qui interrompaient Thuriot défendant Royou, Marat s'écrie :

— Vous êtes des gredins, des aristocrates, des coquins.

Un moment après, il s'en prend aux tribunes, qui interrompaient à leur tour.

— Faites vider les tribunes, dit-il au président ; il y a là un insolent qui manque aux députés.

Malgré ces efforts, après deux épreuves douteuses, la Convention se refusa. ce jour-là, à mettre Royou en liberté, et passa à l'ordre du jour.

Le langage violent de Marat n'était pas en désaccord avec certaines propositions des groupes et des clubs des départements ; ainsi le député Ysabeau, un ancien prêtre, chargé de résumer les adresses envoyées depuis le jugement du roi, s'exprimait ainsi, au sujet de la section de Brutus, de Lyon :

— Les républicains de Lyon, section de Brutus, dignes de porter ce nom auguste, par l'énergie de leurs sentiments, demandent que la sainte journée, qui nous a délivrés du dernier de nos tyrans, soit une fête mémorable pour les amis de la liberté, et que son retour se marque, chaque année, par la chute d'une tête royale, afin que la race funeste des rois, bientôt éteinte, laisse toute la nation digne de célébrer la fête de leur mort.

Ce vœu sérieusement présenté, fit sourire les plus raisonnables, mais personne ne protesta.

Plus pratique fut la résolution prise le 15 février et qui réunissait à la France les Etats du prince de Monaco.

Nous revenons en pleine fantaisie, avec la motion du « citoyen patriote Jeauffre ». Comme un but d'économie publique, « je fais la motion expresse, écrit-il, de tuer tous les moineaux de Paris, et j'adopte l'amendement qui m'est proposé, de tuer tous ceux de France. Mes motifs sont ceux que j'ai déjà indiqués : à savoir, le dégât affreux du blé qu'ils font partout, et, par conséquent le tort qu'ils font au peuple, par le renchérissement inévitable de cette denrée de première nécessité. »

Notre original se livrait ensuite à un calcul assez intéressant. Il comptait que chaque moineau, mangeant en moyenne douze à quinze grains de blé par jour, prélevait sur les récoltes 4,072 grains par an, soit un litre de blé à deux sous et demi. En nombrant les maisons de France à 260 mille, en supposant quatre cheminées par maison, s'il y avait un million quarante mille cheminées ; en comptant dix moineaux par cheminée, cela faisait dix millions quatre mille oiseaux et par conséquent un dégât d'autant de livres de blé, valant deux millions six cent mille livres. Puis, comme conclusion, l'auteur disait : « Il n'y a rien de petit en politique ; et tout le monde peut se convaincre qu'avec cette économie, il y a de quoi nourrir cent mille hommes pendant soixante-dix jours. »

Proposition puérile, à coup sûr, et qui fait suite à celle qui avait été présentée par Santerre, quelques jours auparavant, et qui demandait la mort de tous les chats, par mesure d'économie.

Ailleurs, c'est le citoyen Henrion, réclamant l'utilisation, pour la guerre, des cercueils de plomb, de Saint-Denis. Que font ces cercueils? ils « recueillent les cendres de nos anciens tyrans. Peuple, artistes, que ce plomb soit converti en balles, et qu'il en soit envoyé, en parties égales, à toutes les armées ; que les monuments des despotes servent à atterrer tous ceux de l'univers. Il faut descendre à Londres en 93, délivrer le pays en 94... »

Au conseil de la Commune, nous devons signaler une proposition vraiment digne de la ville de Paris, et qui invitait tous les citoyens de la capitale à se cotiser pour la construction d'un ou de plusieurs vaisseaux de guerre, destinés à combattre les Anglais. Voulant donner l'exemple, les membres du conseil souscrivirent pour douze mille livres, et des listes de souscriptions furent immédiatement ouvertes dans les différentes sections.

C'était l'élan de la grande ville, se manifestant en face du danger que la France allait conjurer à force d'énergie, de sacrifices, d'abnégation et de dévouements.

---

IX

# MORT DE Mme DANTON

Le 17 février 1793, tandis que Danton était en Belgique, en qualité de commissaire de la Convention, sa femme mourait à Paris, dans son appartement de la rue des Cordeliers, Cour du Commerce (section du Théâtre français), et elle était enterrée par le clergé constitutionnel de la paroisse de Saint-André-des-Arts.

Le deuil fut conduit par le beau-père de Danton, François Charpentier, ancien limonadier, par Antoine Charpentier, et par Victor Charpentier, employé de l'agent national de la Commune de Paris, frère de la défunte.

Antoinette-Gabrielle Charpentier, épouse de Georges Danton, laissait deux fils : Antoine Danton, né le 18 juin 1790, et François-Georges Danton, né le 5 avril 1792.

Madame Danton était une femme de cœur et d'esprit, digne de comprendre le génie de son mari, dont elle était tendrement aimée et qui lui rendait son affection ; car Danton, quoi qu'on en ait dit, fut un mari, sinon exemplaire, du moins un excellent mari, idolâtrant sa femme et ses enfants ; ce fut, en un mot, ce que nous appelons un homme d'intérieur. Il avait épousé sa femme par amour, et il conserva, toute sa vie, les impressions et les attachements affectueux des premiers jours de son mariage.

Danton était tout jeune, vingt-huit ans à peine, quand il se maria.

C'était, alors, un avocat du Conseil du roi, qui venait d'acheter sa charge moyennant quatre-vingt mille livres fournies en partie par son beau-père et en partie par des tantes, à peu près par moitié. A cette époque, Danton était un garçon rangé, prenant pension chez un traiteur, tenant l'*Hôtel de la Modestie*. Il avait l'habitude d'aller prendre sa demi-tasse et de jouer une partie de dominos au *Café de l'Ecole*, situé sur le quai de ce nom ; le maître de l'établissement servait lui-même ses clients ; et, quoiqu'aidé de garçons, il versait le moka, une serviette sous le bras. C'était un brave et honnête bourgeois très à son aise, et qui réservait une dot de 40.000 francs à sa fille, en âge de se marier ; cette dot était considérable pour l'époque, et l'on peut dire que, pour le milieu bourgeois, Mlle Charpentier était ce que nous appelons aujourd'hui une héritière.

Madame Charpentier se tenait elle-même au comptoir, surveillant le service et encaissant les recettes.

Quand Danton voulut quitter sa profession d'avocat au Parlement, pour acheter une charge d'avocat au Conseil du roi, il dut se procurer les fonds nécessaires, ayant laissé l'héritage de son père aux mains du second mari de sa mère, un commerçant, M. Recordin, dont l'honnêteté est longtemps demeurée proverbiale à Arcis-sur-Aube, au point que l'on disait : « Bon et brave comme M. Recordin ». — Danton, pour payer sa charge, réunit ce qu'il put d'argent de son patrimoine, et fit l'emprunt de ce que l'on sait à M. Charpentier et à ses tantes.

Voilà donc Danton un des avocats privilégiés du conseil du roi ; il ne tarda pas à gagner vingt-cinq mille francs par an.

***

Il n'en continua pas moins à fréquenter le *Café de l'Ecole* ; il fut admis dans l'intimité de Charpentier, remarqua la jeune fille de la maison, et, finalement, le 9 juin 1787, Mᵉ Dosfant, notaire du Châtelet, rédige le contrat de mariage de Georges Danton et de Gabrielle Charpentier, qui choisissent le régime de la communauté, suivant la coutume de Paris.

Dans le contrat figure cette clause, qui mérite d'être citée :

« Les futurs époux se font donation entre vifs, mutuelle, égale et réciproque, l'un d'eux à l'autre et au survivant d'eux, (ce qu'ils acceptent réciproquement pour ledit survivant), de tous les biens, meubles et conquêts de leur communauté... « pour le cas où, au jour du décès du premier mourant, il n'y aurait aucun enfant vivant ou à naître dudit futur mariage. »

Clause qui indique bien qu'il n'y a pas là un simple arrangement d'intérêts, mais bien un mariage d'amour de deux jeunes gens qui, se connaissant déjà, ont pu s'apprécier, s'aiment et règlent les intérêts matériels de demain, suivant les impulsions que le cœur leur suggère aujourd'hui.

Le ménage vécut heureux, rue de la Faisanderie, jusqu'au jour où la suppression de sa charge permit à Danton d'aller habiter rue des Cordeliers, où le jeune ménage occupait un appartement au premier au-dessus de l'entresol, appartement composé d'un salon, d'un cabinet de travail, d'une salle à manger et de deux chambres à coucher. C'est là que Camille Desmoulins et Fabre d'Eglantine vinrent le réveiller, le 11 août 1792, à trois heures du matin, pour lui annoncer que l'Assemblée venait de le nommer ministre de la justice.

C'est là que Danton, homme public, irréprochable, patriote aussi ardent que dévoué, père de famille excellent, mari sans reproches, vivait de la vie calme du foyer et venait se reposer des luttes et des agitations du dehors, servi par deux domestiques très attachées à leur maître, dont elles reconnaissaient et proclamaient la bonté.

A sa table venaient souvent s'asseoir sa mère, Mme Recordin, sa belle-mère, Mme Charpentier, qui lui conserva toujours une affection maternelle, sa sœur Mme Menuel, sa belle-sœur Mme Charpentier, Mme Robert et Camille Desmoulins

Dans le salon, meublé de chaises en forme de lyres, de fauteuils, d'un canapé recouvert de taffetas vert et blanc, on prenait quelquefois le thé; Mme Danton jouait de la guitare ; ou bien on trempait quelques biscuits dans du vin blanc d'Auvergne, dont la cave était garnie, pendant que Danton lisait à haute voix quelque poésie des grands poètes du XVII^e siècle, dans les beaux exemplaires de sa bibliothèque.

C'était un de ces intérieurs comme on aime à se les représenter, et où la tendresse des époux est en quelque sorte encadrée par l'affection des parents et le dévouement des amis.

Mme Danton avait conservé la foi vive de ses jeunes années pour le culte catholique, et le conventionnel respecta toujours sa dévotion, la raillant quelquefois, mais avec autant de légèreté que de modération, et rachetant ses quolibets, en accompagnant lui-même, jusqu'à la porte de l'église, sa femme qui se rendait aux offices.

Quand Danton partit pour sa mission en Belgique, il dut éprouver un serrement de cœur, en abandonnant une femme qu'il chérissait et qui l'idolâtrait, en quittant deux enfants qu'il s'amusait souvent à faire sauter sur ses genoux ; il dut éprouver un sentiment de douloureuse tristesse, en laissant, pour les devoirs patriotiques de sa fonction, ces trésors de son âme, qu'il confia à la délicate sollicitude de sa belle-mère.

Danton partit le 1er décembre, et revint trois fois à Paris, pour les besoins de sa mission ou pour assister au procès de Louis XVI ; durant ces trois voyages, il passa quelques jours auprès de sa tendrement aimée, qu'il ne devait retrouver qu'au cimetière, d'où il la fit exhumer, pour contempler une dernière fois ses traits dans la terrible rigidité du tombeau.

Mme Danton s'éteignit doucement, et son enterrement eut lieu sans bruit, accompagné d'un cortège de parents et d'amis : ce ne fut que dix jours après que sa mort fut annoncée par les journaux. La *Chronique de Paris* publia la nécrologie suivante :

« La femme de Danton est morte depuis huit jours.
« Ses vertus simples et modestes aimaient l'obscurité ;
« elle fut femme de ministre, ne s'en aperçut point et
« n'en fit apercevoir personne. Dire qu'elle fut bonne,
« qu'elle fut chérie, qu'elle est pleurée de tous ceux qui
« la connaissaient, c'est l'hommage de la vérité, c'est
« l'oraison funèbre d'une citoyenne, qui, républicaine
« sans faste, est morte heureuse dans la pensée que son
« mari continuerait à servir la patrie. Nous la proposons
« pour modèle à ces êtres amphibies qui, tourmentés
« du besoin de sortir des devoirs que la nature leur
« prescrit, dépouillent ce que leur sexe a de plus estima-
« ble et ne parviennent, par leurs efforts monstrueux, qu'à
« rester ridicules hermaphrodites. »

L'éloge est mérité de tous points.

Qualités de cœur et d'esprit, modestie et affabilité, vertus domestiques, Mme Danton les possédait.

Elle fut la femme d'un mari qu'elle comprit et apprécia ; elle eut le courage, plus grand qu'on ne croit, de ne pas empêcher Danton de remplir tous ses devoirs envers la patrie, au service de laquelle il s'était consacré corps et âme avec la fougue de ses convictions, avec tout son génie et la passion du dévouement.

Disons que Danton se remaria cette même année; mais, suivant la juste expression de son panégyriste, « ce fut surtout pour condescendre au vœu de celle qu'il venait de perdre, et qui avait cru, en l'unissant à sa propre amie, assurer une mère à ses enfants. »

---

# X

# LA LEVÉE EN MASSE

LES ÉTUDIANTS DE PADOUE PLANTENT L'ARBRE DE LA LIBERTÉ. — SOUSCRIPTION DES JACOBINS DE CHAMBÉRY. — FAUCHET CONTRE LES PRÊTRES MARIÉS. — LE CURÉ DU CHANT-DU-BOUT. — THÉORIE DU CONVENTIONNEL DURAND-MAILLANNE, SUR LE MARIAGE DES PRÊTRES. — L'EUROPE COALISÉE. — FORCES NAVALES. — FORCES DE TERRE. — NOUVELLE TACTIQUE MILITAIRE.

Les idées révolutionnaires trouvaient des admirateurs chez les nations voisines, et les étudiants de Padoue plantaient un arbre de la liberté, autour duquel ils dansaient avec la population, en chantant le *Ça ira* et *la Carmagnole*.[1] Le lendemain, le gouvernement fit arracher l'arbre, mais il ne put arrêter les idées françaises qui faisaient ainsi le tour de l'Europe.

Le club des Jacobins, de Chambéry, ouvrait une souscription pour subvenir aux besoins des armées ; elle atteignait 14.000 livres en trois jours, et le président écrivait qu'à « l'ouverture de la séance, le bureau est chargé d'or, d'argent, de bijoux, d'assignats et de souscriptions de toute espèce. »

« Nous avons en outre, ajoutait-il, plus de mille paires de souliers, beaucoup d'habits complets et toutes

1. *Chronique de Paris.*

les citoyennes, indépendamment des dons patriotiques qu'elles ont faits, ont pris l'engagement de fournir chacune une chemise et une paire de bas à nos guerriers. »

La Rochelle était entraînée par le même élan patriotique ; la ville, digne de son ancienne gloire, travaillait vigoureusement à ses fortifications. Tous les citoyens, hommes, femmes, enfants, vieillards, y consacraient tour à tour une journée.

Ces nouvelles consolantes arrivèrent à Paris en même temps qu'une lettre du Calvados, écrite par le curé du Chant-de-Bout, qui se plaignait des persécutions qu'il avait éprouvées de la part de son évêque constitutionnel, à cause de son mariage.

Cette lettre était lue à la Convention, et, à ce sujet, Maure, député de l'Yonne, s'écriait :

— Je ne vois pas pourquoi Fauchet, qui a des maîtresses, voudrait empêcher les autres de prendre une femme.[2]

Cette accusation portée contre l'évêque du Cavaldos, qui ne repose que sur les libelles des aristocrates, ne fut pas relevée par Fauchet dans son *Journal des Amis* ; Fauchet se contenta de publier une assez longue lettre du conventionnel Durand-Maillanne, député des Bouches-du-Rhône, sur la matière en discussion. Durand-Maillanne soutenait cette théorie, parfaitement exacte, que si aucune loi n'interdisait aux prêtres de se marier, ces mariages n'en étaient pas moins soumis à l'autorité des évêques, « aussi puissants que les papes à cet égard. » Comme citoyens, les prêtres ont le droit de se marier ; comme membres d'une congrégation religieuse, ils sont obligés de se soumettre aux règles hiérarchiques de leurs chefs spirituels.

Il résultait de là que Fauchet avait le droit, comme

2. *Histoire parlementaire*, XXIV, 311.

évêque, de s'opposer au mariage de ses prêtres. L'épiscopat constitutionnel fut, du reste, divisé sur ce point. Tandis que certains évêques autorisaient les unions légitimes de leurs curés, et que certains même bénissaient les mariages de leurs grands-vicaires, d'autres les interdisaient formellement et luttaient contre eux avec énergie.

Question d'interprétation théologique et de règlement sacerdotal, tout-à-fait du domaine de la conscience, dans laquelle la liberté proprement dite n'avait pas à intervenir. De par les lois de la Révolution, on avait aboli les anciennes prohibitions, et tout prêtre voulant se marier le pouvait librement et légalement. C'était le point essentiel. Quant à annuler sa qualité de prêtre et de père de famille, c'était là une affaire de discipline intérieure, à laquelle la loi n'est nullement intéressée.

***

Au dehors, les rois se préparaient à une guerre terrible contre la Révolution ; on faisait marcher toutes les armées de l'Europe sur terre et sur mer.

A ce moment, la marine Anglaise et la marine Hollandaise pouvaient lancer plus de trois cent cinquante vaisseaux de différentes grandeurs. L'Espagne et le Portugal pouvaient en fournir une centaine. Les équipages et les cadres des officiers de la marine étrangère étaient au complet.

La France, au contraire, n'avait que cent soixante-deux vaisseaux et corvettes, capables d'être mis en ligne, et la plupart de ses officiers avaient quitté le service pour émigrer.

Sur terre, la France réunissait seulement deux cent vingt mille hommes, pour combattre onze armées, qui l'attaquaient de tous les côtés à la fois, et se décomposaient de la façon suivante :

| | |
|---|---|
| Autrichiens (en Belgique). . . . . . . . . . . | 50,000 |
| — (de Coblentz à Bâle). . . . . . . . | 40,000 |
| — (entre la Meuse et le Luxembourg). . | 38,000 |
| Prussiens (en Belgique) . . . . . . . . . . . | 12,000 |
| Prussiens, Hessois et Saxons (sur le Rhin) . . . | 65,000 |
| Hollandais (en Belgique). . . . . . . . . . | 20,000 |
| Anglais, Hanovriens, Hessois (en Belgique). . . | 30,000 |
| Troupes de l'Empire et de Condé (sur le Rhin). . | 20,000 |
| Autrichiens, Sardes (en Italie) . . . . . . . . | 45,000 |
| Napolitains et Portugais en (Italie) . . . . . . | 10,000 |
| Espagnols (aux Pyrénées). . . . . . . . . . . | 50,000 |
| | 1375,000[1] |

Pour répondre à cette mise en mouvement de forces supérieures, la Convention décréte que « tous les citoyens français, depuis l'âge de dix-huit jusqu'à quarante ans accomplis, non mariés ou veufs sans enfants, sont en état de réquisition permanente, jusqu'à l'époque du complément du recrutement effectif de trois cent mille hommes. »

Ce décret fut pris à la suite d'un rapport remis au Comité de défense par le général Grimoard, rapport qui devint le point de départ d'une tactique nouvelle, bientôt appliquée par la Convention, et qui fit la fortune du premier Empire.

Voici l'idée mère de ce système militaire:

« Le moyen le plus simple de suppléer autant que possible à l'art par le nombre est de faire une guerre de masses, c'est-à-dire, de diriger toujours sur les points d'attaque le plus de troupes et d'artillerie qu'on pourra ; d'exiger que les généraux soient constamment à la tête

1. *Archives du ministre de la Guerre.*

des soldats pour leur donner l'exemple du dévouement et du courage, et d'habituer les uns et les autres à ne jamais calculer le nombre des ennemis, mais à se jeter brusquement dessus à coups de baïonnettes, sans songer ni à tirailler ni à faire des manœuvres, auxquelles les troupes françaises actuelles ne sont nullement exercées, ni même préparées. Cette manière de combattre, si analogue à l'adresse, à l'impétuosité et au caractère naturels de la nation, ne peut que lui donner la victoire en déroutant les armées étrangères. »

On remplaçait l'expérience des généraux par l'intrépidité, et l'habileté des soldats par la bravoure. — La science de la guerre était remplacée par la valeur nationale.

Malgré les revers passagers qui signaleront les jours qui vont suivre, la France fit reculer les onze armées étrangères, disciplinées et aguerries, bien commandées, pourvues de vivres et de munitions, tandis que nos jeunes soldats manquaient de vêtements, d'équipements, d'armes, de munitions de guerre et de bouche, de moyens de transports, d'hôpitaux.

Malgré tout, nos armées, un moment vaincues, prirent de glorieuses et triomphantes revanches et accomplirent des prodiges, ayant à leur tête des chefs imberbes, des colonels de vingt-cinq ans, enflammés par l'amour de la Patrie et de la Liberté.

# XI

# TROUBLES DANS PARIS

FERMENTATION. — EXCITATION DE MARAT. — EMEUTES DE FEMMES. — LES ÉPICERIES DÉVALISÉES. — ATTITUDES DE JACQUES ROUX. — DIGNITÉ POPULAIRE. — INERTIE DES POUVOIRS PUBLICS. — BARRÈRE DÉNONCE MARAT A LA CONVENTION. — SÉANCE TUMULTUEUSE. — INSOLENCES DE MARAT. — IL EST DÉCRÉTÉ D'ACCUSATION. — PROTESTATION DE SANTERRE. — FORMATION DU DÉPARTEMENT DE JEMMAPES. — DUMOURIEZ SONGE A TRAHIR.

Le dimanche 24, une agitation inaccoutumée régnait dans Paris ; des groupes stationnaient aux portes des boulangeries et des épiceries. Les femmes se plaignaient de la hausse du pain et du savon : ce dernier était subitement monté de 14 à 16 sous la livre. Aux plaintes des ménagères, des individus répondent :

— Allez réclamer à la barre de la Convention.

Ce conseil est suivi ; on se dirige du côté de l'Assemblée ; en chemin, le long des quais, des femmes, au nombre de quatre ou cinq cents, aperçoivent des bateaux qui apportaient une cargaison de savon ; elles se concertent, s'entraînent mutuellement et finissent par s'emparer du convoi, se faisant livrer la marchandise, au prix qu'elles fixent elles-mêmes.

Puis, elles continuent leur route et arrivent à la Convention, en criant ;

— Du pain et du savon !

La Convention ne parut pas attacher grande importance à cette démarche ; elle renvoie l'examen de la question au mardi.

Cette détermination aigrit encore davantage les femmes ; dans les couloirs, elles disent tout haut :

— On nous ajourne à mardi ; mais nous nous ajournons à lundi. Quand nos enfants nous demandent du lait, nous ne les ajournons pas au surlendemain. (1)

Toute la nuit la colère fermenta dans Paris ; elle fut entretenue et excitée par les aristocrates et par leurs émissaires.

Marat, de son côté, toujours inquiet, fit paraître un article excessivement violent, dans son journal *La République Française*.

Après avoir dénoncé « les capitalistes, les agioteurs, les monopoleurs, les marchands de luxe, les suppôts de la chicane, les robins, les ex-nobles, etc. », il demande « la destruction de cette engeance maudite ». Il l'accuse de désoler le peuple par la hausse exorbitante du prix des denrées de première nécessité et la menace de la famine. « Il engage alors le peuple à se faire justice lui-même ».

« Dans tous pays, écrit-il, où les droits du peuple ne sont pas de vains titres, consignés fastueusement dans une simple déclaration, le pillage de quelques magasins, à la porte desquels on pendrait quelques accapareurs, mettrait fin bientôt à ces malversations qui réduisent cinq millions d'hommes au désespoir et qui en font périr de misère des milliers. »

(1) Révolution de Paris.

Ce journal fut mis en vente le matin du lundi 25 février. Le sinistre conseil fut bientôt mis à exécution. A six heures, il se formait des groupes de femmes à la porte de tous les boulangers ; partout cependant les commissaires des sections purent présider à la distribution qui se fit paisiblement.

Mais, à huit heures, la surexcitation était à son comble et la foule des femmes commença à se porter chez les épiciers. Les rues des Cinq diamants et des Lombards furent assiégées les premières. On se fit délivrer le sucre à 20 et 25 sous la livre, il arriva aussi que de la marchandise fut enlevée sans être payée. Dans plusieurs endroits on fit main basse sur des denrées dont l'usage est peu commun chez le peuple. On acheta 30 sous la livre de canelle et de vanille qui valait cent vingt livres, 20 sous la livre de thé, 10 sous le café. On pilla l'eau-de-vie, l'esprit-de-vin et autres liquides. Beaucoup de marchandises comme le beurre, le miel furent gaspillées, foulées aux pieds ; personne n'en profita.

Il y avait peu d'hommes parmi ces femmes, dont quelques-unes avaient des pistolets à la ceinture ; mais, mêlés à elles on remarquait des hommes déguisés, quelques-uns n'avaient même pas pris la précaution de faire leur barbe.[1] Jacques Roux, membre de la Commune, le prêtre défroqué qui avait conduit Louis XVI à l'échafaud, fut aperçu excitant au pillage ; comme, l'après-midi, on le lui reprochait il répondit :

— Je pense que les épiciers n'ont fait que restituer au peuple ce qu'ils lui faisaient payer beaucoup trop cher depuis longtemps.

Plusieurs dames, fort bien mises, en chapeau et en rubans, se mêlèrent à des groupes et profitèrent de la

1. Révolution de Paris.

bagarre pour faire leurs provisions à bon marché. Un boutiquier dit à l'une d'elles, qui avait déjà fait emplette de plusieurs objets et qui portait du linge très fin et très blanc :

— Madame voudrait-elle aussi du savon pour blanchir son linge. [1]

On reconnut et on arrêta plusieurs valets de prêtres et de ci-devants, plusieurs correspondants d'émigrés et même quelques émigrés, qui encourageaient ces désordres.

Le soir, au club des Jacobins, un orateur racontait qu'il avait observé sur plusieurs points des hommes déguisés ; ils étaient poudrés et mal vêtus ; ils disaient aux femmes :

— Il faut prendre les marchandises sans les payer et couper la tête aux épiciers.

Au milieu du tumulte, l'histoire recueille quelques protestations du peuple, honnête et indigné.

Un mari dit à sa femme :

— Je te casserais un bras, si tu étais capable de te mêler à tout ce monde.[2]

Un autre :

— Nous ne mangeons pas de ce pain-là. Il vaut mieux se passer de sucre que de s'en procurer de cette façon.[3]

Des blanchisseuses s'en allaient répétant :

— Nous aimerions mieux demander l'aumône que de blanchir notre linge avec du savon volé.[4]

Si l'on s'étonne de ne voir aucune patrouille pour réprimer ces désordres, il faut savoir que Santerre, com-

1. Révolution de Paris.
2. Séances des Jacobins.
3. Dépositions reçues par la Convention.
4. Procès-verbaux de la Commune.

mandant général de la Garde nationale, était précisément à Versailles, où il passait en revue un escadron de dragons ; quant à Pache, maire depuis peu de jours, la foule l'avait elle-même consigné chez lui, où elle le gardait prisonnier.

La Convention, devant l'inaction du Conseil général de la Commune, chargea la municipalité de pouvoirs extraordinaires, lui permettant même de battre la générale ; la municipalité prit des mesures quand tout était fini.

Les patriotes furent désolés et humiliés de cette journée du 25, qui se termina heureusement sans qu'une goutte de sang fût versée. Comme l'écrivait courageusement Prudhomme, le lendemain même de ces scènes, à ces traits on ne pouvait reconnaître un peuple républicain : « Un peuple républicain s'y prend autrement pour châtier les accapareurs et niveler les fortunes. »

* * *

A la séance de la Convention du 26, Barrère monte à la tribune pour protester contre les auteurs du pillage.

— Tant que je serai représentant du peuple, s'écrie l'orateur, je ferai impitoyablement la guerre à ceux qui violent les propriétés, mettent le pillage et le vol à la place de la morale publique, et couvrent ces crimes du masque du patriotisme.

Salles appuie les paroles de Barrère, ajoutant :

— Il faut que les auteurs et les instigateurs des troubles soient recherchés. Je viens dénoncer un de ces conseillers : c'est Marat. — Et il apporte l'article du journal de la *République française*, dont un des secrétaires donne lecture.

Marat monte à la tribune pour se défendre, et il continue la théorie de son article.

De tous côtés se font entendre les cris de :

— Aux voix le décret d'accusation.

Marat descend de la tribune en criant, laissant entendre ces mots à l'adresse de ses collègues :

— Les cochons !.. les imbéciles!..[1]

Pourtant Thirion, Buzot, veulent combattre la mise en accusation : se basant sur la liberté accordée par la loi à toutes les opinions, Marat les interrompt par cette riposte hautaine :

— Je suis assez fort pour me défendre moi-même.

Un moment après, il brave la majorité, en ajoutant :

— Je demande qu'on envoie aux Petites maisons, les hommes d'État qui ont provoqué contre moi le décret d'accusation.

Ce à quoi Thomas riposte :

— Tais-toi, imbécile !

Penières apporte une proposition qui est la réponse au défi de Marat.

— Je demande, dit Penières, que Marat soit déclaré fou, et que, par mesure de sûreté générale, il soit enfermé à Charenton, d'où il pourra sortir, quand la Révolution sera finie.

Bancal renchérissant, dit :

— Je demande que, comme fou dangereux, Marat soit reclus.

Marat vient clore la discussion par une dernière bravade.

— Je croyais, Messieurs, dit-il, qu'il y avait un peu de pudeur dans cette assemblée ; je n'y trouve ni pudeur ni justice. — Eh bien ! je provoque moi-même le décret d'accusation contre moi, pour vous couvrir d'infamie.

1. Histoire Parlementaire.

Sur la proposition de Maulde, Marat est renvoyé devant les tribunaux ordinaires.

Santerre joignit sa protestation à celle de la Convention et adressa aux Parisiens une proclamation se terminant par ces mots : « Aux armes. citoyens ! défendons la propriété de nos pères, tant de ceux qui sont aux frontières, que de ceux qui sont à l'intérieur ; arrêtons ceux qui manquent à leur serment et livrons-les à la justice.»

* * *

Cette question jugée, la Convention, le 1er mars, rendit un décret prononçant la peine de mort contre les émigrés qui seraient pris sur le territoire français.

Le même jour, sur la proposition de Carnot, au nom du comité diplomatique, la Convention réunit à la France le Hainault belge sous le nom de département de Jemmapes. Dans la même séance, les députés de Gand sollicitèrent et obtinrent une faveur semblable.

Tandis que la Belgique demandait à devenir française, Dumouriez qui était chargé de la conquérir, Dumouriez s'engageait à trahir, comme il l'avoue lui-même.[1] Il était parti de Paris avec le projet d'envahir la Hollande, de décider les Anglais à garder la neutralité, d'offrir une suspension d'armes aux Autrichiens et, au cas où la Convention n'aurait pas consenti, à se plier à ses caprices, de marcher sur Paris, de dissoudre l'Assemblée et de couronner le fils aîné de Philippe Egalité.

Les évènements et l'attitude de la Convention déjouèrent ces criminels projets.

1. Mémoires de Dumouriez.

# XII

# REVERS MILITAIRES

LA GUERRE DÉCLARÉE A L'EUROPE. — REVERS EN BELGIQUE. — APPEL A LA NATION. — LA CONVENTION DANS LES 48 SECTIONS DE PARIS — ETABLISSEMENT DU TRIBUNAL CRIMINEL. — PROHIBITION CONTRE LES DÉPUTÉS JOURNALISTES. — PÉTION MALTRAITÉ. — TROUBLES A l'OPÉRA. — RETOUR DE FRANCONI. — TROUBLES A LYON. — LA GUERRE CIVILE EN VENDÉE.

Les nouvelles des armées arrivaient alarmantes ; on parlait de places menacées, de batailles perdues, de régiments en déroute.

Pourtant, le 7 mars, à l'unanimité, on déclarait la guerre à l'Espagne qui avait préparé et fomenté la révolte des noirs de Saint-Domingue, allant jusqu'à vendre à ces insoumis, des français qui étaient venus demander asile dans la partie non française de l'île. Ces malheureux blancs avaient été massacrés par les esclaves.

En Espagne, le gouvernement royal persécutait nos nationaux, favorisait les émigrés, accueillait avec joie les prêtres rebelles aux lois et déployait, le long des Pyrénées, un cordon de troupes de 50,000 hommes, qu'il se refusait à retirer. Aussi, la Convention applaudissait Barrère s'écriant :

— Un ennemi de plus pour la France, c'est un triomphe de plus pour la Liberté.

En même temps, on apprend que les Autrichiens sont vainqueurs en Belgique ; les Français, refoulés devant Aix-la-Chapelle, sont obligés de se replier sur Liège, pendant que Miranda, trompé sur le nombre d'ennemis qu'il a à combattre, est obligé de lever le siège de Maestricht et de battre en retraite sur Tongres. Miranda, qui eut toujours une superbe inconscience du danger, ne pouvait cependant pas lutter avec douze mille hommes contre plus de quarante mille Autrichiens. Il dut faire retirer ses troupes. [1]

Ces revers alarmèrent la Convention, mais redoublèrent son énergie : elle continua à s'occuper de l'organisation de notre armée ; cette question jouera le plus grand rôle dans toute la vie révolutionnaire, ainsi que l'a écrit le baron Poisson : « Du moment où la guerre fut déclarée, jusqu'à la délivrance complète du territoire, la grande artère, qui doit guider l'historien, consiste dans la succession des efforts faits par la Révolution pour combattre à main armée l'Europe qui cherchait à l'étouffer. »

Ces efforts furent aussi constants que prodigieux et la France ne désespéra jamais de son salut ; ce fut là une des raisons de sa force. Malgré le déchaînement des passions à l'intérieur, malgré la guerre civile, le soulèvement des provinces, le déchirement des partis, l'aveuglement des factions les unes contre les autres, malgré tout, la France fut indomptable. P. J. Proudhon dit avec raison : « Une nation, si corrompue qu'on voudra, ne périra pas tant qu'elle conservera dans son cœur cette flamme justicière et régénératrice du droit de

(1) *Tableau Historique de la Révolution de France* par les Généraux Servan et Grimoard.

guerre. Car la guerre, que la bancocratie et la boutique affectent de prendre pour de la piraterie, est la même chose que le droit et la force indissolublement unis. Otez cette synonymie, à une nation qui a enterré toutes ses croyances, elle est perdue. »

Mais la France de 1793 eut toujours confiance dans son droit servi par un admirable courage, qui se sacrifiait sur les champs de bataille pour la Patrie;[1] aussi, elle fut sauvée.

Comme le disait Danton à la séance de la Convention : « Tel est le caractère français, qu'il lui faut des dangers pour trouver toute son énergie. »

***

La Convention envoya des commissaires dans les quarante-huit sections de Paris, pour engager les citoyens à se lever en masse et à courir, à la frontière, au secours de la République menacée par les tyrans.

Ces commissaires se rendirent aux sections dans la soirée du 8 : les spectacles furent fermés, et le maire fit battre le rappel dans les rues de Paris, pour convier les citoyens à aller, dans leurs sections respectives, entendre les délégués de la Convention.

En même temps, le drapeau noir, annonçant que la Patrie est en danger, fut hissé sur la maison commune et au haut du clocher de Notre-Dame.

Un élan nouveau était donné ; les volontaires s'enrôlèrent par milliers. Tous les jeunes gens employés dans les bureaux du Conseil général prirent du service ; on les remplaça par des pères de famille dispensés ; la Commune décida, en même temps, qu'à l'avenir nul célibataire ne serait occupé dans les bureaux. La Convention

(1) *Dubois Crancé* par le colonel Yong. T. I, p. 336.

décréta que les bourses des collèges seraient spécialement destinées aux fils de ceux qui se rendaient aux frontières.

La foule applaudit au passage ces nouveaux bataillons.

— Attendez, s'écrie un de ces soldats, attendez notre retour, pour nous applaudir.

Le 9, une compagnie de canonniers, prête à partir, vient tout entière défiler à la barre de l'Assemblée, suivie de plusieurs corps francs. Carnot, au nom du Comité de défense générale, crie à ces soldats :

— Votre poste est à Liège. Le sort du despotisme est décidé, il doit périr : avancez son supplice, ne faites la paix qu'avec des peuples libres et sans roi, et hâtez le jour de la paix universelle.

Immédiatement après, sur la proposition du même Carnot, la Convention décréta que quatre-vingt-deux de ses membres iraient réchauffer le patriotisme dans les départements.

L'Assemblée établit en outre un tribunal criminel extraordinaire, sans appel « pour le jugement de tous les traîtres conspirateurs et contre-révolutionnaires. »

Pour ne priver la Nation d'aucune de ses forces, il est ensuite décrété, sur la proposition de Danton, que « tout citoyen français, emprisonné pour dette, sera mis en liberté, parce qu'un tel emprisonnement est contraire à la saine morale, aux droits de l'homme, aux vrais principes de la Liberté. »

La proposition de Danton formulait un précédent qui fut immédiatement repris par Saint-André, et, séance tenante, sans discussion, la contrainte par corps, pour dettes fut abolie.

Enfin, la séance du 9 est terminée par l'adoption d'une proposition de Lacroix, aux termes de laquelle les membres de la Convention, écrivant dans les journaux, doivent opter entre la qualité de journaliste et celle de représentant du peuple.

Ce décret visait surtout Marat, qui publiait le *Journal de la République française*, dans lequel il avait poussé aux troubles et aux pillages de la semaine dernière.

Marat supprima le mot « journal » et y substitua celui de « *Publiciste de la République française, par Marat, l'ami du peuple, député à la Convention.* » La même épigraphe « ut redeat miseris, abeat fortuna superbis » était conservée, et le numéro d'ordre maintenu ; par ce simple changement, il tournait la loi, qui défendait aux députés de faire paraître des journaux, mais qui ne pouvait leur interdire de publier leurs observations. Marat s'en expliquait du reste librement, en écrivant dans son *Publiciste* : « On supprime donc de ma feuille le titre de *journal*, et, par cette suppression, la Convention sentira peut-être qu'elle doit revenir sur un décret dérisoire qui ne servira qu'à faire douter de sa sagesse, s'il ne compromet pas son autorité ; car elle n'a pas plus le droit d'enlever aux mandataires du peuple, leur plume, que leur qualité de député. »

Du reste, les excitations de Marat, dont le journal ainsi transformé continuait à se vendre en public, portaient leurs fruits. Des lecteurs, réunis en groupes, ne parlaient de rien moins que de couper la tête au ministre de la guerre, aux généraux et à une partie des représentants du peuple. Beurnonville fut insulté et menacé sur la terrasse des Feuillants, et Pétion, récemment exclu des Jacobins, se vit poursuivi par plus de deux cents forcenés, le menaçant du dernier supplice.

Les troubles étaient provoqués non seulement par les violents de la rue, mais encore par la bonne société qui, le 8 mars, s'était rendue à l'Opéra, dont l'affiche annonçait la première représentation d'un nouveau ballet de Gardel : le *Jugement de Pâris*. On avait répandu le bruit qu'il s'agissait de Paris, l'assassin de Lepelletier Saint-Fargeau ; aussi le public était-il nombreux. Le spectacle commençait par les *Prétendues*, un acte, que les spectateurs n'eurent pas la patience d'écouter. Enfin, la toile se leva sur le ballet, et les siffleurs durent se décider au silence devant les amours de Vénus représentée à sa toilette, et esquissant un pas avec les Grâces; les chassés-croisés avec Pâris et les ronds-de-jambe n'avaient rien de politique, et on applaudit la danseuse Saulnier qui personnifiait Vénus, ce qui lui « était si naturel. »

Cette semaine, revenait de province, après une absence de plusieurs années, le célèbre Franconi, qui allait s'installer faubourg du Temple, avec sa troupe d'écuyers et d'écuyères. Petit fait, qui ne passa pas inaperçu et qui fut relaté par les journaux, au milieu des graves préoccupations du jour, des nouvelles de la guerre civile en province, à Lyon ou en Vendée. [1]

La Convention avait envoyé trois de ses membres sur ces points : Bazire, Legendre et Rovère.

Deux partis se divisaient Lyon : les aristocrates qui, pour les besoins de leurs vengeances locales, s'étaient joints aux Girondins, et les Jacobins, qui comprenaient tous les patriotes. Il y eut des violences et des excès des deux côtés.

Quand les trois commissaires arrivèrent à Lyon, les deux partis étaient aux prises; les Girondins et les Royalistes unis avaient pris d'assaut le club des Jacobins. Ils interrompaient la représentation des pièces

(1) *Chronique de Paris*

patriotiques et menaçaient de mort leurs adversaires. Les commissaires rétablirent le club des Jacobins; et emprisonnèrent, pendant quelques jours, le candidat des Girondins. Ils firent nommer un maire patriote et arrêter pour concussion, Laussel, officier municipal, monarchiste enragé, accusé de cacher ses déprédations sous un patriotisme exagéré. Plus tard, Laussel fut reconnu innocent et acquitté.

Les Girondins protestèrent par une pétition remise à Legendre, qui la déchira, en disant :

— Les signataires sont des factieux : j'irai moi-même les dissoudre, et, si je péris, ils partageront mon corps et l'enverront aux quatre-vingt-quatre départements, pour attester leur infamie.

L'ordre était rétabli, quand Bazire, Rovère et Legendre repartirent pour Paris ; il devait se maintenir deux mois à peine,

En Vendée, les royalistes soulevaient déjà les campagnes, et des bandes armées parcouraient le pays ; à la Roche-Bernard, les insurgés s'emparent de Sauveur, président du district et excellent patriote; ils le mutilent, puis le jettent dans un brasier ardent, en poussant des cris sauvages de : Vive le roi !

Ailleurs, ils se préparent à en venir aux mains avec les républicains, aimant mieux tuer les patriotes que d'aller combattre les ennemis sur le Rhin et en Belgique, et, ils se refusent à faire partie de la levée de trois cent mille hommes, ordonnée par la Convention.

Nous allons assister à de sanglantes rencontres, où les Bretons dépenseront, contre des Français, plus de courage, d'énergie et d'abnégation qu'il n'en aurait fallu pour mettre en déroute les armées coalisées.

---

## XIII

# LE DIX MARS

Nous voici arrivés à une date qui est celle d'une insurrection avortée, que les esprits timorés ou intéressés ont voulu faire passer pour une manœuvre de la Montagne, afin d'éloigner la Gironde de l'Assemblée ; quelques-uns, plus faciles à juger sur les apparences, ont avancé qu'il y avait eu, ce jour-là, un complot entre Danton et Robespierre, pour massacrer les chefs Girondins. Le conventionnel Louvet, l'auteur de *Faublas*, l'a écrit, l'a cru et en a tremblé toute sa vie.

En réalité, le 10 mars 1793 fut tout simplement un mouvement insurrectionnel, aussitôt étouffé, sans portée véritable, conduit par des agitateurs de quatrième plan ; il eut lieu à l'insu des hommes qui, à ce moment, dirigeaient la Montagne ; il fut sérieusement combattu par la Commune et par les Jacobins ; et, seuls, les agents royalistes l'encouragèrent, se rattachant à toutes les occasions de déconsidérer la Révolution par le tumulte et les troubles.

L'excitation etait extrême dans Paris, où les nouvelles continuaient d'être mauvaises. On connaissait les désastres de nos armées en Belgique. On savait que la Vendée se levait et que Lyon etait en révolte. La Convention délibérait sur la Patrie mise en danger,au dehors par les coalisés, au dedans par les conspirateurs royalistes ; les volontaires quittaient leurs foyers pour aller la défendre, et l'Assemblée votait la constitution du Tribunal révolutionnaire ; enfin le drapeau noir flottait sur Paris.

Au milieu de l'émotion de cette journée, une bande de deux cents hommes, portant uu drapeau blanc aux fleurs de lys, parcourt Paris, se promène dans les sections, manifeste aux Jacobins, d'où on l'éloigne, se rend à la Commune, où elle est éconduite, va à la Convention, d'où elle est chassée, brise les presses de deux imprimeries de journaux girondins et se disperse, après avoir poussé des cris de guerre et de mort.

Et c'est tout. Voilà le dix mars.

De complicité avec les députés, on ne peut trouver aucune trace. Marat lui-même désapprouve et flétrit cette émeute.

Dans la nuit du 9 au 10 mars, une bande, armée de pistolets, de sabres et de marteaux, se présente, à neuf heures du soir, rue Tiquetonne, chez Gorsas, brise les presses et disperse les caractères ; un pistolet à la main, Gorsas se fraie un passage à travers les assaillants et se réfugie à la section.

On met le feu chez lui, mais il est éteint aussitôt. Les assaillants vont ensuite rue Serpente, aux bureaux de la *Chronique de Paris*, imprimée par Fiévé ; ces furieux montent dans l'imprimerie ; la sœur du propriétaire, une jeune fille, se présente ; deux pistolets sont posés sur sa gorge :

— Si tu cries, tu es morte, lui dit-on.

Les scènes, qui avaient eu lieu chez Gorsas, se renouvellent, et les forcenés se retirent en criant [1].

Dès quatre heures du matin, Varlet, un petit employé des postes, l'américain Fournier et le polonais Lazouski, à la tête d'une poignée d'exaltés, se rendent à la

(1) Révolution de Paris. No 192, p. 474.

section des Gravilliers, dont Jacques Roux est l'inspirateur.

— Nons sommes, dit Varlet, envoyés par les Jacobins qui veulent l'insurrection. Il faut obliger la Commune à s'emparer du pouvoir et à épurer la Convention.

Mais la section des Gravilliers ne voulut pas donner son concours.

La bande avait si peu reçu le mandat de qui que ce soit, qu'elle était obligée de se dire envoyée par les Jacobins : premier mensonge.

Devant ce premier échec, Varlet et les siens se rendent alors à la section des quatre Nations, réunie à l'Abbaye.

Ici, ils font un second mensonge et se disent envoyés par les Cordeliers, ce qui était absolument faux ; ils recommencent, du reste, leurs excitations, pour que la Commune s'empare du gouvernement et épure les députés qui ne veulent pas aller de l'avant. A ce moment, il y avait peu de citoyens à la section ; les sectionnaires présents, peu nombreux et n'osant pas refuser une proposition, qu'ils croyaient émaner des Cordeliers, donnent leur adhésion au projet.

Varlet se rend alors à la maison commune, et se présente au maire Pache, comme délégué par le peuple pour lui offrir le pouvoir contre la Convention. Le maire ne voulut pas accepter cette situation, qu'Hébert lui-même refusa.

Le Conseil général de la Commune envoya une lettre aux 48 sections, pour protester contre les actes de ces « scélérats qui égarent les citoyens » et flétrit une insurrection qui « anéantirait le recrutement et détruirait le seul centre d'autorité qui puisse sauver la chose publique ». La lettre se termine par ces mots : « Citoyens, pour que nous soyons victorieux au dehors, il faut que la tranquillité règne au dedans. Des malveillants veulent la troubler : déjouez leurs complots. »

La troupe insurrectionnelle se rend alors à la Halle aux blés, où des volontaires fêtaient leur départ dans un banquet patriotique ; quelques-uns des convives se joignent à la suite de Varlet, et, après avoir remonté la rue Saint-Honoré, on se rend au club des Jacobins, que préside à ce moment Collot d'Herbois.

Les insurgés demandent à défiler dans la salle : on le leur permet ; un d'eux demande la parole, se plaint des traîtres, et ajoute :

— Il n'y a qu'un moyen de se sauver, c'est de se débarrasser de tous les traîtres, de les mettre en état d'arrestation et de faire nommer d'autres députés par le peuple.

Un des manifestants, portant le costume militaire, se détache et surenchérit :

— L'arrestation des *appelants* ne suffit pas, dit-il, il faut des vengeances.

— Et l'inviolabilité ! lui crie-t-on.

— Qu'est-ce que l'inviolabilité ? répond-il, furieux, je la mets sous les pieds.

La maîtresse de Louvet, la tendre Lodoïska, assistait à cette scène, dans les tribunes ; devant ces menaces contre les Girondins, avec une nervosité toute féminine, craignant pour les jours de son amant, elle n'en écoute pas davantage, elle quitte les Jacobins et accourt avertir Louvet, dont cette révélation finit de troubler le sang-froid déjà fortement ébranlé. Louvet, très pusillanime dans ces jours de manifestations violentes, se croyait environné de périls, continuellement poursuivi : il portait toujours des armes pour se défendre ; il allait jusqu'à ne jamais coucher au même endroit, de peur d'être assassiné. Lodoïska lui apprend ce qu'elle vient d'entendre.

Immédiatement, Louvet sent une recrudescence de peur ; il court au domicile de tous les girondins, ses amis, Valazé, Buzot, Barbaroux, Salle et plusieurs autres ; il leur annonce le grand complot, et, après deux heures de courses à travers Paris, arrive chez Pétion, qu'il supplie de le cacher. Mais Pétion, appréciant mieux les faits et les circonstances, se contente d'ouvrir la fenêtre, puis, ayant examiné le ciel :

— Il pleut, dit-il ; il n'y aura rien cette nuit.

Pendant que Louvet allait ainsi sonner l'alarme chez les Girondins, ses amis, la séance continuait au club des Jacobins. Dubois Crancé arriva immédiatement après que Lodoïska eut quitté les tribunes. On venait de présenter la motion que « pour faire prospérer la République, il fallait égorger les ministres et faire maison nette ». — Un autre, plus modéré, se contentait de demander l'arrestation des ministres et des membres du côté droit.

A ce moment, Dubois-Crancé monte à la tribune.

— Vous perdez la République, dit-il, si vous employez de telles mesures, car toutes sont horribles.

Et le conventionnel engage la foule au respect de la légalité.

— Il a raison ! Il a raison ! crie-t-on de tous côtés.

Et la foule, conduite par Varlet, sort des Jacobins et se divise en trois tronçons : une partie se rend aux Cordeliers pour y fraterniser, une autre se dirige du côté de l'Hôtel du ministre de la Guerre, qu'elle assiège de telle sorte que Beurnonville est forcé de s'échapper en sautant par-dessus le mur du jardin.

Puis les énergumènes, fatigués de ne rencontrer d'écho nulle part, se retrouvent seuls, agités au milieu de Paris tranquille, mouillés par la pluie fine qui tombait avec persistance ; ils se dispersent et se perdent à travers les rues de la capitale, paisibles, calmes, et dans lesquelles la voix de Varlet et de ses camarades ne trouve nul écho.

Telle fut cette émeute, qui ressemble plutôt à une échauffourée, où des violences furent commises par des agitateurs obscurs, sans talent, sans autorité et sans notoriété.

Comme on l'a vu, Varlet et ses compagnons furent obligés de se dire les envoyés des Jacobins, ce qui était faux, puis ils se prétendirent délégués par les Cordeliers, ce qui était encore un mensonge. Ils furent repoussés à la Commune, qui les traita de « scélérats » ; ils ne purent enfin entraîner le club des Jacobins, où ils furent victorieusement combattus par Dubois-Crancé.

Somme toute, Pache, Santerre, Danton, Robespierre, Marat lui-même, blâmèrent et flétrirent cette manœuvre d'une poignée de forcenés conduits par un trio d'agités, comme on en rencontre toujours dans les commotions populaires.

Le 10 mars ne fut pas une tentative de la Montagne contre la Gironde.

Sans doute, la lutte est commencée, elle va continuer, terrible, impitoyable; mais, du moins, il est défendu de dire que les Montagnards aient eu recours à de si misérables moyens et à de pareils subterfuges ; non ; ce jour-là, leur cœur et leur esprit étaient tout entiers préoccupés du soin de sauver la Liberté menacée et la Patrie en danger.

---

# XIV

# COMMENCEMENT DE CRISE

Essai de conciliation entre Girondins et Montagnards. — Lettre insolente de Dumouriez. — Danton va trouver Dumouriez. — Marat défend le général a la Convention. — Nomination du tribunal révolutionnaire. — Echauffourée d'Orléans. — Levée de la Vendée. — Machecoul.

Danton, avec son grand esprit politique, ne tarda pas à comprendre que la lutte, qui s'accentuait tous les jours davantage entre Montagnards et Girondins, ne tarderait pas, si elle continuait, à entraîner la perte de la République. Une démocratie, si puissante soit elle, ne résiste pas aux luttes intestines de ceux qui sont chargés de la diriger et de la conduire, surtout quand les luttes sont exploitées par ces « profiteurs de révolutions », dont parle Camille, qui, sans souci des services rendus, attaquent les défenseurs les plus dévoués de la liberté, lorsque ces défenseurs gênent leurs intérêts ou leurs visées personnelles.

Aussi Danton prit-il l'initiative de réunir les chefs des deux fractions du Comité de sûreté générale : il espérait qu'en se voyant plus intimement, ces hommes, possédés de l'amour de la Liberté et de la France, finiraient par mieux s'apprécier, et que leurs rancunes réciproques s'évanouiraient dans des réunions intimes.

Ces réunions eurent lieu : Buzot, Guadé, Vergniaud, Gensonné, y représentaient la Gironde ; la Montagne avait pour elle Danton, Robespierre et Marat.

Oui, Marat lui-même se prêtait à cet essai de conciliation et d'entente fraternelle ; il le soutenait même avec vigueur dans son journal : « Sans union, disait-il, les membres de la Convention sont dans l'impuissance de faire de sages lois et de concerter des mesures réfléchies et vraiment salutaires. — L'affreux scandale des scènes qui se passent au sein de la Convention lui fait perdre entièrement la confiance du peuple, sans laquelle le législateur ne peut commander le respect dû aux lois. — Je n'examinerai pas si cette réconciliation désirable nous mènera droit au but ; car il est bien permis de mettre en question si des hommes qui n'ont pas su rétablir l'ordre dans leurs assemblées pourront le rétablir dans un vaste empire. »

Ces dernières appréhensions de Marat devaient se réaliser ; dans ces réunions particulières, les haines personnelles s'aiguisèrent encore davantage, et chacun en sortit plus aigri, plus haineux qu'auparavant.

En créant de nouveaux embarras, l'attitude de Dumouriez allait devenir un nouvel élément de division.

Le 12 mars, Dumouriez adressa à la Convention une lettre insolente, qui révélait un rebelle dans le général en chef. « On vous flatte, on vous trompe, écrivait Dumouriez aux députés ; je vais achever de déchirer le bandeau. » Et le général partait de là pour accuser un peu tout le monde : Pache, ancien ministre de la guerre, à qui il imputait la désorganisation de l'armée ; Cambon, « qui peut être un honnête citoyen, mais qui certainement est au-dessous de la confiance que vous lui avez donnée pour la partie financière » ; les commissaires, qui « la plupart sont ou des insensés ou des tyrans, ou des hommes sans réflexion, qu'un zèle brutal et insolent a conduits toujours au-delà de leurs fonctions. »

Cette lettre arriva directement au Comité de sûreté générale, qui, voulant essayer de conserver la faveur populaire, tint la missive secrète et envoya Danton vers le général pour l'engager à se rétracter.

Danton, accompagné du conventionnel Lacroix, rejoignit Dumouriez dix jours après, à Louvain. Danton et Dumouriez avaient eu jusque-là des relations assez cordiales; mais, cette fois, le soldat reçut le tribun avec hauteur. Se répandant en récriminations contre les Jacobins, il refusa très nettement de se rétracter, et, tout ce que Danton put obtenir, ce fut un bout de billet, dans lequel il promettait de donner plus tard l'explication de sa lettre.

Au moment même où Danton était parti pour la Belgique, Dumouriez avait été l'objet d'un incident des plus orageux au sein même de la Convention.

Les volontaires de la section Poissonnière défilèrent devant l'Assemblée, et l'orateur qui parla en leur nom réclama « un décret d'accusation contre Dumouriez et son état-major. »

On ne le laissa pas continuer. De nombreux députés demandèrent que le pétitionnaire fut mis en état d'arrestation. Des cris nombreux s'entrecroisèrent.

*Robespierre jeune.* — Je demande qu'on ne le juge pas sans l'entendre.

*Le Président.* — Les volontaires demandent à prêter serment.

*Boileau.* — Il faut que Dumouriez soit justifié avant qu'ils sortent.

*Chazal.* — Le Président de cette section est connu par son aristocratie.

*Lacroix.* — Je ferai remarquer que le drapeau des volontaires a des fleurs de lys et qu'il a des cravates blanches.

Les volontaires déchirent alors leur drapeau, le foulent aux pieds, mettent au bout de leurs piques le bonnet de la liberté et prêtent le serment patriotique.

Isnard monte à la tribune, et, dans une longue improvisation, prend la défense de Dumouriez « qui a sauvé la République dans les plaines de la Champagne » ; après un appel à l'union des députés, il propose l'arrestation des deux délégués de la légion de la section Poissonnière, et leur renvoi en jugement devant le tribunal révolutionnaire.

La Convention ordonne, séance tenante, l'impression du discours d'Isnard.

On vit alors un spectacle extraordinaire : Marat, qui faisait cependant partie du Comité de sûreté générale et connaissait, par conséquent, la lettre de Dumouriez, Marat monta à la tribune, et, renchérissant sur les paroles d'Isnard, défendit Dumouriez avec énergie, réclamant, lui aussi, l'arrestation des deux citoyens qui avaient osé demander le décret d'accusation contre le général.

— Je demande, dit Marat, que le pétitionnaire lise l'article de sa pétition, où l'on demande les têtes de Gensonné, Vergniaud et Guadet, crime atroce qui tend à la dissolution de la Convention et à la perte de la patrie.

Encouragé par d'unanimes applaudissements, Marat continue :

— Moi-même, je me suis élevé dans les groupes contre ces assassins, je me suis transporté à la Société populaire des Cordeliers : j'y ai prêché la paix, et j'ai confondu ces orateurs soudoyés par l'aristocratie. Je somme la Convention de livrer les auteurs de ce complot au tribunal révolutionnaire.[1]

La discussion continua deux heures encore : enfin on décida d'envoyer les pétitionnaires de la section Poissonnière au Comité de sûreté générale, pour y être interrogés.

Marat défendant la Gironde, Marat défendant Dumouriez et demandant l'arrestation des accusateurs du général ! Voilà un résultat obtenu par l'idée de Danton, de réunir au Comité de sûreté générale les chefs des diverses fractions de la Convention.

***

La veille, la Convention avait élu les juges et les jurés du fameux tribunal révolutionnaire, récemment organisé.

Le nombre des juges était fixé à cinq et celui des jurés à douze ; ces derniers furent pris dans les départements de Paris et dans les quatre départements limitrophes ; il fut décrété qu'ils émettraient leur déclaration à haute voix.

Les juges élus furent : Lieubette (du Doubs), Pesson (de Verdun), Montalais, Desfougères et Remy Foucault.

L'accusateur public fut Faure, et ses substituts: Fouquier-Tinville, Verteuil et Fleuriot.

Voici les noms des douze jurés ; Dumont, Brisson, Coppens, Lagrange, Langlier, Fouquière, Cabanis, Jourdeuil, Fallot, Moulins, Gauret, Laroche et Fournier.

Le 12 mars, Beurnonville, ministre de la guerre, fatigué des luttes au milieu desquelles il se trouvait pla-

(1) Histoire parlementaire.

cé, donnait sa démission et demandait qu'il lui fût permis d'aller servir à l'armée ; on voulut, avant de le laisser partir, qu'il rendît ses comptes. Mais trois jours après, Beurnonville, réélu par la Convention, revenait sur sa détermination et consentait à rester au ministère ; en même temps, Garat acceptait le portefeuille de l'intérieur.

A Orléans, trois commissaires de la Convention, et, parmi eux, Léonard Bourdon, furent attaqués par les aristocrates, défenseurs de la municipalité que les commissaires venaient de destituer. La bagarre eut lieu dans l'Hôtel-de-Ville, et Bourdon en envoya lui-même le récit à la Convention, en exagérant quelque peu ; aucune des blessures n'était grave, ce qui n'empêcha pas Bourdon d'écrire :

« Et moi aussi, j'ai payé mon tribut à la patrie, et moi aussi j'ai versé mon sang pour elle. De nouveaux Pâris, au nombre de trente, armés de baïonnettes et de pistolets, m'ont frappé sur tout le corps, dans l'antichambre de la maison commune, en criant : « Va rejoindre Lepelletier ! » — Aucune de mes blessures n'est dangereuse. Ma redingote sur mon habit, et mon chapeau enfoncé sur ma tête n'ont pas permis aux baïonnettes de s'enfoncer plus de deux ou trois lignes. »

Les auteurs de cette échauffourée n'en furent pas moins arrêtés, livrés au tribunal révolutionnaire, condamnés à mort et exécutés.[1]

1. On arrêta, pour ce fait, sans grande importance, neuf négociants d'Orléans, qui furent traduits devant le tribunal révolutionnaire le 12 juillet 1793, comme auteurs et complices de la tentative d'assassinat commise sur Léonard Bourdon, condamnés à mort et exécutés le lendemain. — Rigueur bien inutile pour un acte répréhensible à coup sûr, mais ne méritant pas une telle sévérité, que l'histoire a le droit d'appeler de la cruauté.

Pendant ce temps, le 10 mars, se produisit la levée extraordinaire de la Vendée.

La guerre commença à Saint Florent, dans l'Anjou, où trois mille paysans des environs s'emparèrent de la ville, brûlèrent les archives du district, pillèrent les assignats et organisèrent des réjouissances.

De Saint-Florent, perché sur son coteau, partirent les cris de guerre qui embrasèrent en un moment l'Anjou et le Poitou. Six cent clochers mis en branle sonnèrent la levée des Blancs ; cent mille hommes furent sur pied, emplissant le pays de cris de colère et de terreur. Les communications étaient interrompues ; on ne laissait même pas passer le courrier. — Les prêtres profitèrent de l'approche de Pâques, moment où les paysans se rendent aux églises, pour opérer une levée gigantesque, et leurs manœuvres ne réussirent que trop.

En apprenant l'affaire de Saint-Florent, un colporteur, père de cinq enfants, ouvrier honnête, estimé de ses voisins, excellent catholique, Cathelineau, quitte sa maison et se met à la tête d'une troupe de paysans, qui grossit en chemin. Ces insurgés vont, en sabots pour la plupart, armés de fourches ; bien peu ont des fusils, mais ils ont un courage et une bravoure farouches. Le 15, ils s'emparent de Cholet ; mais l'approche de Pâques arrête ce premier élan, et tous ces révoltés rentrent chez eux pour se préparer à leurs devoirs religieux.

A Machecoul, d'autre part, des bandes de paysans se réunissaient et s'organisaient sous les ordres d'un ancien lieutenant de vaisseau, nommé Athanase Charette, qui avait abandonné le service pour vivre de l'existence de gentilhomme campagnard et grand chasseur. En attendant Charette, les insurgés commencèrent par des massacres. C'était un dimanche; on courut au presbytère, on s'empara du curé constitutionnel et on le crucifia ; puis on organisa la chasse à courre des patriotes ; les masses, précédées d'un sonneur de trompe, couraient à travers la ville, fouillaient les maisons. Un républicain était-il découvert ? vite, on sonnait l'*hallali*, et, quand on avait tué le Bleu, la foule se lançait à la *curée*.

Ces épouvantables scènes se passaient devant des femmes et des enfants, qui prenaient part à ces abominations.

---

# XV

# DEFAITE DE NEERWINDEN

On demande a décréter Marat de démence. — Annonce de la défaite de Dumouriez. — La bataille de Neerwinden. — Rôle de Miranda. — Cause de la défaite. — En Vendée. — Combat de Saint-Vincent. — Siège des Sables d'Olonne. — Mise hors la loi. — Etat de Paris. — Première du « Mariage de Figaro » de Mozart.

Les passions de la Gironde continuaient à se déchaîner contre Marat.

A Paris arrivait la nouvelle de la défaite de l'armée française à Neerwinden ; les détails manquaient encore : seul, ce fait brutal était connu dans sa triste sécheresse.

Aussitôt Marat monte à la tribune et déclare que « nous n'avons pas de généraux capables de faire face à l'ennemi ; nous n'avons point de troupes capables de livrer bataille. »

Il est interrompu par de violents murmures, par les cris de « Il est payé par nos ennemis. » Mais Marat continue sans s'émouvoir; il en a vu bien d'autres. Il demande que l'on prenne des mesures d'accord avec le Comité de salut public.

Indigné, Lecointe-Puyraveaux prononce un petit discours pour affirmer la folie de l'Ami du peuple : « je demande donc, conclut-il, que Marat soit déclaré en état de démence ! »

La Convention passe à l'ordre du jour.

Tout cela, loin d'arrêter Marat, ne fait que l'exciter.

Il consacre un numéro tout entier à Dumouriez, qu'il représente comme un traître. Il n'en avait pas encore la preuve, mais son intuition soupçonneuse le servait bien cette fois. Ce numéro se termine par ces trois lignes : « Que le ciel ait pitié de nous, si la nation ne se lève pas en masse pour écraser à la fois les ennemis implacables de son repos, et du dedans et du dehors. »

Les colporteurs se répandirent dans Paris, criant à tue-tête : « Grande trahison du général Dumouriez! » — Sur la terrasse des Feuillants, on menaça de faire un mauvais parti aux crieurs, et, comme Marat passait, on le hua, on le conspua, on le siffla, à l'endroit même où il avait été porté en triomphe, il y avait dix jours à peine.

Les journaux Girondins se déchaînèrent de plus belle contre le farouche montagnard. Girez-Duprez, dans le *Patriote français*, écrivit :

« Citoyens, vous vous êtes oubliés : si Marat n'était qu'un vil libelliste, qu'un lâche conspirateur, qu'un opprobre pour l'espèce humaine; si enfin il n'était qu'un Marat, je vous dirais : que vos huées ne descendent pas jusqu'à lui; ne l'honorez pas de votre indignation, ne remuez pas la fange où il est plongé. Mais, citoyens, Marat, tout Marat qu'il est, est représentant du peuple ; des huées contre lui sont presqu'un délit, des menaces sont un crime. »

Au moment où paraissait la feuille Girondine, les détails sur la défaite de Neerwinden arrivaient, précis.

La bataille avait été livrée, le 17, dans des conditions déplorables. L'armée autrichienne, forte de 55,000 hommes, occupait une position analogue à celle qu'elle avait à Jemmapes, sur une hauteur; les Français ne pouvaient compter que sur 32,000 hommes, parmi lesquels de nombreux conscrits encore mal aguerris. Pour comble de malheur, Dumouriez, par un imprudent mouvement tournant, élargit le front d'attaque, ce qui diminue d'autant la base de résistance.

La bataille commença dès le matin.

Le général Valence commandait l'aile droite, le duc de Chartres le centre, et Miranda l'aile gauche.

Miranda était ce riche péruvien qui avait quitté son pays, après avoir inutilement essayé de l'affranchir de la domination Espagnole; reçu à la cour de la grande Catherine, il y avait refusé un poste de général; en Angleterre, il s'était lié avec Priestley, Fox et Shéridan, qui l'avaient mis en relation avec les Girondins. A Paris, il conquit l'amitié de Pétion, qui obtint pour lui un commandement; dans plusieurs circonstances, il se conduisit vaillamment; à Neerwinden, on lui confia le commandement de l'aile gauche; Dumouriez lui donnait un poste de brave.

L'infanterie autrichienne, protégée par une formidable artillerie, occupait les hauteurs. Pour arriver au pied de la colline, il fallait traverser la Gette, puis s'emparer de quatre petits villages, et enfin escalader les coteaux que les feux ennemis dominaient.

Sous le feu des batteries, les soldats de Miranda traversent la Gette, délogent la cavalerie des quatre villages et s'apprêtent à monter à l'assaut. Mais les canons autrichiens vomissent le feu; les Français sont obligés de céder devant les ennemis, qui reprennent ces villages; Miranda pousse ses soldats en avant; les villages sont repris une deuxième fois par nos troupes. L'artillerie ennemie empêche de nouveau nos soldats d'avancer, et les Autrichiens délogent une fois encore les Français de Neerwinden.

Au centre et à l'aile droite, les difficultés étaient moins grandes, et la victoire semblait pencher de notre côté; mais l'aile gauche, épuisée par onze heures de combat, fut obligée de battre en retraite, et de repasser la Gette. Nous étions vaincus.

Les pertes autrichiennes furent de quinze cents hommes; du côté des Français, il y eut deux mille six cents morts, dont deux mille, pour l'aile gauche seulement et en outre mille blessés.

Dumouriez essaya de rejeter la faute sur Miranda, qui s'était héroïquement conduit, comme il le prouva au tribunal révolutionnaire, devant lequel il fut traduit à la suite de cette journée, mais par lequel il fut acquitté avec les avis les plus flatteurs pour son courage, avis émis par les jurés, qui délibérèrent en public et à haute voix.

***

Ces pénibles nouvelles arrivèrent à Paris en même temps que le conventionnel Camus, revenu de sa mission de Belgique, où il était allé s'assurer de l'état des esprits; elles détruisirent l'effet de tous les renseignements qu'il put donner; il affirma cependant que, si les excès de quelques individus avaient indisposé les Belges contre nous, il ne serait pas difficile de les ramener, et qu'on en ferait « facilement des Français, avec quelques ménagements. »

L'attention de l'Assemblée était aussi absorbée par l'état de la Vendée, où l'insurrection grandissait; quelquelques jours auparavant, ont avait fait arrêter le général Marée qui n'avait pas déployé contre les insurgés des forces suffisantes pour les arrêter. Les Vendéens avaient été vainqueurs au combat de Saint-Vincent.

Marée paya de sa tête cette défaite, due à son manque d'énergie.

En revanche, les Vendéens furent battus devant la ville des Sables d'Olonne, après trois sorties, dans lesquelles les patriotes les mirent en déroute, malgré leurs forces bien supérieures.

Pour combattre les insurgés, la Convention lançait non seulement ses bataillons, mais encore ses décrets; sur la proposition de Cambacérès, au nom du Comité de législation, elle mettait hors la loi et condamnait à mort tous ceux qui étaient prévenus de prendre part aux révoltes. On accordait vingt-quatre heures aux rebelles pour rentrer dans le devoir.

Toutes ces nouvelles se répandent dans Paris, où les agitateurs sont nombreux. Le Procureur de la Commune représente que « jamais les rues de Paris n'ont été plus encombrées, ni plus mal éclairées, et par conséquent moins sûres. »

Néanmoins les théâtres donnent des pièces nouvelles, et Mozart, acclamé dans toute l'Allemagne, vient, en pleine tourmente, demander à Paris sa consécration artistique.

Le 20 mars, l'affiche de l'Académie de musique annonce la première représentation du *Mariage de Figaro*, opéra comique en cinq actes.

C'est un vendredi, le jour de la bonne société à l'Opéra.

Beaumarchais assiste à la représentation de la pièce, tirée de sa comédie ; il est là, avec ses soixante ans vertement portés, sa figure intelligente, son sourire narquois, gros et gras, malgré ses récents ennuis.

Après l'ouverture par l'orchestre, la toile se lève, et le public est tout surpris, car, au lieu de chanter, les acteurs se mettent à parler, tout comme à la Comédie française. C'était la première fois qu'on voyait, à l'Opéra, une pièce où le chant alternait avec les paroles, et cela ne fut pas sans causer quelque étonnement. Mais, dès le premier duo entre Suzanne et Figaro, les amateurs furent conquis et firent un grand succès au compositeur, dont l'ensemble du public accueillit pourtant assez froidement la musique.

L'opinion changea plus tard; mais, tout d'abord, les spectateurs furent déroutés par ces chanteurs, se mettant à déclamer une prose qu'on avait entendue si merveilleusement dite au Théâtre français.

A la sortie, un dilettante résumait son opinion :

— Voilà qui laisse bien en arrière Piccini; Piccini ne va pas à la cheville de Mozart.

Au milieu de tous ces événements, on ne s'occupe presque pas de la nomination de Gohier [1] au ministère de la justice, où il remplace Garat, qui lui-même avait succédé à Roland au ministère de l'Intérieur.

(1) *Gohier* (Louis-Jérôme) né à Semblançoy le 25 février 1746, mort à Montmorency le 29 Mai 1830. Fils d'un notaire de Rennes, il fit ses études chez les Jésuites de Tours, se fit inscrire comme avocat au parlement de Bretagne et fit représenter à Rennes quelques pièces qui eurent du succès. Il acquit une place honorable au Barreau. Elu député d'Ile-et-Vilaine à l'Assemblée législative, non réélu à la Convention, Garat l'appela au secrétariat général du ministère de la Justice; il devint titulaire du portefeuille quand Garat passa à l'Intérieur à la place de Roland. Lorsque les ministères furent remplacés par des commissions, Gohier devint président du tribunal criminel de la Seine, puis juge au tribunal de cassation. Il était président du Directoire, quand Bonaparte commit le Coup d'Etat de brumaire; Boulay de la Meurthe fut chargé par le général « d'obtenir » la démission de Gohier; celui-ci faisant quelques résistances, Boulay lui dit : « Vous ne voudriez pas, citoyen, qu'on mît à cette demande plus que de l'invitation. » Gohier démissionna et ne bouda pas le nouveau régime qui le nomma consul de France à Amsterdam, poste qu'il occupa jusqu'à la réunion de la Hollande à la France; il refusa, par raison d'âge, la même situation aux Etats-Unis, et se retira à Gaulionne, près de Montmorency, où il mourut en 1830, à l'âge de quatre-vingts ans. — Napoléon 1er dit de lui : « C'était un avocat de réputation, d'un patriotisme exalté, jurisconsulte distingué, homme intègre et franc. » (*Dictionnaire des Parlementaires* par A. Robert et Gaston Cougny. — Paris, 1890.

# XVI

# DUMOURIEZ JETTE LE MASQUE

La taille des enfants de Louis xvi. — Complot de Toulan. — Deuxième lettre insolente de Dumouriez. — Lettre de Lacroix a Danton. — Commission envoyée a Dumouriez. — Dumouriez interrogé par trois Jacobins. — Mesures de sureté publique. — Les 48 sections a l'Assemblée. — Interdiction de *Mérope*. — David offre un tableau a l'Assemblée.

Pendant que les Vendéens se battaient pour leur roi, Louis XVII et sa famille étaient au Temple, pleurant et souffrant ; pleurant la mort du père, et souffrant à la pensée du lendemain.

En attendant, la mère, Marie-Antoinette, marquait sur les murs de la prison, à l'aide d'un trait, la taille de ses enfants : pour l'un, la jeune fille, elle inscrivait : «quatre pieds dix pouces trois lignes » ; pour l'autre : « trois pieds deux pouces», c'était la taille du prince, dont ses grands oncles, les comtes de Provence et d'Artois aggravaient la situation autant qu'ils le pouvaient, en sommant la Convention d'avoir à le reconnaître.

A ces fanfaronnades la Commune répondait par un arrêté, défendant la vente des gravures qui représentaient Louis XVI et la famille royale.

Quand un patriote découvrait une de ces estampes, il la déchirait sans autre forme de procès, ne craignant pas d'être inquiété par les agents, bien au contraire.

Malgré les soins méticuleux employés par la Commune pour garder les prisonniers du Temple, un royaliste, puisant son énergie dans son dévouement, un petit libraire, Toulan, essaya, le 26 mars, de faire évader la reine.

Toulan était né à Toulouse en 1761 ; il était venu s'établir à Paris comme libraire, et avait été nommé membre de la Commune, le 10 août; c'était, dit le panégyriste de Marie-Antoinette, « Un de ces cœurs sans peur et sans surprise, qui trompent longtemps la mort en se jouant d'elle. » Toulan avait la tête chaude et le cœur généreux, comme beaucoup d'hommes ou de gens de son pays ; il avait gardé ses opinions royalistes, sous une forme révolutionnaire, exagérée même quelquefois, pour dépister ceux qui auraient pu l'inquiéter. Toulan avait formé le projet de sauver la reine à lui tout seul, et de la tirer des mains de Tison. Marie-Antoinette connaissait, du reste, le dévouement de ce commissaire de la Commune, qu'elle avait surnommé «Fidèle.»

Le gascon méritait certes ce surnom, car il se dévouait de la manière la plus imprudente du monde ; pour satisfaire un désir de la reine, il risquait sa tête. Un jour Marie-Antoinette exprime à Toulan le désir de posséder les souvenirs de Louis XVI, que la Commune avait mis sous scellés.

Ces souvenirs consistaient dans l'anneau nuptial du roi, un cachet aux armes de France et une mèche de cheveux. Toulan pénètre dans les bureaux de la Commune, brise les scellés, prend les objets et les remplace par d'autres à peu près semblables ; puis il repose les scellés, et, un jour qu'il était de garde, apporte à la reine ce qu'elle a désiré.

Il fait plus encore.

Il introduit au Temple M. de Jarjayes, déguisé en garde national, et il lui ménage une entrevue avec Marie-Antoinette, entrevue dans laquelle Toulan expose son plan d'évasion et le discute.

On convient d'acheter, à prix d'argent la complicité d'un second commissaire de la Commune. Le marché est proposé par Toulan à Lepitre, qui accepte.

Le plan était bien simple.

On apportait deux costumes de commissaires, avec les écharpes tricolores ; Mme Elisabeth et Marie-Antoinette les revêtiraient et sortiraient le plus tranquillement du monde, en passant devant le poste qui leur porterait les armes.

Le jeune prince et la princesse s'évaderaient en costumes de petits allumeurs de réverbères. Tous les jours, de 5 à 6 heures, l'allumeur des réverbères entrait au Temple, accompagné de deux enfants, allumait les lampes et se retirait vers sept heures. Il fallait la complicité de cet homme, on l'obtint.

Dès lors, tout était combiné.

Les princesses devaient sortir vers sept heures, au moment où l'on venait de relever la garde, et les enfants partiraient presque en même temps ; on se rendait chez Lepitre, rue de la Corderie, où M. de Jarjayes devait attendre. Les fugitifs devraient quitter Paris dans trois cabriolets légers et se rendraient en Normandie, d'où ils pourraient facilement s'embarquer pour l'Angleterre. Tel était succintement le plan de Toulan, dont l'exécution avait été fixée au 26 mars; mais le projet fut éventé, et, sans avoir de preuves certaines, on eut des soupçons, et on raya Toulan et Lepitre de la liste des commissaires du Temple.

Toulan ne se décourage pas ; il agit du dehors : surpris, arrêté, il échappe et continue de conspirer pour la délivrance de la famille royale, jusqu'au jour où, pris enfin pour de bon, il montera sur l'échafaud.

***

Ces bruits d'évasion auraient, en d'autres journées, bouleversé Paris; mais l'attention, en ce moment, était ailleurs : Dumouriez venait d'envoyer à la Convention une lettre plus insolente et plus menaçante que celle du 12 mars.

Le doute n'était plus possible : Dumouriez voulait se poser en face de la Convention ; Danton, qui avait soutenu le général, même après sa première lettre, ne le défendait plus ; il recevait de Lille une lettre de son ami Lacroix, qui ne lui laissait plus aucune illusion de ce côté. Dans cette lettre se trouvait le passage suivant : « Dumouriez me paraît, à moi, bien dangereux pour la République. Je ne reconnais plus en lui ce général, que j'aimais personnellement et dont j'estimais la bravoure, les talents et dont je respectais l'audace. Je l'envisage comme un ennemi de mon pays qui l'enchaîne ou l'entraîne sur le bord du précipice, pour l'arrêter dans sa chute et se faire déclarer son sauveur, son protecteur ! — Tout m'est suspect ! — Je ne vois que traîtres et conspirateurs. — J'ai proposé ce matin de suspendre Dumouriez et de le mettre en état d'arrestation. Mes collègues ont cru qu'il fallait temporiser ; je ne sais s'ils avaient raison, mais j'ai dû respecter la majorité. Adieu, mon cher Danton, j'ai le cœur navré de douleur... »

Les sentiments de Lacroix furent partagés par la Convention ; dans la séance du 30 mars, elle rendit un décret mandant Dumouriez à la barre; Beurnonville et une commission, composée de Camus, Quinette, Lamarque, Boncol et Carmet, l'aîné, partirent pour l'armée de Belgique, avec le pouvoir de suspendre et de faire arrêter les généraux suspects.

Pendant que les cinq commissaires et Beurnonville quittent Paris et se dirigent vers Lille, Dumouriez reçoit dans son camp la visite de trois envoyés Jacobins : Dubuisson, Proly, le fils naturel du prince de Kaunitz, et Péreyra, venus au nom de Lebrun, pour sonder le, général.

Dans un entretien secret, Dumouriez mit à nu l'état de son âme, et dévoila ses projets :

— Je suis assez fort, dit-il, pour me battre devant et derrière; eh! que me parlez-vous de la Convention? elle est composée de deux cents brigands et de six cents imbéciles ; mais je me moque de ses décrets, qui, bientôt, n'auront de valeur que dans la banlieue de Paris. Quant au tribunal révolutionnaire, je saurai l'empêcher, et, tant que j'aurai trois pouces de fer à mes côtés, cette horreur n'existera pas.

— Vous ne voulez donc pas de Constitution? lui demande un des trois interlocuteurs.

— La nouvelle Constitution imaginée par Condorcet est trop sotte.

— Et que mettrez-vous à la place?

— L'ancienne de 1791, toute mauvaise qu'elle est.

— Mais il faudra un roi et le nom de Louis fait horreur.

— Qu'il s'appelle Louis ou Jacques, peu m'importe.

— Ou Philippe, ajoute un des envoyés.

⁂

Ces paroles furent plus tard répétées à Paris, où elles

causèrent une agitation indescriptible et une grande indignation.

Pour le moment, Paris se soumettait à un système de rigueur. La Commune obligeait les propriétaires, principaux locataires et concierges, à afficher à l'extérieur de leurs maisons, à un endroit apparent et en caractères bien lisibles, les prénoms, surnoms, âge et profession de tous les habitants.

Les hôteliers, aubérgistes, et logeurs, étaient tenus aux mêmes obligations.

Copies de ces affiches, signées et certifiées conformes, devaient être remises aux sections.

Les quarante-huit sections devenaient une puissance de plus en plus grandissante; le 28, une députation, conduite par le maire, est admise à la barre; elle apporte une pétition, dans laquelle on se plaint qu'un « tribunal révolutionnaire est créé depuis plus de vingt jours, et que la tête d'aucun coupable n'est encore tombée sous le glaive de la loi ». — On accuse « le Conseil exécutif de manquer d'énergie. »

Le citoyen Garnier, l'un des pétitionnaires, demande à la Convention si, oui ou non, elle se sent capable de sauver la patrie. Il propose une levée en masse de tous les citoyens, de seize à quarante ans. « Que la moitié des citoyens marche aux frontières, et que l'autre moitié reste à l'intérieur pour écraser la contre-révolution. » Puis il ajoute, au milieu des rires et des applaudissements ironiques : « Citoyens, quand les rois voulaient faire triompher leurs armées, ils se mettaient à leur tête; vous n'êtes pas des rois, car vous seriez des monstres, mais que la Convention se mette à notre tête. »

La Convention répondit qu'elle sauverait la patrie;

« mais vous, dit le président aux sections, vous répondez de sauver la Convention. »

L'idée du citoyen Garnier, dont on avait ri à cause de sa forme un peu bizarre, était, en somme, mise en pratique tous les jours, quand on envoyait des députés aux armées ou en mission; c'était bien la Convention, représentée par ses délégués, qui se plaçait à la tête des armées ou prenait la direction des mouvements populaires.

Ces déplacements de députés devenant même de plus en plus fréquents, on proposa, dans la séance du 25, d'allouer une indemnité aux députés en mission. Lesage, d'Eure-et-Loir, protesta, rappelant « la frugalité des Bataves, lorsqu'ils secouèrent le joug du despotisme ; » la raison ne valait pas grand'chose; cependant la Convention refusa toute augmentation de traitement, décrétant qu'il serait seulement remboursé aux députés leurs frais de poste et autres dépenses extraordinaires.

Les députés en mission continuèrent donc à toucher leurs dix-huit francs par jour, et encore l'indemnité était-elle payée en assignats dont la valeur baissait rapidement ! Quand ils étaient délégués, les conventionnels partaient par la diligence pour se rendre à destination; quelquefois l'administration fournissait une voiture. C'était l'exception.

A côté de cette grandeur de caractère, dans l'accomplissement de missions souvent périlleuses, nous avons à noter d'incroyables petitesses de procédés ; ainsi la Convention charge le maire d'empêcher la représentation de *Mérope*. « On ne peut, dit Genissieux, laisser jouer une pièce dans laquelle on voit une reine en deuil pleurer son mari et désirer le retour de ses deux frères absents. » Sans doute les circonstances excusaient bien des choses, mais c'était craindre, par trop, les allusions que d'aller jusque-là.

On donnait congé à la tragédie de Voltaire et à une vieille institution, la maison d'éducation des demoiselles de Saint-Cyr, dont les élèves étaient dispersées le 30 mars.

La veille, David avait fait don à la Convention de son tableau : *La mort de Lepelletier*, qu'on plaçait au-dessus du fauteuil du président.

---

# XVII

# TRAHISON DE DUMOURIEZ

LACROIX SE MÉFIE DE DUMOURIEZ. — LES CONVENTIONNELS AU CAMP DE DUMOURIEZ. — ILS SONT ARRÊTÉS. — DUMOURIEZ PASSE A L'ENNEMI. — L'ASSEMBLÉE SE DÉCLARE EN PERMANENCE. — DANTON SE DONNE A LA MONTAGNE. — GRAVITÉ DE CE FAIT POUR L'AVENIR. — L'INVIOLABILITÉ EST SUSPENDUE. — LE COMITÉ DE SALUT PUBLIC. — CRÉATION DU CAMP DE 40.000 HOMMES. — ARRESTATION DU DUC D'ORLÉANS. — BOUCHOTTE NOMMÉ MINISTRE DE LA GUERRE. — VIOLENCES DE MARAT. — MARAT PRÉSIDENT DES JACOBINS. — LES PROPOSITIONS VIOLENTES DE LACOMBE.

Marat n'était pas le seul à reconnaître — un peu tard cependant — que Dumouriez nourrissait de coupables projets : Lacroix, qui l'avait si longtemps défendu dans un intérêt patriotique et qui se trouvait à Lille, écrivait à son ami Danton, à la date du 28 mars, une lettre qui arrivait à Paris, le 2 avril, et qui donne sur la situation générale les détails les plus précis et les plus intéressants :

« Je suis, mon cher Danton, dans un état que je ne saurais t'exprimer. Les dangers qui menacent notre patrie augmentent de jour en jour, et nos ressources, nos espérances diminuent.

« Dumouriez me paraît à moi bien dangereux pour la République. Je ne reconnais plus en lui ce général que j'aimais personnellement, et dont j'estimais la bravoure, les talents et respectais l'audace. Je l'envisage comme un ennemi de son pays, qui veut l'enchaîner ou le traîner sur le bord du précipice pour l'arrêter dans sa chute et se faire déclarer son sauveur et son protecteur.

. . . . . . . . . . . . . . . . . . . .

« J'ai proposé ce matin de suspendre Dumouriez et de le mettre en état d'arrestation. Mes collègues ont cru qu'il fallait temporiser ; je ne sais s'ils avaient raison, mais j'ai dû respecter la majorité. Adieu, mon cher Danton, j'ai le cœur navré de douleur, j'ai l'humeur noire et je suis furieusement rembruni[1] . »

Au moment même où Danton recevait cette lettre, les délégués de la Convention, ayant à leur tête le ministre de la guerre, Beurnonville, arrivaient au camp de Dumouriez.

Il était quatre heures du soir, quand on annonça à Dumouriez que le ministre de la guerre se présentait, accompagné de quatre conventionnels.

Dumouriez s'empressa de faire réunir et mettre sous les armes tout un régiment de hussards, celui de Berchigny, composé pour la plus grande partie d'allemands et d'alsaciens ne comprenant pas le français et peu au courant des affaires de la France, en tous cas, à peu près désintéressés dans le drame qui allait se jouer.

La voiture arrive dans le camp, s'arrête devant la tente du général, et Beurnonville se jette dans les bras

1. Lettre inédite de Lacroix à Danton — publié par Daubrou, dans la Démagogie, à Paris, p. 124.

de Dumouriez, un de ses amis, avec lequel il a entretenu depuis longtemps les meilleures relations.

Les quatre commissaires, Camus, Lamarque, Bancol et Quinette descendent de la chaise de poste, après le ministre.

Dumouriez est entouré d'un nombreux, état-major et le régiment de Berchigny est sous les armes ; les chevaux sont sellés, et, au moindre signal, ces hommes sont prêts à obéir.

On se rend dans la tente où se tenaient les conseils de guerre ; les officiers continuent à entourer leur chef. Camus prie Dumouriez de passer dans une autre pièce pour y entendre la lecture d'un décret de la Convention. Le général refuse.

Mes actions ont toujours été publiques, dit-il.

Camus insiste ; les trois autres commissaires se joignent à leur collègue: ils espéraient que l'intimité d'un tête-à-tête leur permettrait d'insister et de décider Dumouriez, qu'ils auraient voulu garder pour la République. Le général y consent et passe dans une sorte de petit cabinet, gardant seulement le général Valence avec lui ; les généraux et les officiers murmurent, et exigent que la porte soit laissée ouverte, afin que, s'ils ne peuvent entendre, ils puissent voir, tout au moins, ce qui va se passer.

Camus déplia la copie du décret de la Convention, appelant Dumouriez à la barre, le passa au général, qui le lut, impassible, et le rendit au commissaire :

— L'exécution de ce décret, dit-il, serait la dissolution de l'armée et la perte de la patrie.

— Voulez-vous obéir au décret de la Convention ? demanda Camus.

Dumouriez réfléchit un instant, puis :

— Je ne veux pas blâmer, jusqu'à un certain point, une décision de la Convention nationale ; mais il me parait nécessaire d'attendre.

— Alors vous refusez d'obéir ?

— Je ne refuse pas d'obéir, mais je veux choisir mon heure, et non celle de mes ennemis.

Comme Camus insistait, froid, sévère, dominé par la grande idée de la patrie qu'il représentait :

— Après tout, dit Dumouriez, je vais donner ma démission, si on croit que je ne suis plus utile.

Il y avait de l'ironie dans le ton dont ces paroles furent prononcées.

— Mais après avoir donné votre démission, que feriez-vous ?

Le général releva la tête ; un éclair avait passé dans ses yeux :

— Ce qu'il me plaira ; seulement je vous déclare que je n'irai pas à Paris me faire avilir et condamner par un tribunal révolutionnaire.

— Vous ne reconnaissez donc pas ce tribunal ?

— Je le reconnais pour un tribunal de sang et de crime ; et, tant que j'aurai un pouce de fer dans la main, je ne m'y soumettrai pas.

La conversation s'aigrissait ; les autres commissaires, plus conciliants que l'austère Camus, s'interposèrent, lui conseillant d'obéir à l'acte de la Convention, lui promettant que l'Assemblée, heureuse de cette marque de confiance, le renverrait à son armée.

Dumouriez, se tournant alors du côté de Beurnonville :

— Que feriez-vous à ma place ? lui demanda-t-il.

— Je n'ai point de conseil à vous donner, répondit le ministre, vous savez ce que vous avez à faire.

L'entretien dura deux heures ; Dumouriez avait toujours refusé de répondre catégoriquement ; il laissa les quatre commissaires délibérer, et, étant passé dans la grande pièce où il avait laissé les officiers, il s'approcha du docteur Menuret, médecin de l'armée.

— Eh bien, docteur, lui dit-il gaiement, [1] quel topique conseillez-vous de mettre sur cette blessure?

Un grain de désobéissance, répondit Menuret.

Les conventionnels avaient fini de délibérer. Une résolution était prise ; malgré l'attitude du général, malgré le régiment des hussards qu'ils apercevaient, prêts à tirer le sabre, ils allaient faire leur devoir.

Ce fut Camus qui prit encore la parole :

— Vous connaissez le décret ; dit-il, voulez-vous l'exécuter ?

— Non, répliqua alors Dumouriez.

— Vous désobéissez à la loi.

— Je suis nécessaire à mon armée.

— Par cette désobéissance, vous vous rendez coupable.

— Allons, ensuite!

— On va mettre les scellés sur vos papiers.

— Je ne le souffrirai pas.

Alors Camus, se redressant, très grave, ayant conscienee qu'il représentait à ce moment la loi, en présence d'un soldat indiscipliné :

— Général, vu votre désobéissance, nous vous déclarons suspendu de vos fonctions.

— Allons, s'écria Dumouriez, il est temps que ceci finisse. Lieutenant, appelez les hussards !

Vingt-cinq soldats de Berchigny entrèrent.

Dumouriez leur parla en Allemand.

1. Mémoires de Dumouriez.

— Arrêtez ces messieurs, leur dit-il.

S'avançant vers Beurnonville, et lui prenant la main :

Vous serez arrêté aussi, et je vous sauve ainsi du tribunal révolutionnaire.

L'ordre fut exécuté à l'instant ; une heure après, les cinq prisonniers montaient en voiture et étaient amenés à Tournay, livrés comme otages aux Autrichiens, et enfin emprisonnés à Maëstricht.

Dumouriez n'avait plus qu'une ressource ; continuer les pourparlers avec les Autrichiens et marcher avec eux contre la Convention ; il l'essaya, mais il neréussit pas.

Le 4 avril, il partit pour aller à Condé, où il espérait rencontrer le colonel autrichien Mack. qu'on lui envoyait pour se concerter avec lui. Il était accompagné de Thouvenat, de son domestique Baptiste, des deux héroïnes, Mlles de Fermy, ces amazones qui le suivaient sous le costume de hussard, et de quelques officiers ; en tout, une escorte de trente hommes. En route, il rencontre trois bataillons de volontaires, qui se mettent à le poursuivre, en disant ; arrêtez-le, arrêtez-le ! Il met son cheval au galop, mais il est arrêté par un large fossé plein d'eau ; son cheval se refuse à le franchir, il saute à terre et c'est avec de l'eau jusqu'à la ceinture et sous une grêle de balles qu'il arrive à l'autre bord. Cinq hommes et huit chevaux furent tués ; Thouvenat et les demoiselles de Fermy parvinrent à franchir le fossé ; la petite troupe arriva jusqu'à l'Escaut, qu'elle passa dans un bac. Dans la nuit il se rencontre avec le colonel Mack ; il passe la nuit à écrire une proclamation, dans laquelle il déclarait que le but des Autrichiens était de marcher avec les troupes françaises « pour coopérer, en amis et en compagnons d'armes di.

gnes de s'estimer réciproquement, à rendre à la France la Constitution qu'elle s'était donnée et son roi constitutionnel. »

Dumouriez, qui rêvait le règne du duc d'Orléans, aurait bien voulu ne pas parler de roi, mais il dut céder devant la volonté des Autrichiens, et Louis XVII fut ainsi reconnu.

Dumouriez, se rendant mal compte de la situation, voulut, le 5 au matin, rentrer dans son camp de la Maulde ; il espérait retrouver une armée fidèle et marcher contre la Convention avec des soldats français et non à la tête des ennemis ; mais ses soldats lui firent mauvais accueil, des officiers l'abandonnèrent. Il quitta alors définitivement son armée, suivi de son état-major, de Thouvenat, des deux jeunes princes d'Orléans ; il revint vers les Autrichiens, mais le soldat de Jemmapes ne voulut pas combattre son pays avec des soldats étrangers ; il demanda un passeport pour la Suisse, il lui fut accordé, et ainsi se termina la carrière de ce général de grand courage, à qui la jeune République devait ses premières victoires et qui partait pour l'exil et l'oubli, pour n'avoir pas voulu obéir et s'être cru assez fort pour commander à la loi.

***

A Paris, en apprenant ce qui se passait en Belgique, craignant que Dumouriez ne marchât contre Paris, la Convention se déclara en permanence, siégea nuit et jour ; Dampierre fut nommé à la place du général fugitif ; on décréta que les pères, mères, femmes et enfants des officiers de l'armée de Dumouriez, depuis le grade de sous-lieutenant, seraient gardés à vue, comme otages, par les municipalités de leur résidence.

La désertion de Dumouriez arrivait au moment de la

plus grande excitation des Girondins et des Jacobins, les uns contre les autres. Chaque parti voulut solidariser ses adversaires avec le traître, et, comme ce fut la Gironde qui fut vaincue, ce fut elle qui supporta le poids de ce grave événement.

La Gironde avait eu, du reste, le tort, énorme et qui la perdit, non seulement de repousser les avances de Danton, comme nous l'avons vu, mais encore de vouloir l'écraser avec la fuite de Dumouriez ; le terrible tribun se calma, fit face au danger avec autant d'ardeur que de courage, se donna tout entier à la Montagne, dans une magnifique improvisation qui souleva l'enthousiasme des tribunes.

Les Girondins étaient tout émus, ce jour-là, 1er avril, des nouvelles qui leur arrivaient de Belgique, et de la mise de scellés qu'on venait d'apposer sur les papiers de Roland.

On lit à la tribune le compte-rendu de l'entrevue de Dumouriez avec les trois Jacobins, Prolez, Pereyra et Dubuisson.

Lasource vint alors reprocher à Danton son ancienne amitié pour Dumouriez. « Dumouriez, dit-il, a ourdi un plan de contre-révolution. L'a-t-il ourdi seul ? » Le pasteur protestant des Cévennes, continue en reprenant une proposition de Danton lui-même, demandant qu'on nommât une commission pour examiner sa conduite, et il terminait par ces mots, qui semblaient, contre l'ancien ministre du 10 août, une accusation plus grave que toutes les autres : « Pour prouver à la nation que nous ne capitulerons jamais avec un tyran, que chacun de nous prenne l'engagement de donner la mort à celui qui tenterait de se faire roi ou dictateur. »

Lasource étend la main et prête le serment ; toute l'assemblée se lève et l'imite.

Tout annonçait une crise.

Delmas le comprit et ne put s'empêcher de dire : — Citoyens, je me suis recueilli ; j'ai écouté tout ce qui a été dit à cette tribune. Mon opinion est que l'explication qu'on provoque en ce moment va perdre la République.

Les esprits étaient trop agités pour comprendre toute la sagesse de ces paroles prudentes.

Danton attaqué, ayant écouté, impassible, le réquisitoire de Lasource, avec un grand pli de dédain au bout des lèvres, Danton monta à la tribune, touché peut-être par les paroles de Delmas, il se contenta d'invoquer le témoignage de Cambon, relativement à l'emploi de 100,000 écus, dont on avait parlé, et qui avaient été employés pour le service des armées.[1]

Comme l'Assemblée, qui savait à quoi s'en tenir, n'insistait pas sur ce point, et qu'on lui fermait la bouche par un renvoi à la commission nommée, il retournait à sa place, mais toute l'extrême gauche se lève et l'invite à aller répondre à Lasource.

Ces excitations ravivent dans son cœur les aigreurs qu'y avaient déposées les accusations du pasteur cévénol ; il se dresse, secoue sa crinière, se précipite des hauteurs de la Montagne, escalade les tribunes « où sa voix de stentor retentit comme le canon sur la brèche ».[2] Les tribunes applaudissent ; Jean Debry, qui présidait, veut l'empêcher de parler, mais il se cramponne à la barre et refuse de descendre ; la Convention, consultée, décide qu'il sera entendu.

(1) Dans le cours de la discussion, Cambon fut obligé de reconnaître que " ces 100,000 écus sont tout simplement des dépenses indispensables et nécessaires pour l'exécution du décret du 15 mars ". " Moniteur ".

(2) Mémoires de Réné Levasseur. T. I. Ch. V. p. 164.

La Montagne attend.

On sait que, jusqu'à ce jour, Danton a espéré un rapprochement entre Montagnards et Girondins ; il a souvent blâmé les empressements des Jacobins, et, si on avait voulu, il n'eut pas mieux demandé que de marcher avec la Gironde.

Dès ses premiers mots, Danton rompt complètement avec cette Gironde, qui l'abreuvait d'injures, d'accusations et d'attaques ; il se donne tout entier à la Montagne. Se tournant vers l'extrême gauche, il se livre à elle.

— Je dois commencer par vous rendre hommage, dit-il aux Montagnards, comme vraiment amis du peuple, citoyens qui êtes placés à cette Montagne ; vous avez mieux jugé que moi, j'ai cru longtemps que, quelle que fut l'impétuosité de mon caractère, je devais tempérer les moyens que la nature m'a départis ; je devais employer, dans les circonstances difficiles où m'a placé ma mission, la modération que m'ont paru commander les événements. Vous m'accusez de faiblesse : Vous aviez raison. Je le reconnais devant la France entière, non pas pour dénoncer ceux qui, par impéritie ou scélératesse, ont constamment voulu que le tyran échappât au glaive de la loi. *(Un trés grand nombre de membres se lèvent en criant : oui! oui! et s'indiquent du geste, les membres placés dans la partie droite. — Des rumeurs et des récriminations violentes s'élèvent dans cette partie).*[1] Eh bien! ce sont ces mêmes hommes.... *(Les murmures continuent à la droite de la tribune, l'orateur se tournant vers les interrupteurs)*: Vous me répondrez, vous me répondrez... citoyens, ce sont ces

(1) Histoire parlementaire XXV, p. 221.

mêmes hommes qui prennent aujourd'hui l'attitude de dénonciateurs....

Le bruit redouble; on voulait couper la parole à Danton, mais Danton est déchaîné: superbe dans son indignation, il continue, traitant de « roman » le discours, émaillé d'accusations, de Lasource.

Arrivant au reproche de faiblesse à l'égard de Dumouriez, il déclare qu'il l'a, au contraire, dénoncé à son retour de Belgique: « et, au Comité — j'adjure tous mes collègues qui étaient présents à cette séance — j'ai dit que Dumouriez regardait la Convention comme un corps de 300 hommes stupides et de 400 scélérats. Que peut faire pour la République, ai-je ajouté, un homme dont l'imagination est frappée de pareilles idées? Arrachons-lui son armée. — N'est-ce pas cela que j'ai dit. *(Plusieurs voix. Oui, oui)*.

Puis, continuant, il parle des motifs qui le font abandonner le « système de modération qu'il avait suivi jusque-là, pour ne pas occasionner des déchirements dans la Convention ». Mais tout cela va finir, « parce qu'il est un terme à la prudence, parce que, quand on se sent attaqué par ceux-là mêmes qui devraient s'applaudir de ma circonspection, il est permis d'attaquer à son tour et de sortir des limites de la patience. »

Mais, avec sa nature généreuse, Danton se souvenait de n'avoir pas été seul attaqué; on avait mis violemment en cause son collègue et ami Lacroix: Danton le défendit avec autant de soin que lui-même.

Il se passa alors une scène bien curieuse: Danton, prenant une à une les accusations portées contre lui, les livrait avec une extrême facilité, les retournant contre les Girondins, et chacune de ses périodes était scandée par une interruption, qui citait des faits précis; quand l'auteur n'était pas assez précis, lançant des noms propres, quand Danton n'avait pas désigné les individualités.

« Wens voulait un roi ! s'écrie Danton, — Il n'y a eu que ceux qui ont la stupidité, la lâcheté de vouloir ménager un roi, qui peuvent être soupçonnés de vouloir rétablir le trône ; il n'y a que ceux qui ont manifestement voulu punir Paris de son civisme, armer contre lui les départements. *Un grand* nombre de membres se lèvent et indiquent du geste la partie droite : Oui, oui, ils l'ont voulu !

MARAT. Et leurs petits soupers !

DANTON. Il n'y a que ceux qui ont fait des soupers clandestins avec Dumouriez, quand il était à Paris.

MARAT. Lasource !... Lasource en était ! Oh ! je dénoncerai tous les traîtres.

DANTON. Eux seuls sont les complices de la conjuration. Et c'est moi qu'on accuse. Moi ! Je ne crains rien, ni de Dumouriez, ni de tous ceux avec qui j'ai été en relations. Que Dumouriez produise une seule ligne de moi, qui puisse donner lieu à l'ombre d'une inculpation, et je livre ma tête.

MARAT. Il y a les lettres de Gensonné ; c'est Gensonné qui était en relations avec Dumouriez.

Puis enfin. pressé par les interruptions, Danton prononce ces fameuses paroles :

DANTON. Eh bien ! je crois qu'il n'est plus de trêve, en la Montagne, entre les patriotes qui ont voulu la mort du tyran, et les lâches qui, en voulant le sauver, nous ont calomniés dans la France. »

La scission est définitive ; désormais Montagnards et

Girondins ne sont plus des adversaires, ce sont des ennemis irréconciliables qui vont lutter pour s'exterminer mutuellement.

Aux paroles de Danton, l'extrême gauche se leva tout entière, s'associant par ses applaudissements à cette déclaration de guerre, en criant : nous sauverons la patrie !....

Les malheureux, ils allaient se perdre, et perdre la République avec eux !...

Mais le sort en est jeté ; la Gironde a voulu abattre Danton, le fougueux tribun se défend et les écrase.

La scène dut être vraiment imposante.

Danton, ne gardant plus aucun ménagement, se livrant à sa nature impétueuse et fière, écrasant La Gironde, avec cette rage d'un homme qui lutte contre ceux qu'il n'a pu conquérir !

L'entraînement était tel que le tribun termine sa harangue par cette phrase, dont le style ampoulé de l'époque explique la rhétorique pompeuse : « je me suis retranché dans la citadelle de la raison ; j'en sortirai avec le canon de la vérité, et je pulvériserai les scélérats qui ont voulu m'accuser. »

Danton descendit de la tribune, et fut embrassé par plusieurs Montagnards.

C'en était fait. Danton aurait pu seul être un trait d'union entre La Gironde et La Montagne ; mais, après cette déclaration de guerre, toute espérance de rapprochement s'en allait à jamais,

Au milieu de l'excitation générale, Marat s'écria : « Frappons les traîtres, quelque part qu'ils se trouvent ; députés, ministres, généraux, frappons les traîtres. »

Marat, pour la première fois, proposait de suspendre l'inviolabilité.

La Gironde relève le défi.

Biroteau répond :

— J'appuie la proposition faite par Marat. Dans un moment où la liberté est menacée de tout côté, toute espèce d'inviolabilité cesse ; le peuple ne doit pas laisser sa confiance à un député contre lequel sont portées de nombreuses accusations. — Je demande que la Convention porte le décret d'accusation contre celui de ses membres sur la tête duquel flotteront de violents soupçons.

Et sans discussion, immédiatement, la Convention adopte le fatal décret, conçu en ces termes :

« La Convention nationale, considérant que le salut du peuple est la suprême loi, décrète que, sans avoir égard à l'inviolabilité d'un représentant de la nation française, elle décrètera d'accusation celui ou ceux de ses membres contre lesquels il y aura de fortes présomptions de sa complicité avec les ennemis de la liberté. »

Les Girondins votèrent avec plus d'empressement que les autres ; c'était leur arrêt de mort qu'ils venaient de prononcer ; ils croyaient avoir entre leurs mains une arme terrible devant laquelle leurs ennemis allaient trembler, et ils ne s'apercevaient pas que la majorité leur échappait. Ils furent mis en minorité dès le 6 avril, quand, sous la proposition d'Isnard, le comité de défense générale, créé le 1er janvier et réorganisé, le 25 mars, fut remplacé par le Comité de salut public, composé de neuf membres renouvelables de mois en mois ; ce comité était chargé de contrôler l'exécutif, de prendre toutes les mesures de défense intérieure et extérieure, à la condition de rendre compte de ses actes à l'Assemblée.

Les neuf premiers membres de ce comité furent : Barrère, Delmas, Bréaud, Cambon, Jean Debry, Danton, Guyton-Morveau, Treilhart, Lacroix et Robert Lindet.

La Montagne l'emportait déjà.

***

On décrétait la formation d'un corps de 40,000 hommes dans Paris, pour protéger la capitale contre l'envahisscment possible d'une armée commandée par Dumouriez, qui se concertait à ce moment avec les Autrichiens sur la conduite à tenir. Il fut décidé qu'on n'admettrait dans cette armée aucun ex-noble, ni comme officier, ni comme soldat.

En vertu du décret rendu contre les Bourbons, le duc d'Orléans fut arrêté et emprisonné ; le soir même, les Jacobins le rayaient du nombre des membres du club.

Bouchotte fut nommé ministre de la guerre à la place de Beurnonville, prisonnier.

Le tribunal révolutionnaire commençait de siéger; on simplifiait la procédure devant cette terrible juridiction; ainsi, aux termes de la loi, une commission de six membres de la Convention était chargée de faire l'instruction et d'envoyer ou non devànt le Tribunal ; on supprima cette commission comme un rouage inutile, et ce fut l'accusateur public qui put poursuivre directement.

« S'il s'agissait, avait dit Alliette, de juger de faux monnayeurs, je consentirais à ce que l'on suivît toutes ces formes; mais quand il s'agit de conspirateurs, il n'y a plus de formes à suivre. »

Cet avis fut écouté et suivi.

Il semble que ces mesures, violentes, mais qu'expliquait la situation alarmante dans laquelle la France se trouvait, auraient dû satisfaire les plus exigeants ;

il n'en était pas ainsi, et Marat, s'adressant à ses collègues, leur disait en propres termes :

« — Quel que soit le sort qui me menace, je vous déclare que la conduite que vous avez tenue depuis la Révolution est celle d'échappés des Petites maisons. »

Un autre jour, comme on le rappelle à l'ordre, il riposte :

— Et moi, je vous rappelle au sens commun.

Une autre fois, il interrompt Guadet, par cette apostrophe :

— Vil oiseau, tais-toi !

Toutes ces violences n'empêchent pas Marat d'être élu président des Jacobins, où il maintenait la querelle : Lacombe, qui demandait qu'on s'assurât : « de tous les aristocrates, pour les faire marcher au devant des ennemis que Dumouriez amène dans Paris. Nous leur signifierons que, s'ils nous trahissent, leurs femmes et leurs enfants seront égorgés et leurs propriétés incendiées ; nous rendrons Paris aux ennemis, mais en cendres, pas autrement. — Je ne veux pas que les patriotes sortent, je veux qu'ils gardent Paris ; et, si nous succombons, le premier qui hésitera à mettre le feu, sera poignardé à l'instant. Je veux que les propriétaires, qui ont tout accaparé pour affamer le peuple, tuent les tyrans, ou qu'ils périssent. »

Ce langage était applaudi, et Marat faisait avec la tête des signes d'assentiment,

Au milieu de cette fièvre qui agitait Paris, Chappe apportait son invention du télégraphe aérien, qu'une commission de la Convention expérimentait cette semaine, lui donnant son approbation.

# XVIII

# MARAT DÉCRÉTÉ D'ACCUSATION

DEMANDE D'EXCLUSION DE 22 GIRONDINS. — INCIDENT ENTRE PÉTION ET ROBESPIERRE. — LES GIRONDINS DÉNONCENT MARAT. — LA PÉTITION. — MARAT DÉCRÉTÉ D'ACCUSATION. — LES DÉPUTÉS AUX ARMÉES. — UN JOURNAL MUNICIPAL. — RARETÉ DES SUBSISTANCES. — TRANQUILLITÉ DE PARIS. — UNE ARME A RÉPÉTITION. — LA FÊTE DE L'HOSPITALITÉ.

Les Girondins avaient, les premiers, demandé que les assemblées primaires, composées desélecteurs,eussent le droit de révoquer les députés qui auraient perdu leur confiance ; c'était un moyen à l'aide duquel, s'il avait été adopté, on espérait se débarrasser des Jacobins les plus gênants.

Cette proposition fut écartée, mais l'idée n'était pas perdue pour les sections de Paris, qui allaient retourner, contre les modérés, une arme inventée par eux.

Le 8 avril, à l'ouverture de la séance, à huit heures du matin, une députation de la section Bonne Nouvelle, admise à la barre, vint demander la mise en accusation « des Vergniaud, Guadet, Gensonnet, Brissot, Barbaroux, Louvet, Buzot. »

Les tribunes applaudirent, tandis que les Girondins, quittant leurs bancs, s'avancèrent dans le milieu de la salle, et, adressant aux pétitionnaires des gestes menaçants, demandèrent à grands cris qu'ils fussent chassés de la barre.

Mais la parole fut maintenue à l'orateur de la députation, qui continua à parler contre « les traîtres », demandant « de les dépouiller de l'inviolabilité liberticide. » — « Livrez aux tribunaux, disait-il, les hommes que l'opinion publique accuse ; déclarez la guerre à tous les modérés, les Feuillants. »

Puis les pétitionnaires signèrent leur pétition, et, malgré l'opposition de la partie droite, furent admis aux honneurs de la séance.

Le 15, ce ne fut pas une section isolée qui fit la même demande, ce furent trente-cinq sections, sur quarante-huit, qui envoyèrent une pétition à laquelle adhéra le conseil général de la Commune, en chargeant Pache, le maire de Paris, d'accompagner les délégués à la barre de la Convention.

La Députation, conduite par Pache, fut introduite.

L'orateur lut un véritable acte d'accusation, reproduiduisant les griefs ordinaires des Jacobins contre la Gironde, en insistant surtout sur le grief d'avoir comploté avec Louis XVI, avant le 10 août.

Puis venaient la protection accordée aux trahisons de Narbonne, les calomnies contre Paris, la complicité avec Lafayette et Dumouriez. Enfin on demandait que les assemblées primaires des départements fussent consultées, pour décider si on devrait déclarer déchus les vingt-deux Girondins dont les noms suivent :

« Brissot, Guadet, Vergniaud, Gensonné, Grangeneuve, Buzot, Barbaroux, Salles, Biroteau, Pontecoulant, Pétion, Lanjuinais, Valazé, Hardy, Lehardy, Louvet-Gorsas, Fauchet, Lanthena, Lasource, Valady, Chambon. »

La pétition, signée par les délégués et par Pache lui-même, fut déposée ; Boyer-Fonfrède, avec un courage réel, réclama à la tribune que son nom fût ajouté à celui de ses amis. La question fut renvoyée à la semaine suivante, et, le 20 avril, la pétition fut improuvée comme calomnieuse. Mais l'attaque n'en avait pas moins été hardie, et elle resta comme une menace toujours prête.

Les Girondins ne faisaient rien, du reste, pour calmer les violences : Le 3 avril, Pétion, tout à fait rallié aux modérés, vint dénoncer une adresse de la section de la Halle aux Blés, demandant que Roland fut mis en accusation, que les bureaux des ministres fussent soumis à un examen sévère, que les employés suspects fussent révoqués, enfin que les députés coupables fussent destitués.

Danton interrompt pour réclamer d'abord la lecture du rapport de Cambon, au nom du Comité de Salut public.

— Ensuite, dit-il, je proposerai une mention honorable à l'adresse qui vient d'être lue.

C'était s'associer à la pétition, blâmée par Pétion avec une superbe arrogance.

— L'ennemi est au camp de Maulde, s'écrie Fabre d'Eglantine.

Pétion veut continuer ; Danton escalade la tribune et veut parler ; les tribunes acclament Danton. La plupart des députés descendent au pied de la tribune, les uns pour crier à Pétion de rester, les autres pour encourager Danton. Le président se couvre.

— Vous êtes des scélérats ! crie Danton à ceux qui veulent mettre en discussion autre chose que le rapport du Comité de Salut public.

Une clameur de : A bas le dictateur ! couvre l'apostrophe de Danton.

Biroteau montre le poing à Danton :

— Ce sera ton dernier crime, lui crie-t-il, je mourrai républicain, et tu mourras tyran.

Enfin le calme renaît, et Pétion reprend la parole : pendant une heure il récrimine contre les Jacobins.

Danton lui répond : il veut qu'on discute le plan du Comité, ce qui est adopté, et Cambon a la parole : le rapporteur demande que le Comité de Salut public soit autorisé à communiquer avec les commissaires envoyés dans les départements et aux armées, qui lui rendront compte des actes et opérations du pouvoir exécutif.

Cette motion fut votée à l'unanimité.

Monge, ministre de la marine, donne sa démission et est remplacé, séance tenante, par Dalbarède, adjoint au ministère de la marine.

***

On reprit alors la discussion de la motion de Pétion ; Boyer-Fonfrède, Guadet, Robespierre, parlèrent tour à tour, apportant, les uns contre les autres, des calomnies ramassées dans les clubs, et dont les conventionnels essayaient de se frapper mutuellement; chacun voulant lier ses adversaires au sort de Dumouriez. Dans son long réquisitoire, dont la lecture dura plus de trois heures, Robespierre avait menti et diffamé les Girondins; Vergniaud lui répondit, et, lui aussi, diffama les Jacobins, en mentant à son tour, affirmant des faits faux afin de déshonorer ses ennemis.

Les violences succédaient aux violences, et, le 12 avril, Pétion s'écriait du haut de la tribune.

— Je demande que les traîtres et les conspirateurs soient punis.

— Et leurs complices, interrompt Robespierre.

— Oui, leurs complices et vous-même, riposte Pétion.

Il est temps enfin que toutes ces infamies finissent, il est temps que les traîtres et les calomniateurs portent leurs têtes sur l'échafaud ; et je prends ici l'engagement de les poursuivre jusqu'à la mort.

ROBESPIERRE. — Réponds au fait.

PÉTION. — C'est toi que je poursuivrai.

Ce fut alors le tour de Guadet à venir dénoncer une adresse des Jacobins aux départements, adresse dans laquelle on accusait la Gironde d'être une faction vendue à l'Angleterre.

— C'est vrai, interrompt Marat.

Aussitôt les Girondins demandent l'arrestation de Marat, un des signataires de l'adresse. En vain Danton, avec une vraie modération, exhorte la Convention à ne pas entamer la représentation nationale. Après un débat de douze heures, on décréta que Marat serait arrêté et enfermé à l'Abbaye. La séance, ouverte à huit heures du matin, venait de se terminer à neuf heures du soir.

Les Girondins allaient souper, pendant que le bureau, pressé lui aussi, oubliait de signer le décret d'accusation ; aussi, quand on voulut l'arrêter, Marat demanda en vertu de quoi ; on lui montra le décret. Il ne portait pas de signature. « Ce n'est qu'un chiffon de papier, » s'écrient les amis de Marat qui sort et va présider la séance du club des Jacobins. [1]

Le lendemain matin, samedi 13, la séance s'ouvrit par le vote d'un décret, présenté par Robespierre, appuyé par Danton et d'après lequel : « la Convention décréte la peine de mort contre quiconque proposera de négocier ou de traiter avec des puissances ennemies qui n'auraient pas au préalable reconnu solennellement l'in-

(1) *Le Publiciste de la République française* (par Marat) n° CLXIX.

dépendance de la nation française, sa souveraineté et l'unité de la République fondée sur la liberté et l'égalité. »

Puis on reprit la discussion au sujet de l'adresse des Jacobins, signée par Marat, et qui avait motivé sa demande de mise en accusation.

On lut la fin de l'adresse, partie omise à la précédente séance, et qui se terminait par ces mots :

« Aux armes, républicains! Volez à Paris! C'est le rendez-vous de la France ; Paris doit être le quartier général de la République. Aux armes! aux armes! Point de mobilisation, point de délai, ou la liberté est perdue. Tous les moyens d'accélérer votre marche doivent être mis en usage ; si nous sommes attaqués avant votre arrivée, nous saurons combattre et mourir, et nous ne livrerons Paris que réduit en cendres. »

— Si cette adresse est coupable, s'écrie Dubois-Crancé, décrétez-moi d'accusation, car je l'approuve.

— Nous l'approuvons tous, s'écrient les Montagnards, qui descendent de leurs bancs pour aller la signer sur le bureau. Danton pourtant ne bougea pas, et Robespierre suivit ses collègnes jusqu'au bureau, mais revint à sa place, sans avoir signé. [1]

Granet demanda alors que l'adresse des Jacobins fût imprimée, envoyée aux départements et aux armées; c'était provoquer la guerre civile ; les Montagnards le comprennent et vont, l'un après l'autre, retirer leur signature ; Camille Desmoulin seul, laissa la sienne.

On reprit alors les accusations portées contre Marat ; on lui reprocha ses violences, sa demande de 250,000 têtes, de dictature, de triumvirat.

(1) Le « Patriote français ».

Après douze heures d'une séance bruyante, où les cris et les huées des tribunes ont plusieurs fois couvert la voix des orateurs [1], on décida de voter par appel nominal. Exténué par une pareille séance, le président demanda aux deux vice-présidents de le remplacer; mais ceux-ci, Lacroix et Thirion, refusèrent, ne voulant pas présider à une délibération attentatoire à la liberté, et ce fut alors le secrétaire, Garran de Coulon, qui monta au fauteuil. [2]

L'appel nominal, commencé à dix heures du soir, fut terminé à sept heures du matin; voici quel en fut le résultat :

| | |
|---|---|
| Pour le décret d'accusation | 220 |
| Contre | 92 |
| Pour l'ajournement | 7 |
| Députés qui se sont récusés | 42 |
| | 361 |

* * *

Ce qu'il y a d'admirable, c'est qu'au milieu de de ces épouvantables querelles intestines, l'intérêt de la Patrie ne fut jamais oublié ; le calme renaissait, l'unanimité se retrouvait, quand il fallait voter des mesures énergiques. Ainsi, le 8, on avait décrété qu'il y aurait constamment trois représentants du peuple, députés près de chaque armée de la République ; tous les mois, l'un des trois serait renouvelé.

De temps à autre aussi, une séance est consacrée à la discussion de la Constitution qui s'élabore lentement.

Le 15 avril, fut levée la séance permanente, qui avait

(1) *La Démagogie en 1793*, par Dauba (lettre de Valazé).
(2) *Patriote français*.

été déclarée telle le 3 avril, à la nouvelle de la trahison de Dumouriez ; elle avait duré douze jours.

Cependant à la Commune, Chaumette se plaint de ce que « les écrivains et les journalistes travestissent tout ce qui se dit dans le conseil », — on décide qu'il sera établi « aux frais de la municipalité, un courrier pour les armées du Nord et un autre pour la ville de Lyon. »

Pendant ce temps, les subsistances se font rares ; aux portes des boulangeries, on s'arrache le pain, après avoir stationné pendant cinq à six heures.

Dans la commune de Bercy le pain manqua complètement et les boulangers fermèrent leurs boutiques. Une des causes de la disette provenait précisément de l'excès de précautions prises par la Commune. Afin de maintenir le pain bon marché, la Commune achetait elle-même le blé, qu'elle revendait au-dessous du prix de revient ; aussi, on venait à Paris, de vingt-cinq et trente lieues, acheter le blé, pour le revendre en province bien au-dessus du prix du marché de Paris.

Pourtant la tranquillité ne cessait de régner dans la capitale ; chacun vaquait à ses occupations ; les maisons de jeu, les spectacles [1] et tous les autres lieux de plaisir étaient fréquentés comme dans les jours les plus calmes. « Notre capitale ressemble aux plaines riantes et fertiles qui avoisinent les volcans de l'Etna et du Vésuve. » [2]

Les inventeurs continuaient à expérimenter leurs découvertes devant des députations de la Convention. La semaine précédente, c'était Chappe qui essayait son télégraphe à signaux ; cette semaine c'est l'expérience « d'une découverte consistant en une nouvelle

(1) *Chronique de Paris.*
(2) *Le Courrier français* — avril 1793.

cartouche, qui ne craint ni la pluie ni l'humidité, et une arme en forme de pistolet de ceinture, tirant deux coups de suite » embryon d'où devait sortir le fusil à répétition.

—Enfin, le dimanche 24 avril, Paris assista à une fête touchante, celle de l'Hospitalité.

L'entrée des Autrichiens avait chassé de Liège — cette ville si française de cœur, de mœurs, d'esprit et d'aspirations — de nombreux habitants qui étaient venus se réfugier à Paris, où la municipalité avait mis à leur disposition une des salles de l'Hôtel-de-ville, pour conserver leurs archives et tenir leurs assemblées.

L'installation eut lieu le dimanche. Les Liégeois s'étaient réunis à la porte Saint-Martin, où une délégation de tous les corps constitués alla les chercher ; les officiers municipaux liégeois, ceints de leurs écharpes, entouraient un chariot, portant les archives et décoré simplement aux couleurs tricolores.

Quand le cortège arriva devant l'Hôtel-de-ville, le peuple de Paris acclama les Liégeois, et Chaumette, d'ordinaire peu heureux dans ses discours, trouva cependant cette phrase touchante : « Bientôt Paris sera dans Liége, il faut maintenant que Liége soit dans Paris. »

L'enthousiasme fut très grand et Prudhomme résumait l'opinion de la capitale dans ces deux lignes : « Le cœur fait seul les frais de cette fête. Les tyrans, avec tout leur or, n'en peuvent jamais donner de pareille. »

# XIX

# DIVISIONS & GUERRE CIVILE

Démarche du patriote Gonchon. — Les registres de la commune vérifiés par la Convention. — La Constitution —Déclaration des droits de Robespierre.— L'impôt progressif. — Germes socialistes. — Parodie — Premières séances du tribunal révolutionnaire. — Une cuisinière condamnée a mort pour bavardages. — Demande de Tison. — En Vendée. — Défaite des Bleus. — Atrocité des Blancs.— Publication des Fables de Florian.

Les divisions de la Convention attristaient profondément les patriotes sensés ; un député s'écriait en pleine séance : « on nous prend nos places fortes, et nous nous dénonçons. » Le faubourg Saint-Antoine lui envoya son orateur habituel, le bonhomme Gonchon, qui se présenta à la barre, à la séance du 22, accompagné d'une délégation. « Nous venons, dit-il, vous parler de vos fautes, de vos devoirs ; et si, comme nous en sommes persuadés, l'amour de la patrie l'emporte dans vos cœurs sur les petites passions humaines, vous applaudirez à nos conseils. »

Puis il reprocha à la Convention de se diviser en deux partis « plus ardents à se détruire qu'à écraser le royalisme et l'aristocratie. » Il défendit Marat et les Jacobins ; il termina en demandant à tous d'« imposer silence aux basses et petites passions de l'amour-propre et de l'intrigue. »

Quelques jours plus tard, une autre délégation de la section des Droits de l'Homme, vint dire à la barre : « Législateurs, bannissez vos divisions, soyez fermes et inébranlables ; répondez-nous enfin de vous-mêmes et la patrie est sauvée. »

Mais ce langage, tout de modération, ne pouvait être écouté par les deux partis également excités ; cette excitation se manifeste encore, quand la Convention, après avoir « improuvé, comme calomnieuse, la pétition qui lui a été présentée par trente-cinq sections de Paris, adoptée par le conseil général de la Commune », ordonne que les officiers municipaux apporteront à la barre les registres de leurs délibérations, dans lesquels elle veut trouver des arrêtés entachés d'usurpation.

Les registres furent apportés, ils étaient pleins de ratures ; mais de cet examen il résulta que le Conseil de la Commune se considérait en état de révolution tant que les subsistances ne seraient pas arrivées, qu'on le frapperait tout entier en frappant pour opinion un de ses membres, ou un président de section, ou même un simple citoyen ; que la Commune se mettrait directement en relation avec les quarante-quatre mille municipalités de France.

Camboulas demanda les honneurs de la séance pour les officiers municipaux; Valazé et Lanjuinais s'y opposèrent. Après la mise aux voix, l'épreuve fut déclarée douteuse : on discuta là-dessus pendant deux heures. Finalement on passa au vote par appel nominal ; les membres de la droite, invités, quittèrent la séance, et, à une heure du matin, les honneurs de la séance furent accordés par cent quarante-trois voix. Il n'y avait eu que cent quarante-neuf votants.

Pourtant une éclaircie se produisit ; unanimes quand il s'agissait du bien de la patrie, les conventionnels se trouvaient unis quand il était question de la liberté. Cette union se manifesta dans la discussion de la Constitution, qu'on fit précéder d'une déclaration des Droits de l'Homme. Condorcet avait présenté un projet : on ne le trouva pas suffisamment républicain, et l'on demanda, dès le mois de février, à un comité composé de Jean-Bon Saint-André, Billaud-Varenne, Thuriot, Saint-Just et Robespierre, un nouveau plan de Constitution républicaine, qui fut mis en discussion le 17 avril.

Robespierre communiqua aux Jacobins sa déclaration qui obtint tous les suffrages ; son succès fut le même à la Convention. La seule divergence, qui se manifesta entre la déclaration proposée par Robespierre et celle qui fut soutenue par les Jacobins, portait sur la propriété et sur l'impôt.

L'article 11 était ainsi conçu : « La société est obligée de pourvoir à la subsistance de tous ses membres, soit en leur procurant du travail, soit en assurant les moyens d'existence à ceux qui sont hors d'état de travailler. »

Quant à l'impôt, Maximilien le voulait progressif.

Cette déclaration obtint un énorme succès à la Convention.

Toute œuvre sérieuse, grandiose, appelle une parodie.

Elle ne manqua pas à la déclaration des Droits, formulée par Robespierre.

Dans sa séance du 22 avril, du club des Jacobins, le citoyen Boissel monta à la tribune ;

— Robespierre vous a lu hier, dit-il, la déclaration

des Droits de l'Homme ; et moi je vais vous lire la déclaration des droits des Sans-Culottes ; « les Sans-Culottes de la République française reconnaissent que tous les droits dérivent de la nature et que toutes les lois qui les contrarient ne sont pas obligatoires ; les droits naturels des Sans-Culottes consistent dans la faculté de se reproduire, de s'habiller et de se nourrir. »[1]

On pouvait rire parfois aux Jacobins, et les membres du club ne s'en privèrent pas ce soir-là.

***

Les esprits prévenus contre Robespierre[2] ont voulu en faire l'apôtre de l'Être Suprême et font remonter jusqu'à lui la reconnaissance par l'Etat, de la Divinité. Les faits démentent ces appréciations : ainsi, cette semaine, le 17 avril 1793, la motion proposant de reconnaître par une loi l'existence de Dieu, fut présentée à la Convention, au fort même de la lutte entre la Gironde et la Montagne. Or, Robespierre ne prit même pas la parole : ce fut un obscur député de Cayenne, André Pomme, qui, lors de la discussion du premier article du projet de déclaration des droits, fit cette motion : « Citoyens, dit-il, les droits naturels ont été donnés à l'homme par l'Être suprême, source de toutes les vertus. Je demande donc que, préalablement à toute déclaration, la Convention, par le premier article, reconnaisse expressément l'exis-

(1) *Histoire Parlementaire*, XXVI, p. 107

(2) Il faut placer au premier rang de ceux-ci M. Aulard, chargé par le Conseil municipal de Paris de professer un cours de la Révolution dans un des locaux de la Sorbonne. M. Aulard, en parlant de Robe, a du reste dépassé non seulement toute modération, mais encore toute mesure ; il a ramassé contre Maximilien toutes les injures et toutes les accusations des pamphlétaires royalistes : parmi les nombreuses erreurs de M. Aulard sur la Révolution, ce n'est pas la moins grave ni la moins regrettable

tence de l'Être suprême. » La Gironde écarta nettement cette politique théologale : « Je demande, dit Louvet, l'ordre du jour, motivé sur ce que l'existence de Dieu n'a pas besoin d'être reconnue par la Convention nationale de France, » La proposition incidente d'André Pomme n'eût pas d'autre suite, et Robespierre ne fit même pas une démarche, ne prononça pas un mot à ce sujet.

L'influence des Jacobins s'étendait aux départements par le réseau des nombreuses sociétés affiliées, auxquelles on envoyait des imprimés ; et au besoin, comme cette semaine, des courriers partaient pour aller exciter leur zèle. Les deux délégués de Marseille furent très bien reçus, mais celui qui fut envoyé à Toulouse fut arrêté par le département comme perturbateur, et le département envoya deux députés à la Convention pour expliquer son acte ; on finit par mettre en liberté le délégué Jacobin. On avait le sang chaud et la décision prompte à Toulouse ; mais la réflexion calmait l'un et pondérait l'autre.

A Paris, le tribunal révolutionnaire commença de siéger et, dans sa première séance, prononça trois acquittements sur trois affaires.

Thomas Pierre, petit chiffonnier, âgé de quarante-trois ans, accusé d'avoir tenté d'embaucher des soldats pour les armées ennemies, fut acquitté.

Etienne Emmanuel, prieur-quêteur, âgé de vingt-six ans, accusé d'avoir tenu des propos tendant au rétablissement de la royauté, fut aussi acquitté.

Acquitté également, Martin Desaubay, prêtre, âgé de quarante-trois ans, accusé d'être réfractaire.

Au début, du reste, les acquittements furent plus nombreux que les condamnations.

Cependant, le lendemain 18, le tribunal condamna à mort une pauvre servante, Jeanne-Catherine Cler, âgée de cinquante-cinq ans, convaincue d'avoir, dans plusieurs cafés et même au corps de garde de Saint-Firmin, tenu des propos tendant au massacre des citoyens, à la dissolution de l'assemblée et au rétablissement de la royauté.

Isnard trouve avec raison que condamner à mort pour des propos de vieilles femmes était bien rigoureux ; il appelle sur ce fait l'attention de la Convention, qui passe à l'ordre du jour, et la cuisinière monta sur l'échafaud, sans bien comprendre son crime.

Le jour de l'exécution de Jeanne Cler, la Commune leva les scellés qu'on avait apposés dans l'appartement de Louis XVI.

Dans un tiroir, les commissaires trouvèrent les attributs de la royauté ; par une puérilité rigoureuse, ils défigurèrent, à coups de marteau, la Croix de Saint-Louis et les diverses plaques et brûlèrent le cordon.

Un paquet contenant quelques bijoux fut déposé sur le bureau ; la Commune décida qu'ils seraient fondus et convertis en lingots. [1]

Tison, le gardien du Temple, avait cru qu'après la mort du roi, on lui accorderait, à lui personnellement, un peu plus de liberté. Aussi, « le citoyen Tison, valet de chambre de Marie-Antoinette, écrit au Conseil pour demander la permission de communiquer avec sa fille ; le Conseil passe à l'ordre du jour. » [2]

***

En Vendée, la guerre civile continue.

Deux armées rebelles sont maintenant organisées ; l'une,

(1) *Procès-verbaux de la Commune* (Archives Nationales).
(2) Id.

commandée par Charette, occupe le Bas-Poitou; l'autre, plus nombreuse, opère dans le Haut-Poitou, ayant à sa tête Cathelineau, Bonchamp, La Rochejacquelin et Stoflet.

Charette avait établi son quartier général à Machecoul; pour exciter la colère des Vendéens contre les républicains, il répandait de fausses nouvelles parmi ses troupes. Il faisait circuler une fausse lettre, annonçant que tous les prêtres sexagénaires, détenus dans les prisons de Nantes, avaient été massacrés, ce qui était faux. Les royalistes, rendus furieux, enfoncent les prisons, massacrent quatre-vingt républicains. On mettait les Bleus « en chapelet. » On tirait plusieurs prisonniers par les liens, on les traînait dans la cour du château, et, après les avoir placés à genoux, au bord d'un fossé profond, on les fusillait. Pour les chefs républicains, on procédait avec plus de raffinement : l'un d'eux eut les deux poignets sciés [1].

« On enterre des hommes vivants. » — « Dans une verte prairie qui sert de tombeau aux républicains immolés, on voyait hors de terre, un bras dont la main, accrochée à une poignée d'herbe, semblait celle d'un spectre qui s'était vainement efforcé de sortir de la fosse. [2] »

Le 16 avril, eut lieu le combat de Vibiers; les forces Vendéennes étaient de vingt mille hommes; les républicains, entourés de tous côtés, furent mis en déroute et éprouvèrent des pertes considérables.

Le 23 avril, Bonchamp rencontre deux mille républicains, composés en grande partie des gardes nationales d'Angers et de l'artillerie d'Eure-et-Loire. Les Vendéens,

(1) Bonchamp, T. I, p. 123.
(2) Id.

beaucoup plus nombreux encore cette fois, s'élancent aux cris de « Vive le Roi! » Ils enveloppent les Bleus, qu'ils massacrent.

Le général Quetineau marcha au secours des vaincus; un jeune homme, La Rochejacquelin, l'attendait aux Aubiers.

Avant le combat, il adressa à ses hommes ces paroles célèbres :

« — Allons chercher l'ennemi; si je recule, tuez-moi; si j'avance, suivez-moi; si je meurs, vengez-moi. »

Une fois encore les républicains furent vaincus, et ils durent battre en retraite, à peu près débandés.

Ces trois journées inspirèrent une grande confiance aux Vendéens, et démoralisèrent les Bleus à tel point que, pendant plus de trois mois, ils n'osèrent s'avancer dans le pays insurgé, où les Blancs restèrent les maîtres.

***

Pendant que la guerre civile ensanglantait la Vendée, pendant que le tribunal révolutionnaire faisait guillotiner une vieille femme trop bavarde, Didot, l'aîné, mettait en vente un volume in-18 : *Les Fables de Florian.* [3]

Au moment où Blancs et Bleus se massacrent, où Montagnards et Girondins se combattent, où Marat est décrété d'accusation, La Harpe publie un article de critique sur ces fables naïves et touchantes, épluchant les vers et relevant les fautes de prosodie.

(3) *Les Fables de Florian* parurent en avril 1793 et non pas en 1792, comme le dit Sainte-Beuve dans ses *Causeries du Lundi*, T. III, p. 187. (Voyez les *Mercures de France* de 1793, l'*Almanach des Muses* 1792, *La liste des Publications politiques* de 1793 et *Paris sous la Terreur*, d'Ed. Biré, p. 213.

Il écrit :

« De rossignols une centaine
« S'écrie : Epargnez-le, nous n'avons plus que lui.

L'auteur a oublié que l'E muet n'a point de valeur à la rime qui est le repos du vers.

« Armés de hoyaux, de pic, etc.

« L'H est aspirée dans hoyaux : il faut absolument prononcer *armée de hoyaux.*

« Notre lièvre, hors d'haleine,

« Même faute : HORS est aspiré. Il fallait : Le lièvre hors d'haleine.

Cette publication était bien parisienne en un pareil moment.

Paris a beau s'occuper des œuvres les plus tragiques, il a toujours un moment pour les fantaisies, la poésie, et les gracieusetés de l'esprit.

Les procès devant le tribunal révolutionnaire ne l'empêchent pas de lire les fables charmantes, les récits agréables, les tableaux riants, publiés par Florian en pleine Terreur.

# TRIOMPHE DE MARAT

Marat en prison. — Devant le tribunal révolutionnaire. — Son attitude. — Son acquittement. — Délire populaire. — Il est porté en triomphe — Mort de Lazouski. — Ses Funérailles. — Double défaite Girondine. — Les frères Duperet. — Organisation de onze armées. — Costumes des commissaires. — Les monnaies. — Concours artistiques. Suarlet propose de transporter la Convention a Versailles. — Mariage de madame Récamier.

Le 22 avril au soir, Marat se constitua prisonnier ; il était accompagné de plusieurs de ses collègues de la garde nationale et d'un capitaine de frégate.

A peine Marat était-il entré dans la prison de l'Abbaye, que plusieurs officiers municipaux et administrateurs s'y présentèrent pour veiller à sa sûreté ; ils passèrent la nuit à souper. car ils avaient pris le soin de faire apporter un diner du dehors.

Quand, le 24, Marat comparait devant le tribunal révolutionnaire, la salle est envahie par une foule de ses partisans qui, dès le matin, encombre le palais, les corridors, les rues adjacentes.

Le jury prend place et l'on attend l'entrée de Marat, qui est plutôt le triomphateur que l'accusé dont on va sérieusement examiner le procès.

Michelet a prétendu que ce tribunal était composé de

Robespierristes à tous crins, comme Hermann, Dumas et de Coffinhal (1) et que l'on y trouvait comme jurés Dupré, Souberbiel, le peintre Topino-Lebrun « nombre de menuisiers, représentants du métier aimé de Robespierre ».

C'est là une des nombreuses distractions du grand écrivain.

Le tribunal, qui jugea Marat, avait été nommé par la Convention, au moment où elle était entièrement sous l'influence girondine. — Le président se nommait Montané, ses assesseurs, Etienne Foucauld et Roussillon. Le siège du ministère public était occupé par Fouquier-Tinville. Enfin, aucun des jurés cités par Michelet ne faisait partie, à ce moment, du tribunal révolutionnaire.

Voici la composition exacte du jury qui jugea Marat :

Dumont, Coppins, Jourdeuil, Fallot, Gannez, Leroy, Brochet, Duplain, Saintex et Chrétien (2).

Marat arrive et est salué par une triple salve d'applaudissements.

Avant même d'être interrogé (3), il s'adresse au tribunal :

— Citoyens, dit-il, ce n'est point un coupable qui paraît devant vous, c'est l'apôtre et le martyr de la liberté ; ce n'est qu'un groupe de factieux et d'intrigants qui ont porté un décret d'accusation contre moi.

Après cette déclaration, il est interrogé.

On l'accuse « d'avoir, dans ses écrits, provoqué au pillage, au meurtre et à la dissolution de la Convention

(1) Archives nationales. W. 269. — n° 16

(2) Louis Blanc commet la même erreur ; il fait figurer Herman comme Président, et Dumas comme vice-président ; ni l'un ni l'autre n'y assistaient.

(3) *Bulletin du tribunal révolutionnaire.*

nationale ». — Marat répond qu'il a voulu sauver la Liberté.

C'est sa seule défense : au lieu de se disculper, il accuse les Girondins, les traitant de « traîtres », « clique des Girondins », « vils scélérats » ; — quant à l'acte d'accusation lui-même, c'est « un tissu de mensonges et d'impostures. »

Après quarante-cinq minutes de délibération, le premier juré, Dumont, motive ainsi son opinion :

« J'ai examiné avec soin les passages cités des journaux de Marat. Pour les mieux apprécier, je n'ai pas perdu de vue le caractère connu de l'accusé et le temps pendant lequel il a écrit. Je ne puis supposer d'intentions criminelles et contre-révolutionnaires à l'intrépide défenseur des droits du peuple ; il est difficile de contenir sa juste indignation, quand on voit son pays trahi de toutes parts. Je déclare que je n'ai rien trouvé dans les écrits de Marat qui me parût constater les délits dont il est accusé. »

Les autres jurés déclarèrent, à l'unanimité, que les faits n'étaient pas constants, et Marat fut mis en liberté, au milieu des applaudissements de l'auditoire

Avant de quitter le tribunal, Marat adressa un mot de félicitations aux juges et sortit, porté en triomphe par la foule.

* * *

Les soldats qui montent la garde, craignant qu'il ne soit étouffé par la foule, forment une double haie, au milieu de laquelle ils le placent. (4)

Le cortège se forme devant le grand escalier du palais de justice ; comme Marat est de petite taille, on em-

(4) *Le Publiciste de la République française*, nº 181.

prunte un fauteuil d'une des salles d'audience et on place Marat dessus ; on le porte ainsi, au-dessus de la foule, le front couronné de lauriers, en battant des mains, en applaudissant et en criant : Vive Marat ! en chantant *La Carmagnole*, *La Marseillaise* et des chants révolutionnaires. On passe ainsi sur le quai de l'horloge, où les orateurs des Clubs viennent haranguer l'Ami du peuple. Rue de la Monnaie, les femmes de la Halle font tomber une pluie de fleurs.

A cinq heures, Marat arrive à la Convention, toujours porté en triomphe sur son fauteuil.

Lasource avait présidé la discussion sur le projet de constitution présenté par Condorcet ; Robespierre et Saint-Just venaient de prononcer des discours. Un gendarme annonce l'arrivée du cortège. Lasource, sur la proposition des Girondins, veut lever la séance, mais cette motion est repoussée et les citoyens sont admis à la barre.

Voici d'abord le sapeur Rocher, qui est venu de Lyon avec les commissaires Bazire, Rovère et Legendre.

Il prend la parole.

— Citoyens, dit-il, je vous annonce que nous avons ici le brave Marat. (La Montagne et toutes les tribunes applaudissent). Marat a toujours été l'ami du peuple et le peuple sera toujours pour Marat. On a voulu faire tomber sa tête à Lyon, parce qu'il avait pris ma défense. Eh bien ! s'il faut que la tête de Marat tombe, la tête du sapeur tombera avant la sienne.

Alors, les citoyens du cortège défilent, en criant : Vive la Nation ! vive la Liberté ! vive Marat. — Une partie du cortège se répand sur les gradins, la salle est bientôt remplie d'une foule immense de citoyens qui poussent des cris d'allégresse et des acclamations.

Marat fait enfin son entrée, la tête couronnée de lauriers ; plusieurs députés vont à lui, l'embrassent, le poussent à la tribune, où les applaudissements l'empêchent longtemps de parler ; enfin le silence se fait et Marat se livre à un véritable persifflage vis-à-vis de ses collègues :

— Législateurs du peuple français, dit-il, les témoignages éclatants de civisme, que vous venez de voir dans votre sein, ont rendu au peuple un de ses représentants, dont les droits avaient été violés dans ma personne. Je vous présente, en ce moment-ci, un citoyen qui avait été inculpé et qui vient d'être complètement justifié. Il vous offre un cœur pur. Il continuera de défendre, avec toute l'énergie dont il est capable, les droits de l'homme, la liberté, les droits du peuple.

La salle retentit d'applaudissements. Tous les citoyens agitent leurs chapeaux. Un cri unanime de Vive la République ! se fait entendre ; des bonnets phrygiens sont jetés en l'air, en signe d'allégresse. [1].

* * *

Le soir, la Commune approuva ceux de ses membres qui s'étaient mis à la tête du cortège ; au Club des Jacobins, de nombreux délégués vinrent apporter des couronnes à Marat.

Dans cette même séance du Club, on annonce la mort de Lazouski, un des principaux acteurs du 10 août, mort à Issy, d'une fluxion de poitrine ; c'était le fils d'un polonais venu en France, à la suite du roi Stanislas ; il était commandant de l'artillerie de la section du Finistère. Au 20 juin, il fit transporter un canon jusque dans les appartements des Tuileries.

(1) Histoire parlementaire XXVI. 144.

Robespierre prononça son oraison funèbre à la tribune des Jacobins : « depuis deux jours, je pleure Lazouski, et toutes les facultés de mon âme sont absorbées par la perte immense que la République vient de faire. [1] . »

Hébert fait observer que le Panthéon ne renferme encore la cendre d'aucun Sans-Culotte ; il propose de demander à la Convention Nationale « que celle de Mirabeau en soit chassée pour faire place à celle de Lasouski. »

David, qui avait organisé les funérailles de Michel Lepelletier, est chargé de veiller à celles de Lazouski : elles eurent lieu le 28 avril.

Le conseil de la Commune, le maire en tête, descend au bas du perron de l'hôtel de ville, pour y recevoir le corps du patriote, porté par les canonniers dont il était le commandant.

Destournelles, membre de la Commune, prononce l'oraison funèbre. Puis on décide d'adopter la fille du défunt, enfant de trois ans.

Le cortège se met en marche, se dirigeant vers la place de la Réunion (ci-devant du Carrousel), choisie par la Commune pour être le lieu de la sépulture de Lazouski, en mémoire de sa conduite au 10 août. Au milieu des drapeaux, se voit un canon avec cette inscription : « Il fit porter ce canon dans l'appartement du tyran. » Le cercueil est recouvert de branches de cyprès. — Les délégués de toutes les sections et des sociétés patriotiques viennent ensuite, et le cortège se termine par de nombreux musiciens, jouant une marche funèbre composée par Gossec, qui dirige les chœurs.

Une salve d'artillerie annonce l'arrivée du cortège

(1) *Journal des Débats de la société des Jacobins.*

sur la place de la Réunion ; on chante un hymne mortuaire, et on dépose le cercueil dans une fosse, creusée au pied de l'arbre de la Fraternité.

Il était trois heures, et l'on avait eu à peine le temps de faire disparaître les traces de l'exécution qui avait eu lieu à Clichy, [1] celle d'un cocher de fiacre, condamné la veille peur avoir tenu des propos contre révolutionnaires [2] : plusieurs témoins prétendaient qu'il était gris.

Ces honneurs décernés à Lazouski, autant que le triomphe de Marat, furent une défaite pour les Girondins, qui avaient, quelques mois auparavant, fait décréter l'arrestation du défunt, pour avoir pris part à une conspiration contre les modérés : le décret n'avait pas été exécuté du reste.

Cette haine entre les Jacobins et les Girondins prenait un tel caractère d'acuité, que le lendemain, 29 avril, on entendit un conventionnel, Jean Duprat, député d'Avignon, traiter, en pleine Assemblée, son propre frère, Etienne Duprat, président du tribunal d'Avignon, de calomniateur et de lâche, de mauvais père et d'ami infidèle, parce qu'il lui avait reproché de s'être laissé corrompre par Barbaroux et d'avoir déserté, pour la Gironde, la cause des Jacobins. L'incident avait été provovoqué par une voie de fait, à laquelle s'était livré sur Jean Duprat, dans les couloirs, son beau-frère Mainville, suppléant des Bouches-du-Rhône, remplaçant Rebecqui, démissionnaire.

* * *

Le 30 avril, la Convention réorganisa les forces de

(1) *Révolution de Paris.*
(2) *Le Patriote français* n° 1356

la République, qu'elle divisa en onze armées : du Nord, des Ardennes, de la Moselle, du Rhin, des Alpes, d'Italie, des Pyrénées Orientales, des Pyrénées Occidentales, des Côtes de la Rochelle, des Côtes de Brest, des Côtes de Cherbourg. Des commissaires, pris dans le sein de la Convention, furent délégués à chacune de ces armées. Pour lutter contre l'ennemi, la Convention mettait sur pied toutes les forces vives, matérielles et morales de la France.

Le costume des commissaires fut ainsi réglé : « un sabre, suspendu à un baudrier de cuir noir, placé pardessus l'habit, une écharpe en ceinture ; sur la tête, un chapeau rond, surmonté de trois plumes aux trois couleurs. »

Dans ces jours où l'on organisait les forces nationales, les petits détails étaient minutieusement observés ; ainsi, on décrétait les diverses inscriptions à graver sur les monnaies : les pièces de cuivre devaient porter pour empreinte « une table sur laquelle étaient inscrits ces mots : *Les Hommes sont égaux devant la loi* ; au-dessus de cette table on gravait un œil rayonnant, aux deux côtés, une grappe de raisins et une gerbe de blé. — L'exergue de la pièce portait une balance, dont les deux bassins étaient en équilibre, jointe à une couronne civique, surmontée du bonnet de la Liberté. »

On faisait graver les poinçons et les matrices, et les ateliers de la Monnaie se mettaient au travail sans retard.

De son côté, le Comité de Salut public conviait tous les peintres à reproduire par le pinceau les épisodes de la Révolution française [1]. L'exposition des esquisses était fixée au 10 Thermidor [2].

(1) Spire Blondel. *L'Art pendant la Révolution*, p. 35.

(2) Les événements rendirent cette exposition impossible, mais

« Je voudrais qu'on pût me citer une seule année, où l'ancien régime se soit montré envers les arts aussi libéral que cette Convention décriée.[1] »

Au surplus, l'accord était complet, quand il s'agissait de défendre le pays ou d'encourager les arts ; mais les divisions renaissaient, lorsqu'on retombait dans les discussions simplement politiques. Dans ces occasions, les tribunes avaient pris l'habitude de huer les Girondins, qui criaient « à bas ! » quand un discours ne leur plaisait pas.

— Allons ailleurs, ou chassez les tribunes, disait un conventionnel, dans la séance du 30 avril.

Guadet va plus loin, et, au milieu des murmures, demande qu'on transporte la Convention à Versailles.

Les tribunes sifflent Guadet.

Vigée se lève alors :

— Je demande qu'au premier murmure des tribunes, nous nous retirions tous et marchions sur Versailles, le sabre en main.

On ne donna pas suite à ces propositions, mais elles ne servirent qu'à désaffectionner davantage Paris d'un parti qui ne l'avait jamais aimé et qui l'avait subi.

Ce Paris conservait pourtant son caractère élégant, même dans ces journées troublées, et ce caractère apparaissait, le 24 avril, à l'occasion du mariage de Mlle Juliette Bernard et de M. Récamier, un des principaux banquiers de la capitale.

La soirée très brillante eut lieu dans l'hôtel du n° 13

après le jugement du concours qui eut lieu néanmoins, on distribua 442,000 livres. Gérard obtint 20,000 livres pour son esquisse le *Dix Août*, Vincent le second de 10.000 livres pour une *Scène Vendéenne* Les autres prix de 9,000 à 2,000 furent donnés à Carle Vernet, Suvée, Taunay, Lagrenée, Lethiere, Prud'hon, Fragonnard, Drolling Demarne.

(1) Despois : *Le Vandalisme révolutionnaire.*

de la rue des Saints-Pères [1]. Le banquier Tassin, Lemontez, ancien député de la Législative et La Harpe y assistaient.

La jeune épousée, quoique âgée de quinze ans à peine, frappa tout le monde par sa beauté troublante. Elle faisait admirer ses cheveux châtains, naturellement emmêlés, un front pur et charmant, le nez délicat et régulier, une bouche petite et vermeille, des dents de perle, un éclat de teint incomparable, la tête la mieux attachée, la taille la plus fine, la démarche la plus gracieuse [2].

Vers la fin de la soirée, M. Récamier disparut un moment et reparut, les mains pleines de lys, qu'il déposa devant sa jeune femme, en répétant les mots de Virgile :

*Manibus data lilia plenis.*

Au dehors, les cris de la foule qui acclament Marat, les sifflets qui accueillent les conventionnels, les marches funèbres de Gossec, les grincements de la guillotine, place de la Réunion ; et là, dans un vieil hôtel de la rue des Saints-Pères, une société joyeuse, qui applaudit au charme et à la beauté de cette jeune fiancée, en costume de bal, ayant aux lèvres le premier de ces sourires qui vont enchaîner toute une partie de la fin de ce siècle.

(1) Souvenir et correspondance tirés des papiers de Mme Récamier. T. I.
(2) Ed. Biré. — *Paris en 1793*, p. 234.

# XXI

# PATRIOTISME DU DÉPARTEMENT DE L'HÉRAULT

Muzine a l'assemblée. — Une fausse députation. — Levée de 12,000 hommes. — L'emprunt forcé. — Le maximum. — Réquisitionnement des chevaux de luxe. — Injustice et imprudence des attaques de la Gironde. — Aspect de Paris. — Les Modes et les Théatres. — Au tribunal révolutionnaire. — Santerre part pour la Vendée. — Le fils du vicaire de Sainte-Marguerite.

La violence qui se dégageait des discussions des clubs inspirait à quelques ardents un projet d'exécution, projet qui prenait corps et qu'on allait formuler, dans la séance même du 1er mai, à la barre de l'assemblée.

Nous allons assister à la dernière lutte de la Gironde contre la Montagne, lutte dans laquelle la Gironde va être battue. A ce moment, il était déjà bien tard pour essayer de calmer toutes les haines, toutes les passions, toutes les animosités personnelles, prêtes à se ruer contre le parti le plus faible et à l'anéantir; mais cela n'était pas tout à fait impossible, surtout si l'on avait cherché dans une sage temporisation, les moyens de calmer ces ardeurs excitées; le temps, ce grand remède des plus fortes effervescences, aurait pu, sinon empêcher toute collision, du moins la rendre moins fatale aux Girondins, — demeurés jusqu'au bout fidèles à la République — et par conséquent moins terrible pour la République elle-même. Mais cette lente pacification, les Girondins même la rendirent impossible par leurs violences, leurs provocations, leurs maladresses et leurs imprudences. Jusqu'au dernier moment, les Girondins demeurèrent persuadés que les Jacobins représentaient les intérêts de la faction d'Orléans [1] ; ils crurent donc servir la République, en luttant avec le dernier acharnement contre La Montagne. On peut même dire que si la Montagne n'avait pas vaincu et détruit La Gironde, elle aurait été détruite par elle.

Au commencement du mois de mai, les Girondins croyaient pouvoir compter sur la victoire: aussi précipitèrent-ils les événements, et mirent-ils leurs adversaires dans l'alternative ou de vaincre ou de périr.

Le 1er mai, une députation se présente au nom du faubourg Saint-Antoine; elle est conduite par un ancien tapissier, Muzine, devenu commissaire de police.

Muzine le prend de haut avec l'Assemblée.

« Depuis longtemps, ne vous occupant que d'intérêts particuliers, que de dénonciations les uns contre les autres, vous avez retardé la marche que vous devez suivre. Rassemblés dans cette enceinte pour opérer le salut public, pour former les lois républicaines, répondez: qu'avez-vous fait ?.. Vous avez envoyé nos meilleurs défenseurs en commissions, dégarni la Sainte-Montagne. Les agitateurs qui restent avec vous sont restés en force

(1) Les lettres envoyées de Marseille à Barbaroux, lettres saisies à la poste le 31 mai, conservées aux Archives Nationales, ne laissent aucun doute à cet égard.

et ont opéré ce qui suit : vous avez beaucoup promis et rien tenu. »

Muzine conclut en demandant le vote du *maximum*, le départ de tous les soldats des différents corps de Paris, de tous les signataires des pétitions anti-révolutionnaires, des gens suspectés d'incivisme et de tous les célibataires depuis dix-huit ans jusqu'à cinquante, y compris les ministres du culte, en observant que ces recrues auront le droit de nommer les généraux qui les commanderont; le commissaire de police demande enfin le départ de tous les hommes veufs et sans enfants.

Là ne s'arrêtaient pas les vœux formulés par Muzine. Il voulait que, dans chaque département, une caisse fût formée de la moitié des revenus de tout individu ayant plus de deux mille livres de rente.

« Si vous n'adoptez pas ces moyens, conclut avec arrogance Muzine, nous vous déclarons, nous qui voulons sauver la patrie, que nous sommes en état d'insurrection... Dix mille hommes sont à la porte de la salle... »

Ces menaces ont lassé la patience de la Convention, qui se révolte à la fin et ne veut pas en entendre davantage; de violentes rumeurs s'élèvent de tous les côtés et interrompent l'orateur. [1]

Lacroix, de la Montagne, s'oppose à ce que l'on accorde les honneurs de la séance à ces gens-là.

On fait déposer, sur le bureau, les pouvoirs de la députation, et, en les examinant, on s'aperçoit que les pétitions ne sont même pas signées par les sections.

Une seconde députation du même faubourg vient désavouer Muzine; l'Assemblée accorde les honneurs de

(1) Buchez et Roux. — XXVI. 319.

la séance à ces nouveaux délégués et passe à l'ordre du jour pour le reste.

Quoique dépourvue de la sanction des sections, la proposition de Muzine était cependant approuvée par de nombreux citoyens.

On se préoccupait des moyens de lever douze mille Parisiens qui devaient aller aux armées; le département de l'Hérault n'avait pas fait tant de phrases; il avait proposé à la Convention de s'adresser au patriotisme et de faire désigner par un comité de salut public local, tiré des corps administratifs du chef-lieu de département, et choisi par les commissaires de la Convention, les citoyens, parmi les meilleurs, pour marcher à la frontière ou en Vendée; on leur dirait : « Viens combattre pour la patrie ! » On levait aussi cinq millions par département pour l'entretien des recrues. Le département de l'Hérault donna l'exemple ; il fournit, en deux jours, sa contribution en argent et en hommes, six millions et six mille hommes. Ces conscrits formèrent « une des gloires de la patrie, l'immortelle 32e demi-brigade. »[1] Les descendants des héros de l'an Ier et de l'an II existent encore ; ils ont conservé le souvenir et le culte des vertus, du courage, de l'énergie et de l'amour de la patrie de leurs pères.[2]

L'idée conçue par le département de l'Hérault — et

(1) Michelet.

(2) L'auteur a le droit de parler ainsi de ces hommes: il les connaît; il a lutté avec eux pour la République, aux heures où il y avait encore de la besogne à faire. Aux élections législatives de 1885, il eut l'honneur, à vingt-six ans, d'être candidat dans les deux départements de la Haute-Garonne et de l'Hérault et il est orgueilleux des minorités importantes qu'il obtint avec ses compagnons de liste. C'est dans l'Hérault qu'il vit à l'œuvre et apprécia les hommes dont il parle, héritiers des conscrits de la Révolution, de leur dévouement à la patrie et de leur inébranlable attachement à la liberté.

mise en pratique par lui — était très-belle ; il s'agissait de faire désigner les meilleurs citoyens parmi les meilleurs patriotes. La Commune de Paris en accepta le principe, mais elle en corrompit l'application ; au lieu de désigner les plus ardents, les plus dévoués, elle décida que « tous les commis, non mariés, de tous les bureaux existant à Paris, excepté les chefs et les sous-chefs, les clercs de notaires et d'avoués, les commis de banquiers et de négociants, les garçons marchands, les garçons de bureaux, etc. » partiraient, dans une proportion déterminée pour chaque section. Il fallait des dévouements, et on s'adressait à ceux qui avaient cherché un refuge dans les bureaux !

Les jeunes gens visés protestèrent ; le 5 mai, vers midi [1], ils se réunirent aux Champs-Elysées, et sifflèrent Santerre, crièrent « à bas Marat ! » — Plusieurs arrestations furent opérées ; parmi les mutins, se trouva le domestique de Buzot, qui criait : « à bas La Montagne. »

Pour subvenir aux dépenses de cette armée ainsi levée, on s'adresse naturellement à ceux qui possèdent, aux riches. On décrète un emprunt forcé.

Dans le calcul de l'impôt, on admet comme nécessaire quinze cents francs pour un chef de famille, mille francs pour sa femme et mille francs pour chaque enfant. Partant de là, si l'excédant est de vingt mille francs, on en requiert le quart, soit cinq mille ; au-dessus de cinquante mille francs, le rentier en garde trente mille pour lui, et doit verser le reste.

La Commune de Paris ordonna en outre que les chevaux de luxe seraient réquisitionnés pour le service de la nation ; mais la fraude s'en mêla aussitôt ; à la place

(1) *Paris pendant la Révolution* par Schmidt, I. 171.

d'un beau cheval réquisitionné, le propriétaire mettait une méchante haridelle, incapable de fournir de longues courses. On décida alors que les bêtes arrêtées pour le service seraient marquées, au fer chaud, d'un bonnet de la liberté . [1]

De son côté, la Convention, à l'exemple du département de l'Hérault, décréta que les citoyens restés dans leurs foyers devraient payer la récolte de ceux qui étaient enrôlés, et faire tout ce qui était nécessaire pour qu'ils la trouvassent en bon état à leur retour.

Enfin, pour compléter ces mesures, la Convention vota la loi du *maximum* des denrées, dont la fixation pour chaque département fut laissée aux soins des directoires.

Au milieu de ces mesures extrêmes, Cambon, qui, dans le comité de Salut public, s'occupait de la partie financière, vint, à la tribune, se plaindre du ministère de la guerre : « je défie tout être vivant de faire marcher cette machine. »

La Gironde essayait de faire croire aux départements que s'il y avait eu à Paris des lenteurs, s'il y avait eu des troubles aux Champs-Elysées, si Santerre avait été sifflé par les clercs d'avoué et les employés de bureau, c'était la faute aux Jacobins, contre qui, au contraire, ces émeutes avaient eu lieu, et à la tête desquelles on avait trouvé le domestique d'un Girondin, de Buzot. Mais la Gironde voulait déconsidérer la Montagne, comme elle l'avait fait depuis le commencement de la Convention, et elle imprimait dans un de ses principaux journaux, [2] envoyé, à de nombreux exemplaires, en province :

(1) *Chronique de Paris.*
(2) *Le Courrier français.*

« Républicains, sentez vos forces ; quels sont vos ennemis ? une bande de forcenés déclamateurs, Achilles à la tribune, Thersites au combat ; une poignée de conspirateurs de caves, qui tremblent même à la vue de leurs propres poignards ; un ramassis de brigands sans courage, intrépides massacreurs dans les prisons, mais dont les yeux n'osent rencontrer ceux d'un homme de cœur : enfin un vil troupeau de misérables, que la soif du pillage réunit, que la pluie dissipe. — Quels sont vos amis ? La grande majorité des habitants de Paris, fatigués de l'odieuse et ridicule tyrannie de nos Mazarins en miniature. Républicains, soyez prêts... »

La Gironde menaçait. C'était au moins imprudent en un pareil moment.

Comme pour hâter le moment de la lutte, Vergniaud attaqua violemment la Commune, et Robespierre dut venir la défendre.

Pourtant, l'aspect de Paris conservait sa physionomie habituelle. On bâtissait dans toutes les rues ; l'officier municipal suffisait à peine aux mariages ; les femmes se montraient fort occupées de parures et de toilettes nouvelles. [1] Les robes de taffetas vert d'eau ou bleu sont fort en vogue. On trouve aussi des robes rayées aux trois couleurs de la nation ; robes d'indiennes très fines, semées de petits bouquets blancs, bleus et rouges, robes auxquelles on donne le nom de « lever de Vénus.[2] » Les hommes aussi font assaut d'élégance [3]. Le pantalon d'un élégant est de basin blanc, le gilet de la même étoffe ; la cravate, de mousseline blanche, est large et laisse flotter les deux bouts ; le frac est long, d'une étoffe

(1) *Révolution de Paris*. N° 200.
(2) *Journal de Paris*. 1793. N° 58.
(3) *Paris en 1793* par Ed. Biré, p. 218.

fine et légère.[1] Parfois, on place, dans les poches du gilet ou de l'habit, les deux indispensables, deux pistolets [2] dont on laisse émerger les crosses élégantes et luisantes.

Les théâtres regorgent [3], les uns vont au *Triomphe de Marat*, théâtre de l'Estrapade, les autres à l'Opéra, ou à l'Opéra-Comique, ou au théâtre de la République, où Talma joue Delmance, de la tragédie *Fénelon*.

Le calme n'était pas aussi grand dans les réunions de certaines sections, où les discussions tournaient au tumulte; dans l'une des plus populaires, celle de Bon Conseil, on se battit à coups de chaise, et des commissaires de la Commune durent y venir rétablir l'ordre [4]. C'étaient les jeunes clercs de notaires et les employés de bureau, que nous avons vus le matin aux Champs-Elysées, qui venaient se venger, sur le dos des patriotes [5], de leur départ forcé.

Le tribunal Révolutionnaire continue de siéger, et, le 3 mai, condamne à mort le comte de Maza, Pierre Kolley, ci-devant premier général, sa femme âgée de trente-cinq ans, et Jean Breaud, commissaires de marine, reconnus coupables d'avoir voulu « procurer des fonds aux frères du ci-devant roi » et d'avoir « discrédité les assignats. » Mme Kolley ayant déclaré être grosse, il fut sursis à son exécution [6]. Les trois autres montèrent, le lendemain, sur l'échafaud.

A la Commune, Santerre annonce au Conseil « qu'ayant

(1) *Souvenirs de la Révolution* par Ch. Nodier.
(2) *Histoire pittoresque de la Convention* par Ch.- L. Conventionnel. Paris 1833.
(3) *Révolutions de Paris.*
(7) *La Démagogie en 1793,* par Dauban, p. 176.
(8) Schmidt. I. 189.
(9) *Répertoire des jugements du tribunal révolutionnaire,* p. 120.

entendu la voix de la patrie », il se dispose à partir pour la Vendée ; un congé lui est accordé, et le président, au nom du Conseil, engage Santerre « à suivre le penchant de son cœur et à revenir bientôt partager avec ses frères d'armes, les Parisiens, les lauriers de la victoire. »

A la section de Montreuil, le premier vicaire de la paroisse Sainte-Marguerite vient annoncer qu'il lui est né un fils ; que l'évêque Lindet, son parrain, l'a baptisé du nom de Guillaume Tell. Le père espère bien « que son enfant, fidèle aux principes de son père, sera, dans l'occasion, le libérateur de son pays. »[1]

(1) *Révolutions de Paris.*

# XXII

# LA CONVENTION AUX TUILERIES

LA NOUVELLE SALLE. — NOMBREUX INCONVÉNIENTS. — CHANGEMENT DU LIEU DES EXÉCUTIONS — LETTRES DES CITOYENS DE BORDEAUX. — ATTAQUES DES GIRONDINS CONTRE LES JACOBINS. — CALOMNIES DE MARAT CONTRE LES GIRONDINS. — VICTOIRES VENDÉENNES. — TROUBLES EN PROVINCE. — PROLONGATION DES POUVOIRS DU COMITÉ DE SALUT PUBLIC. — DÉPART DE WESTERMANN POUR LA VENDÉE. — THÉROIGNE FOUETTÉE PAR LES TRICOTTEUSES.

Le vendredi, 10 mai, la Convention, abandonnant la salle du Manège, vint prendre possession de la salle des Machines, aux Tuileries ; c'était l'ancienne salle de théâtre — une des plus belles du monde — construite par les ordres de Louis XIV pour les pièces à grand spectacle ; comme théâtre, cette salle pouvait contenir sept mille spectateurs. Elle était située au premier, à côté du pavillon de Marsan. L'architecte Gisors surveilla les aménagements, mais ne réussit guère, car « tout ce qu'il y a de bien est ce à quoi l'architecte et le ministre modernes n'ont point touché : ils ont gâté le reste. »

Entrons dans la salle et voyons les nouvelles dispositions.

On pénètre par la gauche, du côté du jardin ; on arrive à l'amphithéâtre réservé aux députés ; il est composé de dix rangs de banquettes qui s'élèvent en gradins ; mais on a oublié de placer des pupitres, et les députés qui veulent écrire doivent le faire sur les genoux.

En face des gradins des députés, dans un enfoncement, se trouve le fauteuil du président ; la tribune est au-dessous. On a ménagé des tribunes de deux sortes, celles des billets donnés et celles du public, (1) ces dernières placées en amphitéâtre dans le haut de la salle. « Il faut lever les yeux vers le plafond des deux extrémités de ce local parallélogrammique pour découvrir huit à neuf cents têtes encaquées sous une voûte profonde et sourde. C'est là que se trouve le peuple. Il y a encore sur le côté quelques tribunes moins hautes, mais les plus commodes ne sont pas pour lui, elles sont réservées aux billets que les députés distribuent à leurs cuisinières ou aux femmes de chambre et à leurs femmes. » (2). Toutes ces tribunes pouvaient contenir deux à trois mille spectateurs. (3).

Prudhomme n'était pas content, et ses confrères, les journalistes, ne l'étaient pas davantage ; on les avait relégués dans les tribunes les plus hautes, où on ne voyait guère et d'où on entendait mal (4).

Le sténographe de l'époque, rédacteur dn *Logotachygraphe*, renonçait à suivre les séances et à en faire le compte-rendu, tellement il se trouvait mal placé ; il écrivait à la Convention et, après avoir rappelé que l'Assemblée législative avait fait construire une tribune

(1) *Révolution de Paris.*
(2) *id.*
(3) *Le Thermomètre du jour.*
(4) *Chronique de Paris.*

spéciale (1) pour lui permettre d'exercer son procédé, il disait :

« Resserré, comme tous les journalistes, dans les places ridicules qui ont été assignées et qui nous barrent notre communication avec l'Assemblée ; privé des notes et décrets indispensables pour donner suite aux débats des séances ; — trop sensible pour éprouver toujours des reproches d'inexactitude, qui tiennent à la disposition du local, je suspens le *Logotachygraphe*, jusqu'à ce que la Convention nationale ait senti la nécessité indispensable d'un pareil établissement. — Pauvre patriote, prends patience ! » (2)

Au rez-de-chaussée, une tapisserie verte, sur laquelle se détachaient, en vert plus sombre, des couronnes de feuilles de chêne et de laurier, faisait le tour de la salle. On y avait placé les statues de Brutus, Solon, Lycurgue Cincinnatus et Camille ; devant la tribune, le buste de Lepelletier Saint-Fargeau. L'aspect général était disgracieux, la salle étant trop longue et trop étroite (3). De plus, au point de vue de la sonorité, elle était défectueuse, à cause des nombreuses ouvertures qui étouffaient la voix de l'orateur. « Dans cette salle, il est impossible de rien entendre » (4). — Cette salle est une véritable sourdine, il faudrait des poumons de stentor pour s'y faire entendre » (5). Enfin, sous le rapport de l'hygiène, on a oublié d'établir des ventilateurs pour renouveler l'air, de telle sorte qu'au bout d'une heure de séance, il y règne une atmosphère très désagréable.

Depuis le premier emploi de la guillotine jusqu'au

(1) C'est dans cette loge que se réfugia la famille royale au 10 août.
(2) Lettres de Guiraut. — *Chronique de Paris.*
(3) *Paris* en *1793* par Ed. Biré, p. 258.
(4) Desfieux du Club des Jacobins.
(5) Danton. *Moniteur* de l'an II. No 157.

10 mai, les exécutions capitales se faisaient sur la place de la Réunion (place du Carrousel); précisément, le vendredi, jour de l'inauguration de la nouvelle salle, vers onze heures du matin, eut lieu la double exécution capitale de Rivier de Mauruy, ancien capitaine de dragons, et de Beaulieu, négociants [1], condamnés à mort pour avoir fait passer de l'argent à leurs parents émigrés. Des croisées de la Convention, on pouvait apercevoir ce triste spectacle, aussi fut-il décidé que les exécutions se feraient désormais sur la place de la Révolution (de la Concorde). La guillotine fut dressée un peu en avant du piédestal de la statue de Louis XV, alors renversée, entre la grille du jardin et la place occupée aujourd'hui par l'obélisque.

Le lieu des séances changea, mais les habitudes de se déchirer entre députés restèrent les mêmes : les citoyens de Bordeaux, à l'incitation de leurs représentants, écrivirent à la Convention une longue lettre, dont le passage suivant résume la pensée générale :

« Législateurs, lorsque nous choisîmes des députés, nous les mîmes sous la sauvegarde des lois, de la vertu et de tout ce qu'il y a de plus sacré sur la terre. Nous crûmes les envoyer parmi des hommes ; ils sont entourés de tigres altérés de sang. Ces courageux citoyens sont en ce moment sous le poignard des assassins. Que disons-nous, hélas ! peut-être ils ne sont plus. Si ce crime atroce se consomme, frémissez, législateurs ; frémissez de l'excès de notre indignation et de notre désespoir. Si la soif du sang nous a ravi nos frères, nos représentants, l'horreur du crime dirigera notre vengeance, les cannibales qui auront violé toutes les lois

(1) *Bulletin du tribunal criminel extraordinaire.* —N° 30.

de la justice et de l'humanité ne périront que sous nos coups. »

Le reste était dans le même ton.

La lettre fut apportée par une députation de Bordelais ; Boyer Fonfrède présidait ; après la lecture, il chargea les délégués de rassurer Bordeaux : « Paris renferme un grand nombre de patriotes courageux, qui veillent sur les scélérats que Pitt soudoie, et qui sont prêts à périr, en défendant la représentation nationale[1].

Rabaud-St-Etienne proposa de voter des remerciements aux Bordelais, en ajoutant, et « comme vous devez rassurer les départements, car votre vie, votre liberté, votre indépendance ne sont pas à vous, elles sont à eux, je demande que les Comités de Sûreté générale et de législation fassent un rapport sur les manœuvres employées depuis six mois pour troubler la tranquillité de la Convention. »

Legendre protesta contre ce système propre à «brouiller les départements avec Paris. » Et il se plaignit que, la veille, au club des Jacobins, on ait demandé la mort « d'une partie des rénégats » dont se compose la Convention. « [2] Il termina en reprenant la proposition de Rabaud, laquelle fut adoptée.

La Gironde était partie ; elle ne s'arrêta pas là : elle proposa que « chaque député fut tenu de donner l'état détaillé de sa fortune ». Buzot surenchérit ; « je demande, dit-il, que vous décrétiez que tous les députés à l'Assemblée législative, ou à la Convention, dont la fortune s'est accrue, soient tenus de déclarer, dans le délai d'un mois, par quels moyens ils l'ont augmentée,

(1) Histoire parlémentaire. — XXVII.

(2) Lyonnais avait en effet parlé dans ce sens ; Robespierre l'avait combattu.

sous peine d'être condamnés à dix ans de fers, et de voir leurs biens confisqués. »

C'étaient des accusations vagues, des généralités par lesquelles on voulait atteindre Danton ; aujourd'hui il est pourtant bien établi que Danton a été pur de toute concussion, et il a lui-même indiqué, par trois fois, à la tribune — sans pouvoir être démenti — qu'il avait rendu compte à ses collègues des fonds qu'on lui avait confiés durant son ministère du cabinet [1]. — Mais La Gironde voulait terrasser ses adversaires, et elle ne reculait pas devant la calomnie. Il est vrai qu'elle n'était pas mieux traitée par quelques-uns de ses adversaires, et Marat ne craignait pas d'imprimer : « c'est Roland et ses Girondins qui ont volé le garde meuble. Brissot a placé sa part sur des fonds étrangers. L'hypocrite rit maintenant, il loge dans le palais des Rois. »

Autant de mots, autant de mensonges. A ce moment, Brissot était tellement pauvre que, ne pouvant payer son loyer, il avait sollicité et obtenu un galetas du palais de Saint-Cloud, où il habitait avec sa femme, qui faisait elle-même le misérable ménage et lavait les trois seules chemises que possédait le conventionnel [2]. Après leur mort, la plupart des femmes des Girondins, de Brissot, Pétion, Gensonné, durent recourir à la charité de quelques amis [3] ; quant à Vergniaud, ses derniers chagrins furent de savoir comment il paierait sa blanchisseuse [4].

Voilà comment ces hommes, d'une probité admirable essayaient de se déshonorer, forgeant eux-mêmes les

(1) Voyez les concluants travaux du docteur Robinet
(3-4). Michelet. V. 63.
(5). Lettres inédites de Vergniaud.

diffamations et les faussetés avec lesquelles les royalistes les déshonorèrent pendant tout un siècle.

Ces députés, qui sauvaient la patrie, recevaient leurs dix-huit livres par jour, et beaucoup n'avaient pas d'autres ressources ; ils poussaient même le scrupule jusqu'à toucher leur indemnité en assignats, dont la valeur baissait tous les jours. Mais ils ne se plaignaient pas, tout entiers au service de la Nation et à leurs devoirs qui augmentaient avec les circonstances. Le 10 mai, on apprend la mort de Dampierre, commandant général de l'armée du Nord ; les provinces continuent de se révolter ; les Vendéens, vainqueurs à Thouars, se sont emparés de Louden et de Montreuil. A Marseille, à Lyon, des troubles ont éclaté ; dans cette dernière ville, les Jacobins ont opéré quinze cents arrestations, et tous ces suspects sont menacés du tribunal révolutionnaire.

On renouvelle alors, pour un mois, ses pouvoirs au Comité de Salut public : dans la suite, cette prorogation fut continuée de la même manière.

Il fallait songer, à la fois, aux dangers du dedans et à ceux du dehors : On nommait Custine au commandement de l'armée du Nord, en remplacement de Dampierre ; le 10 mai, on envoyait Westermann en Vendée en qualité de général de brigade [1].

(1) Westermann avait alors 42 ans, il était né à Molsheim en Alsace fils d'un chirurgien, il reçut une excellente éducation ; d'abord soldat à 15 ans, il quitte la petite gendarmerie à 18 ans, avec le grade de sous-officier ; il devient ensuite avocat du Conseil supérieur d'Alsace. En 1786, il est arrêté, à Paris, pour avoir volé un plat d'argent, dans un restaurant ; M. Jules Claretie, qui a consulté les pièces déclare que malgré le désistement du plaignant, la culpabilité de Westermann est établie (*C. Desmoulins* par J. Claretie, p. 238). Antérieurement il avait été l'objet de deux plaintes pour vol de deux vestes, en 1775 et d'argenterie en 1776.

Westermann semble avoir fait oublier ces fautes puisqu'il devint échevin de Strasbourg et membre de la municipalité de Hagnenau.

Pendant que Westermann va exposer sa vie, comme toujours, avec une superbe intrépidité, sur les champs de la Vendée, des citoyennes d'Orléans se présentent devant la Convention, sollicitant la mise en liberté de leurs pères, de leur époux, arrêtés comme auteurs ou complices de ce qu'on appelait l'assassinat de Léonard Bourdon, et qui n'était, en somme, qu'une échauffourée, dans laquelle le député de l'Oise n'avait reçu que des blessures sans gravité. La Convention eut des paroles douces pour ces malheureuses, mais elle ne pouvait prononcer sur le sort des prisonniers, qui furent plus tard condamnés à mort et exécutés.

Les malheureuses orléanaises pouvaient pourtant espérer : la veille, le tribunal révolutionnaire de Paris avait acquitté trois jeunes gens, Martin, commis chez un receveur de loterie, Guy, clerc de notaire, Bonnet, domestique, poursuivis pour avoir pris part aux attroupements des Champs-Elysées contre le recensement.

La vindicte populaire était souvent plus injuste que la justice du terrible tribunal ; c'est ainsi que, le 10 mai, au matin, Théroigne de Méricourt fut empoignée par les femmes de la Halle, qui s'étaient érigées en gardiennes de l'entrée des tribunes ; elles s'arrogeaient le droit de visiter les locaux, d'arrêter les gens qui leur paraissaient suspects, tout en empêchant d'entrer ceux qui leur déplaisaient (1).

Westermann se lança dans la Révolution où tout le monde ignorait ses fautes de jeunesse, au 10 août il se conduisit en héros ; parti pour l'armée de Dumouriez il fut nommé colonel. C'était un vaillant soldat, énergique, bravant la mort et plein d'une folie admirable, toujours prêt à exposer sa vie, cette vie qui était malheureusement souillée par les vols que nous avons dits et que Jules Claretie a été le premier historien à mettre au jour, avec la douloureuse nécessité de l'écrivain impartial, qui dévoile les fautes et les vices mêmes de ceux qu'il voudrait admirer.

(1) *Révolution de Paris.*

Le 15, au matin, Théroigne se présente à la porte des premières tribunes, avec un billet qu'elle tenait d'un député. Ce matin-là, les femmes de la Halle s'étaient placées aux portes des premières tribunes, pour en interdire l'entrée aux femmes munies de billets donnés par des conventionnels [1].

En apercevant Théroigne, les mégères l'entourent et l'injurient ; la belle liégeoise ne se laisse pas intimider; elle les menace de leur faire mordre la poussière [2]. Les tricotteuses l'entourent, «l'appellent brissotine », la saisissent à bras le corps, lui relèvent les vêtements, la fouettent à nu.

« Cette exécution sommaire et indécente était dans les habitudes du temps. Les commères de la rue l'avaient souvent infligée aux femmes aristocrates ou aux religieuses restées fidèles à leur costume professionnel. » [3].

Théroigne hurle, au milieu des éclats de rire d'une foule sans pitié ; lâchée enfin, elle quitte les Tuileries et rentre chez elle pour y cacher sa honte ; elle ne devait plus en sortir. Sa vie publique était achevée. [4].

(1) Rapport de police. — Archives nationales. A. F.
(2) *Théroigne de Méricourt* par Marcellin Pellet — p. 108.
(3). Id.
(4). Six mois après, elle était folle des suites de l'émotion que lui causa cette scène scandaleuse, dont elle avait été la victime ; elle fut d'abord placée dans une maison de santé du faubourg Saint-Marceau ; en 1797, nous la trouvons à l'Hôtel-Dieu, parlant toujours dans sa démence de République et de nivellement ; en 1799, elle fut enfermée à la Salpétrière, à cause de sa folie furieuse. — Transférée aux petites maisons de la rue de Sèvres, l'année suivante, grâce à quelque puissante protection, elle est renvoyée de nouveau à la Salpétrière en 1807. En 1810, Théroigne tomba dans l'enfance. — Esquirol, dans le service duquel elle était placée, a écrit, «je l'ai vue prendre et dévorer de la paille, de la plume, des feuilles desséchées, des morceaux de viande trainés dans la boue. Elle boit l'eau des ruisseaux, pendant qu'on nettoie les cours, quoique cette eau soit salie et chargée d'ordures, préférant cette boisson à tout autre». (*Des maladies mentales* par Esquirol ) Elle mourut le 9 juin 1817. à l'âge de cinquante-cinq ans.

# XXIII

# SUREXCITATION GENERALE

C. Desmoulins publie « l'Histoire des Brissotins. » — Agitation a Lyon. — Création du comité des Douze. — Provocations Girondines. — Les femmes et les cartes de faveur pour l'assemblée. — Miranda est acquitté. — On commence a parler de la liste des suspects. — Les fournisseurs fraudeurs. — Les cochers de fiacre. — Quatrain sur la Fraternité. — Une lettre de Hoche.

Au milieu de ces luttes, déjà si acerbes, Camille Desmoulins alla jeter un nouvel élément de discorde; il publia L'*Histoire des Brissotins* (Fragments *de l'Histoire secrète de la Révolution*). — C'était une attaque violente contre les Girondins ; Camille parle des « scélératesses » de Brissot, de « l'hypocrisie » de Roland, de la complicité de Gensonné avec Dumouriez, de « la vénalité » de Guadet, enfin de « la poule au pot de tout le monde. » Pour conclure, il propose « le vomissement des Brissotins hors du sein de la Convention. »

Les Girondins avaient, les premiers, commis la faute de mettre Marat en accusation : Marat, acquitté, avait été porté en triomphe.

Voilà que Camille retournait contre eux l'arme dont ils s'étaient servis sans succès ; l'*Histoire des Brissotins*, assemblage de calomnies, de menus propos, de saillies meurtrières [1], fut vendue à plus de quatre mille, et Camille put écrire à son père : ce livre — ce pamphlet — fut « le précurseur de la Révolution du 31 Mai, il en fut le manifeste. »

A Paris, l'excitation était partout.

En province, la lutte s'organisait aussi ; à Lyon, notamment, la ville était à feu et à sang ; là, comme à Paris, deux partis étaient en présence : les modérés, ralliés sous le nom de Girondins, et les avancés, marchant avec les Jacobins. Parmi les modérés, on pouvait reconnaître les royalistes de la veille [2], les prêtres réfractaires et les contre-révolutionnaires de tous genres [3]. Les Girondins disposaient de l'administration départementale.

Les Jacobins exerçaient leur influence par la Commune. Parmi les Jacobins les plus fougueux, se trouvait Chalier, sorte de mystique exalté, étrange mélange de désintéressement et de démagogie. Ses ennemis l'avaient surnommé « le brigand d'Aputius [4]. » — Ce Chalier, destiné d'abord à l'état ecclésiastique, avait fini par faire le commerce des étoffes et y acquérir de la fortune. Il écrivit ses rêves de rénovation sociale devant un crucifix et un crâne de mort [5]. C'était un homme d'une irréprochable conduite privée, mais un énergumène, parlant dans les clubs avec l'emphase de l'époque, et avec une violence outrée. Il était bon pour les malheureux, désintéressé et généreux [6]. — Il était adoré du

(1) Jules Claretie. *Camille Desmoulin*. 257.
(2) *Mémoires de l'abbé Guillon de Montlein*. 1. 194.
(3) Rapport de Tallien à la Convention (Séance du 25 février 1793.)
(4) *Journal de Lyon*. 1793.
(5) *Mémoires de l'abbé Guillon*. 1. 93.
(6) *La vie, la mort et le Triomphe de Chalier*. 4.

peuple, sur lequel il exerçait une réelle influence ; mais les Girondins l'abhorraient.

Durant cette semaine, la fermentation fut générale à Lyon, et les deux partis se préparaient à la lutte.

Les Jacobins, profitant du passage de Dubois-Crancé, Albiette, Nioche et Gauthier, qui se rendaient en mission à l'armée des Alpes, demandent que Lyon suive l'exemple donné par le département de l'Hérault, et que les patriotes soient appelés à combattre les royalistes de la Vendée. Les corps administratifs, contraints par l'opinion populaire, décident qu'on formera huit bataillons, et que, pour les armer et équiper, on lèvera une contribution personnelle forcée, de six millions. Quiconque, étant requis, refuserait de marcher, serait noté d'infamie ; des secours devaient être assurés aux familles que le départ de leurs chefs laisserait sans ressources.

Cet arrêté reprenait l'idée du département de l'Hérault, déjà mis en pratique à Paris ; mais il causa à Lyon une vive effervescence ; les Girondins le trouvèrent mauvais, parce que les Jacobins en avaient eu l'idée ; les royalistes s'emportèrent, parce qu'on allait combattre leurs coreligionnaires de la Vendée, et les riches furent rendus furieux, parce qu'on leur prenait une part de leur fortune [1].

La ville de Lyon, tout entière, fut bientôt en ébullition : la guerre civile ne pouvait manquer d'éclater.

Enfin à Paris, à toutes ces fautes, la Gironde joignait une dangereuse imprudence. Le 18 Mai, Guadet proposait d'annuler les autorités de Paris et de remplacer la municipalité de Paris par les présidents des sections. Devant les murmures des tribunes et les énergiques

(1) Louis Blanc. VIII, 400.

protestations de La Montagne, la Gironde n'osa pas aller jusque-là et s'arrêta à une proposition de Barrère, qui demandait la création d'une commission de douze membres, chargée de prendre toutes les mesures nécessaires à la tranquillité publique.

La création de ce Comité des Douze fut votée sans débats: les Girondins imposaient leurs volontés et étouffaient la discussion.

Il va de soi que les douze membres de la Convention choisis pour composer ce fameux comité, furent pris dans le sein de la Gironde. On eut le soin, sauf deux exceptions, de prendre des inconnus, des députés sans notoriété, qu'on pourrait gouverner et faire agir comme on le voudrait.

Les douze membres élus furent : Boyer Fonfrède, Rabaud Saint-Etienne, Kervelegan, Saint-Martin, Viger, Gomaire, Bergoeing, Boileau, Mollevault, Larivière, Gardien et Bertrand.

C'étaient, pour la plupart, des créatures de Guadet, comme Louvet, Valazé, Isnard ; l'un des douze, Viger, siégeait depuis le 27 avril seulement.

Avec ce nouvel instrument de domination entre les mains, les Girondins ne sont pas encore satisfaits; leur intolérance recommence de plus belle. Un jour, Couthon, qui est paralytique et qu'on est obligé de porter à la séance dans une chaise à porteur, veut parler sur une motion d'ordre, et il veut le faire de sa place ; il n'avait que quelques observations à présenter. On lui coupe la parole :

— A la tribune! à la tribune! lui crie-t-on.

Et un de ses collègues, Maure, est obligé de prendre le pauvre infirme à bras le corps et de le porter, dans ses bras, à la tribune.

Le lendemain, en pleine Convention, Guadet fait une sortie contre les Jacobins : il s'agissait d'enlever à la minorité une garantie, celle de pouvoir demander l'appel nominal ; on décida que le nombre de voix nécessaire pour obtenir cet appel serait de cent, au lieu de cinquante.

Guadet motiva cette mesure par une comparaison prise dans l'Histoire d'Angleterre : « Lorsqu'en Angleterre, dit-il, on voulut dissoudre le long Parlement, le moyen qu'on prit fut de mettre le pouvoir entre les mains de la minorité. Elle appela à son secours les *Patriotes par excellence*, une multitude égarée à qui l'on promettait le partage des terres et le pillage. Cet appel, motivé par la prétendue opposition de la minorité, amena la *purgation du Parlement*, attentat dont Pride, de boucher devenu colonel, fut l'auteur. Cent cinquante membres furent choisis, et la minorité riche, maîtresse du gouvernement. Mais les « Patriotes par excellence » instruments, eurent leur tour. Leurs propres crimes servirent de prétexte à l'usurpateur. Il entra un jour au parlement, et, s'adressant à ces mêmes membres : « Toi, dit-il, tu es un voleur ; toi, dit-il à l'autre, tu es un ivrogne ; toi, tu t'es gorgé des deniers publics ; toi, tu es un coureur de filles et de mauvais lieux... or donc, cédez la place à des hommes de bien. » Ils la cédèrent, et Cromwel la prit. »

Toutes ces allusions outrageantes, soulignées par des gestes qui allaient désigner des députés sur leurs bancs, étaient une nouvelle insulte et une nouvelle provocation. Evidemment, dans la pensée de Guadet, Pride c'était Legendre ; les dilapidateurs des deniers publics, c'étaient Lacroix et Danton ; Cromwel, Robespierre.

On devine l'irritation que d'aussi abominables accusations produisirent dans les rangs de la Montagne et dans les sections des patriotes.

Les tribunes sifflaient ces insolences.

On prenait cependant toutes les précautions pour que les tribunes fussent garnies de spectateurs modérés, à qui on en facilitait l'accès en leur distribuant des cartes de faveur.

Ces entrées privilégiées donnaient même lieu à des scènes assez violentes. Ainsi, le 18 mai, les femmes du peuple avaient placé un détachement d'entre elles aux portes des premières tribunes [1], pour empêcher d'entrer les belles dames, favorisées par les députés. — Quelques jours après, elles se promettent d'empêcher l'exécution du nouveau décret, aux termes duquel quatre cents billets sont remis aux députés, pour être donnés à leur convenance. Elles se placèrent à la porte d'entrée, s'emparèrent des billets, les déchirèrent, renvoyant ceux qui en étaient porteurs.

Un député, nommé Dutard, voulut intervenir.

— Que faites-vous là ? dit-il aux femmes ; qui vous a permis d'y être ?

— L'Égalité, répond l'une d'elles ; ne sommes-nous pas tous égaux ?

— Sans doute, mais...

— Et si nous sommes tous égaux, j'ai le droit d'entrer aussi bien que ceux qui ont des cartes [2].

Dutard les menaçe de les faire expulser.

Une autre femme riposte, le verbe haut :

— Allez, monsieur le Brissotin, allez donc, ! votre place est dans la salle ; nous resterons ici malgré vous, et nous mettrons obstacle à vos iniquités.

(1) *Rapport au bureau de surveillance de la police.* (Archives Nationales).

(2) *Rapport de Dutard.* Schmidt. I. 355.

Dutard dut rentrer dans la salle, au milieu des rires de la foule.

Au surplus, les députés en séance ne se respectaient pas plus que le public ne les respectait lui-même.

Dans la séance du 20 Mai, Vergniaud était à la tribune, se plaignant du bruit du dehors et des manifestations des tribunes ; il s'emportait contre ces « indécentes clameurs, ces huées avilissantes qui troublent la décision de la Convention ; ils sont donc les assassins des citoyens qui se dévouent à la défense de la patrie, ceux qui entravent ainsi votre marche... »

DUHEM. — C'est un complice de Dumouriez, comme toi, qui poignardes les patriotes.

VERGNIAUD *voulant continuer.* — Ils sont donc des assassins...

DAVID. — C'est toi qui es un assassin !

PLUSIEURS VOIX. — A l'abbaye ! A l'abbaye, David.

N... — Je fais la motion que les noms de tous les interrupteurs soient envoyés aux départements.

Cette proposition, mise aux voix, est adoptée.

VERGNIAUD répond : — Ils sont donc les assassins de nos frères, de la patrie elle-même, eux...

DAVID. — C'est toi, monstre, qui es un assassin.

Un secrétaire inscrit le nom de David comme interrupteur.

Tel était l'état d'esprit des deux partis.

Non-seulement on se traitait d'assassin en pleine Convention, mais encore on s'y préparait à des résolutions violentes. Les Girondins s'y donnaient rendez-vous en armes, pour des séances importantes. On trouva une lettre circulaire, ainsi conçue : « *Au député Lacaze* — En armes « L'Assemblée, à dix heures précises ; Couard qui ne s'y trouve pas — DUFRICHE-VALAZÉ. »

Au milieu de ces violences, de ces scènes tumultueuses, le tribunal révolutionnaire acquittait Miranda, l'ami des Girondins, accusé de complicité avec Dumouriez ; on le comblait d'éloges et on le reconduisait chez lui en triomphe.

En revanche, le général de brigade Miaczinski, autre général de Dumouriez, poursuivi pour le même motif, fut condamné à mort par le même tribunal. La peine capitale fut prononcée contre l'adjudant général Devaux. Cet officier était fils naturel du prince Charles de Lorraine, oncle de l'empereur d'Autriche, qui l'avait proscrit. Pour sa défense, il dit que s'il avait désobéi à Dumouriez, celui-ci l'aurait livré aux Autrichiens, qui l'auraient pendu. Il mourut avec fermeté.

Le comité des Douze ne demeurait pas inactif ; on ne connaissait pas encore au juste les mesures qu'il allait proposer, mais on surveillait ses démarches et on devinait ses projets contre les Jacobins. Les sections s'émurent, et leurs délégués se réunirent à la mairie, le 18 mai, pour délibérer d'abord sur l'emprunt forcé, destiné à subvenir aux dépenses des bataillons qui allaient partir pour la frontière, et ensuite sur la liste des suspects, des députés de la Convention qui compromettaient la sûreté publique. On proposa d'arrêter vingt-deux députés et de les enfermer dans la maison des Carmes, au Luxembourg, que les massacres de septembre avaient rendue si lugubrement célèbre. — Dans cette première réunion, aucune décision ne fut prise.

Le lendemain, Pache, maire de Paris, prévenu de ce qui se passait, se rendit à la réunion et la présida.

A peine la séance est-elle ouverte, qu'un des sectionnaires propose de nouveau l'arrestation des vingt-deux.

Aussitôt, un autre sectionnaire proteste [1].

— J'ai combattu, hier, dit-il, cette proposition; les membres présents ont applaudi, et je ne comprends pas qu'on vienne aujourd'hui la remettre sur le tapis.

Pache intervient à son tour.

— Il ne s'agit pas en effet d'arrestation ; la Convention est un dépôt confié à la ville de Paris ; un attentat commis sur un seul des membres de l'Assemblée nationale produirait la guerre civile ; quant à moi, bien qu'ayant signé la pétition qui réclame le renvoi des vingt-deux, je ne souffrirai pas qu'une telle discussion s'engage à la mairie.

Là-dessus, la séance fut levée, et on se retira tranquillement.

Durant ces discussions, on peut noter les traits d'humanité qui reposent l'esprit de tous ces sanglants pourparlers.

Le 23 Mai, un citoyen vient se plaindre de ce qu'il a vu, le matin même, des femmes enceintes attachées au poteau des expositions des criminels, sur la place de Grève. — La Commune émet le vœu qu'on abolisse cet usage barbare [2].

Les journées de trouble servaient à merveille les gros fournisseurs militaires, qui profitaient du désarroi général pour mettre du carton dans les semelles des souliers destinés à l'armée : les commissaires, nommés pour apposer les scellés sur le magasin des souliers, en faire la vérification, déclaraient que les souliers étaient de la plus mauvaise qualité possible ; le conseil général de la Commune décidait de poursuivre ces fraudeurs devant les tribunaux [3].

(1) *Mémoires de Meillan.*
(2) *Histoire Parlementaires* XXVII — 180.
(3) *Procès verbaux de la Commune.*

Les fournisseurs volaient en grand, les cochers de fiacre rançonnaient en petit. « Les fiacres entendent par le mot *Liberté* le droit de rançonner le public ; les plaintes, les batteries se multiplient à l'infini [1]. »

Les peintres, eux, étaient occupés à inscrire la devise « Liberté, Egalité, Fraternité » sur tous les monuments publics. Un plaisant [2] composait le quatrain suivant :

Sainte, auguste Fraternité,
Tu me ravis, tu me transportes ;
Mais, étrange Fraternité !
Je ne te vois que sur les portes !

L'esprit ne perd jamais ses droits en France ; ni l'opposition non plus, du reste. Ainsi, pour remplacer Santerre, parti pour la Vendée, la Commune avait nommé un ancien ouvrier horloger, nommé Boulanger. Mais les sections protestèrent contre ce choix, parce qu'il avait été fait sans qu'elles eussent été consultées. Devant ces réclamations, Boulanger se récusa, et Henriot fut nommé à sa place.

C'était le moment où Hoche, de passage à Paris, écrivait à Marat la lettre suivante, qui prouve plus de patriotisme que de discipline, qualité qui n'était, du reste, pas le défaut des militaires de l'époque.

« Ami du peuple.

« Est-il vrai ou faux que nous soyons régénérés ? Est-il vrai ou faux que les leçons que nous venons de recevoir puissent tourner à notre avantage et que désormais nous réglerons notre conduite en songeant au passé ? S'il est vrai, nous ne verrons plus les traîtres, les fripons et les intrigants en place ; nos armées ne

(1) *Procès verbaux et rapports de Police.*
(2) Guichard.

seront plus commandés par des hommes lâches, ignorants, cupides, ivrognes et sans aucune aptitude à leur état; nos chefs connaîtront leur devoir, se donneront la peine de voir leurs soldats et s'entoureront de gens de l'art. Alors, ces hommes pourront être respectés, la patrie va jouir d'une liberté indéfinie et d'un bonheur inappréciable.

« Mais le bonheur et la liberté nous fuiront sans cesse, si le conseil exécutif nomme toujours aux emplois vacants, au hasard, et si l'intrigue obtient continuellement la préférence.

« Incorruptibles défenseurs des droits sacrés du peuple! par qui venons-nous d'être trompés?

« Par des intrigants, couverts d'un voile patriotique.

« Dumouriez dut-il être jamais aristocrate? — Quel intérêt pouvait avoir Thouvenot, en trahissant son pays? — Cet homme, naguère casseur de cailloux, est parvenu au grade de général de brigade, en dix mois. Qu'était, au commencement de la guerre, Beurnonville, élevé au ministère, non par un roi, mais par la Convention nationale de France?

. . . . . . . . . . . . . . . . . . .

« Voulez-vous que moi, soldat depuis mon enfance, je puisse croire que notre régénération ne soit pas un *mot*? Verrai-je ce même homme, ce Viron, chargé par Dumouriez d'arrêter son général, recevoir, pour prix de son obéissance aux ordres du traître, le grade de colonel de gendarmerie? Verrai-je accorder à Marolle, parent et ami de Valence, celui d'adjudant général? A peine ferait-il un caporal passable.

. . . . . . . . . . . . . . . . . . .

« Marman, colonel de dragons, ne chargea point, le 22 mars, quoiqu'il en reçut l'ordre deux fois; loin de l'exécuter, il s'en fut sur la route de Bruxelles et dépassa la colonne d'infanterie. Il fut trouvé là par Dumouriez, qui lui en fit des reproches ; cette faute coûta six cents hommes à la République. Ce monsieur est général de brigade.

« Une personne digne de foi m'assure avoir lu et vu entre les mains d'un défenseur officieux, l'ordre écrit et signé par Ferrand, général de brigade, d'arrêter les commissaires de la Convention ; cet ordre a dû être adressé au citoyen Lécuyer. Ferrand est à la tête des armées de la République.

« Des jeunes gens de quinze mois de service, tels que Brances et autres, ont été faits adjudants généraux au détriment d'anciens et expérimentés militaires ; mais puissent ceux que je cite être les pires ! Il semble que la place d'adjudant général convienne à tous ces hommes, danseurs, souteneurs de tripots, etc., etc. O France ! O ma patrie ! quels sont tes défenseurs !

« Depuis mon enfance, je sers la patrie par goût et par devoir. Depuis dix ans, je n'ai négligé aucune occasion de m'instruire sur toutes les parties de mon état. Enfin, parvenu au grade de capitaine, à force de travail, en vrai républicain, je demande, au terme de la loi, une place d'adjudant général. Mes droits pour l'obtenir sont d'avoir servi deux années au régiment des gardes rançaises, deux ans dans la garde nationale parisienne (je commandais l'avant garde, lorsqu'on fut chercher Capet à Versailles). enfin j'entrai dans les troupes de ligne, j'en fus adjudant et, peu après, lieutenant, faisant souvent le service d'adjudant major. Depuis la guerre j'ai fait le service d'adjudant, à l'État major général, sans avoir demandé aucune restitution. J'eus le bonheur de sauver les munitions de guerre des lignes devant Vick ; à Maestricht, pendant le mois de Mars, je ralliai et menai au feu plusieurs bataillons ; maintenant, et depuis longtemps, je remplis les fonctions d'aide de camp d'un général ; mon seul titre est d'être patriote.

« Adieu, je vous embrasse fraternellement.

« HOCHE.

« Rue du Cherche-Midi, 294. »

Nous avons reproduit cette longue lettre, presqu'en entier, parce qu'elle signale un certain nombre de faits sur la déplorable organisation militaire du moment, parce qu'elle montre la peine qu'eut Hoche à conquérir ses grades, et aussi parce qu'elle donne la note exacte de la liberté d'allures que possédaient les officiers en activité de service.

---

# XXIV

# LE COMITÉ DES DOUZE

Publication de l'« Histoire des Brissotins ». — Lettre de Vergniaud dénoncée aux Jacobins. — Nomination du Comité des Douze. — Sa composition. — Sortie de Guadet contre les Jacobins. — Tumultes dans les Tribunes. — Les tricoteuses. — Miranda est acquitté. — Condamnation a mort des généraux Miaczinski et Devaux. — Réunion a la Commune. On propose de septembriser les vingt-deux. — Les cordonniers voleurs. — Les cochers fripons. — Santerre part pour la Vendée. — Lettre de Hoche a Marat.

Aux vitrines des librairies s'étalait un nouvel ouvrage qui se vendit à quatre mille [1]; c'était l'*Histoire des Brissotins*, publiée par Camille Desmoulins, avec la collaboration ou tout au moins les encouragements de Robespierre. Ces pages, étincelantes d'esprit, sont comme autant de traits empoisonnés qui vont faire aux Girondins de mortelles blessures. Jamais Camille n'avait été plus mordant, plus âpre, plus cruel. L'ancien procureur de *La Lanterne* se retrouvait avec ses inconscientes férocités de style. Au moment où la Montagne va se ruer sur la Gironde, Desmoulins indique les têtes qu'il faut surtout frapper. Brissot est « un scélérat », Roland « un hypocrite », Gensonné « un complice de

(1) Lettres de Camille Desmoulins à son père.

Dumouriez » et Guadet « un vendu » ; quant aux autres, il propose le vomissement des Brissotins hors du sein de la Convention, et les amputations du Tribunal révolutionnaire. » — Cette grave brochure fut, comme il l'écrit lui-même à son père, « le précurseur du 31 mai, le manifeste. »

Cette *Histoire des Brissotins*, Desmoulins devait regretter jusqu'aux larmes de l'avoir écrite, mais son influence n'en fut pas moins aussi funeste que considérable, au moment où les Girondins étaient l'objet d'une surveillance particulière. Ainsi on dénonçait aux Jacobins une lettre écrite par Vergniaud aux Bordelais, lettre dans laquelle le conventionnel se plaint d'être menacé de la « proscription et de l'assassinat. » — Quel est notre crime, demande-t-il ? — « C'est d'avoir fait entendre la voix de l'humanité, d'avoir défendu vos propriétés et d'avoir voulu vous garantir des proscriptions de Marat et des hommes dont il n'est que le mannequin. » Les Jacobins firent imprimer la lettre de Vergniaud et l'envoyèrent aux sections [1], où ces acrimonies contre Paris excitèrent les esprits contre les Girondins.

La Gironde, de son côté, ne se laissait pas intimider. Guadet monte à la tribune, et, suivant une décision prise au préalable, demande à la Convention l'annulation des autorités de Paris, le remplacement immédiat et provisoire de la municipalité par les présidents des sections. et enfin la réunion des suppléants de l'Assemblée à Bourges. Cette proposition avait été discutée et adoptée dans le Comité Valazé [2].

A peine Guadet eut-il fini sa proposition que l'émotion fut grande parmi les membres de la Montagne.

(1) *Journal des Débats du Club des Jacobins.*
(2) Mémoires de R. Levasseur. — I. p. 236.

— Voilà donc la conspiration découverte! s'écrie Billaud Varennes.

Barère demande la parole: il va fournir aux Girondins un moyen de satisfaire leurs vengeances et de dominer Paris; aussi sa proposition serait elle adoptée sans discussion.

— Casser les autorités de Paris, dit-il; j'appuierais cette proposition, si je voulais l'anarchie; quant à réunir vos suppléants à Bourges, pourquoi? Est-ce que, si la Convention était dissoute, le coup qui la frapperait ne les atteindrait pas?... Il vaut mieux créer une commission de douze membres, chargée de prendre toutes les mesures nécessaires à la tranquillité publique.

L'idée d'une commission de douze membres ayant en main un pouvoir à peu près illimité, séduisit immédiatement les Girondins qui, ayant la majorité, étaient sûrs de ne faire nommer que leurs amis, et la création du Comité des douze fut votée séance tenante, sans débat.

On procéda au vote, et furent nommés : Boyer-Fonfrède, Rabaud Saint-Etienne, Kervélegan, Saint-Martin, Vigé, Gomaire, Bergoeing, Boileau, Mollevault, Larivière, Gardien et Bertrand.

A part les deux premiers, les dix autres étaient assez inconnus; c'étaient, pour la plupart, des jeunes gens pleins de fougue, décidés à suivre en tout les avis et les conseils d'Isnard, de Guadet et des autres Girondins.

Ce comité des douze était une véritable menace pour les Jacobins, qui le comprirent et le déclarèrent le soir même, au club, avec des phrases indignées.

Guadet ne laissa pas passer ces véhémentes colères.

— Lorsqu'en Angleterre, dit-il, on voulut dissoudre le long Parlement, le moyen qu'on prit fut de mettre le pouvoir entre les mains de la minorité. Elle appela à son secours des « patriotes par excellence », une multitude égarée, à qui l'on promettait le partage des terres et le pillage. Cet appel, motivé sur la prétendue oppression de la minorité, amena la *purgation du parlement*, attentat dont Pridge le boucher, devenu colonel, fut l'auteur. Cent cinquante membres furent chassés, et la minorité resta maîtresse du gouvernement. Mais les « patriotes par excellence », instruments de Cromwell, eurent leur tour. Leurs propres crimes servirent de prétexte à l'usurpateur. Il entra un jour au Parlement, et, s'adressant à ces mêmes membres : « Toi, dit-il, tu es un voleur; toi, dit-il à l'autre, tu es un ivrogne ; toi, tu t'es gorgé des deniers publics; toi, tu es un coureur de filles et de mauvais lieux. Sus donc, cédez la place à des hommes de bien. » Ils la cédèrent, et Cromwell la prit [1].

Cette sortie, provoquée par la demande d'élever de cinquante à cent le nombre de membres requis pour rendre obligatoire l'appel nominal, visait les chefs de La Montagne, et chaque allusion contenait une calomnie ou un outrage. Car ce concussionnaire, n'est-ce pas Danton qu'on voulait désigner?

L'émotion causée par cette injuste diatribe durait encore, quand la séance fut suspendue par un vrai tumulte qui avait éclaté dans les tribunes.

C'est une femme qui veut enlever un homme des tribunes et le mettre hors de la salle ; le spectateur résiste, d'autres femmes viennent en aide à leur camarade et l'ordre est troublé, malgré les efforts de la garde

Ces femmes n'exerçaient pas leur singulière police seulement dans les tribunes, mais elles se plaçaient encore aux portes, empêchant de passer les citoyennes,

(1) Buchez et Roux. XXVII. 121.

munies de billets donnés par les députés. La police croyait qu'elles étaient payées pour provoquer des désordres, car elles paraissaient peu fortunées et nullement en état de passer plusieurs journées sans rien gagner. Un particulier avait été vu parcourant les groupes des mégères, s'informant de ce qu'il y avait de nouveau. Après l'avoir mis au courant, l'une d'elles lui dit:

— Vous avez vingt sols à me rendre.

Ce que fit ce particulier, en disant à mi-voix:

— Il faut vivre [1-2].

Beaucoup de ces femmes étaient armées de poignards et de pistolets qu'elles cachaient.

Dans les tribunes, ces femmes s'en prenaient aux spectateurs, qui applaudissaient les Girondins et allaient jusqu'à les injurier ou même jusqu'à les faire déguerpir [3], comme cela était arrivé tout à l'heure à cet homme qu'une tricoteuse voulait enlever de sa place; d'où la scène scandaleuse que nous avons rapportée.

La plupart de ces femmes appartenaient à une société dite « La Fraternelle »; elles avaient décidé de ne pas laisser exécuter le décret aux termes duquel 400 billets étaient remis aux députés pour être distribués aux citoyens de leur département, de passage ou en résidence à Paris. Elles se tenaient près du poste chargé du contrôle des billets; elles les arrachaient des mains du factionnaire, les déchiraient et renvoyaient les porteurs avec des huées, parfois même avec de mauvais traitements [4].

(1-2 *Rapport du bureau de surveillance de la police* (1 mai 1793. Archives nationales F. I. C. 20.

(3) *Révolution de Paris.* N° 202. Le témoignage de Prud'homme ne saurait être ici suspect.

(4) Lettre de Brissot à ses commettants.

Un jour un député veut intervenir.

— Que faites-vous là ? dit il aux femmes; qui vous a permis d'y être ?

— L'Egalité, répondit l'une d'elles ; ne sommes-nous pas tous citoyens ? et, si nous sommes tous égaux, j'ai le droit d'entrer, aussi bien que ceux qui ont des cartes.

— Tout ceci finira, dit le député, et je trouverai bien le moyen de vous faire expulser.

Ce fut alors un déluge de récriminations.

— Allez donc, M. le Brissotin, allez donc, votre place est dans la salle ; nous resterons ici malgré vous, et nous mettrons obstacle à vos iniquités [1].

Le député fut obligé de rentrer au milieu des cris, des rires et des quolibets.

Il faut dire que les députés ne donnaient guère l'exemple de la tenue, et que leurs interruptions provoquaient souvent le désordre.

Ainsi, pendant que ces incidents se passaient à la porte de la Convention, Vergniaud était à la tribune, demandant qu'on s'occupât de la Constitution ; il se plaignait des indécentes clameurs, des huées avilissantes qui troublent les délibérations de la Convention ; « ils sont donc les assassins des citoyens qui se dévouent à la défense de la patrie, ceux qui entravent ainsi votre marche ? »

Duhem l'interrompit :

— C'est un complice de Dumouriez, comme toi, qui poignarde les patriotes.

Les Girondins indignés proposent et votent, séance tenante, que le nom de tous les interrupteurs sera envoyé

(1) Rapport de Dupaux. — Schmidt. I. 272.

aux départements: Vergniaud reprend son discours, en répétant sa phrase:

— Ils sont donc des assassins....

— C'est toi, monstre! lui crie aussitôt David, qui es un assassin.

Un secrétaire inscrit David en tête de sa liste.

— Je demande à être inscrit, moi, intervient à nouveau Duhem, pour avoir dénoncé un complice de Dumouriez.

Les tribunes se mettent de la partie, et applaudissent avec frénésie Duhem contre Vergniaud [1].

Devant ces dispositions hostiles du public des tribunes, les Girondins prirent le parti de venir armés à la Convention, et ils firent passer à leurs collègues des billets ainsi conçus: « En armes, à l'Assemblée, à dix » heures très précises; Couard qui ne s'y trouve pas! — » Dufriche-Valazé. »

Néanmoins les Girondins parvenaient à se faire rendre justice, quand ils avaient raison, comme le général Miranda, l'ami de Pétion, qui fut acquitté avec éloges par le Tribunal révolutionnaire, devant lequel il avait été traduit, à la suite de la défaite de Nerwinde. Après avoir motivé son vote, Durmont, le premier juré, s'exprime ainsi: « je pourrais me borner à cette déclaration, suivant l'expression énergique d'un témoin, anglais d'origine: *Il ne suffit pas à un général français d'être reconnu non coupable, il faut aussi qu'il soit reconnu non suspect*. Et, comme la moralité des accusés est un des principaux motifs de la décision des jurés, je dois à cet égard rendre une éclatante justice à Miranda. L'homme qui passa, il y a dix ans, de l'Amérique méridionale en Europe, pour chercher le moyen de

(1) Buchez et Roux. XXVII. 145.

rendre la liberté à ses compatriotes enchaînés par le despotisme; l'homme qui, lié en Angleterre avec les plus chauds amis de la liberté, y professait les principes du plus pur patriotisme; l'ami de Price, de Priestley, de Fox, de Sheridan, ne peut être qu'un excellent citoyen [1]. »

Moins heureux fut le général Miaczinski, lequel, après le refus de Dumouriez, avait tenté de marcher sur Lille, sur un ordre émané du général rebelle; Miaczinski fut condamné à mort; après avoir obtenu un sursis, permettant de faire des révélations contre les commissaires en Belgique, révélations qui furent vite reconnues être des mensonges, il fut exécuté, le 22 mai; il mourut avec courage, en criant : Vive la Nation ! Vive la République ! [2]

Le jour même de l'exécution de Miaczinski, le tribunal révolutionnaire condamnait à mort le général Devaux ; quand Dumouriez avait appris que Miaczinski, chargé par lui de s'emparer de Lille, n'avait pas réussi et était prisonnier, il ordonna à Devaux de lui ramener l'armée restée sans chef ; Devaux obéit et paya son obéissance de la vie.

Le tribunal révolutionnaire frappait les coupables sans pitié, la Commune se préparait à se débarrasser de ses adversaires par la violence Les Girondins avaient proposé de casser les autorités de Paris ; ces autorités allaient riposter.

Une réunion eut lieu à l'Hôtel de ville, le 18 mai, pour y dresser une liste de suspects, afin d'éviter des mouvements, comme ceux que les employés de bureau avaient suscités aux Champs-Elysées. Le 18, la première

(1) *Miranda dans la Révolution française.* (Aristide) Rojas année 1889).

(2) Voir le chapitre précédent.

réunion à laquelle prirent part les délégués de trente-sept sections fut très calme ; mais, le 19, on apprend la création du comité des Douze : la colère va se manifester aussitôt.

Désignant les gens suspects, un homme pâle, d'un certain âge, parlant avec lenteur, dit :

— Je ne connais d'autres suspects que ceux qui sont dans la Convention nationale ; c'est là qu'il faut frapper. Je propose donc de saisir les vingt-deux, plus huit membres que je désignerai. Nous les mettrons en lieu sûr et nous les septembriserons... Non, non. Mais, avec un peu d'argent, nous trouverons des hommes pour les tuer. Lorsqu'ils seront morts, nous supposerons des lettres des pays étrangers, et nous prouverons qu'ils ont émigré [1].

C'était un peintre sur porcelaines, nommé Marino, qui parlait ainsi [2].

Un membre demande d'attendre la résolution prise aux Jacobins.

—Non, pas d'atermoiements ! dit un autre : à une heure, Coligny était de service à la cour, à une heure, il était mort.

Un membre de la section du Théâtre Français prenait des notes, il fut exclu.

On s'occupa ensuite d'un local où pussent être déposés les vingt-deux députés suspects, et l'on choisit la maison des Carmes du Luxembourg, [3] qui avait vu les terribles massacres de septembre.

Aucune décision définitive ne fut prise, et on l'ajourna au lendemain.

(1) Déposition au Comité des Douze, par quatre membres de la commission de surveillance de la section du Panthéon-Français.

(2) Déposition de Louis P... de la section du Théâtre français.

(3) *Mémoire de Meillan.*

# XXV

# DERNIÈRE LUTTE DE LA GIRONDE

NOUVELLE IMPRUDENCE. — CHAUMETTE SE DÉFEND D'AVOIR ÉTÉ MOINE.. — ARRESTATION D'HÉBERT ET DE QUELQUES COMMISSAIRES. — UN ARTICLE DU « PÈRE DUCHÊNE » — DISCOURS IMPIE D'ISNARD. — PARIS RASÉ! — RIPOSTE DE DANTON. — HÉBERT REMIS EN LIBERTÉ. — LA COMMISSION DES DOUZE SUPPRIMÉE. — LE DÉCRET EST RAPPORTÉ. — RÉUNION A L'EVÊCHÉ. — L'INSURRECTION MORALE PROCLAMÉE. — MARIE-ANTOINETTE DEMANDE « GIL BLAS » POUR LE DAUPHIN. — LE PRIX DES DENRÉES. — LES PROCESSIONS DE LA FÊTE-DIEU. — DAVID ET LA RÉFORME DU COSTUME — PUÉRILITÉS.

La commission des Douze commença ses maladresses. Le 24, invoquant le danger que couraient un certain nombre de conventionnels, elle proposa à la Convention de s'entourer d'une garde spéciale; la Gironde, ayant la majorité dans l'Assemblée, allait avoir à sa disposition des troupes, dont elle pourrait se servir contre les pouvoirs administratifs et municipaux, s'il en était besoin.

En vain, La Montagne voulut s'opposer à cette mesure : « Eh quoi, s'écria Danton, voudriez-vous décréter la peur ! » Opposition superflue: la création de cette garde fut votée. Les esprits s'aigrirent davantage, et Paris, se croyant menacé par la Gironde, conçut contre elle une véritable colère, qui n'allait pas tarder à amenre de terribles résultats. On comprend, dès lors, l'agitation des sections ; elles n'avaient nul besoin d'être poussées ni excitées : les agissements et les votes de la Gironde suffisaient pour entretenir leur irritation, qui ne demandait qu'à ne pas se calmer. Aussi, il n'est point nécessaire de chercher, dans une entente entre Danton, Marat et Robespierre, les causes des graves événements qui vont suivre. On a souvent prétendu que ces trois hommes s'étaient rencontrés à Charenton, dans un conciliabule secret, pour arrêter un plan d'attaque contre la Gironde. C'est là une fable ; le bruit en courut, en effet ; des perquisitions furent faites même pour découvrir ce conciliabule secret ; mais, comme est obligé de le reconnaître M. Thiers lui-même : « Rien ne fut découvert, et tout prouve que le bruit était faux [1]. »

Marat, Danton et Robespierre n'avaient nul besoin de se réunir pour activer un mouvement qui se dessinait d'heure en heure, et qui prenait corps à l'ancien archevêché. Là se réunissaient les délégués de trente-six sections sur quarante-huit, pour prendre les mesures propres à contrebalancer les efforts des Girondins, qui, non-seulement irritaient les Parisiens en général, mais harcelaient d'accusations leurs ennemis, pris chacun en particulier. Ainsi, ils avaient répandu le bruit que le procureur de la Commune, Chaumette, avait été moine, ce qui, en somme, n'aurait pas prouvé grand'chose. Mais tout leur paraissait bon pour discréditer des adversaires qui seront d'autant plus cruels dans la répression qu'ils auront à venger des injures personnelles.

(1) T. IV. p. 163. (Edition Furne 1841.)

Chaumette adressa une lettre dans laquelle il se disculpait [1].

« Ils font courir le bruit que je suis moine, que j'ai été procureur d'une communauté de moines, etc.,. Mon premier état a été celui de mousse, ou novice matelot. Il est vrai que c'est la persécution des prêtres et des moines, sous lesquels je faisais mes études — (Hélas ! et qui sont encore les instituteurs de la jeunesse !) qui m'a forcé à ce parti, qui m'éloigna longtemps des foyers paternels.

« Je parvins à être timonnier. A mon retour, en 1784, j'étudiai la botanique à Moulins, où j'ai conservé des amis qui me sont chers. L'année suivante, j'allais à Marseille, dans l'intention de m'embarquer pour l'Egypte, et toujours guidé par ma fureur d'étudier la nature et les monuments de l'antiquité.

« Je ne pus m'embarquer, et je revins dans mon lieu natal, toujours occupé de plantes et de livres. J'y ai passé tout le temps qui a précédé la Révolution..... » Et il donne l'emploi de sa vie, racontant, en terminant, des détails intimes :

« Enfin, j'ai employé le revenu attaché au poste que je remplis, à éteindre des dettes contractées au temps de mon honorable indigence. »

Il est probable que cette défense ne dut pas beaucoup passionner les esprits occupés ailleurs. Les événements s'approchaient, et on aurait dit qu'on les sentait venir ; les députés montagnards désertaient le club des Jacobins lui-même, où, les soirs de séance, on en comptait maintenant une quinzaine à peine [2].

(1) *Moniteur*, 25 mai 1793.

(2) *Procès verbaux du club des Jacobins.* (séance de 26 mai).

On les somma, au nom de la patrie, d'assister aux séances [1].

Les Girondins, toujours sur le qui-vive, voyaient grandir le danger qu'ils avaient appelé, et qu'ils provoquaient encore avec imprudence. L'idée de la mort qui pouvait les frapper ne les effrayait pas, et ils en prévoyaient les suites avec une sorte de complaisance. L'un d'eux demandait à la Convention de décréter que la maison où un représentant du peuple serait assassiné, fût rasée. L'assemblée, « après quelques débats », passait à l'ordre du jour [2].

Comme s'ils eussent voulu précipiter les choses, ils firent prendre au comité des Douze une résolution qui bouleversa Paris. Dans les sections, on ne se gênait guère pour prononcer des discours violents, dans lesquels on réclamait la punition des députés modérés, qu'on accusait de tous les méfaits anti-patriotiques. Si on eût voulu arrêter tous les orateurs qui prononçaient de pareils discours, il aurait fallu élargir les prisons. Le Comité des Douze pensa mettre un terme à ces violences oratoires en faisant un exemple : il choisit les trois plus fougueux, Marino, Michel et Dobsen, ancien avocat, — qui devait devenir président du tribunal révolutionnaire — et lança contre eux un mandat d'arrêt; il ordonna aussi l'arrestation du fameux Hébert, rédacteur du *Père Duchêne* et second substitut du Procureur de la Commune ; on reprochait à Hébert un article où on lisait :

« C'est dans la Convention, oui, foutre, c'est parmi les représentants du peuple, qu'existe maintenant le foyer de la contre-révolution. Les complices de Capet et de

(1) *Procès-verbaux du club des Jacobins*. (séance du 26 mai).
(2) Compte-rendu de la séance du 24 mai.

Dumouriez, remuent de cul et de tête pour allumer la guerre civile et envoient les citoyens des départements contre les Parisiens. Il y a longtemps que le feu couve sous la cendre; les Mandrins de la Gironde, les Cartouches brissotins, s'y sont pris de longue main pour exécuter cet infernal complot....................

..................................................

« Braves sans culottes, vos ennemis ne sont audacieux que parce que vous restez les bras croisés : réveillez-vous, foutre; levez-vous et vous allez les voir à vos pieds. Désarmez tous les Vicdocq qui pissent dans la canicule et qui ne veulent prendre aucune part à la Révolution. Le poison des modérés est plus dangereux que le fer des Autrichiens. Soyez victorieux et tous les départements vous approuveront; mais surtout battez le fer pendant qu'il est chaud. Si vous dormez encore quelques instants, craignez de vous réveiller esclaves, Foutre! »[1].

Dès qu'il eût reçu son mandat d'arrêt, le 24 mai au soir, Hébert se rend à la séance de la Commune, et lui annonce la nouvelle. Il est neuf heures du soir. « Il dit qu'on l'arrache à ses fonctions, mais qu'il va obéir à la loi : il rappelle au conseil le serment qu'il a fait de se regarder comme frappé, lorsqu'on frapperait un de ses membres. Il invoque ce serment, non pour lui, car il est prêt, dit-il, à porter sa tête sur l'échafaud, si le sacrifice de sa vie était utile à sa patrie, mais pour ses concitoyens sur le point de tomber en esclavage. »[2].

Chaumette embrasse Hébert, et le Président lui donne l'accolade; Hébert court se constituer prisonnier.

Le Conseil se déclare permanent jusqu'à ce qu'il ait des nouvelles d'Hébert.

(1) *Le Père Duchesne*. N° CCXXXIX.
(2) *Chronique de Paris*.

A minuit, on envoie une députation auprès du Comité des Douze; cette première délégation ne revenant pas à deux heures du matin, il en part une seconde; à deux heures et demie, on apprend qu'Hébert subit un interrogatoire et que Varlet a été également arrêté.

Enfin, à quatre heures du matin, on annonce que le Comité des Douze a fait enfermer Hébert à l'Abbaye. La lutte est désormais inévitable entre les modérés et les avancés; lutte à mort : les plus forts sacrifieront les vaincus. La Gironde croyait sortir victorieuse; elle se trompa : elle fut terrassée.

Le conseil de la Commune s'ajourna au lendemain matin, neuf heures; il envoya une députation à la Convention, qui, ce jour-là, était présidée par Isnard.

***

Séance fameuse dans l'Histoire de la défaite de la Gironde, que celle du 25 mai, qui entendit le discours impie d'Isnard.

L'orateur de la députation commença ainsi :

« Mandataires du peuple, le Conseil général de la Commune serait venu tout entier, si les circonstances critiques où nous nous trouvons ne l'obligeaient d'être en permanence; mais vous en voyez les députés. » Et il continue « dénonçant l'attentat commis par la commission des Douze sur la personne d'Hébert. » — Il termine « nous demandons qu'il soit promptement jugé. Les arrestations arbitraires sont pour les hommes de bien des couronnes civiques. » —

C'est ici que se place la célèbre réponse, qui fit éclater la colère dans les tribunes et dans tout le peuple de Paris, réponse que l'histoire flétrit comme une méchante action commise par un homme dont l'éloquence n'avait pas l'excuse de la conviction.

» *Isnard* (Président) : La Convention, qui a fait une déclaration des droits de l'homme, ne souffrira pas qu'un citoyen reste dans les fers, s'il n'est pas coupable ; croyez que vous obtiendrez une prompte justice ; mais écoutez les vérités que je vais vous dire : la France a mis dans Paris le dépôt de la représentation nationale ; il faut que Paris le respecte ; il faut que les autorités constituées de Paris usent de tout leur pouvoir pour lui assurer ce respect. Si jamais la Convention était avilie, si jamais, par une de ces insurrections qui, depuis le 10 mars, se renouvellent sans cesse, et dont les magistrats n'ont jamais averti la Convention... *(Il s'élève de violents murmures dans l'extrémité gauche. — On applaudit dans la partie gauche : Ce n'est pas là une réponse).*

» *Fabre d'Eglantine* : Je demande la parole contre vous, président.

» *Isnard* : Si, par ces insurrections toujours renaissantes, il arrivait qu'on portât atteinte à la représentation nationale, je vous le déclare au nom de la France entière... *(Non, non ! s'écria-t-on à l'extrémité gauche. — Le reste de l'Assemblée se lève simultanément. — Tous les membres s'écrient : Oui, dites au nom de la France !)*

» *Isnard* : Je vous le déclare au nom de la France entière, Paris anéanti... *(De violentes rumeurs, partant de l'extrémité gauche, couvrent la voix du président. Tous les membres de la partie opposée : Oui, la France entière tirerait une vengeance éclatante de cet attentat.)*

» *Marat* : Descendez du fauteuil, Président ; vous jouez le rôle d'un trembleur... Vous déshonorez l'Assemblée... Vous protégez les hommes d'Etat...

» *Isnard :* Bientôt on chercherait sur les rives de la Seine, si Paris a existé... *(Il s'élève des murmures dans la partie gauche. — On applaudit dans la partie opposée).*

» Danton, Dentzel, Drouet, Fabre d'Eglantine, demandent la parole.

*Le Président* : Le glaive de la loi, qui dégoutte encore du sang du tyran, est prêt à frapper la tête de quiconque oserait s'élever [1] au-dessus de la représentation nationale. »

(1) Cette allocution furieuse, Isnard la rétracta bientôt, comme il avait rétracté sa profession d'athéisme, dans cette lettre du 3 octobre 1793, dont nous avons déjà signalé le ton peu digne : « Comme je n'eus pas une minute à réfléchir à cette réponse, écrivit-il à la Convention, et que j'avais l'âme très émue, mon imagination ardente me fournit quelques expressions exaltées, une métaphore trop hardie ; et quel est celui qui en improvisant dans des moments semblables, et en présence de quatre mille spectateurs, est le maître de peser toutes ses paroles ? Loin de vouloir la destruction de Paris, mon intention était de lui épargner tout danger, en lui représentant avec force ceux auxquels il s'exposait, s'il attentait à la représentation nationale ; et observez que ce que je dis au sujet de cette ville n'était ni un vœu ni une prédiction comme on l'a, avec méchanceté, répandu dans le public, mais seulement la supposition d'un malheur à craindre, dans le cas où l'on égorgerait des députés... Est-il si surprenant qu'au milieu de tant de séances orageuses, dans des moments d'effervescence et de trouble où le tocsin était prêt à se faire entendre et le canon d'alarme à tonner, il soit échappé une expression hasardée aux députés du Midi, dont l'âme est aussi brûlante que pure et qui, de tout temps, s'est exprimée par de fortes images ?... Quoi ! une seule phrase inconsidérée, et à laquelle je n'ai pas réfléchi, sur la foi de l'entière liberté d'opinion, causerait ma perte ! »

Et plus tard, dans une lettre du 20 frimaire an III, adressée aux trois comités du gouvernement, il se désavoue plus explicitement encore : « Si j'ai laissé échapper quelque phrase hasardée et d'une exagération ridicule, c'est que mon caractère est fougueux et mon imagination très méridionale : c'est que j'ai improvisé au milieu des cris, que l'hyperbole m'est familière, et que d'ailleurs les mouvements d'une juste indignation ne se mesurent pas. »

Et quand le même homme rentra à la Convention, moins de quatre mois après cette rétractation, il se glorifia hautement à la tribune, d'avoir prononcé « cette phrase hasardée ! » Blanc (des Bouches-du-

C'était un appel à la guerre.

« Alors, dit un contemporain, la salle ressembla moins au sanctuaire des lois qu'à une arène de gladiateurs. — »

Danton releva avec sa fougueuse éloquence cette menaçante sortie d'Isnard. « Ce n'est pas pour disculper Paris que je me suis présenté à cette tribune, dit-il; Paris n'en a pas besoin » et, parlant de violences qu'on reproche à quelques-uns : « Parmi les bons citoyens, il en est de trop impétueux ; mais pourquoi leur faire un crime d'une énergie qu'ils emploient à servir le peuple? s'il n'y avait pas eu des hommes ardents, si le peuple lui-même n'avait pas été violent, il n'y aurait pas eu de Révolution. »

Paroles d'une vérité de tous les temps et qu'il faut rappeler à ces hommes qui, ayant profité des révolutions, veulent séparer leur situation des événements auxquels ils la doivent.

***

La Convention passa à l'ordre du jour, sur la demande du conseil de la Commune : on congédiait les commissaires sans rien leur accorder.

Dans les sections, les discussions roulaient toutes sur ces arrestations, et l'agitation allait sans cesse grandissant.

Le lendemain, 26 mai, une nouvelle députation vient à la barre de la Convention demander la liberté d'Hébert; c'est celle de seize sections ; celle-ci n'est pas plus favo-

Rhône) avait rappelé ce souvenir fâcheux (5 germinal an III) : « Je ne viens point, répondit Isnard, me disculper ; je m'honore de la conduite que j'ai tenue au fauteuil, quoique je n'y aie rencontré que la mort par votre injustice. (*Applaudissements redoublés.*) Je m'honore surtout de ma réponse à la Commune conspiratrice de Paris. *Blanc* : — Elle ne l'était pas alors.

risée que celle de la Commune : sa demande est renvoyée à la Commission des Douze.

Le 27 mai, troisième députation de la section de la Cité, qui vient, à son tour, protester contre les arrestations, qu'elle appelle « une violation des Droits de l'Homme et du citoyen. »

Dans Paris, des femmes, formant la société qui s'était intitulée : «*Fraternelle*», parcouraient les rues en ordre de bataille, et invitaient le peuple à aller avec elles à l'Abbaye délivrer le patriote Hébert. [1]

Le soir, vingt-huit sections avaient émis le vœu impératif qu'Hébert fût mis en liberté. La Commission des Douze fit alors appel à trois sections dévouées au côté droit, celles de la Butte-des-Moulins, de Lepelletier et du Mail, qui s'empressèrent d'accourir ; à six heures du soir, elles étaient rangées dans la cour des Tuileries, du côté du Carrousel, avec leurs armes et leurs canons, mèches allumées.

Dans l'intérieur de la Convention, le désordre est à son comble ; Isnard préside et envenime les débats par ses violences et ses provocations. Le maire et le ministre de l'Intérieur paraissent à la barre : on leur demande compte de l'état d'effervescence de Paris. Gara explique que la commission des Douze et ses agissements sont cause de l'état de trouble actuel. Parlan des attroupements qui ont motivé l'appel de troi sections en armes à la porte de l'assemblée, Gara assure que la Convention n'est point en danger.

Pache, maire de Paris, est entendu après Garat, donne à peu près les mêmes assurances ; il termine e demandant que la Convention veuille bien entendre l délégués de vingt-huit sections qui viennent demand

(1) Dauban. *La Démagogie à Paris en 1793*. p. 204

l'élargissement des détenus. Il était dix heures du soir; la droite veut lever la séance, la gauche s'y oppose : devant le tumulte, Isnard est obligé de quitter le fauteuil, où il est remplacé par Hérault-Séchelles ; la séance continue. Les pétitionnaires sont entendus ; ils réclament la mise en liberté des prisonniers et la suppression de la Commission des Douze. « Citoyens, répond Hérault-Séchelles, la force de la raison et la force du peuple sont la même chose. » A un autre : « Vous demandez justice : la justice est notre premier devoir, elle vous sera rendue. »[1]

Finalement, sur la proposition de Lacroix, la Convention décrète : 1° La liberté des citoyens incarcérés, 2° La cassation de la Commission des Douze, 3° Le renvoi devant le comité de Sûreté générale, des membres qui la composent :

Il était minuit.

***

Quand Paris connut la nouvelle de la suppression des Douze, il se calma aussitôt; « à la Commune et dans les sections les plus turbulentes, on entendit parler de paix et de repos. »[2]

Les Girondins employèrent le restant de la nuit à réparer cette défaite.

Le 28 mai, la séance débuta par un orage. Lanjuinais, qui n'assistait pas à la séance du soir, monte à la tribune : il nie qu'un décret ait été rendu la veille. Legendre l'interrompt par cette apostrophe :

— Si Lanjuinais ne cesse de parler, je déclare que je le jette à bas de la tribune.

(1) *Histoire Parlementaire.* XXVII. 268.
(2) *Mémoires de Garat.*

Lanjuinais ne répond même pas, et continue.

— Vous seriez déshonorés, si vous pouviez souffrir qu'un pareil décret souillât vos registres. —

Au surplus, en supposant que le décret ait été voté, il faut qu'on le rapporte, parce que les pétitionnaires avaient envahi la salle ; ils ont voté avec les députés et ont formé la majorité.

— Eh bien, l'appel nominal! crie-t on à gauche.

La droite accepte, et le décret est rapporté par 279 voix contre 238.

La Gironde, si compacte la veille, n'a plus que quarante et une voix de majorité ; le Marais se déplace et va du côte de la Montagne.

Danton fait entendre ces paroles :

— Si les magistrats du peuple ne sont pas rendus à la liberté, après avoir prouvé que nous dépassons nos ennemis en prudence, nous leur prouverons que nous les dépasserons en audace et en vigueur révolutionnaire.

La Gironde vota l'élargissement des détenus, mais maintint la Commission des Douze.

Les prisonniers sont remis en liberté ; à la Commune, Hébert reçoit une couronne, qu'il dépose sur le buste de J.-J. Rousseau.

— On ne doit des couronnes qu'aux morts, dit-il.

La séance du 28 mai, à la Convention, fut à peu près sans intérêt.

Ce fut au club des Jacobins et à l'Archevêché que les mesures violentes furent préparées. Aux Jacobins, Legendre prononce un discours, dans lequel il dit:

« Après que nous aurons fait valoir toute la force du raisonnement et de la justice, le peuple aura le droit de recourir aux moyens qui lui ont toujours réussi. »

Roussillon est plus explicite dans sa franchise pleine de vulgarité :

— La postérité ne pourra jamais croire que vingt-cinq millions d'hommes aient pu se laisser mener par une poignée d'intrigants, et elle ne verra en nous que vingt-cinq millions de J... F... Je dis que demain, il faut que l'airain frémisse, que le canon tonne, que tous ceux qui ne marcheront pas à l'ennemi soient déclarés traîtres à la patrie et chassés de son sein pour jamais.

Par « poignée d'intrigants » on désignait les Girondins.

Rendons-nous maintenant à l'Archevêché, où les fameuses journées des 1 et 2 juin vont être préparées. Nous trouvons là, réunis, les commissaires de trente-six sections, munis de pleins pouvoirs ; la réunion se composait de cinq cents personnes, parmi lesquelles cent femmes environ. La première décision prise a pour objet de demander à la Commune de nommer un commandant provisoire de la Garde nationale, à la place de Santerre, parti pour la Vendée ; la Commune avait bien désigné Boulanger, mais devant l'accueil, moins que sympathique, des sections, celui-ci avait résigné ses fonctions, au bout de vingt-quatre heures.

Il fut ensuite décidé qu'on demanderait à la Convention, justice du discours criminel d'Isnard contre Paris. Remarquons, en passant, que ni Robespierre, ni Danton, ne faisaient sentir leur influence à l'Évêché : tous deux, quoique fermement opposés à la Gironde, hésitaient, pleins d'angoisses, devant la mesure à prendre, au moment de violer la représentation nationale. Celui qui donna une impulsion au mouvement, ce fut Marat, qui n'avait aucun scrupule d'envoyer à l'échafaud des députés, qu'il déclarait avoir trahi les intérêts populaires ; il vint à l'Évêché et souffla sur ce feu qui n'avait pas besoin d'être excité. Deux hommes, de minime importance, jouèrent le principal rôle : ce furent Dobsen et Varlet.

Donc, à ce moment où la Révolution en est arrivée à l'une de ses crises les plus aiguës, ce qui domine dans Paris, ce qui conduit la capitale, ce n'est ni la Convention, ni le club des Jacobins, ni la Commune, c'est cette réunion de l'Évêché, composée de citoyens obscurs, délégués par les diverses sections de Paris. Et cette assemblée n'est inspirée ni par Danton, ni par Robespierre, mais par Marat, secondé par deux hommes d'arrière-plan : Dobsen et Varlet.

Le 30 mai, la réunion de l'Evêché, qui était intitulée le « Comité central », déclare que la Commune de Paris et le département sont en état d'insurrection. On avait convenu d'ailleurs que cela n'entraînerait aucune violence : ce devait être une insurrection morale.

***

Durant cette semaine, bien des incidents secondaires passèrent inaperçus, qui doivent être relatés cependant, car ils complètent, dans leur puérilité, le grand tableau du mouvement révolutionnaire auquel nous assistons.

C'est d'abord Marie-Antoinette qui demande à la Commune, pour le Dauphin, un exemplaire du roman de *Gil Blas*, ce qui lui est accordé.

La ménagère parisienne avait aussi ses préoccupations, de petite importance, mais qu'elle ne peut dédaigner ; ainsi le veau, précédemment à cinq sous la livre, était subitement monté à vingt-deux sous [1]. Toutes les autres denrées et les autres marchandises renchérissaient dans les mêmes proportions. Le sucre, de vingt sous, (la livre) était monté à 4 livres ; le savon, qui valait 12 sous, se vendait 30 sous ; une chandelle se payait 7 sous [2]. Le

(1) *Paris pendant la Révolution* par A. Schmidt II. 157.
(2) id. 159.

combustible, le bois, le charbon, le cuir, les souliers, les habits, tout subit la hausse.

Le 30 mai étant le jour de la Fête-Dieu, le clergé constitutionnel a fait la procession comme d'habitude, et, dans plusieurs paroisses, elle a été très brillante ; de nombreux gardes nationaux ont suivi celle de la Madeleine, qui a fait un grand tour.

Sur le passage de la procession de Saint-Leu, précédée de tambours, la foule se prosterne devant le Saint-Sacrement. « Je n'ai pas vu un seul homme qui n'ait ôté son chapeau, dit un témoin oculaire. Lorsque le dais a passé devant le corps de garde de la section Bonconseil, tous les hommes du poste sont sortis et se sont mis sous les armes [2]. Ailleurs, les marchands sur le pas de leur porte, ou à leurs fenêtres, tiraient des coups de fusil, en signe de réjouissance.[3]

Le Comité de Salut public rend des arrêtés relatifs au costume des Français, qu'il voudrait modifier.

Voici le premier arrêté rendu : il est de la main de Barère.

« Le Comité invite David, représentant du peuple, à lui présenter ses vues et ses projets sur les moyens d'améliorer le costume national actuel et de l'approprier aux mœurs républicaines et au caractère de la Révolution, pour en présenter les résultats à la Convention nationale et recueillir le vœu de l'opinion publique. »

Le 5 prairial, Barère fit encore prendre l'arrêté suivant :

« Le Comité de salut public autorise David, représentant du peuple, à faire graver et colorier les divers pro-

(1) Rapport de l'agent Duhard à Garat.
(2) Schmidt. I. 350.
(3) *Paris en 1793* par E. Biré. p. 317.

jets de l'habillement national, soit législatif en fonctions (*sic*) et dans les armées, ou judiciaire, soit civil ou militaire, pour en être distribué un exemplaire à chacun des membres de la Convention et aux citoyens des divers départements, au nombre de vingt mille exemplaires, pour le modèle de l'habillement civil, et six mille de chacun des autres »

Vivant-Denon grava les dessins de David. D'où l'arrêté suivant, toujours de la main de Barère : « Le Comité de salut public arrête qu'il sera payé par la trésorerie nationale au citoyen Denon, artiste graveur, la somme de dix mille livres, à titre d'avance, pour fournir aux premiers frais de la gravure du costume national. Cette somme sera prise sur les cinquante millions mis à la disposition du Comité. » (14 prairial an II.)[1]

Il y avait peu d'analogie entre le génie de David et le genre de talent de Vivant-Denon. « La pointe mince dont disposait Denon, dit justement M. Jules Renouvier, et le fourmillement de hachures, qu'il avait appris de Saint-Non, avaient fort à faire pour se mesurer à ces modèles si solidement établis. »

Il y a cependant une belle netteté dans les onze gravures du costume national : *Habit du citoyen français dans l'intérieur, habit civil du citoyen français, le législateur en fonction, le représentant du peuple aux armées,* etc., dont de superbes exemplaires sont joints aux minutes des arrêtés du Comité qui se rapportent à cette question. David voulait habiller tous les Français,

(1) Après thermidor, Denon eut quelque difficulté à se faire payer. Un arrêté du 4 vendémiaire an III donna à examiner le compte de Denon au citoyen Bervic, graveur et auteur de *Louis XVI restaurateur de la liberté,* présenté au roi et à l'Assemblée nationale en 1790. Le 24 vendémiaire, Denon reçut la somme de 11,936 livres, déduction faite de 6.000 livres qu'il avait touchées, le 15 prairial, sur les dix mille mises à sa disposition.

« d'une tunique, de pantalon ou plutôt de chausses à pied, de brodequins, d'un bonnet rond à aigrette, d'une ample ceinture et d'un manteau flottant sur les épaules. »

C'était une idée chimérique de vouloir donner chaque condition un costume spécial, une sorte d'uniforme patriotique.

Un des premiers inconvénients de cette innovation était le prix élevé que coûtaient les costumes ; on paya six cents livres les deux costumes d'un citoyen français, habit de ville et habit d'intérieur.

Il furent rares, ceux qui se conformèrent à ce décret ; on cita quelques élèves de David, qui se promenèrent dans Paris, vêtus à la Grecque, comme les acteurs de tragédie ; mais les sourires du public leur firent comprendre que la comédie ne devait pas durer trop longtemps, en face du drame sanglant qui allait se jouer au sein de la Convention.

---

XXVI

# JOURNÉES DES 31 MAI, 1 & 2 JUIN

Nous voici au 31 Mai, un vendredi.

Le tocsin va sonner les dernières heures de la Gironde.

La veille, la réunion de l'Evêché, — le Comité central, comme il s'intitule – a déclaré que la Commune de Paris et le département étaient en état d'insurrection morale.

Dès six heures du matin, les commissaires de trente-six sections, sur quarante-huit, se présentent au Conseil général de la Commune : le président du Comité central, autrement dit de la réunion de l'Évêché, annonce que le peuple de Paris, blessé dans ses droits, vient de prendre les mesures nécessaires pour conserver sa liberté, et que les pouvoirs de toutes les autorités sont lésnun.

Le Procureur de la Commune requiert la vérification des pouvoirs des commissaires ; de cette vérification il résulte que trente-trois sections ont donné à leurs commissaires des pouvoirs illimités pour sauver la chose publique.

Dobsen déclare que les pouvoirs de la municipalité sont annulés : le conseil général et les membres de la Municipalité remettent leurs pouvoirs.

Un moment après, Dobsen proclame, au nom du peuple souverain, que l'ancienne municipalité et l'ancien conseil général de la Commune sont réintégrés dans leurs fonctions; il leur « témoigne sa satisfaction, il les félicite de leur sollicitude constante et vraiment patriotique pour la chose publique. »

Le conseil réintégré prête le serment civique, et prend, à partir de ce moment, le titre de Conseil général révolutionnaire.

Le but de cette formalité, consistant à casser les autorités et à les réintégrer aussitôt, était de donner à la Commune une investiture révolutionnaire.

Henriot est nommé commandant provisoire de la force armée de Paris.

A ce moment, la Convention fait appeler à sa barre Pache, le maire. Pache se rend à cet appel.

Le tocsin continue de sonner à la Maison commune; il ne cesse qu'à deux heures et demie de l'après-midi.

Le conseil vote qu'il sera accordé quarante sous par jour aux citoyens peu fortunés, tant qu'ils resteront sous les armes.

Sur la proposition de Chaumette, on décide que les grilles inutiles et celles des églises seront fondues et qu'on en fera des piques et des canons de fusils.

Un jeune citoyen monte à la tribune et propose les mesures les plus violentes. Le Conseil invite ce jeune imprudent à se retirer. Il s'obstine à vouloir parler; mais enfin, cédant aux observations de Dobsen, et repoussé par l'indignation que lui manifeste le Conseil, il quitte la tribune [1].

Les commissaires chargés de se transporter à l'administration des postes pour y « faire l'examen des lettres qui paraîtraient suspectes », observent qu'ils ont quinze ou dix-huit mille lettres à examiner, et qu'il leur est impossible de suffire à cette besogne [2].

(1) *Histoire Parlementaire*, XXVII, 319.
(2) id. 322.

Le conseil adjoint six commissaires à ceux qui sont déjà nommés.

Cette étrange commission ouvrait les lettres des particuliers, destinées aux départements, et ne laissait partir que celles qui lui paraissaient ne contenir rien de contraire aux idées de la Commune. Les communications postales étaient coupées entre la Gironde et les départements.

A trois heures moins un quart, du matin, la séance du Conseil général de la Commune fut, non pas levée, mais interrompue.

Allons maintenant assister à la séance de la Convention, qui a eu lieu pendant que nous étions à la Commune.

A six heures du matin, la séance s'ouvrit au bruit du tocsin qui sonnait dans les diverses paroisses, et de la générale, battue dans les rues, et appelant tous les citoyens en armes, autour du drapeau placé à la porte de chaque capitaine de section; on réunissait ainsi plus de quatre-vingt mille hommes armés.

Danton est un des premiers arrivés dans la salle de la Convention. Dans la cour, il est à peine jour, il rencontre Garat, ministre de l'intérieur.

— Qu'est-ce que tout cela? demande Garat. Qui remue les ressorts? Que veut-on?

— Bah! répond Danton, il faut les laisser briser quelques presses, et les renvoyer après cela.

— Oh! Danton, je crains bien qu'on ne veuille briser autre chose que des presses.

— Eh bien, il faut y veiller [1].

Et Danton monte le grand escalier conduisant à la salle des séances. Un groupe de Girondins s'y trouvait

(1) *Mémoires de Garat.*

déjà. C'étaient Buzot, Barbaroux, Guadet, Bergoeing, Rabaud Saint-Etienne et Louvet. Ils avaient passé la nuit dans une chambre d'un quartier écarté, où étaient trois mauvais lits, mais de bonnes armes [1]; ils dormirent tant bien que mal jusqu'à trois heures; le tocsin sonnant à Notre-Dame les réveilla. Ils se levèrent, et, à six heures, ils étaient à la Convention.

Trois montagnards les regardant entrer, ils crurent surprendre dans les yeux de l'un d'eux comme un sentiment de joie.

— Vois-tu, dit Louvet à Guadet, en lui montrant un des trois montagnards, vois-tu quel horrible espoir brille sur cette figure hideuse?

— Sans doute, répondit Guadet, c'est aujourd'hui que Clodius exile Cicéron [2].

Une centaine de membres se trouvant réunis, la séance s'ouvrit sous la présidence de Mallarmé.

On commence par appeler à la barre le Ministre de l'Intérieur et le Maire de Paris, pour leur faire rendre compte de la situation de Paris.

Le Ministre de l'Intérieur déclare que la cause des troubles est assurément la réintégration de la commission des Douze.

Le Maire vient raconter ce qui s'est passé à la Commune; le conseil général et la municipalité cassés, puis réintégrés par le comité central de l'Evêché, présidé par Dobsen.

Le Président reçoit une lettre du commandant de la force armée du Pont-Neuf, au sujet d'un différend qui les divise, Henriot et lui. Une loi défend, sous peine de mort, de tirer le canon d'alarme sans un

(1) *Mémoires de Louvet.*
(2) Id.

décret de la Convention ; or, Henriot a donné l'ordre de le tirer. Que faire?

Valazé proteste; tout à coup, le bruit du canon d'alarme arrive jusqu'à la Convention. Un grand silence se fait et plane sur cette assemblée, où régnait tout à l'heure le tumulte, et où, dans quelques instants, les discussions orageuses, entrecoupées de clameurs, vont reprendre de plus belle.

Vergniaud monte à la tribune, découragé, mais ayant à cœur le succès de la République.

— S'il y a un combat, il sera, quel qu'en soit le succès, la perte de la République. Je demande que le commandant général soit mandé à la barre, et que nous jurions tous de mourir à notre poste.

L'assemblée jura, presqu'en entier.

Mourir ! Certes, la mort ne les effrayait pas, ces vaillants Girondins qui allaient tomber victimes de leurs fautes et de leur obstination, mais leur mort ne pouvait plus sauver la liberté.

Danton demande non-seulement la suppression de la commission des Douze, mais encore la mise en jugement des membres l'ayant composée. Le discours du grand tribun était coupé par de bruyantes interruptions et parfois par les cris de la Gironde. Ces bruits arrivaient jusqu'à la salle réservée aux pétitionnaires, où, depuis une heure, une femme, vêtue d'une robe de chambre, enveloppée dans un voile noir, marchait fébrilement à grands pas. C'était Mme Roland qui, apprenant que la Commune avait ordonné l'arrestation de son mari, venait demander d'être admise à la barre de la Convention, espérant faire annuler cet ordre.

Elle fit appeler Vergniaud, lui communiqua son dessein.

— Vous espérez obtenir cela de la Convention? lui dit Vergniaud.

— Je le veux, répondit l'héroïque femme.

— Et quels sont vos moyens?

— L'amour de Roland, de ce que j'ai de plus cher au monde.

— Hélas! Vous ne devez guère espérer alors. Si vous êtes admise à la barre, peut-être, comme femme, obtiendrez-vous un peu plus de faveur, mais la Convention ne peut plus rien de bien.

— Elle pourrait tout, car la majorité de Paris n'aspire qu'à savoir ce qu'elle doit faire.

— Mais, ne craignez-vous pas...

— Je ne crains rien au monde; et, si je ne sauve pas Roland, j'exprimerai avec force des vérités qui ne seront pas inutiles à la République.

— A quoi bon?

— Un élan de courage serait du moins d'un grand exemple.

— Mais on va discuter un projet de décret en six articles; des pétitionnaires, députés par les sections, attendent à la barre : Voyez quelle attente!

— Je vais donc chez moi savoir ce qui s'y est passé, et je reviens; avertissez mes amis.

— Ils sont absents pour la plupart; ils se montrent courageusement, quand ils sont ici, mais ils manquent d'assiduité.

— C'est malheureusement trop vrai [1].

Mme Roland sortit, et Vergniaud revint prendre part à la lutte.

Dans la salle, une députation de la Commune était à

(1) *Mémoires de Mme Roland.* — II. 74-79.

la barre, faisant connaître les diverses décisions prises par le Conseil général, et que nous avons mentionnées plus haut ; elle annonce, en outre, qu'il a été formé une commission pour correspondre avec la Convention ; la députation demande aux députés « de fixer à cette commission une salle voisine de la leur, où elle puisse siéger et se concerter avec eux. »

Après une opposition, plus courageuse qu'habile, de Guadet et de Vergniaud, la Convention accède à cette demande.

La Gironde croyait bon de faire des concessions à Paris. Vergniaud, oui, Vergniaud lui-même, dans l'espoir de reconquérir pour son parti un peu de popularité, prononça les paroles suivantes, incroyables, mais réellement dites.

— Ce jour suffira pour montrer combien Paris aime la liberté. On n'a qu'à parcourir les rues, à voir l'ordre qui y règne, les nombreuses patrouilles qui y circulent, pour décréter que Paris a bien mérité de la Patrie !

Vergniaud voulait apaiser Paris et commencer sa conquête ; il était trop tard ; les digues étaient rompues, et le flot allait tout envahir, tout briser, tout détruire.

Cependant, l'Assemblée vote l'impression d'une adresse de la Commune, véritable réquisitoire contre les Girondins ; ceux-ci protestent contre la légitimité du vote, à cause des pétitionnaires qui sont dans la salle. Des cris partent du côté droit :

— Nous ne sommes pas libres !

— Nous sommes entourés d'individus que nous ne connaissons pas !

— L'asile des représentants du peuple est violé !

Vergniaud, espérant entacher le vote de nullité, propose à ses collègues de quitter la salle ; suivi de plusieurs collègues, il sort; il espérait que la majorité le suivrait; mais la Plaine ne voulait plus aller avec ceux qui semblaient attirer la foudre sur leur tête. Vergniaud est écouté seulement par une poignée de collègues, qui vont au dehors, au milieu des applaudissements ironiques des tribunes.

Le mouvement d'une sortie en masse aurait été imposant; la retraite de quelques députés était piteuse. Vergniaud, ayant manqué son effet, rentra presque en se dissimulant, le désespoir dans le cœur.

Précisément, Robespierre était à la tribune, prononçant un de ces discours un peu longs, dont il avait l'habitude! Il soutenait que la suppression des Douze était insuffisante; il commençait à peine sa démonstration, lorsque Vergniaud, regagnant sa place, énervé, lui crie :

— Concluez donc!

Robespierre s'arrête quelques instants; irrité, abandonnant le fil de son discours, il s'écrie :

— Oui, je vais conclure, et contre vous; contre vous qui, après la Révolution du 10 août, avez voulu conduire à l'échafaud ceux qui l'ont faite; contre vous, qui n'avez cessé de provoquer la destruction de Paris; contre vous, qui avez voulu sauver le tyran; contre vous, qui avez conspiré avec Dumouriez; contre vous, qui avez poursuivi avec acharnement les mêmes patriotes dont Dumouriez demandait la tête; contre vous, dont les vengeances criminelles ont provoqué ces mêmes cris d'indignation, dont vous voulez faire un crime à ceux qui sont vos victimes. Eh bien! ma conclusion, c'est le décret d'accusation contre tous les complices de Dumouriez et contre tous ceux qui ont été désignés par les pétitionnaires.

Pour une fois où l'on avait voulu que Robespierre fût bref, cette brièveté avait revêtu une forme redoutable. « Vergniaud ne répondit pas, bien qu'il eût demandé la parole. Il resta accablé sous cette apostrophe terrible. Mais, en le rangeant au nombre des complices de Dumouriez, Robespierre manquait de justice, et il y avait bien peu de générosité, quand un parti était déjà par terre, à lui marcher ainsi sur le corps [1]. »

Enfin, cette séance se termina par la suppression de la commission des Douze ; on ordonna, en outre, que tous les papiers de cette commission fussent déposés au comité de Salut public.

Avant de lever la séance, sur la proposition de Lacroix, on décrèta que les tribunes, où l'on ne pouvait entrer qu'avec des billets, seraient publiques.

Il était dix heures quand les députés quittèrent les Tuileries.

En sortant, les conventionnels rencontrèrent une foule de citoyens donnant des signes d'allégresse :

— La réunion vient de s'opérer, s'écrie-t-on.

Il s'agissait des trois sections de la Butte des Moulins, des Quatre-vingt-douze et des Gardes Françaises, qui, jusque-là, avaient tenu ferme pour la Gironde, et qui, la veille encore, avaient failli tirer sur les autres gardes nationaux ; à l'heure actuelle, la paix était faite, et ces trois sections venaient de fraterniser avec le faubourg Saint-Antoine. « En ce moment, leurs cris de joie et leurs larmes d'attendrissement se confondent [2]. »

A onze heures, le Carrousel est presque désert ; à la porte des Tuileries, il n'y a qu'un canon et quelques

(1) *Louis Blanc.* — VIII. 439.
(2) *Histoire parlementaire.* — XXVII. 352.

hommes; une femme s'avance vers le groupe. C'est Mme Roland, qui, après s'être assurée que son mari n'était pas arrêté, revenait, poursuivant toujours son projet d'être entendue par la Convention, et de faire casser l'arrêté de la Commune; mais la séance était terminée. Elle s'adresse au groupe gardant le canon et qui ne la reconnait pas :

— Eh bien, citoyens, cela s'est-il bien passé ?

— A merveille !

— Est-ce que le côté droit s'est apaisé ?

— Parbleu, il fallait bien qu'il se rendît à la raison.

— Et la commission des Douze ?

— Dans le fossé.

— Et les vingt-deux ?

— La Municipalité les fera arrêter [1].

La malheureuse femme, le cœur oppressé, rentra chez elle, traversant Paris qui était tranquille; elle passa par des rues désertes mais dont plusieurs maisons avaient illuminé [2].

* * *

Nous voici au samedi 1er juin.

Il est six heures du matin.

La matinée est calme; les ouvriers vont à leurs ateliers, comme à l'ordinaire; chacun semble vouloir reprendre ses occupations habituelles [3].

Rendons-nous au Conseil général de la Commune, où le comité révolutionnaire s'est assemblé dès le lever du jour. En entrant, nous y entendrons les membres s'entretenir de l'arrestation de Mme Roland, qui a été conduite à l'Abbaye; quant à son mari, il n'était pas à

(1) *Mémoires de Mme Roland.*
(2) *Chronique de Paris.*
(3) *Mémoires de Garat — Chronique de Paris.*

son domicile, et on est à sa recherche pour le conduire en prison.

Si nous nous mêlons aux conversations particulières des groupes qui se sont formés avant l'ouverture de la séance, nous pourrons nous rendre compte que la suppression de la commission des Douze ne paraît pas suffisante; la commission est dispersée, mais la Gironde existe toujours, dit-on. La veille, au club des Jacobins, Chabot et Billaud-Varennes avaient exprimé le même sentiment :

— Il n'y a que la moitié de fait ; il ne faut pas laisser le temps de se refroidir [1].

La séance est ouverte, et le premier soin du Conseil est de rédiger, à l'adresse des quarante-huit sections, une proclamation qui sera tout à l'heure affichée sur les murs de Paris. Après avoir rappelé les événements de la veille, cette proclamation se termine par ces mots :

« ... Enfin, la Convention a déclaré que les sections ont bien mérité de la Patrie. Par ce qu'elle a fait hier, nous attendons ce qu'elle va faire aujourd'hui. Citoyens, restez debout, les dangers de la Patrie vous en font une loi impérieuse. »

Le Conseil général se réunit à neuf heures, prend, de concert avec Henriot, quelques mesures, et s'ajourne à une heure.

A une heure, Varlet monte à la tribune et trouve que Pache manque d'énergie, et Dobsen de vigueur, tant il est vrai qu'un violent trouve toujours un plus violent, qui lui reproche sa modération. C'est Hébert qui répond à Varlet : il approuve la journée du 31 mai, qu'il déclare « une des plus belles aux yeux des Républicains. »

Les communes des environs de Paris envoient des

(1) *Histoire de France* de Toulongeon. — II, p. 252.

commissaires apporter leurs adhésions et leurs félicitations.

Marat arrive et encourage le zèle des membres du Conseil.

— Levez-vous, peuple souverain, dit-il ; présentez-vous à la Convention ; lisez votre adresse, et ne désemparez pas de la barre, que vous n'ayez une réponse définitive, d'après laquelle vous, peuple souverain, vous agirez d'une manière conforme au maintien de vos lois et à la défense de vos intérêts ; voilà le conseil que j'avais à vous donner.

Il s'agit d'aller demander à la Convention l'arrestation des Girondins. Les paroles de Marat ne sont pas perdues : six membres du conseil sont nommés sur-le-champ, on leur adjoint six membres du Comité révolutionnaire, et la délégation, ainsi composée, part pour la Convention.

Comme on craignait que les Parisiens ne désunissent, à l'heure du repas, les sections en marche, le Conseil général vote que chaque bataillon sera suivi de voitures chargées de subsistances, afin d'en nourrir ceux des citoyens qui pourront en avoir besoin.

En outre, pour avoir les effectifs complets, non-seulement on nourrissait les citoyens présents sous les armes, mais encore on pourvoyait aux besoins des leurs ; on invitait les quarante-huit sections à dresser la liste des anciens sans-culottes de leurs arrondissements respectifs, et à l'envoyer à la Commune, afin de faire donner à chaque ouvrier une somme de six livres, pour l'indemniser de l'interruption de ses travaux.

— Mais où sont les fonds ? demande Chaumette.

— On les demandera aujourd'hui à la Convention, répond-on.

Le conseil général de la Commune ne lève la séance qu'à quatre heures du matin.

Allons maintenant au comité de Salut public.

En entrant dans une des salles qui précèdent le lieu des séances du Comité, nous trouvons un groupe qui cause avec animation. Ce sont les Girondins, Penières et Meillan, et les montagnards Treilhard et Danton.

Penières et Meillan, comprenant la faute commise par la Gironde, le jour où elle a repoussé la main que lui tendait Danton, essaient un effort suprême, avec quelques amis, afin de ramener Danton. Le moment était passé.

— Non, répétait Danton, il faut que l'un des deux côtés donne sa démission. Les choses ne peuvent plus aller ainsi. Nous avons envoyé chercher cette Commune, pour savoir ce qu'elle veut [1].

Meillan prit Danton par le bras et l'entraîna à l'écart.

— Danton, lui dit-il, ceci va mal, et n'ira jamais bien, tant qu'un homme vigoureux ne se mettra pas à la tête.

Le montagnard le regarde et comprend qu'on lui propose de prendre la tête du mouvement Girondin ; il s'agit de rallier une armée en déroute, près d'être exterminée ; il réfléchit un moment. Ce tour de force ne semble pas impossible à son génie.

On lui parle des Girondins : — Ils n'ont pas la confiance, dit-il.

— Je le sais ; mais, si vous ne proposez que des choses raisonnables, la confiance renaîtra... Vous pouvez diriger le comité de Salut public et faire le bien.

(1) Mémoires de Meillan.

Danton réfléchit encore quelques instants, et répète, en secouant la tête :

— Ils n'ont pas la confiance.

Puis il quitte Meillan et rejoint Treilhard [1], avec lequel il va prendre l'air un moment, pendant une suspension du comité de Salut public, qui reprendra ses séances tout à l'heure.

Poussons la porte et entrons dans cette terrible assemblée, qui prit des décisions si fameuses.

Tous les ministres sont présents. Garat, qui voit bien les conséquences des événements, se dit que, si on parvenait à éloigner les haines dont la Convention est entourée, on arriverait peut-être à dominer la situation.

Il conçoit une idée généreuse, qui aurait pu ramener la concorde [2].

S'adressant à tous les membres du comité, mais se tournant vers Danton :

— Souvenez-vous, dit-il, des querelles de Thémistocle et d'Aristide, de l'obstination de l'un à refuser ce qui était proposé par l'autre, et des dangers qu'ils firent courir à leur patrie. Souvenez-vous de la générosité d'Aristide, qui, profondément pénétré des maux qu'ils causaient tous deux à leur pays, eut la magnanimité de s'écrier : « Oh ! Athéniens, vous ne pouvez être tranquilles et heureux que lorsque vous nous aurez jetés, Thémistocle et moi, dans le Barathre ! [3]

Les membres du comité s'interrogent du regard, pour savoir où Garat veut en venir ; celui-ci continue :

— Eh bien ! que les chefs des deux côtés de l'Assem-

(1) Mémoires de Meillan.
(2) Thiers. IV. 168.
(3) *Mémoires de Garat.*

blée se répètent les paroles d'Aristide, et qu'ils s'exilent volontairement, et en nombre égal, de l'Assemblée. Dès ce jour, les discordes se calmeront; il restera dans l'Assemblée assez de talents pour sauver la chose publique, et la patrie bénira, dans leur magnifique ostracisme, ces hommes qui se seront effacés pour la pacifier.

Cette idée séduit les assistants; elle enflamme la générosité de Danton, qui s'écrie :

— Vous avez raison; je vais à la Convention proposer cette idée, et je m'offrirai à me rendre, le premier, en otage, à Bordeaux.

Danton court trouver Robespierre, mais celui-ci repousse le projet, comme un piège tendu aux patriotes, [1] et en dissuade son collègue.

Du projet, il ne restait que la moitié : l'exil volontaire des Girondins.

Suivons les députés à la Convention, qui ouvre la séance sous la présidence de Mallarmé.

Roland avait adressé une lettre pour demander la liberté de sortir de Paris; dédaignant de répondre, on passe à l'ordre du jour.

Barère fait un rapport sur les événements du 31 mai; il y montre la levée des sections en armes, le son du tocsin, le bruit du canon d'alarme, la pression des députations à la barre, la Convention entourée de la force armée, comme la préparation « à la réconciliation des cœurs » et il ajoute que » « au dehors tout représente l'image, non pas de la confusion et du désordre, mais celle d'un peuple énergique qui défend ses droits et sa liberté. »

Après que l'on eût écouté, sans débat, ce rapport idyllique, la séance fut levée à sept heures du soir.

(1) *Mémoires de Garat*. p. 407.

Cette précipitation à se séparer fit accuser les députés d'avoir voulu éviter les scènes qui, la veille, s'étaient produites à la barre.

Devant les commentaires divers que cette suspension provoquait, le comité de Salut public annonça, pour le soir, une séance extraordinaire.

Dans la journée, les Girondins s'étaient réunis; ils dînèrent ensemble ; l'unique question agitée fut, comme on le pense bien, celle de savoir quelle attitude ils devaient prendre.

Louvet proposait de quitter Paris et d'aller continuer la lutte en province.

— Nos ennemis, disait-il, sont ici maîtres de la force, et le sol se dérobe sous nos pas. Retourner à l'Assemblée! Demeurer en otage entre les mains des Montagnards! Non, non : cherchons, pour ce soir, quelque asile sûr, et demain, partons. A Bordeaux, dans le Calvados, les insurgés prennent une attitude imposante : allons nous réunir sur l'un ou l'autre de ces deux champs de bataille. Il n'y a plus que l'insurrection départementale qui puisse sauver la France [1].

Le tocsin sonnait pendant le discours de Louvet.

Brissot, Vergniaud, Gensonné, Ducos Fonfrède, la majorité, enfin, fut d'un avis différent; on résolut de rester.

La séance du soir de la Convention s'ouvrit à neuf heures, sous la présidence de l'abbé Grégoire. Une centaine de membres, à peine, se trouvaient réunis dans la salle; tout le côté droit manquait; seul, Lanjuinais était venu montrer son superbe mépris du danger.

La députation de la Commune fut admise à la barre, et l'auteur de la proclamation dont nous avons parlé plus haut, le chimiste Hassenfratz, en lut le texte :

(1) *Mémoires de Louvet*. 91.

elle demandait le décret d'accusation contre vingt-sept Girondins. Cinq suspects avaient été ajoutés.

Dusaulx, en entendant son nom, un de ceux qu'on avait ajoutés, semble fier d'un tel choix.

— Un tel honneur, s'écrie-t-il, ajoutera, je l'espère, à la gloire que j'ai acquise, en travaillant depuis deux ans pour la liberté [1].

Marat était tout puissant et triomphait ; il voulut se passer la fantaisie de la générosité ; il fit effacer trois noms.

— Il y a trois hommes, dit-il, à rayer de la liste : Dusaulx, qui est un vieux radoteur, Lanthenas, un pauvre d'esprit, et Ducos, dont la grande jeunesse excuse les écarts [2].

Legendre, au contraire, trouvait cette liste incomplète ; il émit cette monstrueuse proposition que tous ceux qui avaient voté l'appel au peuple fussent arrêtés. Cambon combattit cette motion : elle ne fut pas adoptée.

En réponse à la députation du Conseil général de la Commune, l'Assemblée décréta que le Comité de salut public serait tenu de déposer, sous trois jours, un rapport, concernant la pétition présentée par les autorités constituées de Paris.

La séance fut levée à minuit et demi.

Vingt mille hommes armés entouraient la Convention ; le tocsin sonnait toujours, et la générale était battue dans les rues de la Capitale.

La Convention remettait la solution à trois jours ; la Commune et les sections ne voulurent pas accepter ce

(1) *Histoire de la Convention nationale*, par Durand de Maillane. p. 120.

(2) id.

répit, et nous allons les voir exiger l'exécution de leurs volontés, le lendemain même, le 2 juin.

* * *

2 juin 1793.

Date célèbre dans l'Histoire de la Révolution, et qui fait le pendant au 10 août.

Le 10 août, la royauté tombe ; le 2 juin, la Gironde succombe.

C'est un dimanche.

Dès la pointe du jour, toute la ville est sous les armes ; la générale et le tocsin se sont fait entendre durant toute la nuit du samedi au dimanche. Près de quatre-vingt mille hommes s'étaient rangés autour de la Convention, mais plus de soixante-quinze mille ne prirent aucune part à l'événement, et se contentèrent d'y assister, l'arme au bras [1].

Henriot s'était placé à la tête de quelques bataillons de canonniers, dévoués, mais qui servaient depuis quelques jours à peine ; ils avaient cent soixante-trois bouches à feu, des caissons, des grils à rougir des boulets, et tout l'attirail militaire de l'artillerie en campagne.

Suivons le même itinéraire que nous avons déjà suivi hier, avant-hier. Rendons nous à la Commune, puis nous irons à la Convention.

Une députation est nommée pour aller porter à la Convention une adresse préparée pendant la nuit, et ainsi conçue :

« Délégués du peuple ! Les citoyens de Paris n'ont pas quitté les armes depuis quatre jours. Depuis quatre jours, ils réclament, auprès de leurs mandataires, leurs

(1) Thiers. IV. 173.

droits indignement violés, et, depuis quatre jours, leurs mandataires se rient de leur calme et de leur inaction. Il faut qu'on mette les conspirateurs en état d'arrestation provisoire; il faut qu'on sauve le peuple sur-le-champ, ou il va se sauver lui-même. »

Cette adresse est approuvée à l'unanimité et avec transports [1].

Henriot vient donner à la Commune les assurances les plus formelles. « D'ici ce soir, plus de quarante traîtres seront arrêtés. » Les traîtres dont on parle, sont ces malheureux Girondins, qui ont si profondément aimé le peuple !

Le comité de Salut public fit une démarche hardie [2]: il fit dire à l'Hôtel-de-ville que le Comité devait être renouvelé [3]; on espérait qu'épurée des hommes de l'Évêché, concentrée aux mains jacobines, l'autorité insurrectionnelle deviendrait plus raisonnable [4] et qu'elle ne persisterait pas à demander à l'Assemblée l'arrestation des députés.

L'Hôtel-de-ville obéit. Le conseil général de la Commune arrêta que le comité révolutionnaire ne comprendrait que les neuf membres nommés par le département à la salle des Jacobins; les neuf pouvaient, s'ils voulaient, se choisir des adjoints [5]. Cette décision fut, du reste, sans importance sur les événements de la journée.

Le conseil décrète encore que les citoyens soient invités à illuminer, cette nuit, le premier et le second étage de leurs maisons; ces illuminations se reproduisant à

(1) *Histoire Parlementaire*. XXVII. 369.
(2) Michelet. *Révolution Française*. V. 109.
(3) Procès-verbaux de la commune (Archives de la Seine).
(4) Michelet. id.
(5) Histoire parlementaire XXVII 374.

tous les grands événements, Paris était dans la clarté durant toute la nuit.

Quittons l'Hôtel-de-Ville, et rendons-nous au Palais National, autrement dit, aux Tuileries.

Mallarmé préside. On lit une lettre du ministre Clavière, qui a été obligé de s'enfuir de son domicile, pour éviter d'être mis en état d'arrestation ; on renvoie sa lettre au comité de Salut public.

On apporte des dépêches de la Vendée, de la Lozère et de Lyon ; elles sont désolantes et vont précipiter le désastre des Girondins. Dans la Vendée, les Blancs se sont emparés de la Roche-sur-Yon ; la Lozère est en feu : les royalistes sont maîtres de Marvejols, ils vont l'être de Mende ; enfin, à Lyon, les Girondins ont fait égorger huit cents patriotes.

Jean-Bon-Saint-André demande quelles mesures prendre ? Et il fait lui-même la réponse : « Il faut de grandes mesures révolutionnaires ; il faut faire tomber toute tête qui s'opposera à l'établissement de la liberté. »

C'est Lanjuinais qui va lui répondre. Au milieu des cris, des interruptions du public, il monte à la tribune.

— « Je demande à parler sur la générale qui bat dans tout Paris ; et, sans se laisser arrêter par les imprécations qu'on lui lance, il reproche à la Convention son avilissement et son asservissement à la Commune. »

C'en est trop : un groupe de montagnards vient le provoquer au bas de la tribune.

— Descends, lui crie Legendre, ou je vais t'assommer.

Lanjuinais se retourne ,et, froidement, faisant allusion à la profession de Legendre — il était boucher.

— Fais d'abord décréter que je suis bœuf [1] !

Mais les montagnards, Turreau, Drouet, Chabot, Robespierre jeune, d'autres encore, armés de pistolets, veulent le précipiter de la tribune. Les membres de la Droite : Biroteau, Leclerc, Defermon, Lidon, Penières, Pilastre, viennent à son secours, également armés de pistolets. Une lutte corps-à-corps s'engage ; le calme renaît ; Lanjuinais s'est cramponné à la tribune et continue [2]. Mais il est interrompu par la députation de la Commune, qui apporte cette fameuse adresse dont nous avons parlé tout à l'heure. « Le peuple est las d'ajourner son bonheur, dit l'orateur. Les contre-révolutionnaires relèvent leurs têtes insolentes. Qu'ils tremblent ! La foudre gronde... elle va les pulvériser. Représentants ! les crimes des factieux de la Convention vous sont connus. Nous venons, pour la dernière fois, vous les dénoncer ; décrétez à l'instant qu'ils sont indignes de la confiance publique ; mettez-les en état provisoire d'arrestation ; nous en répondons sur nos têtes à nos départements. »

En face de cette sommation, Mallarmé, resté calme, essaya de faire une réponse digne.

— S'il y a des traîtres parmi nous, dit-il, il faut qu'ils tombent sous le glaive de la loi ; mais, avant de les punir, il faut prouver leurs crimes. La Convention examinera votre demande ; elle pèsera la mesure que sa

(1) Fragment par M. le comte de Lanjuinais, pair de France.

Nous reproduisons cette répartie, mais nous devons faire remarquer que nous ne la croyons pas vraie. Aucune feuille de l'époque n'en fait mention ; aucun mémoire du temps ne la rappelle ; on la trouve pour la première fois dans le récit de Lanjuinais, écrit sous l'Empire, quand il n'y avait aucun danger à arranger l'Histoire. C'est un mot ajouté après coup, sans nul doute.

(2) Fragment par M. le comte de Lanjuinais, pair de France.

sagesse lui commandera, et fera exécuter avec courage celle qui lui paraîtra nécessaire.

Billaud-Varennes demande le renvoi au comité de Salut public ; ce renvoi est voté à l'unanimité. Billaud demande que le rapport soit fait séance tenante, et, parce que l'on ne vote pas la proposition sans la discuter, les pétitionnaires, bien qu'admis aux honneurs de la séance, sortent, comme indignés. Un mouvement se manifeste dans les tribunes [1] ; le cri « aux armes » se fait entendre. Les hommes sortent précipitamment.

Un obscur député du Marais, Richou, s'écrie :

— Sauvez le peuple lui-même, sauvez vos collègues, et décrétez leur arrestation provisoire.

La droite et une partie de la gauche se soulèvent en criant : Non ! Et Laréveillère Lépeaux trouve cette belle déclaration :

— Nous irons tous en prison, partager les fers de nos collègues.

Cependant La Montagne voulait la disparition des Girondins ; mais, par un reste de dignité, elle n'osait pas encore mettre la main sur eux ; « elle hésitait ici, comme si un secret instinct l'eût avertie qu'elle allait creuser son propre tombeau [2]. »

Cambon annonce que le comité de Salut public fera son rapport dans une demi-heure.

Le comité de Salut public nomme rapporteur Barère, l'homme des demi-mesures.

— Le comité, dit-il, n'a eu le temps d'éclairer aucun fait, d'entendre aucun témoin ; mais, vu l'état politique et moral de la Convention, il croit que la suspension volontaire des députés désignés produirait les plus heu-

(1) Histoire parlementaire. XXVII. 389.
(2) Louis Blanc. VIII. 459.

reux effets, et sauverait la République d'une crise funeste, dont l'issue est effrayante à prévoir.

Isnard, dont le blasphème contre Paris a été, en quelque sorte, la goutte d'eau qui a fait déborder le vase, Isnard le laisse à peine achever, et il vient renoncer à ses fonctions ; Lanthenas, Dusaulx et Fauchet suivent son exemple.

Lanjuinais et Barbaroux refusent fièrement.

Des murmures outrageants étaient partis de La Montagne ; Lanjuinais avait reconnu Chabot ; Lanjuinais le regardant fixement :

— Je dis au prêtre Chabot : on a vu, dans l'antiquité, orner les victimes de fleurs et de bandelettes, mais le prêtre qui les immolait ne les insultait pas [1].

Marat ne veut pas de cette suspension, qu'il trouve trop honorable pour les Girondins.

— Je désapprouve la mesure proposée par le Comité ; il faut être fou pour faire des sacrifices à la patrie ; c'est à moi, vrai martyr de la liberté, à me dévouer.

Billaud-Varennes :

— Innocents, qu'ils restent ; coupables, qu'ils soient punis. Je demande le décret d'accusation par appel nominal.

C'était aussi par appel nominal que la Gironde avait procédé pour décréter Marat d'accusation ; l'arme se retournait contre elle et allait la blesser mortellement.

Des rumeurs se font entendre aux portes de la salle ; pour la deuxième fois, les couloirs sont obstrués. Les issues de l'assemblée sont gardées par des factionnaires. Au dehors, on distribue des assignats de cinq livres aux soldats fournis par Pache ; ces assignats sont prélevés sur les cent cinquante mille francs destinés aux colons

(1) *Histoire parlementaire*. XXVII. 397. — *Fragments*, par Lanjuinais.

de Saint-Domingue [1]. A-t-on voulu soudoyer des soldats, pour acheter leur concours contre la Convention ? Michelet semble le croire. Au contraire, comme le pense Louis Blanc, n'était-ce là que l'exécution de l'arrêté de la Commune, qui accordait une indemnité aux ouvriers sous les armes? nous pencherions pour cet avis, car il n'était pas besoin d'acheter le dévouement de ces soldats, qu'il aurait fallu plutôt maîtriser qu'entraîner.

Quoiqu'il en soit, la Convention est prisonnière.

Dusaulx, un ancien militaire, veut sortir; il est brutalement repoussé; Boissy d'Anglas veut passer quand même; on le saisit à la gorge, ses vêtements sont déchirés, et il monte à la tribune avec sa cravate et sa chemise en lambeaux [2].

Les Montagnards sont prisonniers, comme les Girondins.

On barre le chemin à Lacroix, l'ami de Danton.

Grégoire veut aller satisfaire un pressant besoin naturel, on refuse; il insiste, on finit par consentir à le laisser passer, accompagné par quatre fusiliers, qui le surveillent et le ramènent..

C'était la section Bon-Conseil qui avait donné l'ordre de fermer les portes, et c'était un capitaine, Lesain, qu l'avait exécuté.

La Convention tout entière était consternée [3]. Mallarmé, épuisé, quitte le fauteuil et le cède à Hérault Séchelles. Au dehors les clameurs redoublent. On a fait appeler Henriot à la barre, pour lui demander le motif de ces mesures arbitraires; Henriot refuse de s'y rendre.

(1) *Souvenirs sénatoriaux* par le comte Comet.
(2) *Mémoires* de Meillan.
(3) *Memoires* de Meillan.

Voulant épargner à la Convention cette honte de se sentir prisonnière, ou peut-être tentant un dernier effort, Barère propose à ses collègues de se rendre en corps au milieu du peuple armé, de manière à s'assurer qu'ils n'ont rien à craindre de lui, et à témoigner leur confiance dans la loyauté des Parisiens.

On accepte cette proposition. Hérault Séchelles quitte le fauteuil de la présidence et se dirige vers la sortie ; la Droite et la Plaine le suivent, la Montagne, sauf un petit nombre d'amis de Marat, les suit. Arrivé à la porte d'entrée de la cour du Carrousel, Hérault Séchelles se trouve en face d'Henriot.

— Que veut le peuple ? lui demande-t-il ; la Convention ne s'occupe que de son bonheur.

— Le peuple, répond Henriot, ne s'est pas levé pour écouter des phrases, mais pour donner des ordres. Il veut qu'on lui livre trente-quatre coupables [1].

Hérault Séchelles veut rappeler que la Convention a ordonné de lever les consignes. Mais Henriot tire son sabre d'une main, et, d'un geste vulgaire, enfonce son chapeau de l'autre :

— Vous n'avez point d'ordres à donner ; retournez à votre poste, et livrez les députés que le peuple demande [2].

— Qu'on nous livre tous ! s'écrient quelques députés.

Lacroix se mit à pleurer :

— La liberté est perdue, dit-il. Plus de ressources ! [3].

Cependant Hérault continue sa marche dans le jardin, où une foule nombreuse lui livre passage [4], criant :

(1) Toulongeon *Histoire de France*. T. II. 264.

(2) *Fragments*, de Lanjuinais.

(3) Déclaration d'un témoin. *Histoire Parlementaire*. XXXII. 154.

(4) Sur la foi de Meillan et Lanjuinais qui ont écrit sous l'Empire en arrangeant évidemment après coup, Henriot aurait poussé ce cri fameux: «Canonniers, à vos pièces !» Mais personne ne parle de ce com-

Vive la Convention ! Vive la Montagne! A la Guillotine, Brissot, Guadet, Vergniaud, Gensonné !

Quand les députés arrivèrent au Pont Tournant, le passage était fermé; ils prirent le parti de rentrer dans la salle,et la séance fut reprise.

Cette sortie n'avait servi qu'à bien constater que la Convention était prisonnière des Sections. Il ne lui restait plus qu'à obéir à la Commune; elle obéit sous l'influence de la peur.

C'est Couthon qui eut le triste courage de venir demander l'arrestation provisoire des membres dénoncés.

Vergniaud le souffleta de cette exclamation :

— Donnez-un verre de sang à Couthon, il a soif [1].

Un secrétaire lut la liste des députés à proscrire. De sa place, Marat conduisait le débat; il indiquait au passage les noms à retrancher, et le secrétaire effaçait avec un crayon. Ainsi furent exceptés du décret Ducos, Dusaulx et Lanthenas. Legendre intervint et fit rayer les noms de Saint-Martin et de Fonfrède, qui s'étaien prononcés contre l'arrestation d'Hébert.

Le décret suivant fut rendu :

« La Convention Nationale décrète que les députés ci-après nommés seront mis en état d'arrestation chez eux, où ils resteront sous la sauvegarde du peuple français, de la Convention nationale et de la loyauté des citoyens de Paris.

« Ces députés sont :

mandement, ni dans les journaux, ni dans l'Assemblée ; puis il est démenti par les faits. Si Henriot avait poussé ce cri, c'eût été pour empêcher les Conventionnels de passer, or il n'en est rien puisqu'ils purent aller faire le tour du jardin. « Canonniers, à vos pieces ! » est donc une légende, comme la riposte de Lanjuinais à Legendre

(1) *Mémoires de Levasseur*. I. 277.

« Gensonné, Guadet, Brissot, Gorsas, Pétion, Vergniaud Salles, Barbaroux, Chambon, Buzot, Biroteau, Lidon, Rabaud-St-Etienne, Lasource, Lanjuinais, Grangeneuve, Lesage, Louvet, Valazé, Kervelegan, Gardien, Boileau, Bertrand, Vigée, Mallevault, Henry Larivière, Gomaire, Bergoeing.

« Seront également mis en état d'arrestation chez eux, les citoyens Clavières, ministre des contributions publiques, et Lebrun, ministre des affaires étrangères. »

Isnard et Fauchet, s'étant démis de leurs fonctions, ne furent pas sur la liste ; on leur défendit seulement de sortir de la ville de Paris.

Le procès-verbal de cette séance fut rédigé par Durand-Maillane, esprit modéré, âme timorée, qui consentit à ce que Thuriot le modifiât pour la partie relative aux violences du dehors. Plusieurs députés de la Plaine, aussitôt le décret rendu, vinrent signer une protestation contre la violence exercée par l'Assemblée ; le secrétaire reçut ces protestations, mais sur une feuille volante, qu'il déchira ensuite, « ce qui fit plaisir à plusieurs, dit-il ; quand ils virent le parti de Robespierre prendre plus de consistance et de force, ils me prièrent de brûler la feuille où étaient leurs signatures. » [1]

La séance est enfin levée à dix heures et demie. Les Montagnards se retirent les premiers. Les quelques Girondins présents à la séance veulent sortir par la porte opposée ; elle est consignée. L'un d'eux, Meillan, court au président encore sur son fauteuil. C'était Mallarmé qui avait repris la place. Meillan se plaint, le président lui répond, en feignant de chercher des papiers et sans le regarder:

(1) *Histoire de la Convention* par Durand de Maillane.

— Je ne me mêle pas de ça.

Arrive un huissier de la salle,qui prie les Girondins d'attendre quelques minutes.

— On est allé, dit-il ingénument, chercher à la Commune l'ordre de lever la consigne.

L'ordre arrive un quart d'heure après, et les Girondins peuvent se retirer [1].

La Gironde était vaincue, et le parti des modérés brisé. La Commune avait imposé cette mesure à la Convention, qui n'eut pas le courage de la repousser. Pauvre Gironde ! Parti formé d'hommes honnêtes, éloquents, profondément épris de la liberté, aimant le peuple ; mais, voulant gouverner et dominer quand même, ils furent perdus par leur ambition âpre. Pour essayer de se débarrasser de leurs adversaires de la Montagne, ils se lancèrent dans des luttes personnelles, ne ménageant ni l'injure ni la calomnie. On leur répondit par les mêmes moyens ; ils avaient été injustes, on fut sans pitié. Ils ont compromis même la modération, en la défendant avec aigreur [2]. Ils voulaient vaincre leurs ennemis par tous les moyens, ils furent terrassés. Les premiers, ils avaient méconnu l'inviolabilité parlementaire, en envoyant Marat au Tribunal révolutionnaire, d'où le farouche député de Paris était revenu acquitté et triomphant ; les premiers, ils avaient mis en usage les arrestations, en lançant des mandats d'amener contre Hébert et les autres sectionnaires.

Toutes les armes mortelles dont on se servit contre eux, ils les avaient forgées.

Ils tombèrent du reste héroïquement, et, dans leur

(1) *Mémoire de Meillan*. p. 63.
(2) Thiers. IV. 187.

chute, ils entraînèrent la Liberté. S'ils avaient pu aimer les Montagnards, les deux partis assuraient le triomphe de la République. En s'entredéchirant, ils laissèrent le passage libre pour le 9 thermidor et le 18 brumaire, pour toutes les abjections de la Dictature, et pour le long asservissement de l'Empire et de la Restauration.

---

# XXVII

# LE LENDEMAIN DE LA CHUTE

MÉCONTENTEMENT DE LA PROVINCE — LA GARDE DES PRISONNIERS — DISPARITION DE LA PRESSE GIRONDINE — SUPPRESSION DES CONGÉS DES CONVENTIONNELS — DÉMISSION D'HENRIOT — MARAT SE SUSPEND — ORGANISATION MUNICIPALE DE PARIS — LES 48 SECTIONS — LA VEUVE, AMOUREUSE DE ROBESPIERRE.

La France apprit avec mécontentement la chute de la Gironde.

Tous les départements de l'Ouest, où ne s'étendait pas l'insurrection vendéenne, presque tous ceux du centre, du Midi et de l'Est, se prononcèrent contre le 31 Mai. Rares furent les villes qui approuvèrent le mouvement parisien : parmi celles-là figurent Blois, Bourges, Tulle, Poitiers, Perpignan et Bayonne.

Bordeaux, Rennes, Evreux, Caen, Limoges, Toulouse, Marseille, Nîmes, Grenoble, Lons-le-Saunier et Lyon protestèrent avec vigueur. « Les administrateurs de Bordeaux écrivaient à la Convention : « Des cris de fureur et de vengeance retentissent dans toutes les places publiques et jusque dans notre enceinte ; un mouvement général d'indignation et de désespoir précipite tous les citoyens dans leurs sections. »

A Rennes, les assemblées primaires votèrent une

adresse où on lisait : « Rapportez l'odieux décret qui met en état d'arrestation nos plus incorruptibles défenseurs ; rendez les à la République ; vous en répondez sur vos têtes ! »

En même temps, les administrateurs du département prenaient un arrêté qui ordonnait la levée d'un « Bataillon des républicains d'Ile-et-Vilaine » destiné à marcher sur Paris, et dont les soldats devaient être payés quarante sous par jour.

A Evreux, on préparait la levée de 4,000 hommes, pour « marcher contre les factieux de Paris. » Des mesures analogues étaient prises dans un grand nombre de villes [1].

A Caen, où se trouvaient quatre commissaires de la Convention, chargés d'activer la formation d'une armée pour la défense des côtes de Cherbourg, deux durent s'enfuir à la hâte, et les deux autres, Romme et Prieur (de la Côte-d'Or), furent arrêtés.

Cependant à Paris, Roland s'était caché et avait échappé à ceux qui le cherchaient ; en revanche, Mme Roland avait été écrouée ; auparavant elle avait pu confier sa fille à des mains sûres [2].

Quant aux Girondins décrétés d'arrestation, on s'était contenté de les consigner chez eux, sous la surveillance d'un gendarme ; tous ceux qui voulurent fuir le purent aisément.

(1) Histoires parlementaires XXVIII, 148.

(2) La fille de Mme Roland, Eudoxie épousa, en 1799, le fils d'un ami intime de son père, M. Champagneux, ancien avoué à Lyon, — ancien secrétaire de Roland au ministère. — Mme Eudoxie Champagneux est morte le 19 juillet 1858 dans sa 77e *année*. En 1795, M Champagneux publia pour la première fois une partie des œuvres de Mme Roland, sous ce titre :

« Appel à l'impartiale postérité, par la CITOYENNE ROLAND, ou Recueil des écrits qu'elle a rédigés pendant sa détention, imprimé au profit de sa fille unique, privée de la fortune de ses père et mère. 1795, 4 parties in-8. »

Dans la nuit du 3 au 4 Juin, Pétion et Guadet furent rencontrés du côté des boulevards et mis en état d'arrestation ; ils dirent qu'ils avaient dîné à la campagne et qu'ils ignoraient le décret qui les visait ; on ne leur en demanda pas davantage.

Mais la Commune, considérant que la garde de chaque député compris dans le décret de la Convention est confiée à un seul gendarme, ce qui pourrait inspirer de justes craintes aux citoyens de Paris, sous la sauvegarde et la loyauté desquels ont été placés ces prisonniers, arrêta : « que deux bons citoyens sans-culottes seront envoyés chez chacun des députés mis en arrestation, pour aider le gendarme dans son service. »

Les deux sans-culottes ne furent guère plus vigilants que les débonnaires gendarmes, car les députés qui voulurent partir pour les départements, purent le faire très-facilement.

Gensonné, Valazé, Guadet, Pétion, Vergniaud, Biroteau, Gardien, Boileau, Bertrand, Mollevault et Gommaire restèrent prisonniers.

Brissot, Gorsas, Salles, Louvet, Chambon, Buzot, Lidon, Rabaud-Saint-Etienne. Lasource, Grangeneuve, Lesage, Vigée, Larivière et Bergoeing partirent : « leur projet était de se rendre dans les départements pour exciter leur soulèvement contre la capitale [1].

On peut dire qu'à ce moment il semblait y avoir une détente ; il est incontestable que la Convention ne voulait pas de rigueurs contre les Girondins arrêtés : on voulait leur défaite, mais on ne désirait pas leur mort. — Les prisonniers mal gardés pouvaient se promener à l'aise ; la crise paraissait devoir s'apaiser. Mais les Girondins, désireux de prendre vite une revanche,

(1) Thiers, t. IV, 790.

poussés par le désir de la vengeance, allaient envenimer les événements, et ceux qui étaient partis, au lieu de se faire oublier, essayèrent de pousser les départements à la révolte.

La Convention, si vivante, si pleine de cris et de tumulte, avant le 2 Juin, était maintenant plongée dans une douloureuse stupeur [1]. Le côté droit était désert; Ducos et Fonfrède s'y trouvaient seuls, mais toujours pleins de fierté, de courage et de générosité, prenant la parole pour défendre leurs amis vaincus et absents.

Ces deux voix étaient isolées dans Paris, car, au dehors, la presse Girondine avait disparu : le *Courrier des Départements* et le *Patriote Français* ne paraissaient plus depuis quelques jours.

L'influence des Jacobins s'exerçait sans contre-poids : ils avaient l'initiative de toutes les propositions gouvernementales. Du reste, à quoi aurait servi aux Girondins d'avoir des journaux ; le comité révolutionnaire de la Commune les arrêtait à la poste; on y décachetait même les lettres suspectes, et on y apposait une griffe, portant ces mots : « *Révolution du 31 Mai.* »

Robespierre jeune [2] approuvait fort ces mesures : « Que les patriotes veillent sans cesse aux canaux qui transmettent les écrits, disait-il à la tribune des Jacobins; qu'ils ne laissent point passer le poisson. La liberté de la presse ne doit pas être permise, lorsqu'elle compromet la liberté publique [3].

Le danger croissant faisait prendre des mesures extrêmes ; on décrétait que tous les députés ayant obtenu des congés seraient obligés de rentrer, et qu'aucun autre

(1) Levasseur. *Mémoires.* I. p. 282.
(2) Et non pas Robespierre aîné, comme l'a écrit M. Thiers.
(3) *Journal de la Montagne.* No V.

congé ne serait accordé jusqu'à l'achèvement de la Constitution [1].

Henriot résigna son commandement avec une dignité qu'on n'attendait pas de cet ancien domestique, resté brutal dans sa fortune : « Le calme est rétabli, dit-il à la Commune. Mes services ne sont plus nécessaires. Il faut qu'un général de Sans Culottes sache être soldat. Je rentre dans l'obscurité [2]. »

Marat, ne voulant pas qu'on pût l'accuser de poursuivre les Girondins, à la chute desquels il avait tant contribué, se démit de ses fonctions jusqu'après leur jugement définitif.

* * *

Au moment où, après avoir joué un rôle prépondérant, la Commune va encore avoir une autorité considérable, il nous semble utile de résumer en quelques lignes l'organisation de cette Commune de Paris, si justement fameuse et si prépondérante dans les événements qui vont suivre.

La Municipalité de Paris se compose d'un maire et de quarante-huit officiers municipaux : parmi ces derniers seize administrateurs sont pris qui, divisés en cinq départements, forment le *bureau municipal*.

Les trente-deux officiers municipaux qui restent composent le conseil municipal.

Quatre-vingt-seize notables et les trente-deux officiers municipaux du Conseil municipal forment le *Conseil général de la Commune*. (On l'appelle souvent la Municipalité.)

(1) Ce décret a été omis au *Moniteur*; il se trouve consigné dans *le Republicain*, N° CCXVIII.

(2) *Procès-Verbal de la Commune*. (Séance du 11 Juin 1793).

Le maire préside le bureau municipal et le conseil municipal ; en son absence, il est remplacé, au Conseil, par un vice-président, élu parmi les trente-deux officiers municipaux.

Le maire habite la mairie, Place du Palais de Justice, Hôtel du premier président. — (Préfecture de police actuelle).

Le Conseil général de la Commune se réunit à la maison commune — (Hôtel-de-Ville actuel).

Voici les cinq départements du bureau municipal :

I Département des subsistances.
II — de la police.
III — des domaines, finances, contributions.
IV — des établissements et travaux publics.
V — Administration des biens nationaux.

La ville de Paris était divisée en 48 sections ; voici leurs noms avec l'indication du lieu de leurs séances.

I. Section des *Tuileries*, rue St-Nicaise.

II. Section des *Champs-Elysées*, aux Champs-Elysées, au coin de la rue de Chaillot.

III. Section de *La République*, rue des Saulsayes.

IV. Section de *La Montagne* (ci-devant butte des Moulins, Butte St-Roch).

V. Section des *Piques*, rue neuve des Capucins.

VI. Section de *Pelletier* (ci-devant 1792), rue des Filles Saint-Thomas.

VII. Section du *Mont-Blanc*, rue St-Georges.

VIII. Section du *Muséum*, ci-devant du Louvre, à la Samaritaine.

IX. Section des *Gardes françaises*, à l'Oratoire.

X. Section de la *Halle au blé*, rue Coquillère.

XI. Section du *Contrat social*, à Saint-Eustache.

XII. Section de *Guillaume Tell*, ci-devant du Mail, aux Petits-Pères.

XIII. Section de *Brutus*, ci-devant Molière et La Fontaine, rue Montmartre à St-Joseph.

XIV. Section de *Bonne-Nouvelle*, au Petit-Carreau, cour des Miracles.

XV. Section des *Amis de la Patrie*, rue Saint-Denis, à la Trinité.

XVI. Section de *Bon Conseil*, à Saint-Jacques-L'Hopital.

XVII. Section des *Marchés*, ci-devant des Halles, rue de la Chauvellerie.

XVIII. Section des *Lombards*, rue Saint-Martin.

XIX. Section des *Arcis*, rue Jean Pain Mollet.

XX. Section du *faubourg Montmartre*, rue Poissonnière.

XXI. Section de la *rue Poissonnière*, grande rue faubourg Saint-Denis.

XXII. Section de *Bondy*, aux Récollets.

XXIII. Section du *Temple*, rue des Fossés du Temple.

XXIV. Section de *Popincourt*, rue Popincourt.

XXV. Section de la *rue de Montreuil*, grande rue du faubourg Saint-Antoine.

XXVI. Section des *Quinze-Vingts*, grande rue du faubourg Saint-Antoine.

XXVII. Section de *Gravilliers*, à Saint-Martin-des-Champs.

XXVIII. Section du *faubourg du Nord*, faubourg St-Martin.

XXIX. Section de la *Réunion*, rue Beaubourg.

XXX. Section de *l'Homme armé*, ci-devant du Marais, à la Mercy.

XXXI. Section des *Droits de l'Homme*, rue J.-J. Rousseau.

XXXII. Section de la *maison commune*, rue des Barres.

XXXIII. Section de *l'indivisibilité*, ci-devant place des Fédérés, aux Minimes.

XXXIV. Section de *l'Arsenal*, à Saint-Louis-la-Culture.

XXXV. Section de la *Fraternité*, rue de la Fraternité.

XXXVI. Section de la *Cité*, rue de Perpignan.

XXXVII. Section *Révolutionnaire*, ci-devant du Pont-Neuf, rue Saint-Louis.

XXXVIII. Section des *Invalides*, au Gros-Caillou.

XXXIX. Section de la *Fontaine de Grenelle*, rue du Bac.

XL. Section de *l'Unité*, ci-devant des 4 nations, Abbaye de St-Germain-des-Prés.

XLI. Section de *Marseille* [1], aux Cordeliers (rue de l'Ecole de Médecine).

XLII. Section du *Bonnet rouge*, ci-devant de la Croix-rouge, à la Croix-rouge.

XLIII. Section de *Mucius Scévola*, ci-devant du Luxembourg, rue Féron.

XLIV. Section *Régénérée*, ci-devant Beaurepaire, rue des Mathurins.

XLV. Section du *Panthéon français*, aux Carmes place Maubert.

XLVI. Section de *l'Observatoire*, rue du faubourg Saint-Jacques.

XLVII. Section des *Sans-Culotte*, rue Saint-Victor.

XLVIII. Section du *Finistère* (plus tard Lazouski), rue Saint-Martin.

(1) Après l'assassinat de Marat, cette section va s'appeler *Section de Marseille et de Marat*, et la rue de l'Ecole de Médecine s'appellera rue Marat.

***

Cette semaine, Robespierre reçut de Nantes la curieuse lettre suivante :

*Nantes, 3 juin 1793.*

Citoyen Robespierre,

« Depuis le commencement de la Révolution, je suis amoureuse de toi, mais j'étais enchaînée et j'ai dû vaincre ma passion. Aujourd'hui que je suis libre, parce que j'ai perdu mon mari dans la guerre de Vendée, je veux, en face de l'Être suprême, t'en faire la déclaration.

« Je me flatte, mon cher Robespierre, que tu seras sensible à l'aveu que je te fais. Il en coûte à une femme de faire de tels aveux, mais le papier souffre tout, et on rougit moins de loin qu'en face l'un de l'autre. Tu es ma divinité suprême, et je n'en connais point, sur la terre, d'autre que toi.

« Je te regarde comme mon ange tutélaire et ne veux vivre que sous tes lois ; elles sont si douces que je te fais le serment, si tu es aussi libre que moi, de m'unir à toi pour la vie. Je t'offre, pour dot, les qualités d'une vraie républicaine, 40,000 livres de rentes, et je suis une veuve de vingt-deux ans.

« Si cette affaire te convient, réponds-moi, je t'en supplie. Mon adresse est : « A la citoyenne veuve Taquin, poste restante, à Nantes. »

« Si je te prie de me l'adresser poste restante, c'est que je crains que ma mère ne me gronde de mon étourderie.

« LOUISE TAQUIN. »

Nous n'avons pu savoir quelle réponse fit Robespierre à cette étrange proposition, mais cette lettre d'une riche bourgeoise prouve bien que Maximilien avait des partisans et même des admirateurs dans les classes aisées de la population de province [1].

(1) Ce qui prouve bien la sincérité de Louise Taquin, c'est que lorsqu'elle apprit la mort de Robespierre, elle se brûla la cervelle.

Au surplus, le caractère intime de Robespierre se dépouille tous les jours des couleurs sombres dont on s'était plu à l'entourer. L'écrivain qui signe les chroniques parisiennes de *l'Indépendance Belge* a raconté qu'il avait découvert ce très curieux autographe inédit, qu'un magistrat, sauvé par Robespierre, adressait à une femme de lettres des plus célèbres.

L'anecdote est tout à fait curieuse et tout à l'honneur de Robespierre. Le narrateur dit la tenir de M. Gosse de Gorre lui-même, mort fort âgé à Douai. Il était président de la Haute Cour de cette ville :

« M. Gosse de Gorre était d'Arras ; il avait connu, tout jeune homme, Robespierre. Tous deux étaient avocats et M. Gosse de Gorre, homme de beaucoup d'esprit et d'un grand cœur, me disait avec bonhomie : « Je suis obligé de reconnaître qu'alors chacun estimait Robespierre et que quelques-uns l'aimaient. »

La Révolution éclate. Robespierre était à Paris. M. Gosse de Gorre royaliste, ne cachant pas ses opinions, reste à Arras. Mais le voilà arrêté et conduit à Paris pour être jugé avec d'autres nobles accusés de trahison.

« La vie est chose à laquelle on tient fort, disait M. de Gorre, et racontant son aventure, aussi me trouvant claquemuré dans un cachot fort triste, je n'hésitai pas à écrire à Robespierre, au sommet de sa puissance alors. Je lui rappelai nos anciennes relations, notre affection même ; j'écrivis donc avec confiance. La lettre fut envoyée, mais un jour, deux jours, plusieurs jours se passent et la lettre resta sans réponse.

« Cependant l'heure du jugement approchait. Je fus traduit au tribunal avec les nobles dont j'avais voulu favoriser la fuite. C'était la mort ; et, en vérité, si héroïque que pouvait être une telle mort, je préférais la vie ! »

A la barre du tribunal, M. de Gorre s'aperçut bien vite que le siège de l'accusateur public était occupé par un jeune homme d'Arras, fils d'artisans, les obligés de la noble famille des de Gorre. Etait-ce une planche de salut offerte à l'accusé, ou avait-il à redouter, au contraire, dans ces temps de passion, le ressentiment, la haine de l'homme du peuple, dont il avait été presque le maître ? Ce pouvait être un motif de vengeance, l'échafaud. Bientôt il vit avec joie que l'accusateur public le ménageait avec autant d'habileté que de dévouement. Evidemment, il voulait son acquittement. M. de Gorre sent l'espoir renaître. Il en remercie Dieu. L'accusateur lui est de plus en plus favorable ; M. de Gorre est acquitté.

Dès le soir même, plein de reconnaissance, il court chez l'accusateur, chez son libérateur. Ce jeune homme lui parle avec bonté, avec un respectueux souvenir de sa famille, et lui apprend que ce n'était pas à lui de porter la parole, mais que, sur une recommandation toute expresse de Robespierre, il avait été désigné pour parler dans ce procès. Il ajoute qu'évidemment Robespierre avait voulu lui faciliter les moyens de sauver M. de Gorre.

M. de Gorre n'en doute pas : c'est bien à Robespierre, un ancien ami, à Robespierre, à qui il a écrit, qu'il doit son salut. M. de Gorre se rend donc avec le plus vif et le plus généreux empressement chez le farouche républicain pour le remercier, mais à peine Robespierre le voit-il entrer qu'il l'apostrophe brusquement :

« Que venez-vous faire ici ? lui dit-il. Qu'avez-vous besoin de vous lier avec *** et *** des insensés qui ont toujours été les antagonistes de votre famille ? Vous n'êtes et ne serez jamais qu'un étourdi. On a eu tort de vous rendre à la liberté. Partez dès demain, ne vous mêlez de rien, et surtout ne dites pas que vous m'avez vu, ou je vous fais remettre en prison. »

Le bon M. de Gorre ajoutait en terminant son histoire :

« Je vous demande si on peut sauver la vie à un homme, si on peut lui rendre un tel service, d'aussi mauvaise grâce. Et, ma foi, je m'en suis allé, sans lui en dire davantage !... »

---

# XXVIII

# SITUATION DÉSASTREUSE

TENDANCES A LA MODÉRATION. — ATTITUDE DES GIRONDINS. — ARRESTATION DE BRISSOT. — PARIS A BIEN MÉRITÉ. — DISCUSSION DE LA CONSTITUTION. — PRISE DE SAUMUR PAR LES VENDÉENS. — LA FRANCE ET SES FRONTIÈRES. — COUPLETS ET CHANSONS.

Dans cette chute de la Gironde, dont les conséquences devaient être si terribles pour la Révolution, la violence, la force, la contrainte à l'égard de la Convention avaient été employées, mais pas une goutte de sang n'avait été versée, et, avec le désir d'apaisement qui se manifestait de tous côtés, on peut conjecturer que les Girondins auraient été bannis de l'Assemblée, mais n'auraient pas été immolés, s'ils n'avaient point voulu organiser la guerre civile, soulever une partie de la France contre la Convention. Hélas ! ils préparèrent en quelque sorte leur ruine de leurs propres mains. Ainsi que le demanda Vergniaud, ils voulurent leur mort ou celle de leurs dénonciateurs ; au lieu d'accepter la défaite, ils tentèrent d'organiser une victoire éclatante des départements contre Paris ; ils furent vaincus, ils périrent ; c'est le sort des partis politiques, dans les commotions révolutionnaires.

Ce qui aurait pu préparer singulièrement l'apaisement, — Marat ne venant plus d'ailleurs à la Convention, et Henriot étant démissionnaire — ce fut la dislocation volontaire du Comité révolutionnaire; ce comité de onze membres avait été formé pour combattre la commission des douze; son œuvre achevée, il donna sa démission [1]. Un vent de modération semblait souffler sur Paris; le calme semblait renaître; et, informée qu'on lui attribuait des projets d'usurpation, la Commune protesta avec indignation : Hébert, répondant à un jeune homme qui proposait des mesures violentes, s'écria : « Quiconque proposera de répandre du sang, est un mauvais citoyen » [2].

Dans ces circonstances, Brissot qui se rendait à Lyon était arrêté à Moulins : Brissot se disait négociant de Neufchâtel, Suisse ; mais son passe-port ne portait pas la signature du représentant français en Suisse, Barthelémy ; il parut suspect ; le comité de salut public de l'Allier, ayant visité les papiers du prétendu négociant Suisse, découvrit la supercherie et mit Brissot en état d'arrestation. Un ami de Brissot, Souque, avait voulu l'accompagner : il fut arrêté en même temps.

Brissot écrivit à la Convention : il expliquait qu'il avait quitté Paris devant « les menaces d'assassinat dont il avait été l'objet » ; il demandait à être entendu et à ce que Souque ne fût pas inquiété.

Danton prit la parole contre Brissot, qui l'avait tant et si souvent outragé.

« O Brissot, s'écria-t-il, ce coryphée de la secte impie qui va être étouffée, cet homme qui vantait son courage

(1) *Révolution de Paris.* — No 205.
(2) Histoire Parlementaire XXVII. p. 158.

et son indigence, en m'accusant d'être couvert d'or, n'est plus qu'un misérable qui ne peut échapper au glaive des lois, et dont le peuple a déjà fait justice en l'arrêtant comme un conspirateur. »

La Convention ordonna le transfert à Paris de Brissot et de Souque.

Pendant ce temps, les collègues de Brissot agitaient les départements ; Buzot, Gorsas et Barbaroux étaient dans le Calvados, Meilhan et Duchatel en Bretagne, Chasset à Lyon, et Rabaud à Saint-Etienne et à Nîmes.

Leur plan était bien simple: il s'agissait, disaient-ils, de défendre l'unité et l'indivisibilité de la République contre Paris, de réintégrer la Convention dans la plénitude de ses droits, et d'en faire juger les membres par un tribunal formé de délégués de chaque département [1].

Le département de l'Eure se révolta le premier, le 13 juin ; « la Convention n'étant pas libre et le devoir des citoyens étant de lui donner la liberté », il décida la levée de quatre mille hommes pour marcher contre Paris. Lyon envoya des délégués pour se concerter avec Marseille, Bordeaux et Caen. La Convention ne fut plus guère reconnue que par les départements du Nord et ceux du bassin de la Seine ; les départements insurgés ou prêts à s'insurger étaient au nombre de soixante.

Cependant, pour montrer qu'elle approuvait la Révolution du 31 mai, même quand la violence était passée, la Convention, sur la proposition de Couthon, appuyée par Robespierre et au milieu des applaudissements frénétiques des tribunes, rendit le décret suivant :

« La Convention déclare que dans les journées du 31 mai, 1er, 2 et 3 juin, le Conseil général révolutionnaire

(1) *Mémoires de Buzot*, pp. 83 et 84.

de la Commune et le peuple de Paris ont puissamment concouru à sauver la liberté, l'unité et l'indivisibilité de la République. »

Sans plus tarder, la Convention se mit en mesure d'organiser la Révolution ; elle reprit les travaux de la Constitution, précédemment confiés à une commission composée de neuf membres, dont Condorcet faisait partie. On utilisa le rapport de Condorcet, qui fut confié au comité de Salut public, auquel on adjoignit une commission de cinq membres, composée de : Hérault Séchelle, Ramel, Mathieu, Couthon et Saint-Just.

Le 10 juin, Hérault présenta son rapport qui fut accepté. La base de la Constitution de 1793 fut la souveraineté du peuple, ayant pour conséquences l'Égalité des droits politiques entre tous les citoyens, l'éligibilité à tous les emplois et les précautions contre l'abus de la force armée. Présentée le 10 au comité de Salut public, la nouvelle constitution fut mise en discussion le 11 et définitivement votée le 23 juin.

La Convention discutait et votait cette constitution au moment où Paris avait faim ; une assez forte disette se faisait sentir, car les commerçants de province ne voulaient expédier des marchandises à leurs correspondants de Paris que contre payement en numéraire : l'argent était rare et les assignats arrêtaient les transactions [1]. On craignit un moment que Paris fut même privé de pain ; les boulangers se trouvaient hors d'état de satisfaire à toutes les demandes et des rassemblements se formaient devant leurs boutiques. Ce manque momentané de farine provenait de ce que les départements hostiles n'envoyaient plus de farine et même

(1) A. Schmidt — II. 160.
(2) Id. 162.

empêchaient de passer les convois destinés à la Capitale.

Dans la banlieue, on manquait encore plus de pain, à Neuilly, à Courbevoie, le pain de quatre livres coûtait 16 sous : tandis qu'à Paris, grâce à l'intervention de l'administration municipale, on le payait 12 sous : les habitants venaient acheter à Paris autant qu'ils le pouvaient, et la Commune fermait les yeux, afin de s'attacher les communes suburbaines.

Ces côtés sombres furent parfois égayés par des scènes populaires bizarres. Ainsi, le dimanche 9 juin, il y eut une procession de nègres : les hommes de couleur, qui se trouvaient alors dans la capitale, se rendirent à la commune, et y prêtèrent le serment de maintenir la liberté et l'égalité aux dépens de leur vie. Le conseil révolutionnaire de la Commune les envoya au Champ-de-Mars pour réitérer ce serment [1]. Après cette promenade, qui amusa fort la foule, ils revinrent et reçurent du président l'accolade fraternelle.

Le surlendemain, une nouvelle des plus graves arrivait à Paris; les Vendéens s'étaient emparés de Saumur ; huit mille soldats de la République avaient été faits prisonniers et deux mille morts étaient restés sur le champ de bataille. — Cette défaite était due à plusieurs causes ; d'abord, au nombre supérieur des Vendéens, et puis aussi à la mauvaise composition des troupes qui leur étaient opposées. Dans ces légions se trouvaient beaucoup de déserteurs étrangers et des soldats n'ayant jamais vu le feu. Elles comprenaient, en outre, ces fameuses compagnies désignées sous le nom de « Héros des cinq cents livres », gagés à ce prix par la Com-

(1) Nicolas Herz, député de la Moselle. — *Observations sur la guerre de Vendée.*

mune de Paris, dont quelques-uns étaient allés à la guerre comme à une partie de plaisir et n'entendaient pas qu'on les menât au feu pour de bon ; ils formaient un groupe, et les misérables, aussitôt le combat engagé, mettaient le feu à un caisson et se débandaient en criant : « On nous trahit ! Sauve qui peut ! » Grands parleurs du reste, ils allaient de tous côtés, répétant que les chefs étaient des traîtres, et semaient le découragement de tous côtés.

Ces « Héros des cinq cents livres » furent pour une grande part dans la défaite de Saumur, où, en revanche, les Vendéens montrèrent autant de bravoure que d'intrépidité. Les autres soldats de la République se conduisirent, du reste, avec un rare courage, qui servit seulement à augmenter le nombre des morts dont les places et les rues de Saumur étaient encombrées. — Le général Berthier eut deux chevaux tués sous lui.

Les Vendéens perdirent aussi beaucoup de monde ; le général royaliste Dommaigné fut tué, de Lescure fut blessé, et La Rochejacquelin eut un cheval abattu sous lui, d'un coup de canon.

Peu après la bataille, pendant que quatre mille Bleus fuyaient débandés, le bataillon des soldats Picards préféra se précipiter dans la Loire et y périr plutôt que de se rendre [1]. Santerre parvint à sauver la caisse du district [2].

Le premier soin des Vendéens fut de reconstituer leur état-major, et tous les chefs nobles qui combattaient, en somme, pour le maintien des privilèges de

(1) *Mémoires manuscrits de Mercier du Rocher* (cités par Louis Blanc).

(2) Extrait de la Correspondance des généraux catholiques avec le Conseil supérieur séant à Châtillon.

l'ancienne monarchie, commencèrent par placer à leur tête des fils de roturiers. Le fils d'un cordonnier de village[1], Forestier, fut nommé général à la place de Dommaigne tué ; Cathelineau, simple paysan, fut nommé généralissime.

Voici le brevet qui fut délivré à Cathelineau ;

« Aujourd'hui 12 juin 1793.

« L'an Ier du règne de Louis XVII,

« Nous, soussignés, commandant les armées catholiques et royales ;

« Voulant établir un ordre stable et invariable dans notre armée, nous avons arrêté qu'il sera nommé un général en chef, de qui tout le monde prendrait l'ordre ; d'après le scrutin, toutes les voix se sont portées sur M. Cathelineau qui a commencé la guerre, et à qui nous avons tous voulu donner des marques de notre estime et de notre reconnaissance.

« En conséquence, il a été arrêté :

« Que M. Cathelineau serait reconnu en qualité de général en chef, et que tout le monde prendrait l'ordre de lui.

« Fait à Saumur en Conseil, au quartier général, le dit jour et an que dessus.

| | |
|---|---|
| DE BEAUVOLLIER. | CORMELET. |
| DEHARGUES. | BERNARD DE MARIGNY. |
| DE LA VILLEBEAUGÉ. | DE BEAUVOLLIER. |
| DUHOUX D'HAUTERIVE. | DE BOISY. |
| STOFFLET. | DÉSESSARTS. |
| DE LA ROCHEJACQUELIN. | DE BONCHAMP. |
| LESCURE. | DE DONNISSAN[2]. |

Le premier soin des Vendéens fut de mettre fin à une situation dangereuse pour les habitants, et qui aurait

(1) *Mémoires de Madame de La Rochejacquelin*, p. 144.

(2) On avait douté de l'existence de ce brevet, jusqu'au jour où

déshonoré le triomphe des vainqueurs. Voici en effet la proclamation, très digne, il faut le reconnaître, publiée par les chefs Vendéens :

« Nous, commandants des armées catholiques et royales, pénétrés de la plus juste horreur pour la conduite infâme de quelques soldats de l'armée catholique et royale, qui se sont permis de commettre des dégâts et

[1] Il fut publié en reproduction par le *Figaro* du 3 septembre 1892, accompagné de la lettre suivante :

« Château de Ménillet, par Nonancourt (Eure).

Monsieur,

« Dans le supplément littéraire du *Figaro* du samedi 6 août dernier, la famille de Cathelineau est accusée de se refuser à toute communication de l'original du brevet de généralissime de Jacques Cathelineau, le saint de l'Anjou.

« En ma qualité d'aîné des Cathelineau actuellement en France, j'ai l'honneur de répondre à l'auteur de cette imputation :

« 1o La famille de Cathelineau possède l'original du brevet délivré à Saumur, le 12 juin 1793, à mon illustre bisaïeul ;

« 2o Elle tient ce document à la disposition des personnes qui voudraient prendre la peine de venir l'étudier ;

« 3o Le nom de Stofflet s'y trouve avec deux *f* et celui de Beauvollier avec deux *l* ;

« 4o Le paraphe de Stofflet n'existe plus ; mais le brevet du généralissime a longtemps été caché sous terre, et, par là, s'expliquent certaines altérations du papier et de l'écriture.

« Quoi qu'il en soit, la pièce peut encore être reproduite, et je me fais un devoir de la mettre à la disposition du *Figaro*, pour le cas où il jugera à propos de la placer sous les yeux du public.

« Veuillez, Monsieur, agréer l'expression de mes sentiments les plus distingués. »

XAVIER DE CATHELINEAU.

Le fac simile publié par le journal reproduisait assez mal certains noms mal venus à la gravure ; nous nous adressâmes donc à M. Xades pillages dans les maisons honnêtes de cette ville, et encore plus indignés de la scélératesse de quelques habitants, qui désignent eux-mêmes du doigt des maisons à piller et à dévaster, déclarons et proclamons hautement que tout soldat des armées catholiques et royales, atteint et convaincu des délits sus-mentionnés, sera passé aux verges pour la première fois, et, en cas de récidive, fusillé : et que tout habitant, convaincu

vier de Cathelineau qui voulut bien nous donner les renseignements suivants.

« Château de Ménillet, par Nonantcourt (Eure).

*Le 30 Septembre 1892.*

Monsieur,

Je me fais un plaisir de vous envoyer ci-joints les renseignements que vous me demandez au sujet des signatures du brevet de mon Bisaïeul, ces signatures ont été très mal reproduites par le *Figaro* quoi qu'elles soient très lisibles sur l'original ; je vous le reproduis textuellement selon vos numéros d'ordre et exactement de la même façon qu'ils sont écrits sur l'original :

| | |
|---|---|
| De Beauvollier | Cormelet |
| Déhargues | Bernard de Marigny |
| Delangrenière | De Beauvollier |
| De la Villebeaugé | D'Elbée |
| Duhoux D'Hauterive | De Boissy |
| Stofflet | Désessart |
| De la Rochejaquelin | De Bonchamps |
| Lescure | De Donnissan |

Je vous fais remarquer que les de Beauvollier étaient deux, le numéro 9 n'a jamais pu être déchiffré convenablement et on n'a pu avoir jusqu'ici les renseignements nécessaires à son sujet, de Donnissan se trouve aujourd'hui complètement effacé et n'a pu être reproduit. Toutes les autres signatures se lisent aujourd'hui très bien à l'œil nu. Voici, je crois, tous les renseignements que vous me demandez et que je suis très heureux de vous transmettre.

Veuillez, etc...

X. de Cathelineau.

d'avoir provoqué au pillage d'une maison quelconque de cette ville sera sujet aux mêmes peines.

*A Saumur, le 13 juin 1793, l'an 1er du règne de Louis XVII.*

BERNARD DE MARIGNY.
CHEVALIER DESESSART.
DE LA ROCHEJACQUELIN.
DE LESCURE.
DUHOUX D'HAUTEVILLE.
DONNISSON.
CATHELINEAU.
DEHARGUE.
D'ELBÉE.
STOFFLET.
DE BAEUVOLLIER.
DE LANGRENIÈRE.
DE BONCHAMPS.

Réunis en Conseil Général [1].

Les soldats républicains de la Vendée, à la nouvelle des succès de leurs compatriotes royalistes, manifestaient une vraie douleur et voulurent rentrer dans leurs fermes. Les officiers du district de Citray écrivaient aux représentants du peuple en mission à la Rochelle :

« Les volontaires, sous nos ordres, ne veulent plus servir. Fils de métayers pour la plupart, ayant des biens à faire valoir, se trouvant d'ailleurs ici soumis à toutes sortes de maux, n'ayant pas de chemises, n'ayant pas de souliers, réduits à coucher sur la dure, souvent même insultés par les hussards des troupes régulières qui leur crient : « Vous n'êtes bon qu'à manger notre pain, » ils attendaient avec anxiété que vous décidiez de leur sort.

La Convention, en apprenant ces terribles nouvelles, se mit en mesure de parer aux dangers nouveaux qui l'assaillaient.

VONNET, *Commandant du Bataillon.*
LAMARTINIÈRE *et* MACHIN, *capitaine.*
LAUBIEZ, *lieutenant.*

(1) Document faisant partie de la riche collection Benjamin Fillon qui l'avait communiqué à Louis Blanc.

Comme si ce n'eut pas été assez d'avoir à combattre, d'une part, les menées des Girondins essayant de soulever les départements, d'autre part la Vendée triomphante, la Convention avait à faire face au danger de l'étranger, qui était tout au moins aussi grand que celui de l'intérieur.

La France était entourée par les armées étrangères.

Au nord, depuis la désertion de Dumouriez, nous avions essuyé une suite de revers, qui nous avaient fait perdre nos conquêtes. A soixante mille Prussiens, qui menaçaient à la fois Lille, Valenciennes et Condé, aux quatre-vingt mille Hollandais et Anglais, que venait d'amener le duc d'York, nous n'avions à opposer que vingt-deux mille hommes.

Si les ennemis avaient voulu marcher sur Paris, c'en était fait de la France dès ce moment; heureusement les coalisés avaient un autre plan, qui était d'enserrer la France dans un réseau de fer et de l'étouffer ensuite en la resserrant ;

Au nord, les coalisés voulaient prendre Condé et Valenciennes pour les donner à l'Autriche, qui aurait eu ainsi deux places fortes de plus pour surveiller les Pays-Bas. Quant au port de Dunkerque, les Anglais se l'attribuaient.

Le temps nécessaire à la réalisation de ce plan permit à la Convention de se ressaisir, et d'organiser la victoire.

Le général Dampierre, ayant cherché et trouvé la mort dans une sortie, le commandement en chef fut confié à Custine.

Sur le Rhin, nous occupions encore Mayence, mais le roi de Prusse en faisait le siège. Heureusement la résistance qu'il éprouvait de ce côté empêchait les Anglais et les Autrichiens d'avancer du côté du Nord. L'armée qui menaçait la frontière de l'Est, composée de 55,000 Prussiens, 23,000 Autrichiens, et 6,000 émigrés français, formait 84,000 hommes. — Nous avions à opposer 75,000 hommes, plus 38,000 hommes enfermés dans les places fortes, soit en tout 108,000 hommes. — De ce côté aussi on aurait pu craindre une invasion, si le roi de Prusse, au lieu de continuer le siège de Mayence, avait essayé une trouée et avait marché sur Paris. Le prince d'Holdemberg l'avait bien compris, en écrivant : « Douze jours de marche serrée sur la Capitale auraient suffi pour venir occuper les hauteurs qui la dominent, chasser la Convention et ses adhérents, et s'emparer de ce foyer des actes et de l'ornement de la Convention » [1].

Mais, de ce côté encore, l'obstination du roi de Prusse à vouloir s'emparer des places fortes sauva Paris.

Le long des Alpes, les Piémontais étaient en armes et voulaient reprendre la Savoie et Nice. L'armée française, composée de recrues, manquait de fusils [2]. Les soldats pouvaient mourir, mais non se battre [3]. Dans les Alpes-Maritimes, Kellerman commandait l'armée dite d'Italie et défendait les abords de Nice.

Aux Pyrénées, à la suite de la mort de Louis XVI, l'Espagne nous avait déclaré la guerre, et le cabinet de Madrid avait décidé de nous attaquer du côté de Perpignan avec cinquante mille hommes divisés en trois corps d'armée. — Servan et le général Deflers commandaient l'armée française, assez médiocre, mal organisée, mal armée et ne comptant guère, à part les garnisons des places fortes, plus d'une douzaine de

(1) *Mémoires tirés des papiers d'un homme d'Etat*. II 286.
(2) Rapport de Cambon au comité de Salut Public.
(3) Louis Blanc. — VIII. 425.

mille soldats qui ne purent empêcher les Espagnols de s'emparer de Bellegarde, véritable clef de la France.

De tous côtés, le danger était extrême. Au Nord, les Anglais; à l'Est, les Prussiens, les Autrichiens et les émigrés ; les Italiens sur les Alpes ; les Espagnols aux Pyrénées ; les Girondins soulevant la province, soixante départements hostiles, la Vendée victorieuse ; tel était l'état de la France.

La Convention ne se laissa pas décourager, et le peuple de Paris trouva encore le temps de rire et d'avoir de l'esprit.

Les journaux allemands ayant imprimé que les coalisés allaient avancer sur Paris « à pas de géant », on chanta une chanson qui se terminait par ce refrain.

Monsieur l'imprimeur Allemand,
Rendez-nous ce petit service ;
Effacez : à pas de géant,
Et mettez : à pas d'écrevisse.

# XXVIX

# NANTES MENACÉE

Manœuvre girondine. — Deforge nommé ministre des affaires étrangères. — Riposte de Bazire. — Le duc d'Orléans prisonnier a Marseille. — Les femmes veulent monter la garde. — Le carême civique. — Chaumette et la machine de Marly. Les Vendéens s'organisent. — L'orthographe de Cathelineau. — Angers pris. — 40.000 hommes marchent sur Nantes.

Les Girondins poursuivent leur œuvre et essayent de soulever les départements contre Paris.

Parmi les moyens employés, il en est que la conscience réprouve et que la politique elle-même — cette méchante inspiratrice — n'excuse pas ; ainsi, ils avaient répandu une circulaire, faussement signée « Marat, ministre de l'Intérieur » et par laquelle les corps administratifs étaient invités à recevoir une dictature composée de Marat, Danton et Robespierre [1].

Marat protesta contre ce faux, dans la séance du 16.

Dans la séance du 21, on nomma Deforge ministre des

(1) *Histoire Parlementaire* : XXVII, 202.

Affaires étrangères ; on l'accusait, sans preuve, du reste, d'avoir pris une part active aux massacres de septembre.

Le poste de ministre des Affaires étrangères était, au surplus, singulièrement simplifié, puisque la France était en guerre à peu près avec toutes les nations de l'Europe, et que, le 18, la Convention avait décrété que le peuple français ne faisait point de paix avec un ennemi qui occupait le territoire.

Mercier s'opposa au décret, demandant si on « avait fait un traité avec la Victoire. » Le discours du député de Seine-et-Oise, journaliste assez curieux, n'avait sans doute été prononcé que pour amener ce mot préparé à l'avance :

— Nous en avons fait un avec la Mort ! lui riposta Bazire, avec un merveilleux à-propos.

Et le décret fut rendu à l'unanimité.

De Marseille, le duc d'Orléans écrivit une lettre, datée de la prison du fort du Mans : il se plaignait que toute communication avec l'extérieur lui fût interdite, tandis que le tribunal auquel il avait été renvoyé n'avait trouvé rien de répréhensible dans sa conduite ; il protestait de son innocence, ce qui était vrai, et demandait sa liberté, ce qui eut été juste. On passa à l'ordre du jour.

On s'occupa immédiatement de l'emprunt forcé d'un milliard qui fut décrété à prélever sur les riches ; cet emprunt devait frapper proportionnellement le revenu, dont le premier dégré imposable fut fixé à dix mille livres ;

Les femmes se mêlaient aux mouvements populaires; La *Société Fraternelle* vint lire au Conseil général de la Commune une adresse présentée également à la Convention et dans laquelle elles faisaient part de leur projet de se rendre au Champ-de-Mars pour y prononcer le serment de vivre libres ou de mourir : elles offraient de monter la garde, même de faire le service du canon pendant que leurs maris iraient combattre les ennemis de la République.

Les puérilités les plus bizarres se mêlaient à ces motions.

Ainsi les sections du faubourg Montmartre et celle de l'Homme-Aimé déclaraient solennellement qu'elles s'étaient imposé un carême civique de quarante jours [1], pour faire baisser le prix des denrées et des légumes.

Chaumette s'en mêlait et faisait une sortie contre la machine de Marly qu'il appelait « une invention du plus insolent despotisme. » Il demandait qu'elle fut brisée [2]. La Commune ne donna pas suite à ce réquisitoire.

Il fut plus heureux avec sa question sur la pièce *Le Siège de Thionville* ; sur sa proposition, on décida que cette pièce, assez piètre mais de circonstance, serait interprétée par les artistes de l'Opéra.

En Vendée, les royalistes profitaient de leurs avantages et s'organisaient.

Cathelineau, investi de son nouveau grade de généralissime, donnait des ordres et les écrivait ; ses autographes prouvent que ce héros avait plus de courage que d'orthographe.

Voici un ordre écrit de sa main :

« Par ordres du commandant de l'armée catholique

(1) *Histoire Parlementaire*, XXVIII, 202.
(2) Id. 209.

et royale, que le nommé Martin Vande, cenquante paties de foin en pailles au prix qu'il se vand. »

« CATHELINEAU,
« Bernard,
« de La Rochejacquelin [1].

« A Doué, 15 juin 1793. »

Les Vendéens avaient trouvé une grande quantité de salpêtre à Saumur ; ils établirent des moulins à poudre à Mortagne et à Beaupré ; ils mirent en sûreté le blé des magasins de Chinon, et enfin firent fabriquer des mouchoirs rouges fort à la mode dans l'armée royaliste.

La Rochejacquelin portait, en effet, un mouchoir rouge autour de la tête; afin d'empêcher qu'on le reconnût dans les combats, ses amis en faisaient autant, et, l'exemple gagnant, presque tous les Vendéens étaient coiffés de la même façon. « Cet accoutrement, les vestes et les pantalons, qui formaient l'habillement ordinaire des officiers, leur donnaient tout-à-coup la tournure de brigands, comme les républicains les appelaient [2].

Saumur, dans la pensée des chefs catholiques, n'était qu'une première étape; ils se préparaient à marcher sur Nantes, d'où il leur serait facile de s'emparer de Paimbœuf ; et alors, ils seraient maîtres de la Loire jusqu'à son embouchure et pourraient communiquer à leur aise avec les Anglais.

Le 15 juin, ils occupent Angers et font afficher sur tous les murs une proclamation menaçant, « au nom de Monsieur, régent du royaume », de traiter comme criminel de lèse-majesté « quiconque reconnaîtra une autre autorité que celle de Louis XVII. »

D'Angers, ils envoyent à Nantes un ordre ainsi conçu :

(1) *Mémoires de Mme de la Rochejacquelin*, p. 143.
(2) Dauban. *La Démagogie en 1793*, p. 248.

« De par le Roy et de Monsieur, régent du Royaume :

« Il est enjoint au Conseil provisoire de faire cuire sur le champ, et autant que possible, du pain pour l'approvisionnement de l'armée et de pourvoir à tout ce qui est nécessaire pour le logement de quarante mille hommes.

« D'ELBÉE, CHEVALIER DE FLEURIOT, DE BOISSY, DE FESQUE. »

Quarante mille hommes marchaient donc contre Nantes ; d'un autre côté, l'armée de Charette, qui devait aussi concourir au siège, était forte d'autant. A ces masses, la ville, ouverte de tous côtés, n'avait qu'à opposer sept ou huit mille hommes, composés en grande partie de gardes nationaux mal armés et pas du tout instruits [1].

Une députation partit en hâte pour Paris, et le 22 elle se présentait à la Convention, demandant secours et protection.

La Convention, à tort rassurée par des rapports optimistes, de Biron, qui écrivait de Niort qu'on pouvait compter sur des troupes nombreuses et solides pour se porter au secours de Nantes, soixante mille hommes, disait-on, ne prit aucune mesure, tandis que les Vendéens avançaient toujours.

(1) Général Tureau. *Mémoires*, p. 477.

# XXX

# LES GIRONDINS EN PROVINCE

LA CONSTITUTION EST VOTÉE. — LES GIRONDINS DÉCRÉTÉS D'ARRESTATION. — LA MARSEILLAISE NORMANDE. — PÉTION S'ÉVADE. — HISTOIRE D'UN BON GENDARME. — LOUVET A EVREUX. — GUADET EN PATISSIER. — LE MANIFESTE GIRONDIN. — LETTRE DE VERGNIAUD. — PARTIS QUE LA CONVENTION AVAIT A COMBATTRE. — LES ENRAGÉS A PARIS. — JACQUES ROUX. — PILLAGE DE SAVON. — LA LOZÈRE VAINCUE. — LES VENDÉENS MARCHENT SUR NANTES.

La fin de la séance du 24 juin fut consacrée à la lecture de la rédaction définitive de l'acte constitutionnel. A peine Hérault-Séchelles s'était-il acquitté de ce soin qu'une salve d'artillerie se faisait entendre. La séance était levée au bruit des acclamations et des cris : Vive la Républiquc ! Vive la Convention ! Vive la Montagne ! [1]

Quelques instants auparavant, Amar, au nom du comité de Sûreté Générale, avait proposé et fait adopter un décret ordonnant l'emprisonnement des députés détenus jusque-là chez eux. En vain Ducos et Fonfrède voulurent-ils s'opposer à cette mesure, demandant

(1) *Histoire parlementaire*, XXVIII, 214.

qu'au préalable un rapport fût présenté sur leurs amis; Robespierre s'y opposa et fit pencher la balance. « On demande un rapport, s'écria-t-il, comme si l'on ne connaissait pas les crimes des détenus. Leurs crimes, citoyens, ce sont les calamités publiques, l'audace des conspirateurs, la coalition des tyrans, les lois qu'ils nous ont empêché de faire depuis six mois. »[1]

L'arrestation fut votée[2].

En Normandie, les Girondins qui s'étaient enfuis continuaient leur œuvre contre la Convention. Sur le théâtre de Caen, on chantait un chant de guerre contre Paris sur l'air de la *Marseillaise*.

En voici quelques vers :

Paris, ville longtemps superbe,
Gémit sous le joug odieux,
Bientôt on chercherait sous l'herbe
Son palais, ses murs orgueilleux.
Mais vous marchez, Paris respire,
Les Girondins pâlissent d'effroi,
Sur eux la gloire de la loi
Brille, et le despotisme expire.
Aux armes, citoyens, terrassez les brigands.
La loi ! c'est le seul cri, c'est le vœu des Normands.

. . . . . . . . . . . . . . . . .

Quoi ! le farouche Robespierre
Serait l'arbitre de l'Etat !
Quoi ! Danton, quoi ! le vil Marat,
Régneraient sur la France entière ?

C'étaient les discours d'Isnard, de Barbaroux, de Louvet, mis en vers. Ces strophes répétées à Paris

(1) Journal des Débats et des décrets de la Convention, n. 280, p. 388.

(2) *Moniteur* du 27 juin 1893.

n'étaient pas évidemment faites pour calmer la Montagne et Robespierre irrités contre les Girondins. Du reste la fuite de Pétion, qui venait de s'évader de Paris, semblait donner raison aux rigueurs de la Montagne.

Pétion demeurait rue des Cordeliers, hôtel de Limoges : sa garde avait été confiée à un gendarme, brave homme de sa nature, nommé Jean Meignier. Rien de plus original que le récit de cette évasion faite par le gendarme devant le comité de Sûreté Générale de la Convention. « Hier, vers les deux heures, plusieurs députés étaient venus chez Pétion, et, après un moment d'entretien, on vint m'annoncer que Pétion sortait de chez lui et allait dîner près de sa demeure ; je ne crus pas devoir m'y opposer, puisqu'il était à ma connaissance que les autres détenus en faisaient autant, mais j'étais bien décidé à ne pas le quitter. Vers les trois heures, la voiture arrivait, j'y entrais et accompagnais Pétion, rue Saint-Honoré, 238 ; nous montâmes au quatrième étage de cette maison dont le troisième est occupé par le citoyen Masuyer, député, avec lequel Pétion dîne, vers les six heures du soir, avec une citoyenne dont je ne sais pas le nom. Pendant le temps qui s'écoule depuis trois heures jusqu'à six heures, apercevant qu'il existait deux sorties à l'appartement, j'ai témoigné mes inquiétudes à la citoyenne, en lui disant que je craignais que Pétion ne s'évadât. A cela on m'a répondu que Pétion était un honnête homme, que s'il voulait faire une sottise, il ne la ferait pas chez elle et que lui, gendarme, fut tranquille. Avant et pendant le dîner, je n'ai pas perdu Pétion de vue ; après cela il s'est présenté plusieurs personnes, parmi lesquelles j'ai cru reconnaître plusieurs députés qui se réunirent à Pétion et à Masuyer qui avait dîné avec lui et ne l'avait pas quitté. Tandis qu'ils causaient, je suis descendu pour un besoin pressant, j'ai rencontré dans l'escalier, en remontant, une personne qui me dit : « — Bonsoir, mon camarade. » — Je lui demandais si Pétion était prêt à partir, à quoi elle m'a répondu. — Il ne va pas tarder. » — Rentré dans la cuisine, je demandais quelle heure il était. — On me répondit: six heures. Alors je voulus entrer dans la pièce où était Pétion, Masuyer se présenta à moi, m'arrêta en me disant : « — Vous êtes encore là et Pétion est parti. » J'observais à Masuyer qu'il était étonnant que Pétion fût sorti sans que j'en fusse instruit et qu'il eût ainsi abusé de ma confiance en profitant d'un instant où, pour un besoin naturel, j'étais descendu. A quoi Masuyer a répondu que sûrement Pétion est retourné chez lui où je le trouverais et que sans doute c'était par oubli qu'il ne m'avait pas appelé. — Troublé et ne sachant où donner de la tête, je suis revenu chez Pétion où je ne l'ai pas trouvé. J'ai demandé à un domestique nommé Comte, s'il ne savait où était Pétion, il m'a répondu que non, qu'il n'était pas rentré, ni sa femme non plus, mais que sans doute, ils ne tarderaient pas. Ayant attendu inutilement toute la nuit, le matin j'ai été dénoncer ceci à mon Capitaine. »

Jamais les vaudevillistes n'ont inventé un gendarme plus amusant que ce Jean Meignier.

Un moment, on crut que Vergniaud en avait agi de même avec son gendarme, mais le bruit était faux ; Vergniaud préféra rester. Le 20, Keverlegan s'évada de Paris.

Louvet avait pris les devants et était parti le 24 juin avec sa chère Lodoiska. Obligés de changer de voiture à Meulan, ils entendirent leur nouveau conducteur se répandre en injures contre « ces coquins de députés qui allaient embraser les départements. » [1] « Pourtant,

(1) Louvet. *Mémoires*, p. 107.

ajoute Louvet, nous soutinmes gaîment cette conversation qui ne finit qu'à la couchée.

A Evreux, il trouva la ville en ébullition et prête à s'insurger contre Paris.— Le soir, il fut accosté par un garçon pâtissier : c'était Guadet qui avait fait vingt-deux lieues à pied sous ce déguisement [1]. Ils se mirent en route ensemble et arrivèrent à Caen, où plusieurs col lègues de la Gironde avaient organisé une fédération de huit départements contre la Convention. On forma une assemblée sous le nom *d'Assemblée centrale de résistance à l'opposition*, qui publia un manifeste où on lit ceci :

« Après les attentats du 10 mars et du 31 mai, après les forfaits du 2 juin, nous avons demandé justice et nous ne l'avons point obtenue; indignés, les républicains du nord et de l'ouest se sont levés ; ils nous ont dit : allez à vos frères du Calvados, qui les premiers ont arboré l'étendard de la Sainte Insurrection : constituez votre comité central de résistance à l'oppression, et nous nous sommes constitués... Enfants de l'Armorique et de la Neustrie, vous aussi vous en appelez aux armes. — Déjà les bannières du Calvados, de l'Ile-et-Vilaine et de l'Eure se sont réunis, aux cris de l'allégresse commune. Déjà votre avant-garde est dans Evreux, insurgé contre les usurpateurs. Vous voulez qu'on les punisse, ils seront punis. — Ils seront punis : pour avoir commis les vols et les massacres de septembre; peuplé les administrations de leurs créatures, laissé les Alpes sans défense, ouvert à l'Espagne un chemin facile à travers les Pyrénées, fait périr dans le dénument les légions du Rhin, désorganisé les armées du Nord, ruiné la marine, livré aux Anglais,

(1) Louvet. *Mémoires*, p. 107.

notre commerce et nos colonies, corrompu le peuple à prix d'argent, conseillé, préparé et accompli les pillages de février; acquitté Marat; ils seront punis pour avoir trouvé « le fils de Capet, jouant tranquillement aux dames avec son mentor. » Ce mentor n'est autre que Simon.

Nul doute que l'enfant vu au temple à ce moment ne fut véritablement le jeune duc de Normandie ; l'évasion se préparait, mais elle n'avait pas encore eu lieu [1].

(1) Nous sommes de ceux qui pensent qu'il est démontré que Louis XVII s'est évadé.

La question de l'évasion de Louis XVII ne fait plus aujourd'hui l'ombre d'un doute pour les hommes qui se donnent la peine d'étudier ce problème captivant. Il ne nous parait pas possible qu'un esprit dépourvu de préjugés lise avec attention les divers ouvrages de controverse publiés sur cette question, sans être obligé de se rendre à l'évidence.

Louis Blanc partageait cet avis, j'en ai reçu l'aveu de sa bouche, Jules Favre avait soutenu la même thèse avec une conviction absolue.

En dépit des manœuvres de Louis XVIII, de Charles X et de l'inqualifiable conduite de la duchesse d'Angoulême, en dépit des nombreux ouvrages commandés par ces princes, inspirés par les erreurs qu'ils répandaient sciemment, la vérité se dégage pleine et entière et on ne peut plus soutenir, si on a étudié l'histoire dans les documents, que le fils de Louis XVI soit mort au Temple.

Toute la question est désormais de savoir ce qu'est devenu le duc de Normandie, quel est cet X... historique ?

Le problème de Louis XVII, plus important et plus dramatique que celui du Masque de Fer, se pose aujourd'hui, de nouveau, avec une intensité gênante pour les partisans du « siège tout a fait » et des opinions acceptées d'avance. Jusqu'ici, on n'avait guère connu dans le gros public que la version accréditée et répandue, sinon inventée, par Louis XVIII et Charles X. Mais au moment où les espérances monarchiques disparaissent, la vérité apparaît, dégagée de tout l'attirail de prétentions dynastiques, et la vieille légende craque de toutes parts.

Dans notre prochain volume, contenant le récit de l'année 1794, nous aurons à nous occuper plus particulièrement de cette question;

nous la résoudrons en nous servant de dernières découvertes faite aux diverses archives et après avoir fourni les preuves, le doute ne sera plus permis.

---

# XXXI

# LA CONSTITUTION EST ACCEPTÉE

Les Commissaires dans les sections. — Proposition Carrier. — Processions défilant a la barre de la Convention. — Des fleurs et des chansons. — Bruit d'évasion de Louis XVII. — Visite et rapport de Drousse.

Dans la soirée du mardi 2 juillet, les commissaires de la Commune parcoururent les sections pour y faire accepter la Constitution ; nulle part on ne rencontra d'opposition. Les uns espéraient une nouvelle direction des affaires, les autres ne protestaient pas, par crainte des patriotes, dont ils redoutaient la vigueur ; puis, à quoi bon protester ?

A la Convention, Carrier demanda des mesures énergiques contre le côté droit, qu'il appela « la doublure des traîtres. » Carrier proposa en outre de retirer aux députés du côté droit leur indemnité parlementaire de dix-huit francs par jour, mais l'Assemblée passa à l'ordre du jour.

Le lendemain, des processions de sections défilèrent à la barre de Convention, venant annoncer qu'elles acceptaient la Constitution.

Parmi ces députations figuraient des femmes et des

enfants ; le 5, une fillette offrit un bouquet au Président [1].

Quelques instants après, des citoyens, Chenard, Narbonne, Vallière, chantent une chanson patriotique que les conventionnels écoutent avec plus de résignation que de plaisir.

Voici les couplets :

Lorsqu'au gré de son caprice
Un tyran menait l'Etat,
Pour soutenir l'injustice,
Il nous forçait au combat.
Qand notre sang aux batailles
Avait coulé pour les rois,
Seuls ils cueillaient, à Versailles,
Tout le fruit de nos exploits.

Après un long esclavage
L'homme a reconnu ses droits,
Et maître de son courage,
S'il se bat, c'est pour les lois ;
S'il survit à la victoire,
Le laurier a ceint son front ;
S'il meurt au champ de gloire,
Il survit au Panthéon.

Sots enfants de l'Italie
Qu'un prêtre tient en ses mains,
L'ombre de Brutus vous crie
De redevenir romains ;
Allez, arrachez l'étole
De votre sacré tyran,
Rebâtir le Capitole
Des débris du Vatican.

(1) *Moniteur*.

Sortez d'une nuit profonde ;
Peuples, esclaves des rois,
La France aux deux bouts du monde
Vient de proclamer vos droits ;
Brisez vos vieilles idoles
Et leur culte détesté,
En plantant sur les deux pôles
L'arbre de la liberté.

Ces quatre couplets étaient à peine achevés par les citoyens Vallière et Narbonne, qu'un autre chanteur, le citoyen Chenard, apparaissait à la tribune et se mettait à chanter à pleine voix, sur l'air de la *Marseillaise :*

Citoyens, chers à la patrie,
Nous venons vous offrir nos cœurs,
Montagne, Montagne chérie ;
Du peuple les vrais défenseurs ; (bis)
Par nos travaux, la République
Reçoit sa constitution ;
Notre libre acceptation
Vous sert de couronne civique
Victoire aux citoyens, gloire aux législateurs
Chantons, chantons
Leurs noms chéris sont les noms des vainqueurs.

La Convention se débarrasse de ces chanteurs obstinés, en votant l'impression de ces couplets et leur envoi aux départements.

Mais on n'en avait pas terminé avec les délégations. Un moment après, les citoyennes de la section du Mail apportent des fleurs dans des corbeilles, en jonchent les bancs de la gauche. Puis, ce sont trois cents élèves de la patrie — enfants de dix à douze ans — qui arrivent, précédés d'une musique militaire et remercient la Convention d'avoir préparé la prospérité du siècle qui s'ouvre devant eux.

On n'en a pas fini avec les femmes ; voici une société patriotique qui offre des fleurs à son tour ; une délélégation de la section de la Croix-Rouge dépose une couronne de chêne sur le bureau et les citoyennes présentes jurent de ne s'unir qu'à de vrais républicains.

Les Enfants trouvés défilent à leur tour, et la Convention décrète qu'ils porteront désormais l'uniforme national, récemment dessiné par David. Les évènements ne permirent pas l'exécution de ce décret.

* * *

Au milieu de ces manifestations d'une puérilité un peu outrée, un bruit étrange se répandit. On disait que le fils de Louis XVI avait été enlevé de sa prison et qu'on le portait en triomphe à Saint-Cloud.

Le bruit de cette évasion prenait une consistance telle, que le Comité de Sûreté générale chargeait quatre de ses membres de constater la présence du jeune prince au Temple.

Le 7 juillet, Drousse, rapporteur de cette commission, annonçait que Chabot, Maure, Dumont et lui avaient pu constater que le duc de Normandie était toujours en prison,

Les Girondins pendant ce temps, répandaient en province des pamphlets contre les montagnards, ou on lisait des passages dans ce genre.

« Ils seront punis pour avoir salarié, afin qu'ils poursuivissent les représentants de leurs huées, des femmes publiques et des gladiateurs ; ils seront punis pour avoir pactisé avec d'Orléans et Dumouriez ; voulu égorger au

(1) *Histoire parlementaire*. XXVIII. 238.

10 mars, les plus inflexibles républicains, établi le tribunal révolutionnaire, et livré la province à la tyrannie de leurs proconsuls ; ils seront punis pour avoir envoyé partout les émissaires d'une commune usurpatrice et de deux ministres usurpateurs, Bouchotte et Garat, prêcher la doctrine du vol et du meurtre ; ils seront punis pour avoir, en juin, aiguisé, dans la maison de Pache, les poignards destinés à leurs victimes ; pour avoir, le 31 mai et le 2 juin, entouré de cent canons parricides la Convention, et hasardé, en ce moment qu'ils croyaient favorable, une première tentative pour que la Nation prit *un chef* [1] ; ils seront punis, pour avoir emprisonné les représentants du peuple, fait livrer Saumur par des généraux de leur choix ; et forcé la représentation nationale à enfanter, dans l'état de dissolution où ils l'avaient réduite, un fantôme de constitution, ferment nouveau de discordes, dégoûtant squelette...

« ... Malheureux Parisiens, Parisiens généreux, nous venons terrasser des municipaux tyrans, briser vos fers, vous embrasser... »

Dans ce factum, calomnieux à chaque ligne, la guerre était déclarée ; les Girondins confièrent leur sort au général Wimpfen, soldat loyal, mais royaliste fervent, qui était enchanté de combattre la République par les républicains eux-mêmes, quoique, dans une proclamation adressée aux Parisiens, il se défendit de tout projet contre la République, il voulait seulement, disait-il, la sauver et « faire justice. »

Vergniaud, de son côté, semblait vouloir encore exas-

(1) On relevait ici, en formulant un grief contre la Montagne, un mot attribué à Marat et dont celui-ci avait dénié le sens dans la séance du 2 juin.

pérer les Parisiens, en envoyant au comité de Salut public une lettre, qui débutait ainsi :

« Hommes qui vendez lâchement vos consciences et le bonheur de la République, pour conserver une popularité qui vous échappe et acquérir une célébrité qui vous fuit ! » « je vous dénonce à la France comme des imposteurs et des assassins. »

Et il continuait sur ce ton, dans un style véhément, réclamant qu'un rapport fût fait sur les Girondins décrétés d'accusation.

Il terminait enfin par cette virulente apostrophe :

« Lâches !... ma vie peut être en votre puissance. — Mon cœur est prêt ! il brave le fer des assassins et celui des bourreaux. — Ma mort serait le dernier crime des modernes décemvirs. — Loin de la craindre, je la souhaite : Bientôt, le peuple, éclairé par elle, se délivrerait enfin de leur horrible tyrannie. »

Ainsi, les Girondins continuaient leur agitation en province et préparaient, à Caen, une révolte générale qui eut livré la France à l'étranger ; ces menaces n'eurent heureusement pas de suite.

La Convention avait à lutter à la fois contre toute l'armée coalisée des nations européennes, contre les armées catholiques de la Vendée, contre les Girondins, et enfin contre les enragés, qui avaient pour représentants à Paris Jacques Roux, Leclerc et Varlet ; ce parti des enragés se composait de cette foule de déséquilibrés qui trouvent que l'exagération en tout est un principe et la suspicion des meilleurs citoyens un dogme.

Jacques Roux était un ancien curé défroqué, qui s'était fait une spécialité de toutes les motions les plus violentes. Le 23 juin, il se présentait à la Convention, à la suite des députations de Paris et des communes environnantes, venues pour applaudir à la nouvelle Constitution. Tous les orateurs étaient entendus et la députation se préparait à défiler, lorsque Jacques Roux, resté à la barre, prit la parole et dit : « Je suis chargé de vous présenter une pétition, au nom de la Société révolutionnaire des Gravillers. » — Robespierre, sachant sans doute ce que Jacques Roux allait dire, demanda que la pétition fut remise à un autre jour, ce qui fut voté et pour ce jour-là, l'ancien curé fut éconduit.

Il revint, le surlendemain, porteur de la fameuse pétition, et se plaignit que la Constitution n'eut pas prévu « l'extirpation de l'agiotage. » — « Jusques à quand, s'écriait-il, souffrirez-vous que ces riches égoïstes boivent encore dans des coupes dorées le sang le plus pur du peuple ? » — Et, plus loin, il ajoutait : « Députés de la Montagne, fondez les bases de la prospérité de la République ; ne terminez pas votre carrière avec ignominie ! »

A ce moment il fut interrompu par un des membres de la députation, qui affirma que ce n'était « pas là la pétition, à laquelle la section des Gravillers avait donné son adhésion. »

On proposa d'arrêter Jacques Roux. Thuriot vint déclarer que « Cobourg n'aurait pas tenu un autre langage. Vous venez d'entendre, dit-il, professer à cette barre les principes monstrueux de l'anarchie. »

Robespierre dénonça « l'intention perfide de l'orateur ; il veut jeter sur les patriotes une teinte de modérantisme qui leur fasse perdre la confiance du peuple. »

Billaud-Varennes donna ce détail pittoresque : « Cet homme est d'autant plus suspect qu'il s'est transporté dans plusieurs sections et au club des Cordeliers pour y décrier la Constitution ; les patriotes indignés lui ont demandé s'il l'avait lue : il a été obligé d'avouer qu'il ne la connaissait pas. »

Legendre fit la motion suivante : « Je demande que cet homme soit chassé. »

Cette proposition fut adoptée, et Jacques Roux dut sortir de la salle. Il ne se tint pas pour battu. « Le 27 juin il se rendit au club des Cordeliers [1] :

« Le croyez-vous ! dit-il, vos représentants m'ont fait boire à longs traits le calice d'amertume !... » — Il se plaignit de Bourdon, de Legendre et de Billaud-Varennes. Il n'osa pas sans doute se plaindre de Robespierre, qui avait été pour JacquesRoux aussi injurieux que ses collègues.

Le Club des Cordeliers adopta, à l'unanimité, les principes de Jacques Roux et arrêta que son adresse, si mal reçue à la Convention, serait affichée. Leclerc demanda que Legendre fut rayé du tableau de la Société ; le président, Roussillon, membre du tribunal révolutionnaire, s'apercevant que la radiation allait être votée, refusa de la mettre aux voix : il s'ensuivit un grand tumulte et finalement on décida que Legendre serait mandé pour rendre compte de sa conduite.

On voit que nombreux étaient les enragés, qui marchaient à la suite de Jacques Roux [2], Leclerc et Varlet.

Ces excitations étaient surtout dangereuses au moment

(1) Le récit de cette séance se trouve dans le *Républicain français* no CCXXVIII.

(2) Jacques Roux est le même qui commandait le piquet chargé de conduire Louis XVI à l'échafaud le 21 janvier et qui se montra si brutal et si cruel ; expulsé de la Commune le 9 septembre 1793 : il allait être traduit devant le tribunal révolutionnaire, lorsqu'il se frappa, le 16 janvier 1794, de cinq coups de couteau dont il mourut.

où la disette et la cherté des denrées augmentaient. Le 27 juin, eut lieu le pillage de plusieurs bateaux de savon qui se trouvaient aux quais de la Grenouillère et du Louvre. Le 28, les désordres continuent : des femmes arrêtent une charrette portant 4,200 livres de savon, elles l'amènent à la Commune et demandent qu'on le leur délivre, à vingt sous la livre.

Hébert s'y oppose énergiquement :

— Nous avons juré, dit-il, de maintenir les propriétés; nous mourrons à notre poste plutôt que de permettre qu'elles soient violées. — On veut perdre Paris. Si on pille, rien n'arrivera plus dans cette ville. Si on se livre à des excès, c'en est fait, la contre-révolution est faite et vous aurez un roi.

Les citoyennes déclarent qu'elles ne veulent pas de roi [1].

On rendit la charrette au conducteur et quinze femmes furent arrêtées pour avoir pillé du savon sur les quais.

Les nouvelles de la Lozère étaient bonnes ; les conspirateurs et les royalistes étaient vaincus ; celles de la Vendée étaient déplorables ; après avoir évacué Saumur, les Blancs s'étaient emparés d'Angers et se dirigeaient vers Nantes, en suivant la rive droite de la Loire.

(1) *Chronique de Paris*, no CLXXXI.

# XXXII

# FÊTE DÉCOMMANDÉE

LA RÉPUBLIQUE FRANÇAISE RECONNUE PAR LA PRUSSE. — SCÈNES A LA PORTE DES BOULANGERIES. — DISETTE. — RAPPORT DE SAINT-JUST SUR LES GIRONDINS. — RAPPORT POSTHUME DE LEPELLETIER SUR L'INSTRUCTION. — CONDORCET DÉCRÉTÉ D'ACCUSATION. — LE MARIAGE DES PRÊTRES. — LE GÉNÉRAL DILLON ET C. DESMOULINS. — SUPPRESSION DE L'ACADÉMIE FRANÇAISE. — CAPITULATION DE CONDÉ. — PROJET DE LA FÊTE DU 14 JUILLET.

A la fin de la séance du 9 août, Garat fit part à l'assemblée du premier acte, émanant des puissances étrangères, où le nouveau principe français fut reconnu ; c'était à l'occasion d'un échange de prisonniers signé à Landau ; la pièce portait cette inscription : « Le Roi de Prusse à la République Française. »

Mais ce premier document diplomatique, accordant au gouvernement, proclamé le 22 septembre 1792, les caractères de puissance régulière, passa presque inaperçu à Paris, qu'agitaient en ce moment des troubles provoqués par la cherté des vivres.

Cela avait commencé, nous l'avons dit, à propos de savon qu'un épicier en gros avait fait charger sur une voiture à bras pour être transporté chez un détaillant. Des blanchisseuses poussées par des malveillants [1] demandaient que ce savon leur fût délivré à bas prix ; les unes le voulaient à quarante sous, les autres à cinquante ; on finit par le mettre en lieu sûr. Nous n'avons pas besoin de dire que par « malveillants » le *Journal de la Montagne* désigne les contre-révolutionnaires. C'était le terme consacré à la tribune de la Convention, dans la presse et dans les clubs.

D'autres préoccupations assiégeaient les ménages pauvres de Paris ; on manquait de pain et la foule des malheureuses femmes se pressait à la porte des boulangeries, où la Commune avait été obligée de placer des sentinelles ; malgré ces précautions les accidents étaient nombreux. Un ouvrier fut tué, rue des Gravilliers, en défendant un pain de six livres, qu'il venait de se procurer pour lui et sa famille ; un autre eut le bras cassé dans la rue Froid-Manteau. Une femme enceinte fut tellement pressée dans la cohue assaillant la porte d'une boulangerie, que son enfant fut étouffé dans son sein.

Les bouchers causaient aussi du mécontentement. Les chaleurs corrompaient la viande et ces négociants, étant donnée la disette, auraient pu diminuer leur prix mais ils préféraient laisser gâter leur marchandise et la jeter ensuite à la Seine, d'où des sujets de troubles. Ajoutez à cela que pour bénéficier de la prime que la Commune, afin de faciliter l'approvisionnement, accordait à chaque sac de blé, des marchands achetaient des quantités de pain à Paris et allaient le revendre bien plus cher à vingt lieues à la ronde. Quelques jours plus tard, le 1er août, pour empêcher qu'on ne privât Paris des objets de première nécessité, la

(1) *Journal de la Montagne*. N° 53.

Convention sera obligée d'ordonner la fermeture des barrières.

C'est au milieu de ces circonstances que Saint-Just, parlant au nom du Comité du Salut Public, fit son rapport sur les Girondins.

L'âpre conventionnel se montra, intentionnellement, d'une modération qui étonna le côté droit lui-même. A son avis, la liberté ne devait pas se montrer terrible avec ceux qu'elle avait désarmés et qui s'étaient soumis aux lois. « Proscrivez, concluait-il, ceux qui ont fui pour prendre les armes, non pour ce qu'ils ont dit, mais pour ce qu'ils ont fait, jugez les autres et pardonnez au plus grand nombre. L'erreur ne doit pas être confondue avec le crime et vous n'aimez pas à être sévères. »

Ce langage aurait entraîné sans doute la Montagne à la clémence, si, au moment ou Saint-Just le tenait une jeune fille n'avait quitté Caen pour venir à Paris, où, par l'assassinat, elle excita de nouveau la violence et réduisit les conventionnels, poussés par l'opinion publique, à se montrer implacables.

C'est le jour où Charlotte Corday commit son crime que Robespierre portait à la tribune le rapport sur l'Education que Lepelletier Saint-Fargeau avait rédigé avant d'être, lui aussi, assassiné, par le couteau de Parîs. La lecture de ce rapport fut écoutée, dans le plus grand silence, durant plusieurs heures.

Lepelletier Saint-Fargeau réclamait deux sortes d'instruction : l'instruction primaire pour tous les enfants de cinq à onze ans pour les filles et de cinq à douze ans pour les garçons ; ensuite l'enseignement secondaire, intermédiaire entre l'Ecole Communale et le

Lycée. En sortant du Lycée on arrivait à l'enseignement supérieur [1].

La caractéristique de ce projet, c'est que l'école primaire n'était pas gratuite; mais ce défaut était remédié par des taxes progressives; le pauvre payait une taxe très faible, trente sous par an, le riche payait suivant ses moyens. Il faut en outre remarquer que cette rétribution s'appliquait non seulement aux frais de l'instruction proprement dite, mais encore aux fournitures scolaires, aux vêtements et à la nourriture des élèves.

La Convention renvoya à un peu plus tard la discussion de ce projet : l'abbé Grégoire le combattit en lui substituant ses propres idées, moins avancées que celles de Lepelletier, mais plus conformes aux nécessités du temps.

Par une étrange contradiction, dont les perturbations politiques du moment expliquent seules les inconséquences, un moment après avoir écouté, dans un calme religieux, le rapport de Lepelletier Saint-Fargeau sur l'instruction, la Convention décrétait l'arrestation de Condorcet, dont les travaux avaient eu une influence considérable sur cette même question.

Craignant ce décret Condorcet se cachait dans Paris.

Deux jeunes gens amis de Cabanis et de Vicq-d'Azir s'étaient chargé de lui trouver un asile; ils connaissaient une brave femme qui possédait au n° 21 de la rue Servandoni, proche le Luxembourg, une maison où elle louait des chambres garnies aux étudiants. Cette femme se nommait M^me Vernet : elle était veuve d'un sculpteur, cousin du célèbre peintre ; elle était du midi et avait

[1] [illegible], en somme, l'enseignement que nous avons aujourd'hui, [illegible] troisième République l'a organisé.

toutes les qualités des méridionaux : le sang chaud, le cœur compatissant, l'esprit résolu. Nos deux jeunes gens vont la trouver.

— Voulez-vous bien sauver un proscrit ? lui demandent-ils ?

— Est-il honnête homme ? interroge simplement la méridionale.

— Oui madame, répondent les jeunes gens.

— En ce cas, qu'il vienne.

— Nous allons vous dire son nom...

— Vous me l'apprendrez plus tard ; pendant que nous discourons, il est peut-être arrêté (1).

Et le soir, le philosophe allait demander asile à cette excellente Mme Vernet qui le soignait avec une tendresse maternelle.

Entre le rapport de Lepelletier et le décret d'accusation contre Condorcet, la Convention était sollicitée par des questions secondaires, mais qui agitaient cependant les esprits.

Ainsi Dartigœyte des Landes présentait un rapport sur les nombreuses réclamations des prêtres, auxquels leurs évêques refusaient la permission de se marier. Au nom du Comité de législation, Dartigœyte proposait de passer à l'ordre du jour « l'existence de la loi permettant aux prêtres de se marier. »

Bréard combattit ces conclusions et demanda la destitution de tout évêque qui s'opposerait au mariage d'un prêtre.

Lequinio du Morbihan fit remarquer que la destitution comportait avec la privation du traitement, l'éloignement de la personne : « Je demand

(1) *Biographie de Condorcet*, par François Ara

il, que la Convention décrète que les évêques qui s'opposeraient au mariage des prêtres seront déportés. »

Cette proposition fut décrétée ; elle causa une grosse perturbation dans le clergé constitutionnel. Le mariage des prêtres était une question de discipline et non une question de dogme, certains évêques l'autorisaient : l'un d'eux donna même l'exemple ; d'autres au contraire comme Sermet, évêque de Toulouse, aussi bon patriote que sévère dans ses mœurs, le prohibaient.

Cambon dénonçait le général Dillon comme coupable d'avoir voulu placer Louis XVII sur le trône.

Camille Desmoulins voulut défendre Dillon, qui avait été son compagnon de plaisir ; il trouvait l'accusation absurde ; il le dit avec sa fougue et sa véhémence. La Convention ordonna l'arrestation du général ; comme Camille insistait pour le défendre :

« Je demande, s'écria Billaud-Varennes, qu'il ne soit pas permis à Camille de se déshonorer. »

Battu dans le sein de la Convention, Desmoulins ne désarma pas et lança, contre ses amis, un pamphlet en faveur de son protégé : *La lettre au général Dillon.*

Répondant lui-même à une objection qu'il prévoit : « Quel si grand intérêt prenez-vous donc à Dillon ? » il répond : « L'intérêt que je prends, comme un des fondateurs de la République, à ce qu'on ne la déshonore point par ingratitude ; comme citoyen, à ce qu'on ne permette point une injustice envers un citoyen.

« — Mais connaissez-vous bien Dillon ?

« — Il faut bien que je le connaisse, pour que je me « sois fait de si rudes affaires à son corps défendant.

« — Votre femme le connaît bien mieux que vous.

« — Bon ! Que voulez-vous dire ?

« — Je crains de vous affliger

« — N'ayez pas peur.

« — Votre femme voit-elle souvent Dillon ?

« — Je crois qu'elle l'a vu quatre fois en sa vie.

« — Un mari ne sait jamais cela.

« (Et comme je ne paraissais point ému.)

« — Puisque vous prenez la chose en philosophe, « sachez que Dillon vous trahit, aussi bien que la Répu« blique. Vous n'êtes pas joli garçon ?

« — Tant s'en faut.

« — Votre femme est charmante ; Dillon est encore « vert ; le temps que vous passez à la Convention est « bien favorable et les femmes sont si volages !

« — Du moins quelques-unes.

« — J'en suis fâché pour vous, car je vous aimais « pour vos *Révolutions*, qui faisaient les délices de ma « femme à la campagne.

« — Mais mon cher collègue, d'où êtes-vous si bien ins« truit ?

« — C'est le bruit public, et cinq cents personnes me « l'ont dit ce matin.

« — Ah ! Vous me rassurez ; Déjà comme les filles de « Prœtus :

*In Lœvo querebam cornua fronte.*

« On me croit donc du royaume de Buzot, ce qui est bien « pis que d'en être, au témoignage de Lafontaine. Mais « que votre amitié pour moi se rassure ; je vois bien « que vous ne connaissez pas ma femme, et si Dillon « trahit la République comme il me trahit, je réponds « de son innocence. ».

C'est ainsi que Camille mêlait, avec une légèreté qui fait éprouver une impression pénible, les propos malveillants et, hâtons-nous de le dire, sans fondement aux accusations contre un général de ses amis.

Malgré tout, Dillon fut incarcéré.

***

Entre temps, sur la proposition de Grégoire, la Convention prononça la suppression de « toutes les Académies et sociétés littéraires patentées ou dotées par la Nation. »

L'Académie française fut ainsi supprimée du coup, sans protestation ni fracas [1].

(1) Des pensions furent accordées et réellement payées aux académiciens que la suppression de leur traitement jetait dans l'indigence. L'Académie des sciences qui rendait chaque jour des services d'utilité publique, conserva provisoirement une sorte d'existence officielle : elle était devenue comme un corps de fonctionnaires, concourant par la science à la défense de la Révolution. Mais l'Académie française fut radicalement supprimée. Le 12 août, les scellés furent mis sur les locaux académiques au Louvre : ils ne furent levés que le 26 nivôse an II. Le 6 thermidor de la même année, tous les biens des académiciens furent declarés nationaux. Telle fut, avant la création de l'Institut, la conduite de la Revolution vis-à-vis des académies. Elle les toléra, tant que vécut la royauté, puis elle les supprima. Déjà le 16 août 1790, Lebrun avait fait un rapport à la Constituante sur la situation des Académies. Il proposait de statuer d'abord sur l'Académie française : elle resterait sous la protection du roi, ses membres toucheraient une indemnité ; une fois par an, toute la compagnie paraîtrait à la barre, rendrait compte de ses travaux et de l'ouvrage qu'elle aurait jugé digne d'un prix national de 1,200 livres, institué par le même décret. Lebrun exagerant les services rendus par l'Académie, un député breton, Le Deix de Boutidoux, se fit l'interprète du sentiment des tribunes par cette interruption.

— Je demande l'ajournement, jusqu'à ce que l'utilité de l'académie française soit constatée. Mais la question reparut le 20 août. Lanjuinais dit sagement : « Les académies et tous les autres corps littétaires doivent être libres et non privilégiés ; en autorisant leur formation sous une protection quelconque, ce serait en faire de véritables jurandes. Les académies privilégiées sont toujours des foyers d'aristocratie littéraire. Après tout, leur art consiste à lier quelques phrases ingénieuses et correctes. En Angleterre et en Allemagne, ce ne sont pas les gouvernements qui font les académies, et cependant il y en a de très florissantes. Les entreprises littéraires faites par ordre du gouvernement ont toujours été très lentes ; voyez s'il en a été de même de l'Encyclopédie ancienne et méthodique. Je propose de décréter : 1o qu'à compter du 1er janvier, il

D'autres sujets plus graves sollicitaient l'attention publique.

La ville de Condé venait de capituler.

Depuis six semaines, les soldats, qui défendaient la place, étaient réduits à onze onces de pain, deux onces de cheval, une once de riz et deux tiers d'once de suif. Quand le conseil de guerre de la place décida de se rendre, il ne restait plus que pour quatre jours de vivres. Épuisée de fatigues, la garnison capitula le 12, et évacua la place le 13, au matin ; composée de quatre mille hommes environ, elle sortit avec les honneurs de la guerre, jusqu'au faubourg du Coq, à un quart de lieue de la place. Là, les soldats déposèrent les armes et furent dirigés sur Aix-la-Chapelle et Cologne, où ils furent internés.

Cette nouvelle n'était pas encore connue, quand on fit les préparatifs de la fête du 14 juillet. La principale cérémonie devait consister dans la remise à la Convention du vœu du peuple de Paris par le conseil général de la Commune, assisté des délégués des quarante huit sections, « le conseil, désirant remplir cette auguste fonction avec toute la pompe qu'elle mérite, mais considérant, en même temps, que les législateurs

ne sera plus rien accordé aux académies sur le trésor public ; 2° qu'à l'avenir les hommes de lettres auront la liberté de se réunir en société, comme bon leur semblera, etc. » L'abbé Grégoire opposa plusieurs objections, puis, sur la proposition de Camus, l'Assemblée se décida à voter les sommes demandées pour l'Académie, mais seulement à titre provisoire, et la question de la suppression pure et simple fut désormais à l'ordre du jour. C'est alors que Mirabeau se fit faire, sur ce sujet, par son ami Chamfort, un discours hostile à l'Académie, que la mort seule l'empêcha de prononcer, et Cabanis publia un travail posthume du grand orateur sur l'instruction publique, où se trouvaient les conclusions les plus défavorables à la célèbre compagnie. Depuis la question était restée en suspens ; la Convention la résolut par la suppression.

ont confié la Constitution aux vertus des citoyens, et que la vertu doit commander aux hommes par conviction et non par la force des armes, on devait éloigner du cortège tout appareil militaire, et n'employer la force armée que pour ouvrir ou fermer la marche du cortège » dans lequel devait figurer « la statue de la liberté posée sur un brancard drapé aux couleurs nationales et portée par des hommes robustes vêtus à la grecque. »

Il devait encore y avoir :

« Un groupe de femmes prises dans toutes les sections : elles seront vêtues de blanc et porteront des ceintures aux couleurs nationales ; ce groupe sera précédé d'une bannière avec cette inscription : *Citoyennes, donnez des enfants à la patrie, leur bonheur est assuré.* » Et encore : « L'acte constitutionnel sera porté par une Minerve, symbole de toutes les vertus qui ont présidé à sa rédaction et à son acceptation ; cette statue sera placée sur un brancard drapé aux couleurs nationales, et porté par des hommes vêtus suivant le nouveau costume français ; ce brancard sera entouré de vieillards tenant des enfants par la main. »

Tout était prêt pour cette procession emblématique, mais la fête fut décommandée : le 13, à sept heures du soir, Marat était poignardé par Charlotte Corday.

---

XXXIII

## ASSASSINAT DE MARAT

Il arrive un moment dans l'existence des hommes politiques, où les plus exaltés éprouvent un besoin de modération et de la lassitude ; on dirait un ressort trop longtemps tendu qui se laisse aller. Comme les autres, Marat subit cette influence. Au moment où nous sommes parvenus de la vie de la Révolution, « les hommes de septembre, Sergent, Panis, sont des hommes doux, humains ; des présidents des Cordeliers et du tribunal révolutionnaire : Osselin, Roussillon, Montané, Dobsent, sont devenus des modérés. » [1] — Marat avait subi les mêmes changements. « L'ex-prédicateur du Pillage poursuit en juin ceux qui répètent ses paroles ; il est sévère, impitoyable pour les nouveaux Marat, pour Leclerc et Jacques Roux. — Il arrivait fatalement à son âge d'indulgence et de modération. » [2]

Michelet rapporte cette anecdote qui est bien dans le caractère de l'ami du peuple : Une pauvre fille, dont le

(1). Michelet.
(2). Id.

père allait périr et qui demandait sa vie, l'obtint de Marat, en lui promettant qu'elle se donnerait à lui. Il poussa l'épreuve jusqu'au bout, alla au rendez-vous et, la voyant là, résignée, qui attendait dans les larmes et le désespoir, il respecta la fille et sauva le père.

A la même époque, un jour, rue Saint-Honoré, il vit un ci-devant, en habit noir, que le peuple poursuivait Marat passait ; il se mit en tête de le sauver.

— Je le connais, dit-il, je connais cet aristocrate ; il ne l'avait jamais vu, — et il lui lançait un grand coup de pied où vous devinez à la grande joie de la foule.

— Voilà qui te corrigera.

Et la foule, un moment ameutée, qui aurait à coup sûr fait un mauvais parti à l'aristocrate, le laissa partir, toute à la joie d'avoir vu Marat en pareille posture [1].

Un coup de couteau arrêta Marat sur la pente de la modération où, par la force même des choses, il était entraîné malgré lui.

Une jeune fille de Caen, Charlotte Corday, vint à Paris tout exprès pour commettre ce crime, qui, dans sa pensée, devait venger la Gironde, dont les idées et les malheurs l'avaient séduite.

Charlotte Corday descendait, au quatrième degré, de Marie, sœur du grand Corneille ; son père, un noble ruiné, ne possédait qu'un petit revenu de quinze cents francs ; ses deux frères avaient émigré à Coblentz. — Charlotte était née à Ligneries, dans une chaumière que l'on visite encore. — Elevée un peu par charité, dans un couvent de Caen, son père s'étant remarié, elle fut recueillie par une de ses parentes, Mme Coutellier de Breteville-Gouville, qui, âgée de soixante ans, vivait dans une maison retirée de la rue Saint-Jean. —

(1) *Mémoires* inédits *de Barras*. — Communiqués à Michelet par M. de Saint-Albin.

Là, seule, elle lut les ouvrages de Jean-Jacques Rousseau, de Raynal et se forma une âme républicaine. Ses préférences étaient pour la République lettrée, polie et athénienne des Girondins : aussi, quand elle vit arriver ceux-ci, en proscrits, à Caen, elle s'arrêta à l'idée de les venger et de frapper Marat, en qui elle incarnait la violence. Un jour, sa tante la surprit tout en pleurs, et lui en demanda la cause :

— Je pleure, dit-elle, sur la France, sur mes parents et sur vous, tant que Marat vit, qui est sûr de vivre !

On a voulu motiver par l'amour, l'acte de Charlotte Corday ; c'est romanesque, mais ce n'est pas vrai. On lui a donné, comme amoureux, un comte de Belzunce, égorgé par le peuple en 1790, le coup de couteau de Marat aurait été la vengeance du massacre de Belzunce. — C'est une hypothèse, qu'on n'appuie d'aucun fait précis. D'autres font de Charlotte une amante éprise de Barbaroux. — Ici, nous nous trouvons en face d'une invention démentie par tous les documents ; Charlotte Corday avait vu deux fois Barbaroux dans sa vie.

Non, Charlotte Corday était une de ces natures fières, concentrées en elles-mêmes, n'ayant pas de croyances religieuses, ayant conservé une pureté morale hors de l'atteinte de tout soupçon et qui amassent toute leur force, toute leur énergie pour l'exécution d'un plan élaboré lentement : ce plan, réfléchi et mûri, devient le but obsédant et pour ainsi dire fatal de leur vie.

Une fois sa résolution prise, après avoir été embrasser son père à Argentan, elle part en cachant à tous le but de son voyage, qu'elle masque sous le prétexte de démarches à faire, à Paris, en faveur de la famille d'une de ses amies émigrée.

Elle prend la voiture à Caen le 9 juillet ; le trajet durait alors deux jours ; le jeudi 11 juillet elle arrive à

Paris, à midi, et va loger, 17, rue des Vieux-Augustins, Hôtel de la Providence.

Comme elle était fatiguée, elle fit préparer son lit : pendant que le garçon de l'Hôtel vaquait à ce soin, elle lui demanda :

— Et que dit-on, à Paris, du « Petit Marat » ?

Le garçon répondit :

— Les patriotes l'estiment beaucoup, mais les aristocrates ne l'aiment pas [1].

La jeune fille se tut, le garçon la quitta ; elle ferma la porte de sa chambre à clef, se coucha et s'endormit, calme et tranquille.

Le 12 juillet fut employé par Charlotte à rendre visite au girondin Duperret, dont elle n'avait d'ailleurs nul besoin ; puis, elle alla promener au Palais Royal plein du bourdonnement de la foule ; entrant chez un coutelier, elle y acheta un couteau à manche d'ébène, le paya quarante sous et revint à son hôtel, où elle passa une seconde nuit.

Le lendemain elle chercha l'adresse de Marat, la demanda à un cocher de fiacre qui la lui donna, l'inscrivit avec un crayon sur un bout de papier [2] et se dirigea vers l'école de médecine, alors rue des Cordeliers : au n° 18, au premier étage, logeait Marat. La maison était d'architecture ancienne et d'aspect triste.

L'appartement se composait d'une antichambre ayant vue sur la cour, d'une seconde pièce donnant aussi sur la cour, et conduisant à une sorte de réduit qui servait de salle de bain : il y avait là à peine de la place pour une

(1) Déposition de Picrer François Feuillaud, garçon de l'Hôtel de la Providence dans le procès de Charlotte Corday.

(2) Interrogatoire de Charlotte Corday devant le tribuna révolutionnaire.

baignoire. Enfin, sur le devant, il y avait une chambre à coucher et un salon [1]. La tapisserie en papier représentait des colonnes torses se détachant sur un fond blanc.

Charlotte, entrant dans la maison, demanda à parler à Marat, mais la portière, Marie-Barbe Aubin, lui répondit que c'était impossible, l'ami du peuple étant malade. Elle donna alors une lettre pour qu'elle lui fut remise [2].

La portière prit la lettre, la porta à Marat, qui la décacheta et la lut ; elle était ainsi conçue :

« A Marat.

« *Paris, ce 12 juillet, l'an 2 de la République.*

« Citoyen, j'arrive de Caen : votre amour pour la Patrie me fait présumer que vous connaîtrez avec plaisir les malheureux évènements de cette partie de la République. Je me présenterai chez vous, vers une heure. Ayez la bonté de me recevoir, et de m'accorder un moment d'entretien, je vous mettrai à même de rendre un grand service à la France.

« Je suis, etc.

« Charlotte Corday. »

Elle ne revint pas à une heure, mais seulement le soir, vers sept heures et demie ; sortie de son Hôtel, elle prit une voiture à la place des Victoires, traversa le Pont-Neuf, se fit conduire rue des Cordeliers, et descendit devant la maison de Marat. Comme le matin, la portière refusa de la laisser passer ; Catherine Evrard,

(1) *Revue Rétrospective.* Avril 1835.
(2) Déposition de Marie-Barbe Aubin devant le tribunal révolutionnaire.

la compagne dévouée de Marat, survenant, voulut aussi l'empêcher de passer ; ce conciliabule fit du bruit dans la maison : Marat qui était au bain l'entendit, et ordonna qu'on laissât entrer ; Catherine Evrard livra alors passage à cette jeune fille, ayant l'air d'une provinciale cossue avec sa robe blanche et son fichu noir.

Charlotte Corday monte au premier étage, entre dans e vestibule, traverse la petite pièce et le trouve dans la salle de bain ; Marat était dans la baignoire recouverte d'un drap sale et d'une planche, sur laquelle il écrivait.

La conversation s'engage alors sur Caen et les Girondins, dont Marat demande des nouvelles, et sur le compte desquels il finit par dire :

— Soyez tranquille, dans peu de jours, ils seront tous guillotinés à Paris.

La jeune fille saisit à ce moment son couteau qu'elle avait caché sous son fichu, et en porte un coup à Marat ; le couteau s'enfonce jusqu'à la garde, traversant le poumon et livrant passage à un flot de sang [1].

— A moi, ma chère amie ! a seulement la force de s'écrier Marat.

Catherine Evrard acccourut ; en présence de l'homme qu'elle idolâtrait, mourant, elle appela à la garde !

Charlotte Corday restait là, debout, calme, contemplant son œuvre.

(1) La baignoire où Marat fut assassiné est en cuivre de couleur fauve presque noire ; elle a la forme d'un sabot. Une sorte de tabouret en cuivre est appliqué au fond de la baignoire, ce qui permettait de rester assis et d'écrire facilement.

C'est sous cet escabeau que se plaçait l'appareil pour faire chauffer le bain. Les taches de sang paraissent encore, on voit distinctement incrustées les traces horizontales des drogues sulfureuses, dont se composaient les bains du conventionnel, atteint, on le sait, d'une maladie cutanée.

Laurent Basse qui se trouvait dans une pièce voisine à plier des journaux accourut à son tour ; voyant ce qui se passait, il se mit à crier au secours et craignant que Charlotte Corday ne voulut se sauver, il barra la porte avec des chaises et même lui en porta un coup sur la tête. (1)

Un dentiste qui logeait dans la maison, vint aussi attiré par le bruit ; il essaya d'arrêter le sang qui coulait à gros flocons mais ne put y parvenir ; le corps fut retiré de la baignoire et porté dans son lit, « où étant, Marat ne remua plus. » (2) Quand le chirurgien des armées Philippe Pelletan arrive, il ne put que constater le décès.

« La forme de sabot pour les baignoires était commune à Paris (en 1793) à l'époque où l'eau était chère, où l'on chauffait les bains à la bouilloire et où l'on avait par conséquent tout intérêt à diminuer le volume d'eau nécessaire pour tremper le corps. Avec la forme de sabot qui ne permettait pas au liquide de remonter autrement que par le déplacement du corps immergé, il faut pour un bain moitié moins d'eau qu'avec la forme du cuvier oblong. Aussi trouvait-on ces baignoires-sabot en location chez les chaudronniers. Les bains à demeure et à domicile n'existaient pas encore. Les hôtels seuls avaient des salles de bains.

« La baignoire de Marat était-elle à lui ? C'est possible, et même probable, car sa maladie chronique exigeait des bains fréquents, et il avait bien pu l'acheter ; toutefois, on ne trouve pas de baignoire mentionnée dans l'inventaire très détaillé de son mobilier, après l'assassinat. Il est vrai que la fameuse baignoire figura *en nature* lors de l'exposition de son corps, dans l'église des ci-devant Cordeliers, et fut conservée ensuite à l'intérieur du monument funéraire qu'on lui éleva place du Carrousel. Il est permis de croire qu'à la réaction antimaratiste, elle eut le sort de tous les objets du culte en métal et qu'elle fut fondue pour fournir des sols et des canons à la République. » (M. COUSIN.)

Ce fût en février 1795 qu'un décret de la Convention ordonna de briser et jeter dans l'égout de la rue Montmartre le buste de Marat, avec un vase de nuit plein de cendres, simulacre de ses restes, ce qui donna naissance à la croyance populaire que le corps lui-même y avait été précipité.

1. Déposition de Laurent Basse.

2. Déposition d'Antoine Delafondée.

L'assassin fut arrêtée et conduite au commissariat de police de la Section du Théâtre Français.

On la fouilla et on trouva sur elle la clef de sa malle un dé à coudre en argent, un peloton de fil, la gaîne en chagrin du couteau, cinquante livres en argent, cent vingt livres en assignats, une montre en or et son extrait de naissance. [1]

Pendant qu'on procédait à l'interrogatoire sommaire, le bruit se répandait dans Paris que Marat venait d'être assassiné, la foule se pressait vers la rue des Cordeliers. La Convention nommait une commission composée de Maure, Legendre, Chabot et Drouet qui se rendit immédiatement auprès de Charlotte Corday pour assister au premier interrogatoire ; elle était calme et paraissait seulement émue par les cris de douleur que poussait Catherine Evrard.

Comme Chabot voulait prendre, pour l'examiner, la montre trouvée sur elle :

— Oubliez-vous, dit-elle que les capucins font vœu de pauvreté?

Chabot lui demanda :

— Comment avez-vous pu frapper Marat, droit au cœur ?

— L'indignation qui soulevait le mien, répondit-elle, m'indiquait la route.

Quand elle quitta le commissariat pour se rendre à la prison de l'Abbaye, il y avait une foule énorme ; on la fit monter en voiture, il s'éleva alors « du milieu du peuple un mugissement si formidable, qu'elle se sentit défaillir. » [2]

Elle passa une nuit agitée, parla beaucoup, avec

1. Procès-verbal de l'arrestation.
2. Rapport de Drouet à la Convention.

quelques désordres, mais sans laisser échapper un mot de regret ou de repentir ; au contraire, on lui entendit dire :

— J'ai rempli ma tâche, d'autres feront le reste. (1)

***

Le lendemain de la mort de Marat, plusieurs orateurs se présentèrent à la barre de la Convention pour déplorer cet évènement ; son corps fut embaumé et déposé dans l'ancienne église des Cordeliers

La maladie de peau dont était affecté l'ami du peuple n'ayant pas permis de découvrir certaines parties de son corps; on exposa sa chemise sanglante. Les sections se succédèrent autour du catafalque jusqu'au moment de ses funérailles. Plusieurs sections jetèrent des fleurs sur le corps. (2)

A la séance de la Convention du 15 Juillet, David monta à la tribune.

— J'ai cru, dit-il, que la meilleure manière de faire son éloge était de le montrer à ses concitoyens dans la même attitude où je l'avais surpris vendredi ; je le plaçai donc dans son bain, une seule main au-dessus de l'eau, tenant une plume ; et à côté de lui un billot sur lequel est une feuille de papier. (3)

Des orateurs populaires se succédèrent autour du cadavre et prononcèrent des éloges funèbres les plus dithyrambiques. (4)

Le club des Jacobins consacra toute une séance à cet assassinat. On apprit que l'ami du peuple avait laissé pour toute fortune un assignat de vingt cinq sous. (5)

1. Rapport de Drouet à la Convention.
2. *Journal de la Montagne* no XLVII.
3. *Journal de Paris*, no CXCVII.
4. *Histoire Parlementaire*, XXVIII. p. 338.
5. *Moniteur*.

Bentabolle demanda que les restes fussent déposés au Panthéon et il fallut l'intervention énergique de Robespierre, agacé de cette popularité posthume, pour faire remettre à plus tard cet honneur public. (1)

Les funérailles eurent lieu le 16 juillet ; la marche du cortège dura depuis six heures du soir jusqu'à minuit. La Convention et la commune y assistaient en corps. Le cercueuil fut déposé dans le jardin des Cordeliers.

Quelques jours après un artiste nommé Bonvalet, vint faire hommage du buste de Marat à la Convention qui décréta qu'il serait placé dans le lieu des séances à côté de ceux de Brutus et de Lepelletier Saint-Fargeau.

Un admirateur, Desprez-Valmout composa les vers suivants pour le portrait de l'ami du peuple :

Peuples de l'univers, vous devez votre estime
A ce martyr heureux de votre liberté,
Par ses assassins même il fut tant respecté
Qu'ils n'ont pu l'approcher et consommer leur crime
Qu'en lui parlant d'humanité.

C'était une allusion à une phrase que contenait une seconde lettre de Charlotte Corday à Marat et qui contenait ces mots : « Il suffit que je sois malheureuse pour que vous me deviez protection. »

Un arrêté du Conseil Général donna son nom à la rue des Cordeliers et celui de « Place de l'ami du peuple » à la rue de l'Observance.

Sur la porte de sa maison on plaça le quatrain suivant :

Peuple, Marat est mort ; l'amant de la patrie,
Ton ami, ton soutien, l'espoir de l'affligé
Est tombé sous les coups d'une horde flétrie.
Pleure, mais souviens-toi qu'il doit être vengé.

1. *Le Républicain Français*. no CCXLV.

La mort de Marat provoqua uu véritable enthousiasme et l'apothéose atteignit des proportions qu'on à peine à se figurer ; on aurait dit que le coup de couteau en faisait un héros de la taille de ceux de Corneille, et de ce tragique dont Charlotte Corday était une descendante (1).

1. Voici la généalogie de Charlotte Corday, descendante de Pierre Corneille,

Pierre CORNEILLE, père du grand Corneille.

| 1. Le Grand Corneille. | . Thomas Corneille. | 3. Marie Corneille. | 4. Mar he. Corneille. |
|---|---|---|---|

I

Epouse en 2e noces
Jacques de Farcy
trésorier de France
à Alençon.

Marie de Farcy — François de Farcy

Epouse Adrien de Corday
leur fils :
Jacques-Adrien de Corday
épouse
Marie de Belleau de la Motte
I
De ce mariage 4 fils dont le 3e
Jacques-François de Corday d'Armont
épouse
Jacqueline, Charlotte-Marie de Gauthier
des Anthieux
I
De ce mariage 2 fils et 3 filles
dont la seconde
Charlotte CORDAY.

# XXXIV

# EXECUTION DE CHARLOTTE CORDAY

PROCÈS DE CHARLOTTE CORDAY. — SA CONDAMNATION. — SES DERNIERS MOMENTS. — LETTRES A SON PÈRE ET A BARBAROUX. — ATTITUDE DU PRÉSIDENT. — SON AVOCAT. — SON DERNIER PORTRAIT. — LA CHEMISE ROUGE. — SA MORT. — SA TÊTE SOUFFLETÉE. — WESTERMAN A LA BARRE DE LA CONVENTION. — CAPITULATION DE MAYENCE. — PRINCIPE DE LA PROPRIÉTÉ LITTÉRAIRE RECONNU. — LA CONTRE-RÉVOLUTION MAITRESSE DE LYON. — MORT DE CHALIER.

Pendant que Paris faisait à Marat des funérailles triomphales, Charlotte Corday était transférée de l'Abbaye à la Conciergerie ; elle devait comparaître devant le tribunal révolutionnaire, le 17 juillet ; en attendant elle passait son temps à écrire, d'abord à son père, puis à Barbaroux, à qui elle racontait ses émotions et ses impressions.

Voici d'abord la lettre écrite à son père :

« Pardonnez-moi, mon cher papa, d'avoir disposé de mon existence sans votre permission ; j'ai vengé bien d'innocentes victimes, j'ai prévenu bien d'autres désastres. Le peuple un jour désabusé se réjouira d'être délivré d'un tyran, si j'ai cherché à vous persuader, que je passais en Angleterre, c'est que j'espérais garder l'incognito [1], mais j'en reconnus l'impossibilité. J'espère que vous ne serez pas tourmenté. En tous cas, je vois que vous aurez des défenseurs à Caen ; j'ai pris pour défenseur Gustave Doulcet, un tel attentat ne permet nulle défense, c'est pour la forme ; adieu, mon cher papa, je vous prie de m'oublier ou plutôt de vous réjouir de mon sort, la cause en est belle, j'embrasse ma sœur que j'aime de tout mon cœur, ainsi que tous mes parents, n'oubliez pas ce vers de Corneille :

Le crime fait la honte et non pas l'Echafaud.

« C'est demain, à huit heures, que l'on me juge.

« Ce 6 juillet.

« CORDAY. »

Comme elle le disait à son père, elle écrivait au conventionnel Doulcet de Pontécoulant, ex-girondin prudent qui siégeait sur la Montagne : c'était le neveu de l'abbesse du couvent où Charlotte avait été élevée. Doulcet ne couchait pas chez lui et la lettre ne lui parvint pas à temps pour qu'il put la défendre, s'il eût voulu le faire [2].

Tout en continuant à écrire sa lettre à Barbaroux, qu'elle espérait bien voir publiée, comme elle le fut en effet, et dans laquelle Charlotte Corday présente sa défense, elle s'occupait des soins de sa toilette ; elle se

(1) C'est là un mensonge filial, puisque parmi les papiers qu'elle avait emportés de Caen il y avait son extrait de baptême qui devait dans tous les cas, établir son identité.

(2) DOULCET DE PONTÉCOULANT. Né à Caen en 1764 ; officier de cavalerie. Vota contre la mort du roi. Décrété d'accusation au 3 octobre 1893, il se cacha chez une libraire, Mme Lejay, qu'il épousa. Fit partie des 500 ; adhéra au 18 brumaire ; devint préfet de la Dysle, entra au Sénat, fut créé comte ; la Restauration lui octroya la pairie et il mourut en 1853.

commanda un bonnet neuf, qui fut à la mode de Paris pour remplacer son bonnet de Caen; et elle dépensa pour cet objet, trente-six francs pris sur l'argent qui, lui appartenait et qui était déposé au greffe.

A l'Abbaye, elle décrivait ses occupations :

« Je suis on ne peut mieux dans ma prison; les concierges sont les meilleures gens possibles ; on m'a donné des gendarmes pour me préserver de l'ennui. J'ai trouvé cela fort bien pour le jour et fort mal pour la nuit. Je me suis plainte de cette indécence, le Comité n'a pas jugé à propos d'y faire attention ; je crois que c'est de l'invention à Chabot : il n'y a qu'un capucin qui puisse avoir ces idées [1] ; je passe mon temps à écrire des chansons... »

A la Conciergerie, elle reprit sa lettre et s'occupa de son défenseur :

« Il faut un défenseur, c'est la règle, j'ai pris le mien sur la Montagne, c'est Gustave Doulcet; j'imagine qu'il refusera cet honneur, cela ne lui donnerait cependant guère d'ouvrage ; j'ai pensé demander Robespierre ou Chabot...

« C'est demain à huit heures qu'on me juge ; probablement à midi, j'aurai vécu, pour parler le langage romain. — C'est la fin qui couronne l'œuvre. Je n'ai point besoin d'affecter d'insensibilité sur mon sort, car jusqu'à cet instant, je n'ai pas la moindre crainte de la mort. »

La lettre se termine par ces mots :

« Les prisonniers de la Conciergerie, loin de m'injurier comme ceux des rues, avaient l'air de me plaindre.

(1) Fouquier Tinville, dans son court réquisitoire, donna lecture de cette lettre ; quand il fut arrivé à ce passage, Charlotte ne put retenir un sourire malicieux.

Le malheur rend toujours compatissant ; c'est ma dernière réflexion. »

« Mardi 16, à 8 heures du soir. »

***

Le lendemain, 17 juillet, Charlotte Corday comparut devant le tribunal révolutionnaire.

Le président Montané était sympathique, peut-être à son insu, à cette jeune fille d'une beauté résignée ; il lui demanda si elle avait un défenseur.

— J'avais choisi un ami, qui, sans doute, n'aura pas eu le courage de se présenter.

Le Président apercevant alors, dans la salle, un jeune homme qui était assidu aux séances, Chauveau de la Garde, le nomma d'office. L'avocat improvisé monta à côté de la jeune fille sur l'estrade ; elle le regarda avec inquiétude « comme craignant une justification qu'il lui aurait fallu désavouer [1]. »

Les débats furent sommaires ; le crime était reconnu et avoué. Fouquier Tinville lut l'acte d'accusation et l'interrogatoire commença [2].

D. — Qui vous a engagé à commettre cet assassinat ?

R. — Ses crimes.

D. — Qu'entendez-vous par ses crimes ?

R. — Les malheurs dont il a été cause depuis la Révolution.

D. — Quels sont ceux qui vous ont engagé à commettre cet assassinat ?

R. — Personne, c'est moi qui en ai conçu l'idée.

Les témoins sont entendus ; l'accusée reconnaît les faits et une discussion ne s'élève qu'au sujet de la déposition d'une femme qui prétend l'avoir vue, la veille, dans les tribunes de l'Assemblée, accompagnée

(1) Note de Chauveau de La Garde.

(2) Les détails de l'audience sont extraits du « Bulletin du Tribunal révolutionnaire. »

des députés Duperré et Fauchet, — ce qui était faux du reste.

Parlant de sa vie à Caen, le président lui demande :

D. — Etait-ce à un prêtre assermenté ou insermenté que vous alliez à Caen ?

R. — Je n'allais ni aux uns ni aux autres, car je n'avais pas de confesseur.

D. — Quelles étaient vos intentions, en tuant Marat ?

R. — De faire cesser les troubles et de passer en Angleterre, si je n'eusse point été arrêtée.

D. — Y avait-il longtemps que vous aviez formé ce projet ?

R. — Depuis l'affaire du 31 mai, jour de l'arrestation des députés du peuple.

D. — N'avez-vous pas assisté aux conciliabules des députés transfuges à Caen ?

R. — Non.

D. — C'est donc dans les journaux, que vous lisiez, que vous aviez appris que Marat était un anarchiste.

R. — Oui, je savais qu'il pervertissait la France. J'ai tué un homme pour en sauver cent mille ; c'était d'ailleurs un accapareur d'argent ; on a arrêté à Caen un homme qui en achetait pour lui. J'étais Républicaine bien avant la Révolution et n'ai jamais manqué d'énergie.

D. — Qu'entendez-vous par énergie ?

R. — Ceux qui mettent l'intérêt particulier de côté et savent se sacrifier pour leur patrie.

On lui montra le couteau, elle détourna la vue et l'éloignant de la main, elle dit :

— Oui, je le reconnais, je le reconnais.

Fouquier Tinville fit remarquer qu'elle avait frappé d'en haut, pour ne pas manquer son coup ; autrement, en frappant en long, elle aurait pu rencontrer une côte et ne pas tuer ; l'accusateur ajouta :

— Apparemment, vous vous étiez d'avance bien exercée.

Charlotte Corday eut alors un moment de révolte et laissa échapper ces mots :

— Oh ! le monstre, il me prend pour un assassin.

Et comme le président insistait, elle ajouta :

— J'ai frappé comme cela s'est trouvé : c'est un hasard.

Les débats étaient terminés sans un mot de regret ou de repentir.

Les jurés firent dire à Chauveau de la Garde de se taire et le président lui fit conseiller de la faire passer pour folle. Mais le défenseur improvisé prenant le parti de l'accusée, comprenant à son regard, dit-il, que ce qu'elle craignait avant tout c'était d'être humiliée, prononça ces quelques paroles :

« L'accusée avoue avec sang-froid l'horrible attentat qu'elle a commis ; elle en avoue avec sang-froid sa longue préméditation ; elle en avoue les circonstances les plus affreuses. Ce calme et cette abnégation, sublimes sous un rapport, ne sont pas dans la nature ; ils ne peuvent s'expliquer que par l'exaltation du fanatisme politique qui lui a mis le poignard à la main... Je m'en rapporte à votre prudence. »

Pendant cette courte défense, le visage de Charlotte rayonnait de joie [1] tant elle craignait de passer pour folle.

Le président, poursuivant le désir de la sauver, changea la cinquième question : au lieu de demander au jury : « A-t-elle commis le crime avec préméditation

(1) Note de Chauveau de la Garde.

et dessein criminel ? » Il se contenta de demander : « A-t-elle commis le crime avec préméditation ? »[1]

Charlotte Corday n'en fut pas moins condamnée à mort, et, suivant la loi, [2] il fut ordonné qu'elle serait conduite sur le lieu de l'exécution en chemise rouge.

* * *

Après la condamnation, elle fit appeler son jeune avocat par les gendarmes, le remercia de l'avoir défendue d'une manière digne de lui et d'elle ; comme ses biens étaient confisqués, elle le pria de payer à l'Abbaye les dépenses qu'elle avait faites [3].

Revenue dans son cachot, elle refusa de se confesser à un prêtre qui se présentait.

— Remerciez, lui dit-elle, de leur attention pour moi, les personnes qui vous ont envoyé, mais je n'ai pas besoin de votre ministère [4].

Pendant l'audience, un peintre, Hauer, commandant en second du bataillon des Cordeliers, avait essayé de dessiner son portrait ; après sa condamnation, elle demanda et obtint que le peintre vint dans son cachot, en présence d'un gendarme, il continua son ébauche.

Pendant qu'Hauer dessinait, Charlotte Corday se mit à écrire la lettre suivante :

« *A Doulcet Pontécoulant.* — Doulcet Pontécoulant est un lâche d'avoir refusé de me défendre [5], lorsque

(1) Le président, pour ce fait, fut mis en accusation le 20 juillet, sur les réquisitions du Comité de salut public.

(2) Article IV. Titre Premier de la première partie du code pénal.

(3) Note de Chauveau de la Garde.

(4) *Histoire Parlementaire.* — XXVIII, p. 334.

(5) Nous avons déjà dit que Doulcet Pontécoulant n'avait pas eu à refuser ; étant absent de chez lui, il ne reçut la lettre qu'après l'exécution.

la chose était si facile. Celui qui l'a fait s'en est acquitté avec toute la dignité possible ; je lui en conserverai une reconnaissance jusqu'au dernier moment. » — « Charlotte Corday. »

On ouvrit la porte du cachot: c'était le bourreau. Il était sept heures du soir.

— Quoi déjà ! dit-elle.

Elle prit les ciseaux des mains du bourreau, elle coupa une boucle de ses cheveux blonds, et les remit au peintre Hauer.

— Monsieur, lui dit-elle, je ne sais comment vous remercier du soin que vous avez pris, je n'ai que ceci à vous offrir, gardez-le en mémoire de moi.

On lui coupa les cheveux, on lui passa la chemise-rouge et elle monta sur la charrette ; elle conserva, durant le trajet, son air tranquille ; elle pâlit un moment en apercevant le couteau [1]. Mais elle reprit vite son sang-froid, monta d'un pas ferme sur l'échafaud et mourut avec fierté.

La tête venait de rouler dans le panier, quand un charpentier maratiste, qui servait d'aide à Samson, la prit, et la montrant au peuple, la souffleta. « Lâcheté abominable que le peuple accueillit par un immense et presqu'universel murmure [2]. » La Commune ordonna que ce misérable fût mis en prison.

***

Ces événements tragiques, qui étaient pour ainsi dire le menu ordinaire des journées de la Révolution, n'empêchaient pas la Convention de continuer à surveiller la France entière; le 15 juillet, le général Westerman

(1) Cabanis affirme ce fait, le tenant d'un médecin de ses amis témoin oculaire.

(2) *Chronique de Paris.*

comparaissait à la barre, pour y rendre compte d'une panique, dont il n'était pas responsable. Parti, le 10 mai, pour la Vendée, en qualité de général de brigade, il se créa un rôle de vrai chef d'avant-garde. Impétueux jusqu'à l'excès, brave jusqu'à la témérité, il chargeait à la tête de ses soldats. Il prit Parthenay et il courut sur Châtillon assiégée par les Blancs : les armées de Lescure et de Larochejacquelin y étaient réunies. Il bouscule un ennemi bien supérieur en nombre, entre dans la ville, délivre les prisonniers et attend des secours de Biron ; mais celui-ci, fidèle à un programme suivi depuis longtemps, ne bouge pas. Nous sommes au 3 juillet. Pendant que Westerman attend un secours qui ne vient pas, les soldats qu'il commande, recrutés un peu au hasard, s'imaginent qu'ils sont trahis ; une folle terreur s'empare d'eux : ils abandonnent les canons et les munitions. Westerman fait des prodiges pour les retenir : c'est en vain, il demeure à la tête de ses cent hussards. La Convention émue le manda à la barre, pour lui demander compte de ce désastre. On le renvoya devant le tribunal militaire de Niort [1].

A peu près au même moment, Mayence, investie depuis le 6 avril, capitulait. Les deux représentants du peuple, Merlin (de Thionville) et Rewbel s'étaient enfermés dans la place, y exerçant les pouvoirs civils et militaires les plus étendus. Un conseil de guerre qu'ils présidaient composé de tous les chefs de corps, décidait les principales mesures de défense. Parmi les officiers en sous-ordres, servant sous Aubert Dubayet, figurait Kléber, dont la réputation ne commença qu'en 1794, à la bataille de Fleurus. La garnison était forte de trente-deux mille hommes, les remparts garnis de

(1) Il fut acquitté, avec honneur, le 29 août.

deux cents pièces, à peu près le tiers de ce qui était nécessaire. Il y avait trois mille chevaux dans la place, mais comme le foin manquait, on en fit abattre et saler une partie; enfin, les caisses étant vides, on fit des emprunts.

Les assiégeants se composaient de soixante-mille Prussiens. Les deux armées opposèrent longtemps, l'une à l'autre, toutes les ressources de la guerre.

Mais la disette se fit sentir; les vivres manquèrent. On mangea les chiens, les chats et même des rats. La livre de cheval se vendait quarante sous. « Les soldats étaient comme des spectres. » On permit à deux mille habitants, femmes, vieillards et enfants, de sortir de la ville, mais repoussés par les Prussiens, ils durent y rentrer.

Les grains faisant défaut et la garnison ayant mangé ses chevaux, il fallut songer à la capitulation. L'armée obtint les honneurs de la guerre : elle emporta ses armes, ses pièces de campagne et ses caissons, en s'engageant à ne pas combattre les armées coalisées pendant une année.

La Convention commença par rendre un décret d'accusation contre tous les généraux qui commandaient à Mayence; mais, mieux informée par Merlin (de Thionville) et Rewbel, ayant connu l'héroïsme des soldats et la valeur des chefs, elle déclara que la garnison de Mayence avait bien mérité de la patrie. On utilisa cette armée en l'envoyant en Vendée, où nous la retrouverons.

Entre temps la Convention vota ce principe sacré de la propriété littéraire, la plus sacrée de toutes, puisqu'elle est le produit du travail et de l'intelligence.

C'est dans une agitation facile à comprendre, que

Paris apprenait toutes ces nouvelles des défaites en Vendée et sur le Rhin, assistait à tous ces drames; la population était en proie à la disette; tous les jours, on était à la veille de la famine et le bruit se répandait tout-à-coup que la peste était à l'Hôtel-Dieu. La terreur gagnait une partie de la population et, pour la rassurer, il fallait démentir officiellement ce bruit, à la tribune de l'Assemblée. [1]

Les nouvelles de Lyon n'étaient pas meilleures que celles de la Vendée et de Mayence. Après avoir méconnu le pouvoir du conventionnel Robert Lindet envoyé en mission, la contre-Révolution avait assassiné l'ex-municipal Sautemouche; elle avait condamné à mort l'ancien président du tribunal, le patriote Chalier, qui fut exécuté, le 16 juillet, dans des circonstances affreuses; manquée plusieurs fois par la guillotine, sa tête ne put être séparée qu'à l'aide d'un couteau.

Poussés à bout, les patriotes se préparèrent à la révolte et organisèrent une lutte d'où devaient sortir tant d'excès.

(1) Thuriot. — Séance de la Convention du 4 août.

## XXXV

Du 24 au 31 juillet.

# CUSTINE DÉCRÉTÉ D'ACCUSATION

CUSTINE SUSPECT. — REPROCHES ADRESSÉS A CE GÉNÉRAL. — IL EST DÉCRÉTÉ D'ACCUSATION. — DÉCRET CONTRE LES ACCAPAREURS. — PREMIÈRE APPLICATION. — CAPITULATION DE VALENCIENNES. — L'ÉTAT-MAJOR DE ROSSIGNOL. — LE GÉNÉRAL A LA BARRE DE L'ASSEMBLÉE. — CULTE DU CŒUR DE MARAT. — EXTRAVAGANCES PATRIOTIQUES. — LA PYRAMIDE DU CARROUSEL.

Les deux villes de Condé et de Mayence ayant été obligées de capituler, on s'occupa de Valenciennes également investie et dont le sort donnait des inquiétudes. Précisément le chef de l'armée du Nord, Custine, se trouvait à Paris où il avait été appelé par le Comité de Salut public pour qu'il eût à rendre compte de sa conduite. On accusait son patriotisme et on incriminait sa fidélité militaire. — A l'armée du Nord, qu'on lui avait donné à commander après son échec à l'armée du Rhin, il s'était fait le propagateur actif des calomnies girondines contre le parti de la Montagne.

Au point de vue militaire, on lui reprochait d'avoir laissé capituler la ville de Condé sans essayer de faire lever le siège.

Arrivé à Paris, Custine fut salué par le public contre-révolutionnaire du Palais Royal par les cris de : vive Custine ! — Bazire l'accusa en outre de distribuer de l'argent à certaines femmes afin de provoquer un mouvement en sa faveur.

— La Nation a des doutes sur Custine, s'écria Danton, il faut qu'il soit jugé.

Et il demanda que le Comité de Salut public et le Ministre de la guerre fissent un rapport sur tous les faits à la charge de ce général.

Le représentant du peuple aux armées Soubrany écrivait : « Faites arrêter Custine, c'est un traitre. »

Les accusations de trahison se précisaient : on lui reprochait d'avoir recommandé à son successeur de ménager les Prussiens : « Emmenez avec vous le plus de Prussiens que vous pourrez : ce sont des Prussiens, il ne faut pas tout tuer ; quant aux Autrichiens et aux Hessois, je vous les abandonne, faites-en chair à pâté. »

A ce moment on apprit à Paris la nouvelle de la reddition de Mayence. Le général Houchard qui se proposait de marcher au secours de cette place écrivait de son côté : « Sans les perfidies de Custine, j'étais avant huit jours à Mayence et je délivrais la place. » — Houchard, après avoir délivré Mayence, devait prendre les Autrichiens par derrière et leur faire évacuer le département du Nord.

Enfin on l'accusait d'avoir dégarni l'artillerie de Lille.

Le 28 juillet, Barrère qui l'avait autrefois soutenu avec ardeur, monta à la tribune et demanda la mise en accusation et l'arrestation du général qui furent décrétées.

En même temps, la Convention prenait des mesures

rigoureuses contre les accapareurs qui étaient punis de mort.

« Sont déclarés coupables d'accaparement, dit le décret du 26 juillet, ceux qui dérobent à la circulation des marchandises ou denrées de première nécessité qu'ils altèrent ou détiennent enfermées dans un lieu quelconque sans les mettre en vente journellement et publiquement. » — Sont également déclarés accapareurs ceux « qui font périr ou laissent périr volontairement les denrées et marchandises de première nécessité. »

Les marchandises de première nécessité sont « le pain, la viande, le vin, les grains, farines, légumes, fruits, le beurre, le vinaigre, le cidre, l'eau-de-vie, le charbon, le suif, le bois, l'huile, la soude, le savon, le sel, les viandes, poissons secs, fumés, salés ou marinés, le miel, le sucre, le papier, le chanvre, les laines ouvrées et non ouvrées, les cuirs, le fer et l'acier, le cuivre, le drap, la toile, et généralement toutes les étoffes, ainsi que les matières premières qui servent à leur fabrication, les soieries exceptées. »

On promettait des primes aux citoyens qui dénonceraient les accaparements ; le dénonciateur « aura un tiers du produit des marchandises et denrées sujettes à la confiscation ; un autre tiers sera distribué aux citoyens indigents de la municipalité. »

Le décret fut appliqué le lendemain même et douze fournisseurs chargés d'alimenter l'immense magasin de l'Oratoire de Paris furent mis en état d'arrestation, accusés d'avoir accaparé des marchandises dont les armées n'ont aucun besoin et qui n'ont aucun trait à la guerre. (1) « Les fournisseurs de la République, conclut le journal de Prudhomme, sont aussi fripons que dans l'ancien régime. »

(1) Révolution de Paris.

***

Le décret sévère contre les accapareurs donne un peu de confiance à Paris démoralisé par les mauvaises nouvelles de la Vendée et de l'armée du Nord et qui voyait les agioteurs et les accapareurs s'entendre pour faire baisser les assignats et organiser la disette, de telle sorte qu'à un moment donné la Convention se serait trouvée sans finances et la capitale sans pain.

Pour mettre le comble à l'émotion populaire, après Condé et Mayence, Valenciennes venait de capituler à son tour. Cette capitulation fut arrêtée le 28 juillet entre le général Ferrand, commandant de la place et le duc d'Yorck, général en chef de l'armée combinée assiégeante. Les représentants du peuple, Cochon et Briez étaient dans Valenciennes avec 9,000 hommes ; mais la garnison se trouvait réduite à 3,500 soldats. Les habitants avaient témoigné la volonté de se rendre dès les premiers jours du bombardement. Il fallut emprisonner plusieurs femmes et les canonniers de la citadelle durent menacer de tirer sur la ville si on renouvelait des mouvements pour la capitulation. Mais les soldats tinrent bon et, ne songèrent à céder que lorsque l'intérieur de la ville fut un monceau de décombres. Le duc d'Yorck fit une sommation mettant la ville en demeure de se livrer et la menaçant, si elle ne remettait pas les armes, de passer la garnison et les habitants au fil de l'épée. « Aussitôt, disent Cochon et Briez les attroupements devinrent nombreux ; une foule de coquins armés maîtrisèrent les avenues de la municipalité et du conseil de guerre et on nous consigna jusqu'à ce que la capitulation fût signée. »

Toutes ces nouvelles rendaient soupçonneux et injustes et la suspicion s'éveillait de tous côtés. Parfois la division dans le camp des soldats républicains servait encore les intérêts des royalistes et des ennemis ; c'est ce qui advint à Rossignol qui fut obligé, lui aussi, de venir se disculper à la tribune de l'assemblée.

Rossignol n'était pas un général de carrière, mais c'était un bon patriote et un brave homme au fond, quoique subissant l'influence du milieu bizarre qui formait son état-major dans lequel on voyait un ancien prêtre, Hasard, chassé du club des jacobins, Momoro qui devait devenir hébertiste enragé et un ancien acteur. « Transformé en offiicier supérieur par la lie des clubs. » [1] Des femmes de mauvaise vie suivaient cette armée et les chefs se délassaient parfois avec elles des fatigues de la campagne. A Fontenoy, on avait logé Rossignol, son état-major et sa suite dans une maison appartenant à un Vendéen combattant contre les bleus et dont les biens avaient été mis sous sequestre. Les scellés avaient été apposés ; les compagnons de Rossignol les brisèrent ; on s'empara des bijoux, des vêtements d'hommes et de femmes et on prit jusqu'à une voiture qui furent confisqués au profit de la nation. La municipalité dressa procès-verbal ; Rossignol dut venir s'expliquer à la barre : il démontra qu'on avait rien distrait ; que les objets saisis y compris la voiture avaient été régulièrement réquisitionnés, employés pour les besoins du service et il termina par ces mots : « Mon corps, mon âme, tout est à la patrie. ». Rossignol fut vivement applaudi, Robespierre qui présidait, le félicita « d'avoir marché dans le sentier étroit du patriotisme, » et il fut invité aux honneurs de la séance.

Le lendemain il regagnait son armée dont il reprenait le commandement.

(1). Louis Blanc.

***

Les Maratistes entraînés par un zèle aveugle se livrèrent à des cérémonies publiques un peu extravagantes.

Paris assista à des manifestations du culte nouveau de Marat organisées par les Cordeliers qui demandèrent la permission de prendre au garde-meuble l'un des plus beaux vases pour y renfermer les restes de l'ami du peuple.

Le cœur de Marat fut enfermé dans une urne et suspendue aux voûtes du club. (1) Un orateur prit alors la parole et les yeux levés vers cette urne qui contenait le cœur, il s'écria : (2)

« Restes précieux d'un Dieu serons-nous donc parjures à tes mânes !

« Tu nous demandes vengeance et tes assassins respirent encore !

« Réveillez-vous, Cordeliers, il est temps. Courrons vénérer Marat; courrons essuyer les larmes de la France éplorée. »

Le lendemain, le cœur de Marat fut transporté dans le jardin du Luxembourg où on avait dressé un espèce de reposoir pour l'y recevoir. Un orateur lut un discours qui avait pour épigraphe « *o cor Jesus ! o cor Marat ! Cœur sacré de Jésus, Cœur Sacré de Marat vous avez les mêmes droits à nos hommages !* » (3)

Rien de plus bizarre que ce discours et cette rhétorique mystico-révolutionnaire.

L'orateur compare, dans son discours, les travaux du fils de Marie avec les travaux de l'ami du peuple ; les apôtres sont les jacobins et les Cordeliers ; les publi-

(1) *Histoire Parlementaire* XXVIII. 395.
(2) *Le journal de la Montagne* n° 63.
(3) *Les Révolutions de Paris*, n° 111. p. 61.

cains sont les boutiquiers, les Pharisiens sont les Aristocrates. « Jésus est un prophète et Marat est un Dieu.» Il finit par comparer Catherine Evrard la compagne de Marat, à la mère de Jésus : celle-ci a sauvé l'enfant Jésus en Egypte, l'autre a soustrait Marat au glaive de Lafayette, qui était un nouvel Hérode(1)

Henriot nommé définitivement commandant de la garde nationale offrit ensuite de fournir gratuitement des cyprès, des œillets, des roses pour orner la tombe de Marat.

Quelques mois plus tard, sur la proposition de Marie Joseph Chenier, le cœur de Marat sera transporté au Panthéon, le 14 novembre 1793, à la place des restes de Mirabeau. On alla plus loin ; on bâtit en pleine place du Carrousel, une espèce de Pyramide dans l'intérieur de laquelle on plaça son buste, sa baignoiee, son encrier, sa lampe (2) et on confia la garde de ce temple d'un nouveau genre à une sentinelle.

(1) *La Révolution de Paris,* no 111, p. 61.
(2). Mercier. *Le nouveau Paris.* Ch. CXLVI.

## XXXVI

Du 1er au 7 août

# LES SIX DÉCRETS DU 1er AOUT

I. DÉCRET CONCERNANT MARIE-ANTOINETE. — II. CONTRE LA VENDÉE. — III. CONTRE LES ÉTRANGERS. — IV. FERMETURE DES BARRIÈRES. — V. COMMISSAIRES AUX ARMÉES. — VI. POUR LE COURS FORCÉ DES ASSIGNATS. DANTON DEMANDE UN GOUVERNEMENT PROVISOIRE. — RELACHEMENT MILITAIRE EN VENDÉE. — BACOT, MAIRE DE NANTES ARRÊTÉ A LA BARRE DE LA CONVENTION. — COLLOT-D'HERBOIS ATTAQUE GARAT. — CARRA DÉCRÉTÉ D'ACCUSATION. — LES ENRAGÉS ET LES HÉBERTISTES. — DANTON ET C. DESMOULINS DEMANDENT LA CLÉMENCE. — LES DÉLÉGUÉS DES ASSEMBLÉES PROVINÇIALES A PARIS. — MESURES DE POLICE.

— On aurait dit que plus la situation devenait difficile, plus la Convention devenait intrépide.

Le 1er août elle rend six décrets d'une importance considérable.

*Premier décret :*

Marie-Antoinette est renvoyée au Tribunal extraordinaire et elle sera transférée sur le champ à la conciergerie.

« Tous les individus de la famille Capet seront déportés, à l'exception des deux enfants de Louis Capet et des individus de la famille qui sont sous le glaive de la loi. »

Les tombeaux de Saint-Denis seront détruits le 10 août.

*Second décret :*

La garnison de Mayence sera transportée en poste en Vendée ; trois millions sont votés pour l'exécution de cette mesure.

Les douze mille hommes de la garnison de Mayence ne pouvaient, de par la capitulation, combattre contre les armées coalisées, on se servit de ces douze mille disponibles pour aller combattre les Vendéens qui n'étaient pas des ennemis mais des insurgés. Ces douze mille hommes, aguerris, disciplinés, furent un appoint précieux pour dompter les Vendéens dont les progrès devenaient inquiétants.

Pour l'envoyer plus vite dans l'ouest, on transporta cette armée en poste ; on réquisitionna toutes les voitures disponibles, celles des émigrés saisies furent employées à cet objet et c'était un spectacle pittoresque de voir les anciens carrosses de l'aristocratie servir à véhiculer les soldats bleus qui allaient combattre les chouans.

« Il devra être envoyé en Vendée, par le ministre de la guerre, des matières combustibles de toute espèce pour incendier les bois, les taillis, les genêts. Les forêts seront battues, les repaires des rebelles seront détruits, les récoltes seront coupées par des compagnies d'ouvriers pour être portées sur les derrières de l'armée et les bestiaux seront saisis. — Les femmes, les enfants, les vieillards seront conduits à l'intérieur, où il sera pourvu à leur sûreté et à leur subsistance, avec tous les égards dus à l'humanité. »

*Troisième décret :*

Les étrangers des pays avec lesquels la République est en guerre, non domiciliés en France, avant le 14 juillet 1789, seront mis sur le champ en état d'arrestation.

*Quatrième décret :*

Les barrières de Paris seront fermées pour empêcher de sortir tous ceux qui ne justifieront pas d'une mission publique.

*Cinquième décret :*

Des commissaires de la Convention. Prieur, Saint-André et Lebas, iront près des armées du Nord, du Rhin et de la Moselle pour prendre, de concert avec les généraux, des mesures énergiques.

*Sixième décret :*

Tout citoyen qui refusera les assignats en paiement ou qui les donnera ou les acceptera au-dessous de leur valeur nominale sera puni d'une amende de 3,000 livres et de six mois de prison pour la première fois, au cas de récidive la peine sera de vingt ans de fer.

Par représaille, le gouvernement anglais ayant pris une mesure analogue, il fut décidé que tout français qui placerait des fonds sur les banques des pays étrangers avec lesquels la République était en guerre, serait déclaré traître à la Patrie ; d'où la peine de mort.

Toutes ces mesures étaient inspirées par le Comité de Salut Public composé de Lindet, Jean-Bon, Saint-André, souvent absents, de Couthon et Saint-Just, amis de Robespierre, d'Hérault et de Thuriot, deux amis de Danton, et de Barrère qui allait de tous les côtés, se disait l'ami de tout le monde. Danton avait refusé d'en faire partie et on fut obligé d'user de contrainte pour y pousser, le 27 juillet, Robespierre, malgré lui.

Mais ce comité était battu en brèche par les clubs et surveillé de près par Hebert et ses partisans, qui exercèrent une influence considérable ; il y avait de l'ardeur chez tous ces hommes, il leur manquait de l'action. Danton le comprit et eut le courage de le dire, à la fin de cette séance du 1er août, dans laquelle on avait rendu les six décrets.

— Erigez en gouvernement provisoire le Comité de Salut Public ; que les ministres ne soient que les agents de ce comité, et qu'il soit mis à sa disposition une somme de cinquante millions. Le peuple a confiance en vous ; soyez grands et dignes de lui ; car si votre faiblesse vous empêchait de le sauver, il se sauverait sans vous et l'opprobre vous resterait.

Saint-André, Cambon, Barrère et Couthon appuyèrent cet avis en déclarant toutefois « qu'ils donneraient leur démission s'ils avaient des fonds en maniment. »

Danton haussa les épaules et la voix :

— Quand je fus membre du conseil, je luttais contre Roland ; je pris sur moi toutes les mesures Révolutionnaires et je dis : « Périsse mon nom et que la liberté triomphe ! »

On hésite un instant ; on se concerte, on voudrait bien que Danton vint partager la charge de ce pouvoir nouveau dont on veut investir le Comité de Salut Public ; mais Danton refuse.

— J'en n'accepterai rien ; j'en jure par la patrie.

Robespierre intervient alors ; la motion fut renvoyée au lendemain et on ne lui donna aucune suite. Robespierre pensait que le moment n'était pas venu d'assumer une telle charge, il n'osa pas en prendre, avec ses collègues, la lourde et effrayante responsabilité.

Pourtant le danger pressait ; on allait prendre tant aux armées du Rhin et du Nord qu'en Vendée des mesures énergiques ; il était du reste urgent d'agir. Les officiers qui commandaient les troupes dans l'Ouest n'étaient pas sans reproches et les soldats les imitaient trop souvent.

Voici des extraits de deux lettres reçues le 1er août par la Commune et que lui avaient envoyé Bruslé et Lachevardière, ses commisaires en Vendée.

L'une datée du 28 juillet disait ; [1]

« Tu peux penser, mon ami, quel est le désordre de l'armée quand elle est commandée par des généraux et officiers qui n'aiment pas la Révolution ; ils autorisent l'indiscipline, je ne puis te rapporter tous les viols, vols et assassinats que les hommes de cinq cents livres [2] commettent dans l'armée. — Je t'en citerai quelques traits qui font frémir. — Ils ont violé, dans les bras de sa mère, la fille du maire de Saumur, âgée de dix-neuf ans ; deux domestiques de la même maison ont subi le même sort. Ces femmes sont mortes de désespoir dans le camp de Chinon. Ces mêmes soldats ont crié : vive le roi ! on y a envoyé des juges et une guillotine. Les partisans du tyran ont subi la peine de leur crime.

« Quelque coupables que soient nos soldats, je rejette l'horreur de cette conduite sur nos généraux. — Nos malheureux canonniers conduisaient, dans les rangs, une mine ambulante dont l'explosion terrible en a renversé plus de soixante. — Le lendemain quatre

(1) *Histoire Parlementaire*. XXVIII, p. 404.

(2) On appelait ainsi les hommes levés par arrêté de la Commune du 4 mai 1793 dans les bataillons parisiens et à qui ont avait donné une prime de cinq cents livres pour les exciter à aller combattre les Vendéens.

mille brigands ont mis en fuite plus de quinze mille républicains.[1] On déguise la vérité au peuple, bien loin de la lui représenter toute nue : elle réveillerait son énergie. J'espère que la journée du 10 août sera la dernière des aristocrates. — Adieu. »

Ces faits produisirent une profonde émotion dans Paris; au club des jacobins on s'en occupa à la tribune, et un officier qu'on ne nomme pas, prit la parole.[2]

« Nos succès dans la Vendée ont été courts dit-il et nos pertes réitérées. Pas un de vos généraux n'a la confiance absolu du soldat. Ineptes, débauchés ou traîtres, telles sont leurs qualités dominantes. — Une grande erreur est d'employer la tactique contre les hommes qui combattent, le scapulaire et le chapelet à la main, et qui, armés de simples bâtons, se précipitent sur notre artillerie. — Il faut avoir des tirailleurs au lieu des corps d'armée. — Nous ne pouvons plus espérer les ramener aux principes. — Il faut les tuer tous ou qu'il nous tuent. »

Ces paroles furent vivement applaudies; elles démontrent chez les officiers de l'époque plus de liberté d'allure que d'esprit de corps et de respect hiérachique.

Le lendemain, 2 août, Bacot maire de Nantes, vint à la barre de la Convention à la tête d'une députation de cette ville annoncer que les assemblées primaires de la Loire-Inférieure avaient accepté l'acte constitutionel.

Jusque là tout alla bien ; mais Bacot critiqua les opérations des commissaires dans les départements et il

(1) Il s'agit du combat de Pont-de-Cé où les républicains furent battus par Beauchamps, mais les bleus, conduits, encouragés et entraînés par le représentant Phelippeaux prirent leur revanche quelques jours après.

(2) *Journal de la Montagne*. — n° LXIII.

invita l'assemblée à se dissoudre après l'acceptation de la Constitution par tous les Français.

Danton qui présidait l'arrêta avec bienveillance ; il était temps. Les murmures des tribunes commençaient à se faire entendre. Danton invitait néammoins les délégués aux honneurs de la séance ; mais Thuriot et Chabot s'y opposèrent.

— Demander la dissolution de la Convention, c'était dit ce dernier, bien le langage des Pitt et des Cobourg.

Bacot protesta de son patriotisme ; mais Fayau, le député de la Vendée lui reprocha son peu de zèle et notamment d'avoir su que, dans une maison dont les fenêtres n'étaient point ouvertes pendant le siège, il y avait douze cents couverts préparés pour les rebelles.

Impatienté Bacot arrêta son accusateur :

— Tu en as menti, s'écria-t-il.

Sans plus tarder la convention envoya à l'abbaye le maire de Nantes.

Du reste ce n'était que le commencement d'une séance agitée. A peine les gardes nationaux eurent-ils entraîné Bacot que Collot-d'Herbois monta à la tribune pour dénoncer Garat ministre de l'intérieur et son secrétaire Champagneux. [1].

Garat avait pour ennemis les Hébertistes qui espéraient que leur chef prendrait le portefeuille de l'Intérieur ; par Bouchotte, qui leur obéissait et subventionnait largement le *Père Duchêne*, ils avaient le ministère de la guerre; ils convoitaient maintenant celui de l'intérieur et ils furent sur le point de l'obtenir. — On lança Collot contre Garat en prenant prétexte d'une circulaire adressée aux départements et dans laquelle fi-

(1) Le fils de Champagneux épousa la fille unique de Mme Roland ; c'est Champagneux le père qui publia *les œuvres de Mme Roland* (3) vol.in. 8o, an VIII.)

gurait une série de question sur l'état de la France, notamment celle ci : « combien perdent les assignats. » — Les assignats ne peuvent perdre, et le supposer est un crime pour un ministre.

On ordonne que Garat comparaîtra sans retard ; il arrive pâle et tremblant, se défend de toute mauvaise intention ; Danton vient à son secours, accuse sa faiblesse mais répond de son patriotisme. Finalement on lui décerne les honneurs de la séance. Mais Garat est effrayé ; le 15, il donne sa démission en prétextant sa mauvaise santé. — Hébert crut tenir enfin le portefeuille tant convoité ; après cinq jours d'intrigues, ce fut un ami de Danton, Paré, qui l'obtint. Les Hébertistes avaient râté leur coup, ils n'en furent que plus furieux.

***

Enfin la séance du 2 août se termina par la mise en accusation de Carra. L'ancien rédacteur Girondin des *Annales Patriotiques*. Couthon fit le rapport au nom du comité du Salut Public, rapport foudroyant contre un homme dont les écrits, disait-il, semblaient être salariés par Pitt [1] Carra payait l'idée étrange d'avoir, à la tribune des Jacobins, en 1792, proposé à la France de se donner pour roi un prince de la maison de Brunswick. Lacroix et Robespierre appuyèrent vivement Couthon. [2] Comme Carra interrompait.

— Je vous impose silence lui cria rudement Danton qui présidait et Robespierre continua :

— Ce n'est point aux conspirateurs à interrompre le défenseur de la liberté. [3]

(1) *Histoire de Robespierre* par Hamel. III. p. 90 (Edition d 1867).

(2) *Moniteur*. 5 août 1793.

(3) *Journal des Débats et des Décrets de la Convention*. no 319.

Amar, Gaston et un autre orateur parlèrent dans le même sens que Maximilien, Lacroix et Couthon. Carra fut décrété d'accusation et arrêté' il fut condamné à mort et exécuté quelques jours après.

Au moment même où la Convention tenait cette séance mouvementée, Carrier, représentant du ministre près l'armée des côtes de Cherbourg, entrait dans la ville de Caen d'où Buzot et ses amis les Girondins avaient fui. Fourny, général de division qui soutenait les Girondins, se brûla la cervelle à Coutances et Carrier, sans plus de retard, procédait à de nombreuses arrestations parmi lesquelles la femme de Petion et celle de son fils âgé de dix ans.

A Paris, le Conseil général définitif est installé. Voisa composition : Cailleux, Legendre, Avril, Marino, Froidure, Jobert, Baudrais, Michonis, Lépine, Louvet, Jérôme, Dumoutier, Michel, Renouard, Daujou, Girardin, Levasseur, Menessier, Courtois, Seguy, Fallope, Favanes, Champeaux, Tonnelier, Garin, Fleuriot, Lesart, Lebœuf, Crépin, Magemlie, Pellier, Daubancourt, Beauvallet, Godar, Minier, Charlemagne, Lasnier, Joagnoy, Molé, Daltat, Salmon, Frery, Paris, Delacourt, Godefroy, Carbonneau, Denony, Dumètre, Renard.

Chaque parti va essayer de s'emparer de l'esprit des membres de ce Conseil Général dont l'action, à un moment donné, pourra être des plus importants. Danton d'un côté, Robespierre de l'autre ont à lutter en ce moment contre les enragés et contre les Hébertistes. La lutte est franchement déclarée ; les uns et les autres préludent à leurs terribles campagnes.

Les Enragés à la tête desquels marchent Jacques Roux et Leclerc de Lyon, attaquent les institutions elles-mêmes, la Commune, le departement et la Convention. Hébert et Vincent s'en prennent surtout aux individus. Ils dénoncent d'abord Bazire, Chabot et Danton.

On comprend que les Enragés ne laissèrent pas passer la motion de Danton de transformer le Comité de Salut Public en gouvernement provisoire; les Hébertistes apportèrent leur concours. Vincent, tonna à la tribune des Jacobins. Songez donc, on voulait mettre les ministres en sous ordre; on voulait tarir les sources des fonds secrets que Bouchotte distribuait à Hébert et à ses amis et on menaçait d'amoindrir ce ministre de l'Intérieur qu'on espérait encore occuper à la place du faible Garat dont on allait provoquer la démission.

Robespierre, malgré la prudence qu'il gardait depuis quelque temps, comprit que le moment de rompre était venu. Il monta à la trtbune après Vincent et le combattit bien en face.

« Des hommes nouveaux, commença-t-il, des patriotes d'un jour, veulent perdre dans le peuple ses plus anciens amis.

« Je cite pour exemple Danton, qu'on calomnie; Danton, sur lequel personne n'a le droit d'élever le plus léger reproche; Danton qu'on ne discréditera qu'après avoir prouvé qu'on a plus d'énergie, de talents et d'amour pour la patrie. Je ne prétends pas ici m'identifier avec lui pour nous faire valoir tous deux, je le cite seulement comme exemple.

« Deux hommes salariés par les ennemis du peuple, deux hommes que Marat dénonça, ont succédé ou cru succéder à cet écrivain patriote. C'est par leur moyen que les ennemis de l'Etat se sont persuadés qu'ils nous entoureraient encore; l'acharnement avec lequel ils distillent le venin de la calomnie, au moment où les fédérés nous arrivent de toutes parts, d'autres rapprochements que l'on pourrait faire encore, démontrent leur complicité.

« Il faut vous les nommer.

« Le premier est un prêtre, Jacques Roux, connu par deux actions horribles; la première d'avoir voulu faire assassiner les marchands, les boutiquiers par ce que, disait-il, ils vendaient trop cher : l'autre, d'avoir voulu faire rejeter au peuple la Constitution sous prétexte qu'elle était défectueuse.

« Le second est un jeune homme qui prouve que la corruption peut entrer dans un jeune cœur. Il a des apparences séduisantes, un talent séducteur, c'est Leclercq, un ci-devant, le fils d'un noble. Il était à Lyon où il jouait le patriote, lorsqu'on y égorgeait l'infortuné Challier. Il fut en partie cause de sa mort. Parti de là où sa conduite l'avait rendu exécrable à tous les patriotes, il vint à Paris, intriguer, mentir à la Convention. »

L'exécution était faite de main de maître et avec une nervosité dont on trouve de rares exemples dans les harangues de Robespierre.

Ce sont des coups que les Enragés ne pardonneront pas à Maximilien.

Jacques Roux et Leclerc avaient essayé de continuer l'*Ami du Peuple* en créant l'*Ombre de Marat*. Mais cette entreprise ne réussit pas et Robespierre la fit complètement échouer par une manifestation publique qu'il inspira à Catherine Evrard à la barre de la Convention et à laquelle nous assisterons la semaine prochaine. Le *Père Duchêne* d'Hébert hérita en réalité de la clientèle et de l'influence du journal de Marat ; Hébert incapable d'écrire, confia la rédaction de son journal à un pauvre diable, Marquet, à qui il donnait quelques centaine de francs. Hébert lui, ancien vendeur de contre-marques à la porte du Théâtre des Variétés, gagnait une fortune, menait un train luxueux, ayant chevaux et voitures, touchant des sommes importantes de Bouchotte qui était à sa merci et qu'il tenait par la peur de son journal qui atteignait certains jours six cent mille. Le ministère de la guerre dépensait alors trois cent millions par mois, disposait de cinquante mille places et accordait des marchés de fournitures considérables ; sachant profiter de l'argent, des places et des marchés, Hébert était une puissance redoutée et redoutable.

Ces ignominies répugnaient au cœur généreux de Danton, et les violences vers lesquelles on courait le trouvaient irrité.

A Sèvres, à la fin d'un repas, Souberbielle s'était écrié :

— Ah ! si j'étais Danton !

— Danton dort, il se réveillera, avait-il répondu.

Le réveil de Danton devait être un cri de clemence [1].

En rentrant avec Camille Desmoulins, en longeant le quai de la Seine et songeant au 31 Mai, prévoyant le 31 octobre, Danton montra tout-à-coup à Desmoulins le fleuve où le soleil couchant mettait le rougeoiment pourpre qui allongeait des plaques de sang de tous les côtés.

— Regarde, dit Danton, les yeux gonflés de larmes, vois, que de sang, la Seine coule du sang. Ah ! c'est trop de sang versé. Allons, reprends la plume, écris et demande qu'on soit clément ; je te soutiendrai.

Camille, lui aussi est las de ces luttes ; sa pensée se tournera vers Guise et il écrira à son père : « Que ne puis-je être aussi obscur que je suis connu ! Où est

(1) *Le Republicain Français*, N° CCLXVI.

l'asile, le souterrain qui me cacherait à tous les regards, avec ma femme, mon enfant et mes livres?

Il est trop tard, il ne retrouvera plus ce repos entrevu et désiré; la Révolution l'épie, elle ne le lâchera que sur la bascule de la Guillotine.

En attendant, une réaction va se faire dans son esprit et dans son cœur. Sa passion va se tourner, sur les conseils de Danton, vers la clémence; en face du torrent qu'il avait travaillé à déchaîner, il va essayer d'endiguer le courant, il se mettra en avant, mais il sera emporté, brisé, broyé et il périra au milieu de la tourmente.

En attendant que les évènements le dominent ils s'accumulent avec une vitesse prodigieuse.

Au nom du Comité de Salut Public, Barère fait décréter que Pit était « l'ennemi du genre humain » ; la Conventlon repousse avec un véritable sentiment d'indignation une motion de Garnier demandant qu'un décret solennel proclamat le droit pour chacun d'assasiner l'homme d'Etat anglais.

Les commissaires des Assemblées primaires de toute la France qui avaient accepté la Constitution et qui avaient été délégués pour la grande fête du 10 août, commençaient à arriver en grand nombre et leur première visite était naturellement pour la Convention où ils défilaient à la barre. La plupart des délégations étaient conduites par des orateurs qui prononçaient des discours assurant Paris du dévouement des départements.

Un jour, un vieillard chanta des couplets de sa composition dont l'Assemblée répéta le refrain :

La Montagne neus a sauvés, (bis)
En congédiant Gensonné (bis).
Au diable les Buzot

Les Vergniaud, les Brissot.
Dansons la Carmagnole, etc

Au sortir de la Convention ces délègations se rendaient aux Jacobins qui rédigèrent une adresse aux départements au nom des délégués et dans laquelle ils déclaraient qu'ils ne rentreraient dans leurs pays que pour annoncer que la France est libre et la patrie est sauvée. »

Du reste, la vigilance du Comité de Sureté Générale ne se ralentissait pas ; les barrières fermées le 1er août ne furent rouvertes que le 4. Le 2, les théâtres furent cernés [1]. Le théâtre de la Nation, celui du Vaudeville, celui de l'Opéra furent entourés d'une force armée entre huit et neuf heures ; on ne pouvait sortir qu'en montrant sa carte civique. On évalue à plus de cinq cents le nombre des jeunes gens arrêtés.

La police s'exerçait aussi en dehors des barrières, car plusieurs commissaires des assemblées primaires avaient été accueillis en arrivant à Paris par des filles de mauvaise vie et par des escrocs qui volèrent leurs assignats et les remplacèrent par des chiffons dans leurs portefeuilles

La Commune fit fermer en conséquence un grand nombre de maisons de jeux et de débauche ; en même temps on organisait une surveillance spéciale pour que les provinciaux qu'on logeait chez l'habitant, ne fussent pas assaillis par les racoleurs louches et par les filles galantes.

(1) *Journal de Paris*. N° 220.

# LE DIX AOUT 1793

Le 1 août 1793 fut une des plus grandes et des plus belles fêtes de la Révolution, en dépit des circonstances pénibles au milieu desquelles elle fut célébrée. Ce fut l'acte de foi de la France en la République une et indivisible malgré les armées ennemies massées à la frontière, malgrée la Vendée insurgée, en dépit des Girondins soulevant une partie de la province, en dépit de Lyon révolté, de Marseille rebelle et de Toulon sur le point de se rendre aux Anglais.

La France n'en célébrera pas moins* l'anniversaire du triomphe du peuple sur l'aristocratie et l'affirmation de la Fraternité de tous les français en face du péril.

On peut critiquer la forme d'une naïveté pompeuse, et on peut railler ces imitateurs des cérémonies grecques et romaines avec des reflets des grandes fêtes du culte catholique, mais on ne peut s'empêcher d'admirer le magnifique sentiment qui anima le peuple en cette chaude journée toute vibrante d'enthousiasme et toute inondée de soleil.

Les huit mille délégués des Assemblées primaires de France étaient arrivés par tous les véhicules, par les courriers, les postes, les diligences, les bateaux d'eau et ils avaient été merveilleusement reçus à Paris où les citoyens les avaient logés chez eux, suivant des registres d'inscriptions déposés à la mairie.

On avait voulu dissiper toutes les appréhensions, répandues par les calomnies girondines dans les départements; des courriers, envoyés par le Comité de Salut public, allaient sur toutes les routes : ils s'étaient rendus à plus de vingt lieues de rayon commencer la conquête de ces délégués, qui, en effet, repartirent pour leurs départements convaincus, ravis, enthousiasmés.

Dès la veille, on avait distribué à tous les citoyens de service des cartes, qui devaient être placées au chapeau et sur lesquelles le timbre de la section avait été imprimé visiblement ; au-dessous, était écrit le nom de la compagnie et celui du capitaine.

Les armes, les bâtons et même les badines furent interdites ; seuls, les citoyens de service restèrent armés.

David avait été chargé de régler cette grande fête du peuple régénéré, à laquelle il travaillait depuis deux mois.

Dans son rapport, il disait :

« Chargé par votre Comité d'Instruction publique de vous faire un rapport sur la fête de la Réunion, qui doit avoir lieu le 10 du mois d'août dans le Champ de Mars, sur l'Autel de la Patrie, je m'empresse d'offrir à vos lumières le résultat de mes réflexions.

« Ne vous étonnez pas, citoyens, si dans ce rapport, je me suis écarté de la marche usitée jusqu'à ce jour. Le génie de la liberté, vous le savez, n'aime pas les entraves ; réussir est tout : les moyens pour y parvenir sont indifférents.

« Peuple magnanime et généreux, peuple vraiment digne de la liberté, peuple français, c'est toi que je vais offrir en spectacle aux yeux de l'Eternel ; en toi seul il reconnaîtra son ouvrage. Il va voir les hommes égaux et frères, comme ils sont sortis de ses mains divines. Amour de l'humanité, Liberté, Egalité, ranimez mes pinceaux!

« Les Français, réunis pour célébrer la fête de l'Unité et de l'Indivisibilité, se lèveront avant l'aurore ; la scène touchante de leur réunion sera éclairée par les premiers rayons du soleil : cet astre bienfaisant, dont la lumière s'étend sur tout l'Univers, sera pour eux le symbole de la Vérité à laquelle ils adresseront des louanges et des hymnes !... »

Hérault Séchelle, président de la Convention à ce moment, présida la cérémonie.

On se réunit sur la place de la Bastille.

Le cortège comprenait : La Convention Nationale, les envoyés des assemblées primaires, les autorités constitués de Paris, les sociétés populaires. « L'instant de la réunion était fixé à l'apparition des premiers rayons du soleil, et l'accomplissement de la régénération de la France était ainsi associée à ce lever de l'astre du jour, qui fait tressaillir de joie la nature. » (1)

Sur l'emplacement de la Bastille, non encore complètement débarrassé de ses ruines par l'entrepreneur de démolitions Palloy, des pierres, disséminées à droite et à gauche portaient des inscriptions dont quelques-unes sont touchantes dans leur naïveté :

Sur une pierre, on lisait ces mots :

*Il y a quarante ans que je meurs.*

Sur une autre :

*La vertu conduisait ici.*

Sur d'autres encore, un peu de tous les côtés :

(1) *Procès-verbal de la Fête Nationale du 10 août 1793*, lu à la Convention.

*Le corrupteur de ma femme m'a plongé dans ces cachots*
*Je ne dors plus !*
*Mes enfants, o mes enfants ;*
*Un vieillard a baigné cette pierre de ses larmes;*
*Des enfants avides me conduisaient ici;*
*Cette pierre n'a jamais été éclairée;*
*Je n'ai jamais été consolé;*
*Je suis enchaîné depuis quarante ans à cette pierre*
*Ils ont couvert mes traits d'un masque de fer;*
*Sartine sourit à mes maux;*
*Lasciate o gni seperanza voi Ch'entrate;*
*Je fus oublié;*
*O mon ami;*
*L'Enfer a vomi les rois;*
*L'Enfer a vomi les prêtres;*
*On écrase sous mes yeux mon araignée fidèle.*

Ce dernier cri de douleur de quelque prisonnier obscur n'est pas le moins humain, qui ait été conservée par ces inscriptions, retrouvées sur les murs des cachots et reproduites dans leur laconique éloquence.

Sur le milieu de la place s'élevait une immense statue de la Nature, au bas de laquelle était gravée cette inscription : « Nous sommes tous ses enfants. » Cette statue représentait une sorte de déesse antique, assise sur un fauteuil de pierres, se pressant les mamelles, d'où l'eau jaillissait et retombait dans un bassin.

Le canon annonça le commencement de la fête ; le beau et élégant Hérault Séchelle monta les six degrés, qui le séparaient de la plate-forme où se dressait la statue ; suivant le cérémonial convenu, il puisa de l'eau dans une coupe d'agathe, arrosa le sol de la liberté, but et prononça un discours, par lequel il rendait hommage à la nature dont les Français avaient accepté les lois.

Puis il remit la coupe à l'un des quatre-vingt-sept vieillards, pris parmi les doyens des quatre-vingt-sept délégations des assemblées primaires. Pendant que les vieillards, après avoir bu l'eau claire et pure, se passaient la coupe de l'un à l'autre, les boîtes d'artillerie partaient.

En recevant la coupe des mains du président, le premier vieillard dit :

— Je touche aux bords de mon tombeau ; mais en pressant cette coupe de mes lèvres, je crois renaître avec le genre humain qui se régénère.

Un autre, dont le vent faisait flotter les cheveux blanchis, s'écriait :

— Que de jours ont passé sur ma tête ! O nature, je te remercie de n'avoir pas terminé ma vie avant celui-ci !

Un troisième buvait à l'affranchissement du genre humain :

— Hommes, vous êtes tous frères ! Peuples du monde soyez jaloux de notre bonheur et qu'il vous serve d'exemple.

Citons encore :

— Que ces eaux pures, dont je vais m'abreuver, soient pour moi un poison mortel, si tout ce qui me reste de la vie n'est pas employé à exterminer les ennemis de l'égalité, de la nature et de la République !

Un autre, comme animé d'un esprit prophétique, s'approcha de la statue :

— O France ! ta liberté est immortelle ! Les lois de la République, comme celles de la nature, ne périront amais !

Après que le quatre-vingt-septième vieillard eût bu dans la coupe fraternelle, (1) une décharge générale

(1) Le 16 août, sur la proposition de Lakanal, la Convention décida que cette coupe serait déposée au Musée National, avec une inscription rappelant l'usage auquel elle avait servi.

d'artillerie annonça le départ du cortège qui suivit les grands boulevards.

Le cortège commençait par les Sociétés populaires; puis venait la Convention, précédée de la déclaration des Droits et de l'original de la Constitution; elle était placée au milieu des délégués des assemblées primaires, qui entouraient l'ensemble des députés d'un simple ruban tricolore; chaque conventionnel tenait à la main un bouquet d'épis de blé et de fruits.

Les quatre-vingt-sept envoyés des assemblées primaires portaient une pique (arme de la liberté contre les tyrans) et une branche d'olivier, symbole de la paix et de l'union fraternelle entre tous les départements.

Enfin, après les délégués des assemblées primaires venait tout le peuple confondu, sans ordre; le maire avec son écharpe, le juge avec son chapeau à plumes marchaient sur le même rang que le maçon et le tisserand en tenue de travail.

Un char, traîné par des chevaux, portait les jeunes aveugles, offrant, dit le programme de David « le spectacle touchant du malheur honoré. »

Les artisans marchaient en tenant leurs instruments de travail; les enfants trouvés étaient portés dans de blanches bercelonnettes; sur une charrue à deux roues, un vieillard et sa vieille épouse étaient traînés par leurs enfants.

Parmi les attributs des arts et métiers, figurait une presse d'imprimerie, sur une sorte de palanquin, avec cette inscription : « sans elle, point de liberté. »

Un char, traîné par huit chevaux blancs, portait un vase d'or, contenant les cendres de héros morts pour la Patrie.

Enfin, la marche était fermée par un détachement d'infanterie et de cavalerie escortant des tombereaux, chargés des attributs de la royauté et de la noblesse.

Arrivé à moitié de son itinéraire, boulevard Poissonnière, le cortège s'arrêta à un arc de triomphe, sous les portiques duquel se trouvaient les héroïnes des 5 et 6 octobre; plusieurs de celles, qui ramenèrent Louis XVI et sa famille en 1789, étaient là, à cheval sur les affuts des canons. Le président de la Convention leur adressa un discours rappelant la part prise par les femmes à l'œuvre révolutionnaire.

Il termina ainsi :

« O femmes ! la liberté, attaquée par tous les tyrans, pour être défendue, a besoin d'un peuple de héros : c'est à vous de l'enfanter ! que toutes les vertus guerrières et généreuses coulent avec le lait maternel dans le cœur de tous les nourrissons de France ! Les représentants du peuple souverain, au lieu de fleurs qui parent la beauté, vous offrent les lauriers, emblème du courage et de la victoire ; vous les transmettrez à vos enfants ! »

Le cortège a continué sa marche et est arrivé ainsi place de la Révolution. (1) La statue de la Liberté se dressait sur le socle de la statue de Louis XV renversée.

Sur le socle, on avait peint ces inscriptions :

Sur le devant :

*L'ignorance l'avait bannie de dessus la terre.*

Derrière :

*La vérité l'a ramenée parmi nous.*

Sur le côté droit :

*Notre courage saura la défendre; Nous voulons vivre et mourir pour elle.*

A gauche :

(1) Aujourd'hui de la Concorde.

*Elle s'est assise sur les ruines de la tyrannie; la postérité bénira son règne.*

Hérault Séchelle prononça un nouveau discours, éloge de la liberté, du travail et de la vertu.

Puis, devant la statue de la Liberté, les quatre-vingt-sept commissaires, chacun une torche à la main, mirent le feu aux attributs de la royauté et de la noblesse apportés sur les charriots et qu'on avait déposés sur un bucher; couronne, sceptre, fleurs de lys, manteau ducal, écussons, armoiries, vieux titres de noblesse furent la proie des flammes.

Trois mille oiseaux de toutes les espèces, portant au cou de minces banderolles tricolores, où étaient écrits ces mots : « Nous sommes libres, imitez nous! » furent lachés; deux colombes se réfugièrent dans les plis du manteau de la Liberté. (1)

On se dirigea ensuite vers la place des Invalides, où eût lieu la quatrième station; sur la cime d'une montagne artificielle, s'élevait un géant représentant le Peuple : Hercule écrasant le fédéralisme.

Enfin, de là, on se rendit au Champ-de-Mars, à l'entrée duquel était suspendu, par un large ruban tricolore, un gigantesque niveau de charpentier, symbole de l'Egalité et sous lequel passa le cortège.

Le Président, accompagné du plus âgé des quatre-vingt-sept vieillards, monta à l'autel de la Patrie et proclama la Constitution ; puis il plaça l'acte constitutionnel dans l'arche sainte. En même temps, des décharges d'artillerie ébranlèrent l'air; chacun des quatre-vingt-sept vieillards, qui portait, comme nous l'avons dit,

(1) Ces deux oiseaux effrayés par le bruit se tinrent cachés là durant plusieurs jours; puis trouvant leur nourriture dans le jardin des Tuileries, finirent par faire leur nid dans une excavation formée par les plis du manteau.

une pique dans la main droite, la déposa entre les mains de Hérault-Séchelle : on réunit ces piques ensemble et on en forma le faisceau de l'indivisibilité. (1)

Encore un cinquième discours d'Hérault, encore des salves d'artillerie et la fête était achevée ; pour beaucoup de révolutionnaires, ce fut la dernière.

Le crépuscule commençait à descendre sur Paris, quand on tira les derniers coups de canon, au moment où la foule rentrait dans la grande ville, calme ce jour là, de cette tranquilité auguste qui semble précéder les batailles.

Bientôt les maisons s'illuminèrent et, par une soirée tiède, devant les portes. des tables recouvertes de blanches nappes furent dressées, sur lesquelles les ménagères servirent les repas qui furent pris en commun, avec cette admirable fraternité qui avait régné durant cette étonnante journée : chacun apporta son plat, tous fournirent leur contingent d'entrain et de bonne humeur. Dans tout Paris, on leva le verre à la liberté et les chants patriotiques se firent entendre fort avant dans la nuit.

Le soir, la séance des jacobins eût lieu comme à l'ordinaire et Robespierre y prononça un discours contre les généraux traîtres à la Patrie. (2)

De cette fête, en dehors des innombrables estampes que tout le monde a vu, il nous est resté des médailles de cinq décimes an II, frappées avec le coin de Dupré. (3)

Ce fut aussi le 10 août, que fut consacrée la création du Musée du Louvre, suivant un décret de la Convention

(1) C'est un faisceau qui, porté à la Convention, fut mis à la place d'honneur dans la salle de l'Assemblée.

(2) Histoire de Robespierre, par Er. Hamel, T. III. p. 78.

(3) *L'Art pendant la Révolution,* par Spire Blondel, 167.

du 27 juillet, rendu sur la proposition de Sergent. (1)

On fit transporter au Louvre des tableaux, des statues, des vases et autres objets précieux déposés dans la maison des Petits Augustins.

Nous ne savons au juste si l'ouverture eût lieu réellement ce jour là, dans tous les cas Paris était attiré par un autre spectacle autrement grandiose et autrement attachant. 2

(1) Voici ce décret : « Le ministre de l'intérieur donnera les ordres nécessaires pour que le Muséum de la République soit ouvert le 10 août prochain, dans la galerie qui joint le Louvre au Palais-Royal. »

(2) En dépit de la plaque placée près de la galerie d'Apollon sous la direction de M. Castagnary, rien ne prouve que l'inauguration du Musée ait eu véritablement lieu le 10 août, conformément au décret du 27 juillet. — La date de l'ouverture nous parait avoir été adoptée jusqu'ici sans contrôle. Aucune mention dit M. Thiébault-Sisson qui s'est livré à une enquête sur ce point, n'existe, en effet, dans le *Moniteur universel* de la date de cette inauguration, qui, même en admettant qu'elle eut été faite à petit bruit, n'eût pas manqué d'être signalée, à titre au moins de fait-divers.

L'érudit bibliothécaire du Louvre, M. Sévin-Desplace, n'a pas été plus heureux. Dans les archives du Musée, scrutées avec un soin scrupuleux, il n'a pu trouver un seul document qui lui ait permis de fixer de façon définitive une date exacte.

Quand on reconstitue, d'après les documents qui nous restent, le Musée dans son état primitif, on voit qu'il comprenait, avec quelques recoins, bons au plus à servir de débarras, une galerie unique, celle « des plans » c'est-à-dire, comme Courajod l'a montré dans sa substancielle introduction au *Journal de Lenoir*, « un fragement très restreint de la galerie du bord de l'eau ». Le salon carré dépendait bien du Muséum, mais il était exclusivement affecté aux expositions d'art contemporain. Quant au reste du Louvre, on sait que, depuis la Régence, une tolérance administrative, aussi injustifiée, que dangereuse y avait laissé s'établir une multitude d'artistes ou soi-disant tels, qui non seulement y avaient installé leurs ateliers, mais leurs familles. La Révolution, loin de supprimer cet abus, l'aggrava. Il fallut la main de fer de l'empereur pour nettoyer ces écuries d'Augias.

N'oublions pas non plus que la Bourse, du 6 floréal an III (25 avril 1795) au 18 nivôse an IV (8 janvier 1796), se tint dans le rez-de-chaussée du Louvre. Son installation fut suivie d'installations accessoires : les gardiens de la Bourse furent logés dans le palais au même titre que les « quatre » gardiens primitivement affectés au service du Muséum.

« Nous savons par les livrets, dit encore M. Thiébault Sisson, que le Salon, en 1793, fut ouvert le 10 août. Cette ouverture, qui devait coïncider avec celle du Musée, mais qui n'implique en rien l'ouververture de ce dernier, a dû donner le change aux historiens de nos musées, trop pressés pour recourir aux sources. »

## XXXVIII

Du 8 au 15 août.

# LAZARE CARNOT
# AU COMITE DE SALUT PUBLIC

La Constitution acceptée par 44,000 communes. — Une seule protestation. — Le triangle de l'unité. — Catherine Evrard a la Convention. — Attaques de Robespierre contre les enragés. — Question de subsistances. — Les marchands d'argent. — Création du grand livre de la dette publique. — Une victoire en Vendée. — Pétition des anabaptistes. — Les bagues a la Marat. — Exécution du général Lécuyer. — Entrée de Lazare Carnot au comité de salut public.

Gossoin du Nord avait été chargé de réunir les procès-verbaux d'acceptation de la Constitution : il en donna lecture, à la séance du 9 août, en présence des envoyés de toutes les assemblées primaires.

Il commençait ainsi :

« Citoyens, l'édifice de la liberté est achevé ; élevé par la main du peuple souverain, il sera durable. » Voici comment il appréciait la nouvelle constitution : « Une constitution populaire, symbole de la vertu et du bonheur, succède enfin à une constitution monstrueuse, idolatrée plus que jamais par l'aristocratie, et protégée vainement par le canon des rois. »

La constitution avait été acceptée, sans exception, par quarante-quatre mille communes ; une seule, celle de Saint-Donan du district de Saint-Brieuc (Côtes-du-Nord) et composée de cent vingt habitants, avait demandé Louis XVII pour roi et le rétablissement du clergé.

Le rapporteur indiquait un point, qui avait préoccupé quelques citoyens dans les assemblées primaires, celui de l'élection des députés de l'assemblée qui devait succéder à la Convention ; mais Gossoin le mentionnait seulement, sans insister.

Les fédérés, venus à Paris pour la fête du 10 août, appelèrent l'attention des députés sur cette séparation de la Convention, désirée par beaucoup; Lacroix (Eure-et-Loir) se fit l'écho de ce sentiment, quand il vint dire à la tribune, le 11 août :

« Nous avons été envoyés ici pour deux objets principaux : d'abord pour juger le dernier de nos tyrans, et ensuite pour donner une constitution au peuple français. Louis Capet a été jugé et puni. Nous avons présenté la constitution républicaine: hier, elle a été acceptée par les députés des assemblées primaires. Notre mission est remplie, mais vous avez à détruire les calomnies qu'on répand contre vous. Les administrateurs fédéralistes disent que vous voulez vous perpétuer. Si l'acceptation n'eut pas changé le mode d'élection, [1] nous pourrions être remplacés sur le champ ; mais vous aviez à connaître la population par cantonnement. Je demande que les administrateurs de district en envoient

1. Le suffrage universel avait été substitué au suffrage à deux degrés.

l'état à la Convention, qui d'après un rapport de son comité de division, convoquera de suite les assemblées primaires.»

Il s'agissait d'organiser les nouvelles circonscriptions électorales d'après le nombre des habitants ; au surplus, c'était une invitation aux députés de ne pas se considérer comme éternels.

Plusieurs députés, Dupin, J.-B. Leclerc et Moreau envoyèrent leur démission motivée sur ce que l'Assemblée avait épuisé son mandat.

Le 8, le bruit se répandit que les prisons regorgeaient de prisonniers, qu'il y en avait huit mille : La municipalité fut obligée de faire connaitre,par voie d'affiches, le nombre exact, qui était de 1,555.

Les formes extérieures excerçaient toujours une grosse influence; le lendemain du 10 août, les commissaires des assemblées primaires apportèrent à la Convention le faisceau de l'unité et de l'indivisibilité de la République, qui avait figuré dans le cortège. L'assemblée entière se leva et David fit décréter une place d'honneur à ce faisceau.

Cet acte de dévotion, un peu pompeux pour un emblème,devait être raillé par les enragés,contre qui Robespierre venait d'organiser une manifestation d'un autre genre.

Ce fut Catherine Evrard,que les procès-verbaux appellent « la veuve Marat », qui en fut la principale actrice.

Catherine Evrard était cette patriote, qui, à l'époque où Marat était poursuivi par les agents de Lafayette l'avait recueilli, caché et tendrement aimé.Marat, plein de reconnaissance, lui promit de l'épouser : il l'appela, un beau jour, à la croisée de sa chambre, serrant dans sa main celle de son amante, prosternés tous deux en présence de l'Être Suprême :

— C'est dans le vaste temple de la nature, lui dit-il, que je prends, pour témoin de la fidélité éternelle que je te jure, le créateur qui nous entend. [1]

Toujours est-il que Marat témoigna pour cette épouse qu'il s'était donnée en dehors des formes ordinaires, le plus grand attachement et la plus sincère affection ; c'est en son nom qu'étaient libellées les quittances de loyer et une promesse de mariage fut trouvée dans les papiers de Marat.

Catherine fut admise à la barre de la Convention :

« Citoyens, vous voyez devant vous la veuve Marat, dit-elle. »

En termes énergiques et indignés, elle venait protester contre Jacques Roux et Leclerc qui, sous prétexte de continuer, l'*Ami du peuple* avec le titre de l'*Ombre de Marat*, « diffamaient les plus zélés défenseurs de la liberté. »

Le discours, ou plutôt le réquisitoire, prononcé par Catherine Evrard fut long et dura une demi-heure; elle termina ainsi :

« Si vous les laissez impunis, je les dénonce ici au peuple français, à l'univers ; la mémoire des martyrs de la liberté est le patrimoine du peuple ; celle de Marat est le seul bien qui me reste ; je consacre à sa défense les derniers jours d'une vie languissante. — Législateurs, vengez la patrie, l'honnêteté, l'infortune, la vertu en frappant les plus lâches de tous les ennemis. »

Robespierre, qui avait sans nul doute provoqué cette démarche, se leva aussitôt et fit décréter que la plus grande publicité serait donnée à la pétition de Cathe-

(1). *Journal de la Montagne*, N° LIII.

rine Evrard et que la conduite de Jacques Roux et de Lecler serait soumise au comité de suretégénérale, chargé de prendre contre eux les mesures nécessaires.

Non content de ce premier coup, le soir, aux Jacobins présidés par Hébert, dans un discours contre les généraux traîtres à la patrie, Robespierre prononça cette phrase incidente et qui visait les mêmes « enragés ».

« Il faut aussi que les journalistes, qui sont évidemment les complices de Londres et de Berlin, ces hommes stipendiés par nos ennemis, qui cachent l'art d'épouvanter le peuple sous l'air de soigner ses intérêts avec plus de zèle ; qui trouvent le moyen par de prétendues vérités, de porter dans son sein la défiance, la terreur et la consternation, il faut que ces hommes soient punis, il faut qu'on les enchaîne. »[1]

C'était l'emprisonnement, à brève échéance, de son ennemi Jacques Roux, que Robespierre préparait ainsi.

Le lendemain, il fit présenter par des fédérés, et il appuya avec Danton, une proposition ,qui fut convertie en décret, ordonnant l'arrestation générale des gens suspects.

Sur la proposition de Danton, on décréta aussi que les huit mille envoyés des assemblées primaires seraient investis de tous les pouvoirs nécessaires, pour faire, dans leurs départements respectifs, le recensement des armes, des munitions, des chevaux et la réquisition des hommes pour le recrutement. C'étaient huit mille émissaires de la Convention, qui allaient apporter un peu de son enthousiasme et de son ardeur patriotique jusque dans les plus petites communes de la France.

(1) *Le Républicain français*.— n° CCLXXI.

***

La question de subsistances préoccupait toujours Paris.

Le 15, la Convention, sur un rapport de Barrère, au nom du Comité du Salut public, décréta que les propriétaires, fermiers, possesseurs ou détenteurs de grains, qui en seraient requis par les commissaires de la Convention, déposeraient quatre quintaux de grains par charrue, sous peine d'être traités en ennemis publics et d'être arrêtés sur le champ.

On poursuivait le grain et aussi les détenteurs d'argent qui le cachaient. Sur la dénonciation d'une citoyenne de la halle au blé, des perquisitions furent faites dans des voitures de l'hôtel de Tours, rue Notre-Dame-des-Victoires. — On ne trouva rien d'abord, mais ayant remarqué que l'intérieur des voitures était moins grand que ne semblait le comporter leurs capottes, on fit venir un sellier ; le cuir fut découpé et on trouva un double fond renfermant douze mille livres en écus de six livres et des sacs d'or et d'argent, en tout 153,447 livres qui furent déposées à la Monnaie.

Pendant qu'à Paris on traquait les marchands d'argent, à l'extérieur, l'Autriche violait le droit des gens ; Sémonville ambassadeur à Constantinople et Maret ministre plénipotentiaire à Naples, se rendant à leurs postes par Venise, furent arrêtés, avec leurs familles et leurs bagages, au village de Novate et transportés, liés et garottés, au château de Gravedona sur les bords du lac de Coïre.

Ces procédés ne faisaient qu'augmenter l'irritation générale ; cela n'empêchait pas la Convention de prendre les mesures les plus sages et les plus importantes, comme la création du grand livre de la dette publique.

La République de 1793 ne voulut manquer à aucune

des dettes légitimes de la France,contractées par la monarchie ; après un remarquable et lumineux rapport de Cambon, elle transforma, dans la séance du 15 août, en une rente perpétuelle au taux de cinq pour cent, le capital des sommes dues aux créanciers de l'Etat, et tous les contrats furent échangés contre une inscription sur un registre spécial,qu'on appela le grand livre de la dette publique.

Au même moment, arrivait une bonne nouvelle de Vendée ; le général Tuncq venait, le 13 août, de mettre en déroute, près de Luçon, trente cinq mille royalistes. Quelques heures avant de livrer bataille, le général Tuncq reçut une lettre de destitution du ministre de la guerre. Mais les deux conventionels,en mission auprès de lui, Goupilleau et Bourdon de l'Oise, suspendirent les effets de cette révocation et les républicains comptèrent uue belle victoire de plus.On reprochait, à Paris, au général Tuncq de montrer trop de modération et d'avoir appartenu aux anciens états-majors dévoués à l'aristocratie.

C'était pour avoir été aristocrate, et aussi complice de Dumouriez, que le général de brigade Lécuyer, condamné le 14 août par le tribunal révolutionnaire, fut exécuté le 15 au matin sur la place de la Révolution.

On allait vite, dans ces jours de fièvre, et pourtant quelques-uns étaient encore plus pressés que la marche générale des évènements. Dans la séance du 12, Lecointre de Versailles insista longtemps pour qu'on traduisit la reine devant le Tribunal et qu'on en finît dans le délai de huit jours ; cette question fut renvoyée au comité de Salut public.

La Convention avait à s'occuper de grandes et de petites choses. Dans la séance du 15, elle reçut une pétition des anabaptistes résidant en France, demandant qu'on fit en leur faveur une exception à la loi contre les étrangers. Mais on repoussa cette pétition ; Lacroix répondit que l'assemblée ne reconnaissait d'autre évangile que la Constitution et d'autre Dieu que la liberté ; les anabaptistes étant une secte devaient se soumettre à la loi comme les autres.

Cette semaine, les bagues à la Marat firent leur apparition : la plupart étaient en cuivre rouge avec plaques d'argent estampé et représentant les trois martyrs révolutionnaires : Marat, Chaillier et Lepelletier Saint-Fargeau. [1]

Enfin, ce fut le 14 août qu'un fait important vint modifier profondément la marche de nos affaires militaires ; Lazare Carnot, du Pas-de-Calais, ancien officier de génie entra au comité de Salut Public, grâce aux efforts de Barrère, qui rendait justice à son honnêteté, à sa probité et à son amour du travail.

Jusque là, Bouchotte ministre de la guerre, à la conscience sans reproche mais à la tête, faible était dominé par Hébert et sa faction ; Bouchotte, obéissant à toutes les dénonciations, lassait le commandement ; les Hébertistes auraient été payés par les étrangers, pour maintenir la désorganisation qui régnait à la guerre, qu'ils n'auraient pas agi autrement [2] . Aux deux grandes armées du Nord et du Rhin, il y eut un général par mois ; six à l'armée du Nord, huit à l'armée du Rhin.

A l'armée du Nord : Dumouriez, Dampierre, Beauharnais, Custine, Houchard, Jourdan.

A l'armée du Rhin : Custine, Diettmann, Beauharnais, Beaudremont, Meunier, Carlenc, Pichegru, Hoche.

(1). Collection du Musée Carnavalet.

(2). Michelet.— V. 385.

Beaucoup de défaites et de capitulations s'expliquent par cette effrayante mobilité dans le commandement. Barrère, âme timide, mais esprit clairvoyant, l'avait compris ; il fit entrerau Comité Carnot qui prit la direction de la guerre, en dépit de Bouchotte et des Hébertistes. Barrère avait pu et su apprécier Carnot, dans ses missions aux armées, d'où il avait envoyé des rapports dont la grande portée avaient frappé l'esprit un peu superficiel qu'était le représentant des Hautes-Pyrénées. Carnot avait dirigé les travaux du camp de Montmartre, dont les militaires avaient un peu ri, mais qui avait rendu son nom populaire à Paris. C'était un travailleur et un esprit droit, grand ami de la légalité, ce qui l'avait poussé à protester contre le 31 mai. Malgré cette tare aux yeux des Jacobins, Barrère parvint à faire accepter Carnot. « Il avait l'air d'un prêtre, la mine simple et modeste, toute civile. Plus tard, les magnifiques sabreurs de l'âge impérial, ne revenaient pas de leur étonnement, en voyant les bas bleus, la bourgeoise culotte courte du célèbre directeur des quatorze armées de la République, de *l'Organisateur de la Victoire*, qui ne l'organisa pas seulement, mais, de sa main, la fit à Watignies. » (1)

Au Comité du salut public, Carnot apporta une unité de direction qui manquait ; il apporta aussi une tactique, celle des masses, qui consistait à réunir de nombreux bataillons, pour les faire marcher sur un même point.

Carnot et Prieur de la Marne furent nommés du Comité de Salut Public, le 14 (2) ; ils y siégèrent, l'un et l'autre, dès le 15. (3)

(1) Michelet. V. 322.

(2) *Moniteur*, 15 août 1793.

(3) *Régistres du Comité de Salut Public*. Archives. 434 à 71. On

comprend donc difficilement l'erreur de M. Hippolyte Carnot qui dans les mémoires sur son père (I. p. Ier 336), prétend que, le 15, il était encore en mission dans le Nord. Il est vrai que, le 11, il avait été délégué à l'armée du Nord ; mais il ne devait pas être parti quand il fut nommé au Comité de Salut public, puisqu'il prit aussitôt séance et que sa signature se trouve sur le procès-verbal du 15 pour la première fois.

On a reproché à Carnot, qui était, au demeurant, un esprit ferme et pondéré, d'avoir pris au Comité de Salut Public les mesures les plus sanguinaires et d'avoir apposé sa signature, au bas des décisions les plus violentes. L'explication nous paraît bien simple : l'œuvre de réorganisation militaire était assez considérable et assez belle pour absorber toute l'activité et pour tenter le patriotisme de cet homme ; il s'y consacra, s'y spécialisant en quelque sorte et s'enfermant dans ce rôle. Il ne s'occupait pas d'autre chose, mais il se donnait à son héroïque mission tout entière. Il proposait ses plans et les faisait adopter ; quand aux autres mesures, quelles qu'elles soient, il ne paraît pas s'en être occupé ; seulement, quand ses collègues avaient décidé, en fidèle observateur de la légalité, il se soumettait à la majorité et signait naturellement, même quand il aurait désapprouvé ; c'est ce qui arrive, tous les jours, dans les Commissions parlementaires.

C'est l'explication très rationnelle, très logique, qu'a bien voulu nous donner le petit-fils de Lazare Carnot, aujourd'hui président de la République Française, qui nous a fourni ces renseignements sur son grand-père, renseignements qu'il tenait de son père qui avait accompagné, durant son exil, l'Organisateur de la Victoire à Mayence, où il lui a souvent ainsi expliqué son rôle au sein du Comité de Salut Public. Nous avions demandé à M. Sadi Carnot des indications sur cette période si curieuse de la vie du grand Carnot, et, dans une visite à l'Elysée, en 1893, il nous rapporta ces explications, données autrefois par Lazare à son fils Hippolyte Carnot, qui les a transmises à son fils Sadi, de qui nous les tenons.

Nous nous rangeons à cette opinion, parce qu'elle nous paraît la seule raison noble et vraie, en dehors de toute idée obséquieuse, qui serait indigne de nous; ce n'est pas parce que le petit-fils est temporairement, à la tête du pouvoir, qu'il faut se montrer injuste pour la mémoire du grand-père qui, à un moment donné, incarna l'âme de la patrie et organisa la victoire, suivant l'expression populaire, si forte et si juste.

---

## XXXIX

Du 16 au 23 août.

# LA LEVÉE EN MASSE

LEVASSEUR A L'ARMÉE DE CUSTINE. — MARIE ANTOINETTE DEMANDE UNE COUVERTURE. — RIPOSTE AUX ESPAGNOLS. — PARÉ NOMMÉ MINISTRE DE L'INTÉRIEUR. — CAMBACÈRÈS FAIT VOTER LE CODE CIVIL. — DÉCRET SUR LA LÉVÉE EN MASSE. — SATIRE CONTRE CHABOT. — ROBESPIERRE ET HÉBERT CONTRE LES ENRAGÉS. — MANDAT D'AMENER CONTRE JACQUES ROUX. — INCIDENT A L'OPÉRA-COMIQUE.

Custine arrêté, ses soldats qui l'aimaient se mirent à montrer un mécontement qui préoccupa le Comité de Salut Public. Carnot fit appeler le conventionnel Levasseur (Sarthe) et lui dit :

— L'Armée du Nord est en pleine révolte, il nous faut une main ferme pour étouffer la rebellion ; c'est toi que nous avons choisi.

Levasseur, qui était chirurgien, n'avait jamais eu affaire à l'armée; en outre, sa petite taille le rendait peu propre aux grandes parades et il craignait de manquer de prestige ; il le fit remarquer à Carnot; celui-ci insista : [1]

— La fermeté de ton caractère et ton dévouement pour la République nous répondent de tout, fit-il.

(1) Mercier du Rocher. — *Mémoires*.

— Eh bien donc, j'accepte, dit Levasseur ; — quand faut-il partir ?

— Demain.

— Je serai prêt, et mes instructions ?

— Elles sont dans ta tête et dans ton cœur. Pars et réussis.

Levasseur part en poste, arrive au camp, où il trouve quarante mille hommes sous les armes.

— Vous allez me faire passer devant les lignes, dit-il au général. [1]

Le général obéit, mais le conventionnel remarque qu'on ne lui a pas rendu les honneurs militaires.

— Général, pourquoi les tambours ne battent-ils pas aux champs ?

Les tambours battent et les trompettes sonnent. Levasseur passe devant un porte-drapeau qui demeure immobile.

— Nouvel oubli du général

Les drapeaux s'inclinent.

Mais les visages étaient sombres; on le suivait en lui lançant des regards farouches ; il entendait des subalternes murmurer :

— S'il ne nous rend pas Custine, nous le ferons descendre de cheval.

Ou bien :

— Si Custine ne nous est pas rendu, nous l'irons chercher à Paris.

Sans s'émouvoir, Levasseur fait former le bataillon carré, se place au centre et d'une voix forte :

— Soldats de la République, le Comité de Salut Public a fait arrêter Custine.

Il est interrompu par un formidable cri de :

(1) Ces détails sont à peu près littéralement extraits des *Mémoires* de Levasseur. T. I. ch. II. C'est donc un récit auto-biographique

— Qu'on nous le rende !

Levasseur, toujours calme, fait le signe d'un roulement ; les tambours battent et les clameurs cessent.

— Général, faites ouvrir les rangs.

Et il se met à parcourir les lignes, la pointe de son épée basse, fort résolu à transpercer le premier qui se révolterait. Les soldats furent comme subjugués par ce petit homme résolu, qui seul, venait braver une armée de quarante mille hommes. Levasseur s'arrêta, et sur le front des troupes, reprit :

— Si Custine est innocent, il vous sera rendu ; si non, point de grâce pour les traîtres. Je suis votre chef, vous me devez une obéissance aveugle. Pardon et oubli à qui respectera la voix d'un représentant du peuple ! Malheur à qui la méconnaitra !

Un grand silence se fit, personne ne bougea ; « la sédition était domptée. »

***

A Paris on était tout aux petits faits de la vie agitée que menait la grande ville ; les nuits devenant fraîches, Marie Antoinette demanda une couverture de laine, [1] et l'obtint.

A côté des petites mesures, les grandes ; pour répondre aux mesures prises par le roi d'Espagne contre les Français qui se rendaient dans son royaume, on décréta le séquestre de toutes les propriétés possédées en France par des Espagnols.

Quatre jours après, le 20 août, Paré, ami de Danton, fut nommé ministre de l'Intérieur, à la place de Garat ; Paré était un ancien habitué du club des Cordeliers, où il s'était fait une popularité dont il recueillait les fruits ; Hébert, qui avait fait attaquer Garat et l'avait

(1) Goncourt. 437.

contraint par la peur à donner sa démission, espérant le remplacer, était déçu ; il avait travaillé et intrigué pour un autre.

Le surlendemain, le 22, Cambacérès donna lecture d'un projet de Code Civil dont la discussion occupa soixante séances. (1)

Le 23, Barrère fit un rapport sur une pétition des envoyés des assemblées primaires, concernant la tactique suivie jusque là aux armées et sur le mode de recrutement ; on décréta que jusqu'à ce que les ennemis aient été chassés du territoire de la République, tous les français seraient « en réquisition permanente pour le service des armées. »

« Les jeunes gens iront au combat ; les hommes mariés forgeront des armes et transporteront des subsistances ; les femmes feront des tentes, des habits et serviront dans les hôpitaux ; les enfants mettront les vieux linges en charpie, les vieillards se feront porter sur les places publiques pour exciter les courages des guerriers, la haine des ennemis et l'unité de la République. »

« II. Les maisons nationales seront converties en casernes, les places publiques en ateliers d'armes, le sol des caves sera lessivé pour en extraire le salpêtre. »

« III. Les armes de calibre seront uniquement confiées à ceux qui marchent à l'ennemi ; le service de l'Intérieur se fera avec les fusils de chasse et l'arme blanche. »

« IV. Les chevaux de selle seront requis pour compléter les corps de cavalerie ; les chevaux de trait,

(1) Ce remarquable travail interrompu par les évènements, ne fut repris qu'après Brumaire et Bonaparte déforma les généreuses idées de la Révolution en imposant le code civil actuel si rétrograde par endroits, si injuste et si en retard sur tant de points.

autres que ceux employés à l'agriculture, conduiront l'artillerie et les vivres. »

C'était l'air farouche d'un peuple poussé à ses dernières ressources et qui se levait tout entier, prêt à vaincre ou à périr.

Chabot, Tallien, Mallarmé, Legendre de la Nièvre, Lanot de la Corrèze, Roux, Gezillac, Paganel, Basset, Taillefer, Belespinet, Fayau, Lacroix (de la Marne), Ingrand étaient adjoints aux représentants du peuple près des armées et dans les départements pour aider à l'exécution de ce décret.

Ce bel enthousiasme ne parvenait pas à soustraire les représentants aux sarcasmes contre-révolutionnaires; aussi c'est le moment que choisirent les aristocrates, pour publier sur Chabot les couplets suivants: (1)

Le front ceint d'un chapeau qu'ombrage un lourd panache,
En bottes, en habit, un grand sabre traînant,
Le citoyen Chabot s'offre à nous en bravache,
Le citoyen Chabot est un représentant,
Mais l'habit ne fait pas le moine
Ainsi qu'il le prouva jadis;
Et l'animal qui dort aux pieds de Saint-Antoine
Ne saurait devenir oiseau de Paradis.
Si donc le gros Chabot n'était pas infâme,
De rapine enrichi, lâche et vil assassin,
Malgré son bel habit et son sabre, et sa femme,
Ce ne serait qu'un capucin.

De cette épigramme un peu lourde, il ne faut retenir que l'accusation d'être « de rapine enrichi. » Elle va être reprise par des ennemis acharnés, qui en démontreront la réalité et Chabot sera perdu.

***

(1) *Simon Camboulas*, par Marc de Vissac (Riom 1893).

En attendant, les jacobins, qui avaient préparé le décret sur la levée en masse, continuaient à diriger le mouvement politique; Robespierre demandait, en outre qu'on destituât les généraux traîtres et qu'on « tombât sur les journalistes odieux, dont chaque trait de plume est un crime à ajouter aux autres. » Il visait toujours les enragés, auxquels il avait déclaré la guerre.

« Ces journalistes, disait-il, ces hommes qui consacrent leur existence à calomnier le peuple et les patriotes, à empoisonner l'esprit public, dont la plume mercenaire et assassine distille, tous les jours, le poison le plus séducteur. Ce sont des hommes d'autant plus dangereux qu'ils se parent quelquefois du masque d'un patriotisme outré, qu'il faut punir, dont il faut arrêter les entreprises criminelles. »

Hebert, le rédacteur du *Père Duchène*, à qui Jacques Roux essayait de faire concurrence par la publication de *l'ombre de Marat*, surenchérit encore, et à la séance du club du 21, il se déchaîna contre « ce prêtre infâme », contre qui il finit par obtenir qu'un mandat d'amener fut lancé.

Débarrassé de ce premier ennemi, Hébert va se retourner contre Danton qui lui avait barré la route du ministère de l'Intérieur.

Pour reposer de ces duels terribles, entre ennemis qui apportent leur tête comme enjeu, de leurs querelles entrons à l'opéra-comique où le public passionné reflète les ardeurs et les intolérances du moment.

Un soir, à propos de l'indisposition d'une chanteuse, Chenard — ou Solié, peut-être — se présente au public, entre les deux pièces, pour lui annoncer le fait et lui

(1) *L'opéra-comique sous la Révolution*, par A. Pougin.

demander l'autorisation de faire remplacer, par une de ses camarades, l'actrice subitement indisposée. Par malheur, il commence son petit discours par un solécisme politique et, après avoir salué, s'approche de de l'avant-scène, en disant :

— Messieurs...

— Il n'y a plus de messieurs, s'écrie aussitôt une voix bourrue. Dites : Citoyens.

— Citoyens, reprend tranquillement l'orateur, Mlle Jenny...

— Il n'y a plus de demoiselle, bougonne la voix. Dites : La citoyenne Jenny.

— Citoyens, la citoyenne Jenny étant indisposée et dans l'impossibilité de remplir son rôle, nous vous prions d'agréer à sa place Mme Chevalier.

Dites la citoyenne Chevalier.

— Pardon, citoyen ; mais si je dis la citoyenne Chevalier et la citoyenne Jenny, comment saurez-vous que l'une est une dame et l'autre une demoiselle ?

Cette réflexion, pleine de sens, fut accueillie par un éclat de rire général ; la substitution fut acceptée et l'orateur se retira sans autre accident. (1)

(1) C'est, d'ailleurs, à l'aide de ce raisonnement, que, sous le Consulat, on commença officiellement à ne plus attribuer aux femmes la qualification de citoyenne. Dans son numéro du 7 ventôse, an VIII (26 février 1800), le *Journal de Paris* publiait la petite note que voici :

« Le titre de *madame* est généralement rendu aux femmes chez le premier Consul et dans les billets d'invitation qu'il leur fait adresser. Comme elles n'exercent aucun droit politique, la qualification de *citoyenne* manquait de justesse à leur égard et offrait l'inconvénient de ne présenter aucune distinction entre les personnes mariées et celles qui ne le sont pas. »

XL

Du 24 au 31 août

# TOULON LIVRÉ AUX ANGLAIS

MODIFICATIONS A LA LOI DU DIVORCE. — CHANSON. — LE COMITÉ DE SALUT PUBLIC ENTRAVE LE ZÈLE D'HENRIOT. — HÉBERT ATTAQUE DANTON. — CELUI-CI SE DISCULPE. MARSEILLE VAINCUE. — BORDEAUX SOUMIS. — MARIAGE DE LE BAS ET D'ELISABETH ROBESPIERRE. — AMOURS DE ROBESPIERRE ET D'ELÉONORE DUPLAY. — CUSTINE CONDAMNÉ A MORT ET EXÉCUTÉ. — ROBESPIERRE PRÉSIDENT DE LA CONVENTION. — ENFANTS MATÉRIALISTES. — ROSE LACOMBE ET LES TRICOTEUSES CONTRE ROBESPIERRE. — TOULON LIVRÉ AUX ANGLAIS.

Malgré les agitations et les divisions, la Convention trouvait du temps pour tout; elle réunit les matériaux du code civil, dont le Consulat n'eût qu'à utiliser les éléments, tout en défigurant le grand esprit libéral et philosophique qui avait présidé à son élaboration.

En août 1792, le divorce avait été voté; le 24 août 1793, on réglementa pour les rendre compréhensibles, les dispositions précédemment édictées : on fixa les charges respectives des époux, en cas d'existence d'enfants issus du mariage et on admit le divorce par consentement mutuel.

Les chansonniers oublièrent un moment les grands

évènements du jour pour chanter la nouvelle réforme.

Le citoyen Colau composa et répandit dans le public les couplets suivants :

## LE DIVORCE

*ou les heureux Effets de la Liberté*

AIR DU PAS REDOUBLÉ

I.

Honneur à nos législateurs,
Qui, pesant toutes choses,
Du bonheur vrais dispensateurs,
En augmentent les causes,
Ils donnent à la Liberté
Une nouvelle force.
L'aurions nous en réalité
Sans la loi du *Divorce*.

II.

La morale dit en vain tout bas
Qu'on protège le vice ;
Vivre avec ce qu'on n'aime pas,
Ma foi, c'est un supplice.
L'Hymen, dans ces débats fâcheux,
Attrape quelque entorse.
Or, dans ce cas il vaut bien mieux
Invoquer le Divorce.

III.

Eglé, n'aimez-vous pas vraiment,
Cette loi généreuse,
Qui, par un heureux changement,
Pourra vous rendre heureuse ?
Semblable au vieux saule pleureur,
Qui n'a plus que l'Ecorce,
Votre époux est toujours grondeur,
Bénissez le *Divorce*.

IV.

Grâce au Divorce, le plaisir
Va prendre un nouvel être,
Car il mourait et le désir,
Jamais ne pouvait naître.
Mais, déjà de paraître amant
Quand chaque époux s'efforce,
L'amant sourit malignement
A la loi du *Divorce.*

V.

Aux romains qui nous valaient biẽn,
On doit cette loi sage ;
Que le français, bon citoyen,
En fasse un juste usage.
Qu'enfin l'amour du changement,
Par sa trompeuse amorce,
Ne fasse pas légèrement
Demander le divorce.

La légalité du reste ne perdait pas autant ses droits qu'on a bien voulu le dire ; nous n'en voulons pour preuve que le refus de visite domiciliaire, opposé par le comité de Salut Public à une réquisition d'Henriot.

Celui-ci avait écrit de sa propre écriture :

*Force armée de Paris,*

*Du 27 août 1793, l'an II de la RépubliqueFrançaise*

*Aux citoyens, membres du Comité de Salut Public du département de Paris, ou ci-devant collège des Quatre Nations.*

*Mes Camarades,*

*Donnez s'il vous plaît un pouvoir aux citoyens porteurs du présent pour une visite nécessaire à la tranquillité publique.*

*Le général,*
Signé : HENRIOT.

Au-dessous on répondit, sur la pièce même :

« *Tu sens parfaitement qu'il est impossible de donner un pouvoir général; explique nous donc la visite que tu demandes, afin que nous puissions donner des pouvoirs exacts et détaillés.*

SIGNÉ : MARCHAND.

Henriot renvoya sa demande en écrivant toujours sur la même feuille et à la suite :

*Il s'agit d'une visite de maison garnie où il existe plusieurs contre-révolutionnaires.*

SIGNÉ : HENRIOT.

Cette explication ne dut pas paraître suffisante puisqu'on ne retourna pas l'ordre à Henriot et qu'il est resté dans les archives du Comité de Salut Public. (1)

***

Tandis qu'Henriot était parfois entravé dans son zèle souvent exagéré, Hébert, que nous avons vu, la semaine précédente, attaquer Jacques Roux à la tribune des Jacobins, continua sa campagne de vengeances personnelles et cette fois s'en prit à Danton, pour lui faire expier l'appui donné à Paré, qui l'avait emporté sur Hébert pour le ministère de l'Intérieur.

C'est dans le *Père Duchesne* (2) que la première sortie eut lieu.

Hébert suppose « une grande ribotte à La Courtille avec toutes ses commères, pour leur découvrir le pot-aux-roses et leur faire connaître les Jean-Foutres qui sont cause que la République a mangé son pain blanc tout le premier. »

On se met à table, on mange, on boit et un des personnages supposés, « un vieux grimaud, grippe-sou de son

1. *Archives Nationales.*
2. N° CCLXXVI.

métier et tout cousu d'or et d'assignats », met immédiatement la conversation sur la grosse question du ministère qui tenait tant au cœur d'Hébert.

C'est le vieux grippe-sou qui prend la parole :

« Vous voilà donc, ministre manqué, me dit le vieux pingre. Là, sérieusement, a-t-on voulu vous donner cette place, Père Duchesne ?... — Je ne sais pas, foutre, si c'est une frime, mais au moins m'a-t-on mis sur le tapis. — Et si on avait eu la sottise de vous nommer, auriez vous fait celle d'accepter ? — Citoyen Pincemaille, à sotte demande pas de réponse. »

Une des commères lui demande ce qu'il aurait fait, s'il avait été nommé ministre :

« — Ce que j'aurais fait, compères et commères ? c'est mon secret ; mais puisque vous me forcez de parler sur ce chapitre, je vais vous ouvrir les secrets de mon cœur. Les ambitieux, les intrigants, les voleurs désirent les grandes places, pour pêcher en eau trouble; mais les bougres de ma trempe, ceux qui se foutent des richesses et des honneurs, regardent les plus grandes places comme un fardeau accablant. On ne pouvait me rendre un plus mauvais service que de m'arracher à ma boutique où je vis heureux, pour me foutre dans une passe où il est presque impossible de faire le bien, et où, sans le vouloir, on fait souvent le mal. »

Puis il arrive à son heureux rival :

« Grand bien te fasse, maître Paré qui tombes à cette place des nues. Lorsque Danton faisait la guerre aux aristocrates, vous étiez le feu et l'eau ; vous voilà amis comme cochons, aussi amis que ce Danton l'était de Dumouriez ; il vient de te donner un brevet de Cordelier, où tu n'as jamais traîné ta savate. Tout cela prouve que les loups du bois ne se mangent pas. »

Danton, pris à partie, vint aux Jacobins, où se trouvait

Hébert et prononça un discours pour se disculper.

« Il demande à se justifier des imputations qui lui ont été faites, au moins imprudemment, par des hommes dont il honore le patriotisme, mais dont il plaint les erreurs. — Il demande à Hébert de déclarer qu'il était mal informé, de se rétracter et de convenir loyalement qu'il a été induit en erreur. Il veut donner à tous ceux qui ont pu suspecter son civisme, des explications franches et loyales. Si elles ne suffisent pas, si on persiste à le calomnier, alors il rassemblera ses détracteurs, et, après les avoir confondus, il leur dira : Prenez ma tête ! ou reconnaissez que je suis un bon patriote. »

Hébert, mis au pied du mur, s'échappa par la tangente :

« Danton a tort, dit-il, de prendre pour lui seul, ce que j'adressais à l'ancien Comité de Salut Public collectivement ; je ne cache pas cependant que Danton n'a pas rempli dans la Convention l'attente des patriotes. »

Danton profita de la circonstance pour répondre à d'autres bruits diffamatoires, qu'on colportait sur son compte.

A l'occasion de son second mariage, on avait dit et repété qu'il avait assuré à sa nouvelle épouse une somme de 140,000 francs. Danton démontra, ce qui était la vérité, que sa fortune n'avait pas augmenté depuis la Révolution, qu'elle était toujours représentée par le remboursement de sa charge, sur lequel il avait donné 40,000 livres, par contrat, à sa seconde femme.

***

De plus graves sujets occupaient la Convention : l'armée était entrée à Marseille, où les rebelles étaient vaincus ; Bordeaux avait fait sa soumission.

Cette semaine eut lieu le mariage d'un homme qui joua un rôle dans la Révolution, Philippe Le Bas, compatriote et ami de Robespierre, représentant du Pas-de-Calais; son talent d'avocat lui avait valu une véritable popularité dans ce département.

Robespierre avait amené Le Bas chez son hôte et son ami Maurice Duplay. L'éclat et l'éblouissante fraîcheur de la plus jeune fille de l'entrepreneur en menuiserie, Elisabeth Duplay, le charme de ses vingt ans, séduisirent Le Bas, qui avait alors vingt-huit ans à peine; il la demanda en mariage.

Mme Duplay parut surprise; elle n'aurait pas voulu marier avant ses aînées la plus jeune de ses filles [1] ! Elle engagea néanmoins Le Bas à revenir le lendemain en parler à son mari, promettant de ne pas s'opposer à cette union, si le père n'y voyait pas d'obstacle.

A peine rentrée, Mme Duplay fit part de cette demande à son mari; on consulta Robespierre, dont on prenait toujours conseil dans les grandes circonstances. « Il était si beau, a écrit Mme Le Bas, que nous le regardions comme un des nôtres [2] . »

— Mon ami, lui dit Duplay, c'est notre Elisabeth, notre étourdie que M. Le Bas nous demande en mariage.

— Tant mieux, répondit Robespierre, ne balancez pas un moment. Elisabeth sera heureuse, car Le Bas est, sous tous les rapports, le plus digne des hommes. Fils excellent, ami dévoué, bon citoyen et homme de grand talent.

Le mariage fut décidé ; entre temps, Philippe Le Bas fut envoyé en mission à l'armée du Nord ; à son

(1) *Histoire de Robespierre,* III, p, 291.

(2) *Manuscrit de Mme Le Bas,* cité par E. Hamel.

retour, on célébra l'union des jeunes amoureux, le 26 août, à la Commune, Hébert, substitut du Procureur, faisant fonction d'officicr municipal, assisté de David qui vint pour témoigner son amitié au nouvel époux. — Les témoins étaient Robespierre et Pierre Vaugeais, frère de Mme Duplay, menuisier à Choisy [1]

La jeune épousée était accompagnée de ses sœurs et de ses amies vêtues de blancs ; Eléonore, l'aînée des filles Duplay, écrasa une larme furtive ; elle songeait sans doute à son propre amour, amour entier et qu'elle pouvait avouer sans remords, que Robespierre partageait ; elle songeait à cette union projetée, mais remise à des jours moins troublés, où il serait permis au conventionnel de s'occuper un peu de son bonheur et de son foyer. [2]

***

Les événements se précipitaient, toujours rapides et tragiques.

Le lendemain du mariage de Le Bas, le tribunal révolutionnaire, après des débats qui avaient duré quinze jours, et suivant la déclaration du jury, condamna

(1) Dans la journée du 9 Thermidor au moment ou Robespierre était vaincu, Le Bas s'écria : « je ne veux pas partager l'opprobre du décret que vous venez de rendre contre Robespierre et je demande contre moi-même la même mesure. » — Il fut mis hors la loi ; il se retira à l'Hôtel-de-Ville et se brûla la cervelle au moment où on allait l'arrêter. Il mourut un an et un jour après son mariage, laissant un enfant à la mamelle.

(2) — Comme l'établit d'une façon irréfutable notre savant ami M Ernest Hamel, l'affection d'Eléonore Duplay et de Robespierre fut des plus sincères et des plus chastes; et quand les Thermidoriens ont écrit leurs pamphlets contre Maximilien, ils ont donné à cet amour un tout autre caractère, il ont menti ; tous ceux qui ont connu Eléonore l'ont affirmé. — Arrêtée au 9 Thermidor, Eléonore fut néanmoins épargnée ; elle porta, toute sa vie, le deuil de Robespierre, dont elle se considérait comme la veuve.

Custine à la peine de mort, comme ayant coopéré à des manœuvres, dont le but était de livrer aux ennemis de la République les villes et les magasins de la France [1].

La salle était comble : avant de faire introduire l'accusé, Coffinhal, qui présidait, invita sévèrement les spectateurs à ne donner aucun signe d'approbation ou d'improbation ; le Général Custine, dit il, n'appartient plus désormais qu'à la loi, et il faut le plaindre de ne s'être pas mieux conduit.

Il était huit heures trois quarts.

Custine entra, marchant d'un pas ferme; les bougies, qui éclairaient la salle, faisaient ressortir sa pâleur ; un grand silence planait sur l'assistance ; le général écouta d'un air indifférent la sentence :

— Ma conscience ne me reproche rien, dit-il ; je meurs innocent et calme.

Rentré au greffe, il se mit à genoux, resta longtemps en prière, passa la nuit avec un prêtre et, le lendemain, fut conduit à l'échafaud : il mourut avec fermeté. Il était dix heures et demie du matin.

Les généraux Rossignol et Westerman furent plus heureux ; l'un fut absout par la Convention, l'autre par le Tribunal militaire de Niort.

Le 24 août, Robespierre présida la Convention.

Pour son début, il eut à répondre à une pétition matérialiste, présentée par une députation d'instituteurs et d'enfants ; un de ces derniers demanda qu'au lieu de prêcher au nom d'un soi disant Dieu, on enseigna les principes de l'Egalité, des Droits de l'Homme et de la Constitution.

1. — Voir le récit détaillé de ces longs débats dans l'*Histoire Parlementaire*, de la page 264 à 337.

Aux mots de « soi disant Dieu », la Convention manifesta son improbation par un mouvement d'indignation. [1]

Les mesures de l'assemblée dispensèrent Robespierre de répondre, mais, tout athéisme mis à part, ce vœu fut pris en considération et, pendant longtemps, on fit apprendre le texte de la Constitution dans les écoles [2].

Ce fut encore par le silence méprisant que Robespierre répondit à la sortie de Rose Lacombe, une des femmes qui avaient été chercher le roi à Versailles durant les journées d'octobre. Depuis, celle-ci avait suivi les clubs et était devenue une adepte des « enragés », de Jacques Roux et du jeune Leclerc, dont on la soupçonnait d'être la maîtresse. Elle marchait à la tête de ces bataillons de femmes qu'on a appelé les tricoteuses et dont les aristocrates, en exagérant, disaient. [3]

De ces effroyables femelles
Les intarissables mamelles,
Comme de publiques gamelles,
Offrent à boire à tout passant;
Et la liqueur, qui toujours coule
Et dont l'abominable foule
Avec avidité se soûle,
Ce n'est pas du lait, mais du sang.

Rose Lacombe venait, avec ses tricoteuses, protester contre les attaques que Robespierre avait portées, aux Jacobins, contre Jacques Roux et Leclerc, elle reprochait à la Convention de se jouer du peuple. [4]

Robespierre laissa passer ces divagations sans les relever ; Rose Lacombe et ses compagnes se retirèrent,

(1) *Moniteur* du 27 août.

(2) Voir les nombreuses déclarations des instituteurs au carton 18. E. I. c. *Archives Nationales*.

(3) *Simon Comboulas*, par Marc de Vissac, p. 162.

(4) Moniteur. 28 août 1793.

furieuses, au milieu des huées et des quolibets. Mais cette démarche et cette protestation des fameuses tricoteuses, qu'on a appelées les furies de la guillotine [1], prouvent qu'elles n'étaient pas les amies de Robespierre, ainsi que les Thermidoriens l'ont dit si longtemps ; ces femmes immondes [2] n'avaient jamais eu les sympathies de Maximilien, qui sut conquérir seulement les suffrages des femmes distinguées et sincèrement éprises des sublimes principes de la Révolution. [3]

Ces petites manifestations passèrent inaperçues, en présence de l'émotion qui s'empara de Paris, quand on apprit que, le 28 août, un crime abominable et qui fait bondir le cœur d'indignation, la ville de Toulon avait été livrée à l'Angleterre par des bourgeois honteux, des royalistes avérés, se cachant sous le drapeau des Girondins, qui les avaient accueillis avec une coupable faveur.

Déjà, royalistes et girondins alliés avaient cassé la municipalité patriote, fermé la Société populaire et traîné à la messe, ignominieusement, les commissaires de la Convention, Beauvais et Pierre Bayle qui furent amenés à l'Eglise, un cierge de cire à la main. [4]

Les coalisés livrèrent la ville à l'amiral anglais Hood, qui prit possession de dix-huit vaisseaux français : le soir, Toulon vit flotter le drapeau blanc.

Ce crime odieux allait ranimer l'ardeur de la Convention et redoubler son effrayante énergie.

(1) *Les femmes célèbres, de 1789 à 1795,* par Laistullier. T. II.
(2) *Histoire de Robespierre,* par E. Hamel. III. 114.
(3) *Id.*
(4) Rapport de Jean Bon Saint-André à la Convention, le 9 septembre 1793.

## XLI.

2 septembre 1793

# PAMÉLA

Nous venons de voir les aristocrates bravant la Révolution dans les clubs, dans la rue et au théâtre. Parmi les pièces, qui servirent de prétexte à ces manifestations, se trouvait *Paméla*.

Avant de parler de la pièce, disons un mot de l'auteur.

Il y avait, une fois, au barreau de Paris, un avocat qui épousa la fille d'un danseur de l'Opéra ; le conseil de l'ordre se réunit et raya de son tableau un confrère coupable d'une telle mésalliance.

Cet avocat se nommait François de Neufchâteau ; c'était un homme d'esprit, un parleur disert et élégant, un poète aimable, qui fut plus tard ministre, directeur et mourut comte de l'empire et académicien.

Un tel auteur dramatique — presque ignoré aujourd'hui — mérite bien que l'on secoue un peu la poussière, sous laquelle cette vieille célébrité sommeille.

Tout jeune, à quatorze ans, il adressait des vers à Voltaire, et le patriarche lui répondait une lettre se terminant par ces deux vers :

Il faut bien qu'on me succède
Et j'aime en vous mon héritier.

Voltaire n'en pensait sans doute pas un mot ; mais

les génies ont le privilèges de se moquer des humbles, sans qu'on leur en garde rancune. [1]

François de Neufchâteau ne fut pas le successeur du vieillard de Fernay, mais il occupa une des bonnes places dans la vie parisienne, depuis l'ouverture de la Législative jusqu'à la chute de l'Empire

Son mariage, qui lui valut la rigueur ridicule de l'ordre des avocats, fut de courte durée ; sa femme — une très honnête et très respectable personne, — toute fille de danseur qu'elle fût — mourut un an après, et la royauté fit de cet avocat, répudié par ces confrères, un magistrat pour l'exportation ; elle l'envoya comme procureur général au Cap, où il resta trois ans; revenu en congé il fut nommé député à la Législative : c'est même lui qui présida la dernière séance de cette Assemblée. Il ne voulut pas se laisser porter à la Convention et refusa le poste de ministre de la justice, auquel il avait été élu le 6 octobre 1792. On le remplaça par Garat, qui eut la mission d'aller annoncer à Louis XVI sa condamnation.

Pendant que les conventionnels, dont il n'avait pas voulu être, jouaient leur rôle dans la grande tragédie historique de 1793, François de Neufchâteau écrivait

(1) De nos jours, Victor Hugo a usé et abusé du procédé ; il avait même pris un secrétaire, M. Richard Lesclide, imitant à ravir son écriture et chargé, tous les matins, de rédiger et signer, en imitant le paraphe du maitre, des centaines de billets dans lesquels Victor Hugo prodiguait les « je suis ému à la lecture de votre belle poésie » et « je serre fraternellement vos deux mains dans les miennes ». Que de rimeurs ont fait encadrer ces autographes accrochés dans des chambres à quinze francs par mois, où ces élus de la Muse continuaient à versifier et à mourir de faim, en se répétant une des phrases de la lettre reçue et où l'auteur des *Châtiments* leur affirmait que « le beau, le vrai, le bien a trouvé en vous un digne interprète. »

Le procédé n'était pas nouveau et, à ce point de vue, Victor Hugo recommençait Voltaire.

une comédie imitée de Goldoni et dont le sujet était emprunté à Richardson : cette comédie c'était *Paméla*. En Angleterre, le roman de Richardson avait obtenu un tel succès qu'on s'était divisé en « pamélistes » et « anti-pamélistes. » — Ce roman avait paru en 1740.

Avant François de Neufchâteau, le même sujet avait tenté plusieurs écrivains ; La Chaussée fit jouer une *Paméla* au Théâtre-Français, mais elle ne put aller jusqu'à la fin ; Boissy ne fut pas plus heureux, avec le même sujet et le même titre, aux Italiens, et Godard d'Aucour put faire représenter, en 1743, une critique des deux pièces, sous le titre de *la Déroute des Pamélas*. — Voltaire, plus heureux et plus habile, imita Richardson dans *Nanine* et composa la moins médiocre de ses comédies.

Goldoni tira du roman de Richardson deux comédies, *Paméla nubile* et *Paméla mariée ;* François imitant la première, laissa à Cubières Palmezeaux le soin d'imiter la seconde et de la faire représenter à la Porte-Saint-Martin, en 1804.

Goldoni était un poète fort renommé : on l'a surnommé « le Molière italien ». Il écrivit aussi en français et donna quelques comédies au Théâtre-Français, où elles réussirent peu. Goldoni habitait Paris depuis 1762 ; il remplissait les fonctions de maître d'italien de Mesdames, tantes de Louis XVI, ces trois vieilles filles acariâtres, maussades et sèches, qui rendirent Marie-Antoinette si malheureuse. De Neufchâteau vint lire au vieil auteur son imitation : Goldoni approuva ; il mourut peu de temps après, âgé de quatre-vingt-six ans.

La *Paméla* de François obtint un très grand succès ; les patriotes sifflèrent.

« Nous observons qu'il est d'autant moins surprenant que beaucoup de voix aient crié : à bas ! que le théâtre dit de la Nation était hier entouré d'une foule effrayante de voitures, qui, par leur somptuosité, effaçait ce que l'ancien régime offrait de luxe. D'où sortaient ces voitures ! on n'en sait rien ; car on ne les rencontre pas dans les rues [1] ».

Donc les aristocrates et les modérés allaient applaudir les passages déclamatoires de la comédie; ces applaudissements pr rent un tel caractère de manifestation que les clubs protestèrent, et que la Commune s'émut ; finalement les comédiens furent emprisonnés aux Madelonnettes. Un employé du Comité de Salut public, l'ancien acteur La Bussière, intervint, fit disparaître le dossier et sauva la tète de messieurs et mesdames de la Comédie, que Collot-d'Herbois avait eu le soin de recommander au zèle de son ami Fouquier-Tinville.

L'arrêté, qui fermait le Théâtre et ordonnait l'incarcération des acteurs, était basé sur les insultes prodiguées aux patriotes et sur les preuves réitérées d'incivisme, données par les acteurs et actrices de ce Théâtre depuis l'origine de la Révolution. [2]

Dans cette comédie assez naïve, qu'on arrêta ainsi par mesure de sécurité publique à la neuvième représentation, l'auteur prêchait la tolérance, à une époque où la modération n'était pas de mise et était considérée comme criminelle.

Les deux principaux acteurs qui luttaient avec vaillance étaient Fleury et la belle Mlle Lange chargée du rôle de Paméla. Les autres rôles étaient tenus par Molé, Bazincourt, Dupont Saint-Val et Mlle Mézeray.

Au surplus, puisque nous faisons une petite revue

(1) *Journal de la Montagne*, no XCV.

(2) Registre des délibérations du Comité de Salut public, séance du 2 septembre. Présents : Hérault-Séchelle, C. A. Prieur, Carnot, Thuriot, Robespierre, Prieur (de la Marne).

rétrospective de cette comédie, donnons, en deux coups de plumes, l'analyse de *Paméla*, dont les moindres allusions — toutes au quatrième acte — étaient saisies au passage et couvertes d'applaudissements.

L'action se passe en Angleterre.

Paméla est recueillie par une riche lady anglaise qui, en mourant, la recommande à son fils milord Bonfild. Le jeune homme, amoureux de la jeune fille, veut en faire sa maîtresse. Elle refuse. Voilà le premier acte.

Au second, milord Bonfild cherche le moyen de contenter son amour. Epouser Paméla ? Les conventions sociales s'y opposent. Abuser d'elle ? Il ne l'ose.

Au troisième acte, le jeune homme veut renoncer à Paméla : il la mariera et il partira en voyage pour oublier sa passion.

Le quatrième acte nous montre lord Bonfils décidé à épouser Paméla quand, sous les traits d'un émigré écossais, arrive le père noble du théâtre. C'est le père de Paméla : pour échapper à la proscription de son parti, il a dû se cacher, depuis de longues années, sous le costume d'un paysan. Il raconte comment la misère l'obligea, autrefois, à confier sa fille aux soins de la mère de milord Bonfild.

Ce brave proscrit écossais entrecoupe son récit de tirades, dans lesquelles il prêche l'oubli des injures et recommande l'apaisement. Ce furent ces passages qu'on vint applaudir et qui firent arrêter la pièce... et les acteurs.

Enfin, cinquième acte : Lord Bonfild épouse Paméla.

Telle est, résumée dans sa simple contexture, cette comédie qui ferait hausser les épaules aux fournisseurs du Théâtre-Libre, mais qui émut vivement nos pères.

Voici les allusions qui déplurent aux clubs patriotes.

C'est le père noble qui parle :

Et qu'importe qu'on soit protestant ou papiste !
Ce n'est pas dans les mots que la vertu consiste.
Par la morale, au fond, votre culte est le mien.
Cette morale est tout et le dogme n'est rien.
Ah ! les persécuteurs sont les seuls condamnables,
Et les plus tolérants sont les plus raisonnables.

Ce à quoi lord Bonfild répond, sans effort :

Tous les honnêtes gens sont d'accord là-dessus.

Le brave écossais continue ses petites jérémiades et parle de pacification ; quand on se serrera la main, on ne se donnera plus des coups de poignards.

Et ce nouveau La Palice ajoute :

Et nous ne verrons plus renaître la fureur
Qui fit de ce pays un théâtre d'horreur.

Et encore après :

Vainqueur, je fus humain et sus me faire aimer.
Vaincu, je me fis craindre et me fis estimer.

Le caractère anti-révolutionnaire du personnage était avoué dans ce distique, dont l'ombre de feu Boileau dut être jalouse :

De mes amis plusieurs sur l'échafaud sont morts ;
D'autres chez l'étranger se sauvèrent alors.

Ce qui n'empêchait pas le critique autorisé du *Moniteur* de trouver les vers « fort beaux et rappelant ceux des plus belles pièces du répertoire. » Il y avait un malheur, c'est qu'ils recommandaient la douceur pour un parti qui, au même moment, envoyait le duc d'York ravager notre territoire, qui avait lancé cent mille paysans en Vendée contre les Républicains, qui encombrait les arrières-gardes des armées prussiennes et autrichiennes, et qui venait de livrer Toulon aux Anglais.

***

François de Neufchâteau dédia sa pièce aux femmes

de France, ce qui n'était pas d'un sot, et, dans sa dédicace, nous lisons ces vers qui portent bien l'empreinte de leur XVIIIe siècle :

Sexe aimable et sensible, agréez-en l'hommage :
Ici de vos vertus vous retrouvez l'image ;
Cette pièce est à vous, belles, protegez-la.

. . . . . . . . . . . . . . . . . . . . . . . .

Sans vous, l'espèce humaine est une espèce atroce,
Qui du tigre et du singe unit les attributs :
De tous les animaux, l'homme est le plus feroce ;
Le ciel pour l'adoucir a créé vos vertus.

Les jacobins applaudirent à l'interdiction de *Paméla* et la *Feuille de Salut public* imprima :

« Enterrement de *Paméla* et arrestation des muscades et muscadins, ci-devant pensionnaires du ci-devant veto.

« Notre prophétie d'hier vient de s'accomplir. *Les comédiens ordinaires du roi* sont enfin mis en arrestation, et sans doute ces laquais étourdis de l'aristocratie vont subir la peine tardive, que provoquaient depuis si longtemps leurs crimes collectifs et individuels envers la Révolution. »[1]

(1) L'auteur, François de Neufchâteau, fut arrêté en même temps que les vingt-deux comédiens ; on le remit en liberté après le 9 thermidor : il se retira à la campagne et ne reparut dans la vie politique qu'en 1797 ; il fut alors nommé ministre de l'intérieur, puis élu membre du Directoire en remplacement de Carnot, et enfin, de nouveau, ministre de l'interieur.

En 1804, nous le trouvons president du Sénat où il prononce, à l'adresse de Napoléon Ier, cette phrase qui est une vraie perle : « Dieu protège la France, sire, puisqu'il vous a créé pour elle. » Envoyé auprès du Vatican, il aborda Pie VII par ces mots : « Je suis heureux de me présenter devant un pontife designé par la providence pour sacrer Napoléon. » Quand ces vieux revolutionnaires furent devenus courtisans, ils ne plièrent pas l'echine à demi et ils y allèrent à plein jeu de charnières. Un si beau dévouement fut récompensé par le titre de comte de l'Empire.

Lorsque Napoléon fut revenu de Waterloo, François de Neufchâteau vota sa déchéance et s'empressa de se rallier à Louis XVIII, qu'il salua par ces mots, au moment où il lui fut présenté :

L'arrêté du Comité de Salut Public, ordonnant la fermeture du Thé tre, l'interdiction de *Paméla* et l'arrestation des comédiens, fut converti en décret le lendemain même, 3 septembre, sur le rapport de Barrère. [1]

L'opinion publique était du reste très excitée contre les comédiens du Théâtre français. Aux jacobins, un jeune ami de Danton, Alexandre Rousselin, proposa que « tous les pensionnaires ordinaires du ci-devant *veto*, fussent détenus jusqu'à la paix dans des maisons de force, jetés à cette époque sur les plages d'un pays despotique et que, pour purifier leur local, on y établît un club destiné aux patriotes des faubourgs Saint-Marceau et Saint-Antoine. » [2]

Le surlendemain, Rousselin réitéra la proposition ; il se plaignit surtout de ce que le Comité de Sûreté générale eut autorisé certaines exceptions en faveur des comédiens frappés d'arrestation [3]. A quoi Robespierre répondit que dans un comité composé de vingt-quatre personnes, plusieurs avaient pu peut être se montrer accessibles aux sollicitations de princesses de théâtre,

— Je salue en vous un père tutélaire qui nous est enfin rendu. »

Louis XVIII reçut le compliment, mais refusa d'accorder la pairie, que François désirait ardemment ; l'auteur de *Paméla*, qui avait trouvé moyen, au milieu de ses occupations politiques, de se faire recevoir de l'Académie française, se retira alors de la mêlée et passa ses derniers jours à composer des vers, dans lesquels il célébrait Sophie Arnould, son ancienne maîtresse, qu'il appelait :

*Arnould, seule déesse au théâtre des dieux.*

Les autographes de l'époque, qui passent de temps en temps sous les marteaux des commissaires-priseurs de l'Hôtel Drouot, nous représentent François de Neufchâteau comme un bel homme ayant eu de très nombreuses bonnes fortunes. On lui prêtait de nombreuses amours avec les plus jolies femmes du Directoire.

Il mourut, toujours rimant, en 1828, un matin de printemps comme il se promenait dans son jardin, se chauffant aux premiers rayons d'avril.

(1) *Moniteur*, 5 septembre 1793,

(2) *Journal des Débats de la Société des Jacobins*, n. 490.

(3) Id., n. 491.

mais que ces exceptions étaient nulles, le Comité de Sûreté générale, ayant à exécuter et non pas à interpréter le décret de la Convention [1].

(1) *Histoire de Robespierre*, par E. Hamel, III, p. 111.

L

Du 1er a 6 septembre

# LA TERREUR

IMPRUDENCES ET PROVOCATIONS CONTRE-RÉVOLUTIONNAIRES. — LES OUVRIERS DEMANDENT DU PAIN ! — ORDRE DU JOUR DE HENRIOT. — SOUPÇONS. — MICHONIS ET MARIE-ANTOINETTE. — ON DEMANDE LE JUGEMENT DES GIRONDINS. — SÉANCE DU 5 SEPTEMBRE. — ROBESPIERRE PRÉSIDE. — FORMATION DE L'ARMÉE RÉVOLUTIONNAIRE. — LA TERREUR EST DÉCRÉTÉE. — HISTOIRE DE HONDSCHOOTTE.

En présence de cette grande agitation des esprits, de l'énervement de toute la Capitale, les aristocrates furent imprudents, impudents, provocateurs et légers.

Ils se montraient, un peu partout, prêts à braver la Révolution ; aux abords des théâtres, on voyait stationner de longues files de voitures somptueuses [1]. Leurs muscadins — comme on commençait à appeler la jeunesse dorée de l'époque — complotaient. Dans les clubs, leurs agents troublaient les séances ; parmi les malheureux stationnant aux portes des boulangeries, des individus, soudoyés par eux, excitaient la misère.

(1) *Journal de la Montagne*. N° XCV.

Enfin au théâtre, ils saisissaient toutes les allusions contre la Révolution et applaudissaient à outrance. C'est au milieu de ces dispositions que *Paméla* fut jouée au théâtre français, par des comédiens qui avaient donné de nombreuses preuves de leurs sentiments contre-Révolutionnaires.

Au théâtre du Lycée, on jouait *Adèle de Sacy* : c'était l'histoire de Marie-Antoinette enfermée au Temple ; pour qu'il n'y eut pas d'erreur possible, la tour du Temple avait été reproduite fidèlement ; la pièce se terminait par la délivrance de la prisonnière.

On laissa passer *Adèle de Sacy* qui, du reste, ne tarda pas à disparaître de l'affiche, mais on interdit *Paméla* et l'on arrêta les comédiens [1]

Le moment de ces manifestations était mal choisi. Des groupes parcouraient les boulevards en criant : du pain ! du pain ! [2] La foule arriva sur la place de Grève, envoya à la Commune une délégation pour se plaindre de la difficulté d'avoir du pain chez les boulangers. — Chaumette courut à la Convention et en revint avec le décret qui fixait le maximum des objets de première nécessité.

— Ce ne sont pas des promesses qu'il nous faut, crie t-on, c'est du pain, et tout de suite.

Chaumette monte sur une table, parvient à obtenir le silence ; il rappelle que lui aussi a été pauvre, qu'il comprenait donc ces misères et ces souffrances ; il promet, pour le lendemain, le transport à la halle d'une quantité de farine suffisante ; il s'engage aussi à provoquer par décret l'établissement d'une armée ré-

(1) Voir à notre chapitre précédent.

(2) Rapport de Chaumette à la Convention. Séance du 4 septembre 1793.

volutionnaire qui parcourra les campagnes et favorisera les arrivages.

Hébert insista sur la création de cette armée révolutionnaire: « qu'elle parte à l'instant même où le décret aura été rendu, mais surtout que la guillotine suive chaque colonne de cette armée. »

Le Conseil général entra en séance et ordonna que les anciens administrateurs des subsistances, parmi lesquels se trouvait l'ancien ministre Garat, seraient provisoirement mis sous la surveillance « de trois sans culottes choisis, qui seront indemnisés à cinq livres par jour. »

Enfin, une délégation des Jacobins arrive ; il est dix heures ; les Jacobins assurent le peuple de leur vigilance. Le Conseil général arrête, en outre, que les citoyens ne pourront se rendre chez les boulangers qu'à six heures du matin, que les pains seront de cinq livres et seront marqués.

A demi satisfaite par ces premières mesures et comptant sur ces promesses, la foule se retire peu à peu.

Heriot s'empara de ces circonstances et fit afficher l'ordre du jour suivant : [1].

« Du 5 septembre 1793, an II de la République

« Le commissaire général invite ses concitoyens à faire de fréquentes patrouilles à la porte des boulangers pour y empêcher les attroupements. D'après un arrêté de la Commune, il est défendu à tout bon citoyen de se rendre à la porte des boulangers avant six heures du matin : les sections enverront. chacune dans son arrondissement à la porte de ces boulangers une force imposante pour y maintenir le bon ordre

(1) Archives nationales.

et faciliter la distribution aux bons républicains, qui aiment les lois, leurs magistrats et leur pays.

« Courage, braves républicains, courage et persévérance dans la crise présente qui nous afflige ! Hier, j'ai vu avec douleur des citoyens demander, en riant, du pain à la Commune ; rit-on quand on a faim ? rit-on quand on manque des premiers aliments de la vie ? — Ceux-là seuls me semblent recevoir l'or et l'argent des puissances étrangères. Braves camarades, lorsque vous êtes de service, soit en patrouille, soit au corps de garde, ces êtres semblent insulter à nos malheurs. Eh bien ! qu'ils sachent que nous savons être grands et justes dans de telles circonstances, et que nous voulons que la loi qui protège l'innocent punisse aussi le coupable.

« Les réserves, à datter (sic) d'aujourd'hui et jusqu'à nouvel ordre, seront de cent hommes par section, les patrouilles fréquentes et toujours la même surveillance aux barrières. »

HENRIOT

Henriot veillait et le bourreau ne chômait pas.

Le 5, Leclerc, rédacteur d'un journal imprimé à Rouen intitulé *la Chronique*, fut guillotiné avec neuf de ses compatriotes, pour une conspiration qui n'était, du reste, pas très clairement démontrée.

A côté de ces mesures d'une rigueur, que les faits ne justifiaient toujours pas, il en était d'autres d'une portée salutaire : le 6, sur la demande de la société populaire de Tours, la *Convention* décréta que tout fonctionnaire public serait tenu de rendre compte de sa fortune.

Le soupçon était à l'ordre du jour. Au Conseil général de la Commune, un citoyen ayant protesté contre le procès-verbal de la veille fut aussitôt interpellé par

Chaumette. Il répondit qu'il s'appelait Tiger, qu'il était imprimeur et demeurait à la section du Panthéon. « Chaumette fait remarquer que ce citoyen a du beau linge, que cependant, hier, il était avec les ouvriers qui demandaient du pain ; lorsqu'on a parlé de la formation de l'armée révolutionnaire, il s'y est constamment opposé. Ce matin, il est venu chez moi ; je m'étais couché à six heures du matin : sans se faire annoncer, il s'est présenté devant moi ; je l'ai reçu mon bonnet de nuit sur la tête ; je lui ai demandé ce qu'il voulait, il était interdit, et n'a su que répondre. Il m'a paru suspect. J'attribue le trouble où il était à la présence de deux personnes qui étaient dans mon appartement. Je le soupçonne d'avoir voulu attenter à mes jours. »[1] Tiger est conduit chez le commissaire de police, pour y être interrogé.

Les soupçons se justifiaient du reste par les trahisons les plus inattendues : on découvrait qu'un membre de la commune, Michonis, délégué au temple, avait voulu favoriser un projet d'évasion de Marie-Antoinette, en lui remettant un œillet, dans lequel se trouvait un billet. Michonis était arrêté.

Un autre membre, nommé Lebœuf, vieillard de soixante et onze ans, maître de pension, était inculpé et interrogé pour avoir prié Simon de cesser de chanter une chanson obscène devant le fils de Louis XVI.

« Vous avez déshonoré le conseil général, comme s'il avait été vendu à la famille Capet, » lui cria, en face, Chaumette ; il est vrai que Lebœuf était encore accusé de s'être dérangé de sa place pour « attacher au petit louveteau sa serviette, que l'épouse de Simon avait manqué de lui attacher. »

(1) *Journal de Paris*. N° 114.

Tout cela était évidemment très grave et Lebœuf dut s'estimer heureux d'être remis en liberté après quatre jours d'arrestation.

Aux Jacobins, Hébert provoque un grand enthousiasme en demandant le jugement des Girondins.

« Il faut que le peuple entier de cette ville, que les sociétés populaires et les sections soient invitées à se joindre aux Jacobins pour aller engager la Convention à décréter que ces scélérats vont, par un jugement légal, enfin recevoir le prix de tous leurs crimes, et cela dans le plus bref délai. »

A ces mots, tous les membres sont debout, les chapeaux sont agités : oui ! oui ! s'écrie-t-on à la fois ; nous irons tous ! [1] On arrête par acclamation la proposition d'Hébert qui est chargé de rédiger l'adresse.

Du reste, chacun se donnait de la sévérité, en empruntant un usage au règlement des anciens ordres religieux.

Le 6 septembre, sur le réquisitoire de Chaumette, le conseil général de la commune procéda, par appel nominal, à la censure de chacun de ses membres [2].

Le maire commença ; il se présenta à la barre et dit : — j'ai l'avantage de me présenter le premier pour être censuré et donner l'exemple.

Chaumette lui reprocha d'avoir trop de bonté et de n'avoir pas assez de force révolutionnaire ; il l'engagea à retrancher cette bonté facile qui prouvait sa probité, mais dont profitaient les malveillants et à monter au fauteuil, revêtu de l'écharpe, toutes les fois qu'il viendrait au conseil.

C'était le fouetter avec une gerbe de fleurs.

(1) *Journal de La Montagne*, nº XCIII.
(2) *Histoire Parlementaire* XXIX, p. 55.

Le Procureur de la Commune, le secrétaire greffier, les adjoints et tous les membres passèrent alternativement à la censure.

On laissa percer quelques pointes.

Labat fut accusé d'avoir, étant administrateur de police, élargi des marchands d'argent. On lança contre lui un mandat d'amener.

Berthelin, convaincu d'avoir un ton trop humble avec les prisonniers du temple, fut exclu ; néanmoins, sur la promesse d'être plus ferme, il fut réintégré le lendemain.

Louis Roulx, convaincu de s'être fait donner 1,000 livres pour avoir délivré un acte, étant administrateur de police, fut aussi exclu.

***

Nous arrivons à la fameuse séance du 5 septembre, la dernière que présida Robespierre et dans laquelle la Terreur fut décrétée. Depuis le 23 août [1], date où il avait pris la présidence, il n'avait pas cessé, un seul jour, d'occuper le fauteuil. Il présida le 5, comme les autres jours ; ce ne furent donc pas les Dantonistes seuls qui « reçurent le choc de la foule. » —Dans le courant de la séance, vers la fin, très fatigué, Robespierre se fit un moment remplacer par Thuriot, mais il reprit presque aussitôt la présidence. 2

(1) Et non pas le 26 août comme le dit Michelet ; détail du reste de peu d'importance.

(2) Cependant Michelet veut absolument que Robespierre n'ait pas été là — « N'avait il pas à craindre ? — Les ennemis de la Montagne n'avaient-ils pas dit hautement que c'était Robespierre que Charlotte Corday aurait dû poignarder. — Ces craintes, nullement ridicules, saisirent probablement les imaginations des amis inquiets de Robespierre, de son hôte Duplay, de son imprimeur Nicolas, qui demeurait à sa porte, et se faisait son garde du corps, l'escortant habituelle-

Dès le début, le Maire de Paris Pache et le Procureur de la Commune Chaumette vinrent à la barre.

Pache exposa que le peuple craignait de manquer de subsistances; il ajouta que le mal venait des accapareurs.

Chaumette fut âpre et ardent contre ceux qui spéculaient sur la misère publique: « Plus de quartier, plus de miséricorde aux traîtres, s'écria-t-il. Si nous ne les devançons pas, ils nous devanceront; jetons, entre eux et nous, la barrière de l'éternité. » Les applaudissements éclataient de toutes parts; il continua: « Le jour de la justice et de la colère est venu. Hercule est prêt, remettez, dans ses mains robustes, la massue, et bientôt la terre de la liberté sera purgée de tous les brigands qui l'infectent. »

Il termina en demandant la formation de l'armée révolutionnaire, suivie de la guillotine ambulante.

Robespierre, comme président, invita le maire et Chaumette aux honneurs de la séance.

ment avec un énorme bâton. — Les dames Duplay, vives, tendres, impérieuses, auront fermé la porte et tenu sous clef Robespierre; ce qui est sûr, c'est qu'on ne le vit pas le 5, et que les Dantonistes seuls, durent recevoir le choc de cette foule suspecte que menaient leurs ennemis. »

Tout cela est de la fantaisie pure. — Robespierre assista et présida la séance et ce fut lui qui « reçut le choc ». — Il suffit de consulter, le *Moniteur*, le *Journal des Débats*, les procès-verbaux, et tous les autres journaux de l'époque.

Michelet aurait pu pécher par distraction, comme cela lui arrive souvent. Mais Louis Blanc, en 1857, (IX. p. 234. édition Faure) lui en fit l'observation; M. Ernest Hamel, dans son histoire de Robespierre, en 1867, (T. III. p. 120), renouvela la même critique; Michelet n'en persista pas moins, puisque je retrouve la même erreur maintenue dans l'édition de la Révolution. (Lacroix 1876. V. 338). C'est de la fantaisie incorrigible.

L'erreur de Michelet vient de ce qu'au lieu de se servir du compte-rendu du *Moniteur* qui est complet, il se sera borné à consulter celui de l'*Histoire parlementaire*, qui, ici, est très incomplète.

« La liberté, dit-il, survivra aux intrigues et aux projets des conspirateurs. La sollicitude de la Convention s'étend sur tous les maux du peuple ; que les bons citoyens se réunissent ; qu'ils fassent un dernier effort : La terre de la liberté, souillée par la présence de ses ennemis, va en être affranchie. Aujourd'hui leur arrêt de mort est prononcé, et demain l'aristocratie cessera d'être. » [1]

Chaumette reprend la parole et demande que tous les jardins des domaines nationaux renfermés dans Paris soient défrichés, cultivés pour l'approvisionnement de la ville : « au lieu de statues et de fleurs, cultivons des pommes de terre. » Dusaulx surenchérit et opina pour que les Champs Elysées fussent, comme les Tuileries transformés en cultures utiles. — Ces deux propositions n'obtinrent aucun succès et on ne s'y arrêta pas.

A ce moment, Danton parut à la tribune : « Il faut punir, dit-il » et il demande que le Tribunal Révolutionnaire soit divisé en un assez grand nombre de sections pour que « tous les jours, un aristocrate, un scélérat paie de sa tête ses forfaits. »

Il demanda en outre que les sections se réunissent deux fois par semaine, le dimanche et le jeudi, et qu'une paie de quarante sous fut allouée à chaque citoyen qui quitterait l'atelier pour y assister, mesure qui permettait de contrebalancer l'influence des oisifs et gens aisés qui, n'ayant rien à faire, ne manquaient guère une séance, tandis que les patriotes étaient retenus à leur travail.

Enfin, Danton proposa qu'une somme de cent mil-

(1) Buchet et Roux dans l'*Histoire parlementaire* mettent par erreur ces paroles dans la bouche de Thuriot ; celui-ci n'avait pas encore remplacé, pour un moment, Maximilien au fauteuil.

lions fut mise à la disposition du ministre de la guerre pour l'armement des bons citoyens.

Cette triple proposition fut adoptée à l'unanimité, au milieu de l'enthousiasme des tribunes ; des spectateurs agitaient leurs chapeaux en poussant les cris de « vive la République ! »

La députation des sections de Paris et des Jacobins fut alors introduite : elle réclama le prompt jugement des Girondins en même temps que des mesures de terreur contre les aristocrates.

C'est alors que Merlin (de Douai) proposa à la Convention, qui la vota, une loi punissant de mort tout individu convaincu d'avoir, avec intention de favoriser les ennemis de la République,tenu des discours tendant au discrédit des assignats, de les avoir refusés en paiement, et d'avoir donné des reçus à perte.

Drouet, l'homme de Varennes, qui représentait le département de la Marne, n'était pas content non plus ; bon patriote, homme probe, il avait un esprit exalté et peu de mesure dans le jugement. « Avertissez les suspects, dit-il, que si, par impossible, la liberté était menacée, vous les massacreriez impitoyablement. »

Les murmures lui coupent la parole, mais il continue :

« Déclarez que vous ne rendrez aux tyrans la terre de la liberté que couverte de cadavres ! »

Les murmures recommencent ; Thuriot l'interrompt en s'écriant :

« Loin de nous l'idée que la France soit altérée de sang ; elle n'est altérée que de justice. »

En couvrant ces paroles d'applaudissements, la Convention les fit siennes. C'était du reste l'élan d'un sentiment généreux, mais la réalité allait reparaître avec

Barrère qui vint faire son rapport quotidien sur les mesures à prendre :

« Plaçons la Terreur à l'ordre du jour, s'écria-t-il. Les royalistes veulent du sang : eh bien ! ils auront celui des conspirateurs, des Brissot, des Marie-Antoinette. Les royalistes veulent troubler les travaux de la Convention : conspirateurs, elle troublera les vôtres ! Vous voulez faire périr la Montagne : eh bien, la Montagne vous écrasera ! »

Sur son rapport, la Convention décrèta la création d'un corps de six mille hommes et de douze cents canonniers pour comprimer, partout au besoin serait, les contre-révolutionnaires.

La Convention ne voulut pas de la guillotine ambulante réclamée par Hébert et Chaumette; mais le résultat fut le même.

A cinq heures et demie, Robespierre leva la séance.

La Terreur était proclamée.

La présidence de Robespierre était achevée ; on lui donna pour successeur Billaud-Varennes, qui « représente bien la Révolution dans ce qu'elle a de plus implacable et de plus sombre. » [1]

La Terreur ! C'était le système qui, à des dangers dont l'histoire n'offrait pas encore d'exemple, opposait des moyens extrêmes de défense. [2] La loi sur les accapareurs et sur la dépréciation des assignats fut complétée, le 17 septembre, par la loi des suspects, en vertu de laquelle étaient arrêtés tous ceux qui, par leur conduite, leurs relations, leurs propos, leurs écrits s'étaient montrés les ennemis de la liberté. C'était la mort menaçant tout le monde : c'était monstrueux, mais néces-

(1) E. Hamel. III. 126.
(2) E. Hamel id.

saire. « Sans la Terreur, la Révolution ne serait pas parvenue à s'affirmer. » [1]

L'énergie de la Convention commençait du reste à produire des résultats et, le 7 septembre, notre armée du Nord battait les Anglais et les Hollandais à Hondstchootte. Houchard commandait les troupes, mais il ne sut pas profiter de la victoire : les ordres préparés par Carnot lui ordonnaient de continuer à marcher droit devant lui, de façon à acculer les soldats du duc d'York à la mer ; il ne le fit pas, s'arrêta en chemin et permit aux Anglais de reprendre l'offensive. Il paya de sa tête cette imprudence et cette désobéissance et fut remplacé par le général Jourdan.

Carnot eut la bonne fortune de découvrir, coup sur coup, trois grands généraux, Jourdan, Hoche et Napoléon.

Ces soldats étaient alors obscurs, employés dans les postes secondaires ; il les plaça au premier rang et les mit à même de s'illustrer dans des batailles fameuses. Le patriotisme a parfois de ces divinations et de ces secondes vues.

(1) Napoléon Ier. (*Esprit du Mémorial de St-Hélène*. T. II, p. 475)

# LII

Du 8 au 15 septe‐bre

## DUNKERQUE EST DÉLIVRÉE

FORMATION DE L'ARMÉE RÉVOLUTIONNAIRE. — SIÈGE ET DÉLIVRANCE DE DUNKERQUE. — FAUTES DE HOUCHARD. — CHANSON DE CHARLOTTE SCHOTTE. — LES PAPIERS DE COMMERCE DE NÉGOCIANTS SUSPECTS. — LES SOLLICITATIONS DES DÉPUTÉS. — HENRIOT DÉNONCÉ SE DÉFEND. — BAILLY ARRÊTÉ. — LES FEMMES DE MAUVAISE VIE. — LES JOLIES SOLLICITEUSES. — LA VIE DE PARIS.

A la séance de la Convention du 9 septembre, au nom du Comité de Salut public, Carnot fit voter les conditions du recrutement de l'armée Révolutionnaire. — Les soldats devaient être choisis sur des listes de volontaires, dressées par les comités révolutionnaires des sections de Paris ; il devait y avoir six bataillons de mille hommes chacun ; les officiers et sous-officiers étaient nommés par les soldats. Il devait être procédé, chaque année, à de nouvelles élections, les officiers sortants étant rééligibles. Au Comité de Salut public était reservée la nomination des officiers supérieurs. L'Etat-major général fut composé d'un général de division, de deux généraux de brigade et de trois adjudants généraux.

Pendant que la Convention s'occupait de la formation de l'armée Révolutionnaire, la Commune prenait des mesures pour seconder la levée en masse ; elle décidait, le 10, que tous les jeunes gens de 18 à 25 ans qui, après le départ de la première classe pour l'armée, se trouveraient à Paris, seraient déclarés déserteurs et punis comme tels.

Il fallait renforcer les armées et des mesures énergiques étaient nécessaires : Bourdon de l'Oise, qui revenait de la Vendée, dans le cours d'une discussion qu'il eut aux Jacobins avec Robespierre, à propos du général Rossignol et pour diminuer ce dernier, déclarait que ces Vendéens « dont on avait fait tant de bruit, n'était autre chose qu'un ramassis de cochons, de gens qui n'avaient pas figure humaine et de gens de loi »[1]. Les victoires de Rossignol, ajoutait-il, n'étaient donc pas si fameuses qu'on l'avait dit.

C'était commettre une double injustice — et à l'endroit des Vendéens d'une intrépidité rare et à l'endroit des soldats conduits par Rossignol, qui avaient trouvé en face d'eux des ennemis héroïques et les avaient vaincus à force de courage et d'opiniâtreté, non sans essuyer des alternatives de défaites.

Ce n'était pas le moment de mépriser ses ennemis.

L'Angleterre, maîtresse de Toulon, aurait voulu garder Dunkerque, dont la Reine Anne, en apprenant la signature du traité désastreux d'Utrecht, avait dit : « La ruine de Dunkerque vaut la conquête d'une province[2]. »

(1). *Histoire Parlementaire*. XIX. 102.

(2). Sous la Fronde, une armée espagnole bloqua Dunkerque défendue par le comte d'Estrades ; Cromwel, qui rêvait la conquête de la Hollande et des Flandres, fit offrir au comte dix millions pour qu'il lui livrât la ville; d'Estrades refusa avec indignation. L'Angleterre se fit céder la ville en 1658 et Louis XIV en reprit possession en 1662 moyennant une rançon de cinq millions de livres, payée au besogneux Charles II. — La Paix d'Aix-La-Chapelle imposa à la France le désarmement du port, qui resta condamné à l'inaction jusqu'à la guerre pour l'indépendance des colonies de l'Amérique. De 1773 à 1792, les forts furent relevés et la vaillante marine Dunkerquoise

Depuis le traité de Versailles (1783), qui avait effacé l'article du Traité d'Utrecht décapitant Dunkerque, l'Angleterre n'eut qu'un désir, reprendre cette ville : venger la mort de Louis XVI fut le prétexte, mais la vraie cause fut le désir de s'emparer de « ce nid de corsaires ». Le 25 avril 1793, une escadre anglaise bloqua le port ; l'amiral John Clemens, invitant le général Pascal Krenveyer à lui remettre la place, lui offre « la protection d'une grande et honorable puissance, jusqu'à ce que la France ait une constitution établie sur des bases solides. » [1]

Le général répond aussitôt :

« Monsieur, je n'ai qu'un mot à vous répondre :

« C'est que *ni moi*, qui ai l'honneur de commander dans la ville de Dunkerque, *ni aucun habitant, n'entendrons jamais aucune proposition* tendant à déshonorer le nom Français. Faites-moi l'honneur de m'attaquer, je vous répondrai militairement. »

C'est alors que l'armée de terre s'avança et que le siège eut lieu sous les ordres du duc d'Yorck.

Carnot et Duquesnoy, son collègue du Pas-de-Calais, visitèrent la frontière et formèrent un camp à Gyvelde sous Dunkerque, pour protéger la plage et les travaux de défense de la ville.

L'esprit des citoyens était bon, mais l'armée était plongée dans une extrême licence de mœurs et abandonnée à des habitudes de violence et de maraude [2].

Néanmoins, tout n'était pas mauvais.

« Nous venons, écrivaient les représentants, de la frontière du Nord, depuis Lille jusqu'à la mer. Les

enleva douze cents vaisseaux à l'Angleterre ; le traité de Paris de 1783 avait rayé les dispositions humiliantes du traité d'Utrech.

(1). Voir une étude très complète de M. Emile Blémont dans la *Revue du Nord* du 1er septembre 1893.

2 Mémoires de Carnot.

Dunkerquois ont à soutenir une vieille gloire, et nous les avons trouvés disposés à s'ensevelir sous les ruines de leur cité, plutôt que de l'abandonner aux ennemis. Quoique sans murailles, cette ville est, par sa position, susceptible d'une grande défense. Pour seconder le courage de ces bons républicains, nous avons ordonné un retranchement dans l'intérieur de la ville, au moyen duquel on peut, sans compromettre la sûreté des habitants, soutenir l'assaut sur les remparts de terre qui forment son enceinte. Nous avons aussi commandé qu'on armât sur-le-champ des espèces de chaloupes canonnières, qui battront l'Estran et en rendront les approches presque impossibles. La plus grande ardeur anime les citoyens. Les officiers municipaux sont sages, fermes, et savent faire aimer la loi. On est décidé à se barricader dans les rues, et les membres de la société populaire ont arrêté, dans une de leurs séances où nous avons assisté, qu'ils iraient eux-mêmes aux travaux de la fortification pour donner l'exemple ».

Carnot voulait obtenir son premier succès dans le Nord, afin de frapper un grand coup.

Délivrer Dunkerque, tel était son but : le salut de la République est là » écrivait-il à Houchard.

Le 28 août il écrivait encore à ce général :

« Nous ne pouvons douter que l'ennemi n'attache la plus haute importance à la conquête des villes de Bergues et de Dunkerque. Il est aisé de sentir, en effet, que Pitt n'a pas d'autre moyen de soutenir son crédit chancelant, de consoler sa nation des frais énormes de la guerre et de la perte totale de son commerce. .. Ce n'est donc pas précisément sous le point de vue militaire qu'il faut envisager l'attaque dirigée sur cette partie de nos frontières ; c'est principalement sous le point de vue politique. »

Houchard était un vaillant soldat, mais un vieux militaire attaché à la vieille tactique : sachant peu obéir, il ne sut pas profiter de la victoire et laissa échapper le duc d'Yorck.

Heureusement il fut secondé, dans ses opérations, par la belle défense de Dunkerque, où un jeune chef de bataillon, Lazare Hoche, répondant aux espérances que ses débuts dans la carrière avaient inspirées à Carnot, gagna ses épaulettes de général. « Au commencement de la guerre, » raconte Carnot, « Hoche, étant encore peu connu, envoya au Comité de salut public un mémoire, sur les moyens de pénétrer en Belgique. Quand j'eus lu ce mémoire, je dis, par forme de conversation, au Comité : « Voilà un officier d'infanterie qui fera du chemin !... » [1] .

Houchard par son imprévoyance laissait passer les Anglais, tandis qu'Hoche, dépité de cette impéritie s'écriait ;

— Il ne devrait pas en rester un seul !

Néanmoins Dunkerque était délivrée grâce à la victoire de Hondschoote et l'armée française y entra le 10 septembre [2] , au milieu de la joie générale et d'une enthousiaste manifestation.

Une Dunkerquoise, Charlotte-Henriette Schotte, chanta à la gloire de Dunkerque, cette chanson, composée par elle-même pour la circonstance [3] :

Après la valeur des Lillois,
Chantons celle des Dunkerquois,
Qui sur leurs remparts,
Bravent tous les hasards.

(1) Mémoire de Carnot.

(1) Les 8 et 9 septembre 1893, le centenaire de ces fastes militaires a été célébré à Dunkerque par de grandes fêtes et un monument commémoratif a été inauguré.

(3) *Revue du Nord*, 1er septembre 1893 (Emile Blémont).

Dansons la Carmagnole,
Vive le son, vive le son !...
Dansons la Carmagnole,
Vive le son du canon !
York pensait qu'à la St-Louis
Dunkerque et Bergues seraient pris ;
Mais le canon tonna
Et son projet manqua...

Où sont-ils donc ces fiers Anglais ?
Eh mais ! ils craignent les Français
Qui, le sabre à la main,
Arrivent à grand train...
Déjà la gloire prend l'essor
Et suit le drapeau tricolore ;
Oui, nous triompherons
Au bruit de nos canons...

Gendarmes, chasseurs, fédérés,
Vos grands exploits seront chantés
Sous le chêne sacré ;
Vive la liberté !...

Quelques jours après, la Convention décrétait que « Dunkerque avait bien mérité de la Patrie ! »

***

A Paris, la délivrance de Dunkerque ne produisit pas le grand effet qu'en attendait Carnot et que méritait cette première grande victoire de la République, depuis Jemmapes.

On avait plus à cœur d'assurer le mouvement commencé par la loi qui organisait la terreur.

On venait d'assurer deux livres aux citoyens qui, le dimanche et le jeudi, quittaient leurs ateliers pour assister aux assemblées de leurs sections ; on vota trois livres par jour aux membres des comités révolutionnaires, « afin que les patriotes zélés fussent à leur poste quand on aurait besoin d'eux. »

Du reste, les mesures se succédaient avec vigueur ;

des négociants suspects avaient été arrêtés et leurs papiers mis sous scellés ; sur la réclamation d'autres commerçants dont les affaires étaient entravées par ces saisies, on rendit la comptabilité commerciale aux intéressés, mais les scellés furent maintenus sur le reste.

Hébert ne se lasse pas : le 9 septembre, aux Jaco bins, il se plaint de la lenteur qu'on met à juger Marie-Antoinette et les Jacobins. Il dénonce « les commissaires de la Convention qui jouent dans les armées un rôle indigne des représentants du peuple, qui partagent avec des généraux despotes, la vie de Sardanapale dans laquelle ceux-ci sont plongés. Je voudrais que les représentants du peuple ne mangeassent jamais avec un général. »

Puis, rentrant dans Paris, il dénonça un député qui, en dépit de la loi formelle qui le lui défendait, était allé solliciter une place de colonel pour son fils, âgé de dix huit ans.

— Nommez-le! s'écria Gaston de l'Ariège.

— C'est Becker! [1] reprit Hébert, qui n'attendait peut-être que cette interruption pour préciser, il a sollicité Audoin, adjoint du ministre de la guerre, de donner à son fils un régiment. — « Audoin lui représenta que ce serait une faveur inique que son fils occupât une lieutenance pour laquelle il n'avait pas la capacité nécessaire ; Becker lui répondit d'un ton arrogant : Ne songez-vous pas que je suis représentant du peuple ? Audoin lui répliqua que s'il était représentant du peu-

(1). — Becker (Joseph de), né à Saint-Avold (Moselle), en 1750, y mourut en 1820. Etait avocat avant la Révolution ; il siégeait parmi les modérés, vota pour la réclusion, dans le procès de Louis XVI. Fit partie des anciens, se montra favorable au 18 brumaire et fut nommé percepteur en 1804.

ple, il devait être le premier à respecter les lois que la Convention avait décrétées. Becker osa répondre qu'il fallait sauter, à pieds joints, pardessus la loi.

— Je demande que les dénonciations de cette nature soient écrites et signées, dit Boissel.

— Je la signerai, dit Hébert, et Gaillard, qui en fut témoin, signera avec moi.

Gaillard aprouva de la tête.

Hébert continua et dénonça Lecointre [1], de Versailles, qui était allé demander, en faveur de l'Autrichien Stetnof, une exception à la loi qui frappait les étrangers suspects.

« Le ministre lui répondit que cela était au-dessus de son pouvoir ; Lecointre s'emporta contre lui et l'accabla d'injures, le traita d'imbécile, de cochon, d'homme inepte ; il le menaça d'une prochaine destitution. Passant ensuite dans le bureau, il traita de même tous les commis des bureaux, dit qu'il prendrait un fouet, avec lequel il les chasserait tous » [2].

Henriot, lui-même, ne resta pas à l'abri des dénonciations et, à son tour, fut obligé de venir se défendre d'avoir désarmé un gendarme sans-culotte ; il expliqua que ce soldat lui avait manqué de respect.

A cette même séance, on accusa la mère de Pétion d'avoir tenu des propos contre révolutionnaires; elle avait dit, affirmait-on : « Il nous faudrait un roi ; quant à moi je le désire, car je crois qu'il est le seul moyen de nous sauver. » — Il n'en fallait pas plus pour aller devant le tribunal Révolutionnaire.

Le 10, Bailly était arrêté à Melun et la Commune de

1. LECOINTRE. — Marchand de toile a Versailles ; c'était un montagnard résolu et grand ennemi des prêtres ; il fut opposé au 18 brumaire ; exilé par Bonaparte, il mourut en 1805.

2. *Histoire Parlementaire* XIX. — 95.

cette ville demandait ce qu'il fallait faire de « cet homme coupable à coup sûr, mais sur, lequel on n'a trouvé aucun papier à sa charge. »

Un spectateur s'écriait :

— Est-il besoin que Bailly porte sur lui la preuve écrite de ses crimes ? Il n'y a qu'à prier chaque sans-culotte de lever l'extrait mortuaire de ceux de nos frères, qui sont morts au Champ de Mars.

Le Champ de Mars ! ce sanglant souvenir, fut la condamnation de l'ancien maire qui fut envoyé à la Force.

Le même jour, on arrêta comme suspect Francœur et Celerier, administrateurs de l'Opéra ; les artistes continuèrent en Société l'exploitation de la salle.

Jean-Bon Saint André lui, avec la sévérité du pasteur protestant, s'en prit aux filles galantes et monta à la tribune de la convention pour les dénoncer.

— Il existe à Paris, dit-il, une classe d'individus qui, malgré la faiblesse de leur sexe, font beaucoup de mal à la République. Ils corrompent vos jeunes gens et, au lieu de les rendre vigoureux et dignes des ancien spartiates, ils n'en font que des Sybarites incapables de servir la liberté ; je veux parler de ces femmes impudiques qui font un honteux trafic de leurs charmes. C'est une perte pour la Société et tout bon gouvernement devrait les bannir de son sein. Je demande que le Comité de salut public examine s'il ne serait pas utile d'étouffer ce genre de contre-Révolution, en déportant au delà des mers ces femmes de mauvaise vie.

Cette proposition fut applaudie et renvoyée au Comité de salut public.

Quelques jours après, une délégation de femmes fit,

sur le même sujet, une autre proposition et apporta cette adresse à la convention [1] :

« Les citoyennes de la société républicaine présentent une pétition tendant à faire transférer les femmes de mauvaise vie dans des maisons nationales pour les y occuper à des travaux utiles, et ramener, s'il se peut, aux bonnes mœurs par des lectures patriotiques, ces malheureuses victimes du libertinage dont souvent le cœur est bon, et que la misère seule a presque toujours réduites à cet état déplorable. »

C'était la réponse de l'humanité pleine d'illusions à la proposition du puritanisme exagéré.

On s'occupa encore des femmes, quand la Convention invita les sociétés de citoyennes révolutionnaires à se débarrasser, par le scrutin épuratoire, des femmes suspectes.

Au même moment, la Commune, le 15 septembre, prenait des mesures à l'égard des « jolies solliciteuses. » La section de l'Université s'était plaint au conseil général « de ce que l'administration de la police était trop sensible aux sollicitations de jolies femmes, réclamant la liberté d'individus mis en état d'arrestation. »

Hébert donna des détails. [2]

« J'ai vu ce matin, à la police, une foule de jolies femmes en assiéger les bureaux, pour des mises en liberté. Fut-on un Caton, on doit craindre les Circé ; elles possèdent l'art de capter les hommes ; on repoussera la femme d'un bon sans-culotte parcequ'elle ne sera pas mise élégamment ou n'aura pas de beaux yeux, tandis qu'une astucieuse coquette, accoutumée à tromper les trompeurs eux-mêmes, sera admise. »

(1). *Moniteur.*
(2). *Journal de Paris* No CCLXII.

La commune arrêta que « toutes les jolies intrigantes » n'auraient aucun accès dans les bureaux de la police. » — Le Comité de sûreté générale agit de même.

En outre, comme les républicaines portaient la cocarde nationale et étaient parfois exposées à des insultes de la part des aristocrates, on arrêta que toutes les femmes seraient tenues de porter la cocarde tricolore ; la convention sanctionna cette mesure et décréta que la première fois, une femme trouvée sans cocarde, serait punie de huit jours de prison ; en cas de récidive, elle serait enfermée jusqu'à la paix.

Pourtant la gaité ne cessait de régner et Paris allait à ses plaisirs comme à l'ordinaire ; le 8 septembre, c'était la fête de Saint-Cloud : la jeunesse avait déserté le Palais-Royal et ses cafés pour s'y rendre en foule. [1]

Au Gros Caillou, tous les lieux publics étaient remplis de citoyens qui « jouaient, buvaient et chantaient des chansons patriotiques. » [2]

Les spectacles étaient aussi très suivis et, si les aristocrates, arrêtés par les mesures prises contre *Paméla*, ne manifestent plus avec autant de brio, les « petits spectacles, fréquentés par la classe la moins aisée des citoyens, présentent dans leurs pièces et leurs acteurs un ensemble de patriotisme, bien flatteur pour le républicain. » [3]

(1) Rapport de Police de L'agent Rousseville. *(Archives)*.
(2) Rapport de Police de l'agent Le Harivel (id)
(3) Rapport du 8 septembre de l'agent Perrière (id).

*1er Vendémiaire.* — *Du 16 au 23 septembre.*

# L'AN II DE LA REPUBLIQUE

**Les organes du Paris Révolutionnaire — Jacques Roux arrêté. — L'Evêque de Périgueux vient présenter sa femme a l'assemblée. — Le conventionnel Perrin aux galères. — Le nouveau calendrier républicain.**

Le vague effrayant de la loi des suspects, atteignant tous ceux qui n'étaient pas au premier rang des révolutionnaires ardents, était d'une rigueur qui fait trembler.

Suspect était celui qui avait été Royaliste ;

Suspects, les Girondins et leur amis ;

Suspects, les ci-devant nobles, les fonctionnaires suspendus par la Convention et par les commissaires.

Suspects, quiconque ne pouvait justifier de l'acquit de ses devoirs civiques.

C'était la prison ouverte pour la moitié de la France et l'échafaud en permanence.

La situation était effroyable ; les mesures prises furent formidables.

Paris vivait dans un continuel énervement et une vibration incessante, communiquant sa fébrilité au reste de la France.

Le club des Jacobins tenait tout le peuple en éveil et donnait le ton aux quarante-huit sections de Paris, lesquelles avaient des représentants au Conseil général de la Commune, qui poussait à son tour la Convention.

Tels sont les quatre organes de Paris ;

Le club des Jacobins qui parle, les sections qui pensent, la Commune qui reflète la pensée des sections et la Convention qui décrète les décisions viriles.

A côté, nous trouvons le comité de Salut public et le Comité de Sûreté générale.

Le comité de Sûreté générale qui veille, épie, surveille et signale la desobéissance ou les suspects.

Le comité de Salut public, qui accapare le pouvoir exécutif, dirige les armées, décrète d'accusation et lutte contre tous les ennemis, contre ceux du dedans et contre ceux du dehors.

Enfin le tribunal Révolutionnaire, qui juge et punit en vingt-quatre heures.

Tel est le pouvoir Révolutionnaire dans cette période d'une grandeur dantesque, qui s'appelle la Terreur.

Robespierre est l'homme influent de la situation ; après avoir dénoncé les « enragés » au club des Jacobins, il a obtenu l'arrestation de Jacques Roux et de Leclerc ; c'est en vain que la section des Gravillers, une des plus exaltées de Paris, vient demander la liberté de ses deux démagogues chéris : la Commune refuse et la Convention refuse aussi. Il est dangereux, à ce moment, d'être l'ennemi de Maximilien. Varlet est assez imprudent pour porter la pétition à l'Assemblée ; il est pris à partie par Bazire qui le traite de « jeune homme imprudent, s'il n'est pas stipendié par l'aristocratie; » et Bazire rappelle son exclusion des Jacobins. Varlet sort en murmurant, avec ses fidèles sectionnaires des Gravillers. Il fut heureux d'en être quitte, pour le moment, à si bon compte.

Cinq jours après, le 22 septembre, l'Evêque de Périgueux se présente à cette même barre ; il n'est pas seul, il est accompagné d'une jeune citoyenne portant la cocarde au bonnet. L'Evêque vient faire à la Convention l'hommage de son épouse.

— Je l'ai choisie, dit-il, pauvre de fortune, mais riche en vertu, parmi la classe des sans-culottes.

Le Président Cambon qui trouve la situation peu ordinaire, hésite, cherchant l'attitude qu'il doit prendre. On demande que la femme de l'Évêque soit admise aux honneurs de la séance et que le Président lui donne l'accolade fraternelle.

Cambon s'exécute et embrasse, sur les deux joues, la jeune épousée.

Le lendemain, le tableau était moins idyllique :

Un député de l'Aube, Perrin, négociant à Troyes, maire de cette ville, est accusé par son collègue de la Marne, Charlier, d'avoir vendu trop cher des toiles de coton à la République, et on le trouve d'autant plus coupable qu'il est membre de la commission des marchés ; Charlier dénonce Perrin comme accapareur.

Billaud-Varennes exigea que Perrin descendit à la barre ; on l'interrogea comme un criminel et on l'envoya devant le tribunal révolutionnaire, qui l'expédia au bagne de Toulon [1].

Enfin, le 22 septembre, commença, suivant le nou-

(1) Perrin fut condamné, le 19 octobre, à douze années de fer et six heures d'exposition. Conduit au bagne de Toulon, il y mourut de douleur. Plus tard, le procès fut révisé, la condamnation annulée, et Perrin rehabilité.

veau calendrier [1], le premier jour de l'an II de la République.

L'Ere chrétienne était abolie pour les usages civils et l'année partait de l'équinoxe vrai d'automne à l'observatoire de Paris.

L'année est divisée en douze mois égaux, de trente jours chacun, après lesquels suivent cinq jours pour compléter l'année ordinaire, et qui n'appartiennent à aucun mois; ils sont appelés « jours complémentaires. »

Chaque mois est divisé en trois parties égales de dix jours chacun, appelées, décades distinguées entr'elles par première, seconde et troisième.

Les jours de chaque décade se nomment :

1er Primidi; 2e, duodi; 3e, tridi; 4e, quartidi; 5e, quintidi; 6e, sextidi; 7e, septidi; 8e, octidi; 9e, nonidi; 10e, décadi.

En mémoire de la Révolution, qui, après quatre ans, a conduit la France au gouvernement Républicain, la période bissextile de quatre ans est appelée *Franciade*.

Le jour intercalaire, qui doit terminer cette période est appelé jour de la Révolution : il est placé après les cinq jours complémentaires. — Tous les quatre ans, toutes les Franciades, au jour de la Révolution, il devait être célébré des jeux Républicains en mémoire de la Révolution. [2]

Les noms des mois correspondaient à la température des saisons.

I *Vendémiaire* : Vendanges.

II *Brumaire* : Brumes et brouillards.

(1) Le rapport de Fabre d'Eglantine, à la suite duquel fut adopté le nouveau calendrier, est du 24 octobre seulement; nous donnons cependant ici le système du calendrier républicain pour le faire coïncider avec la nouvelle année; le véritable inventeur du calendrier est Romme, au rapport duquel Fabre ne fit qu'apporter des modifications.

(2) Résumé du decret de la Convention.

III *Frimaire* : Frimas ou gelée.
IV *Nivôse* : Neiges.
V *Ventôse* : Vent.
VI *Pluviôse* : Pluies.
VII *Germinal* : Reproduction de la terre.
VIII *Floréal* : Fleurs.
IX *Prairial* : Prairies.
X *Messidor* : Moissons.
XI *Thermidor* : Brûlant.
XII *Fructidor* : Fruits.

Voici du reste la reproduction du premier calendrier, tel qu'il fut imprimé par ordre de la Convention. [1]

### VENDÉMIAIRE

1er mois. — *Du 22 septembre au 21 octobre.*

1 Primidi. Raisin.
2 Duodi. Safran.
3 Tridi. Châtaigne.
4 Quartidi. Colchique.
5 Quintidi. *Cheval.*
6 Sextidi. Balsamine.
7 Septidi. Carotte.
8 Octidi. Amarante.
9 Nonidi. Panais.
10 Décadi. Cuve.
11 Primidi. Pomme de terre.
12 Duodi. Immortelle.
13 Tridi. Potiron.
14 Quartidi. Réséda.
15 Quintidi. *Ane.*
16 Sextidi. Belle de nuit.
17 Septidi. Citrouille.
18 Octidi. Sarrasin.
19 Nonidi. Tournesol.
20 Décadi. Pressoir.
21 Primidi. Chanvre.
22 Duodi. Pêche.
23 Tridi. Navet.
24 Quartidi. Grenesienne.
25 Quintidi. *Bœuf.*
26 Sextidi. Aubergine.
27 Septidi. Pim nt
28 Octidi. Tomate.
29 Nonidi. Orge
30 Décadi. Tonneau.

### BRUMAIRE

1e mois. — *Du 22 octobre au 20 novembre*

1 Pomme.
2 Céleri.
3 Poire.
4 Betterave.
5 *Pie.*
6 Héliétrope.
7 Figue.
8 Scorsonère.
9 Alisier.
10 Charrue.
11 Salsifis.
12 Cornuette.
13 Poi eterre.
14 Endive.
15 *Dindon.*
16 Chiroui.
17 Cresson.
18 Dentelaire.

(1) Pour le premier mois, nous reproduisons l'énumération des dix jours de la décade avec leurs dénominations numérales ; il nous a paru inutile de les répéter pour les douze autres mois.

19 Grenade.
20 Herse.
21 Bacchante.
22 Olive.
23 Garance.
24 Orange.
25 *Jars.*
26 Pistache.
27 Maçons.
28 Coing.
29 Cormier.
30 Rouleau.

### FRIMAIRE

IIIe MOIS. — *Du* 21 *novembre au* 20 *décembre.*

1 Raiponce.
2 Turneps.
3 Chicorée.
4 Nèfle.
5 *Cochon.*
6 Mâche.
7 Chou fleur.
8 Epicéa.
9 Genièvre.
10 Pioche.
11 Thuya.
12 Raifort.
13 Cèdre.
14 Sapin.
15 *Laie.*
16 Ajonc.
17 Cyprès.
18 Lierre.
19 Bouleau.
20 Hoyau.
21 Erable-sucre.
22 Bruyère.
23 Roseau.
24 Oseille.
25 *Grillon.*
26 Pigeon.
27 Liége.
28 Truffe.
29 Olive.
30 Pelle.

### NIVÔSE

IVe MOIS. — *Du* 21 *décembre au* 19 *janvier*

1 Neige.
2 Glace.
3 Miel.
4 Cire
5 *Chien.*
6 Fumier.
7 Pétrole.
8 Houille.
9 Résine.
10 Fléau.
11 Poix.
12 Térébenthine.
13 Argile.
14 Marne.
15 *Lapin.*
16 Plâtre.
17 Pierre à chaux.
18 Ardoise.
19 Sable.
20 Van.
21 Grès.
22 Silex.
23 Mercure.
24 Plomb.
25 *Chat.*
26 Etain.
27 Cuivre.
28 Fer.
29 Sel.
30 Crible.

### PLUVIÔSE

Ve MOIS. — *Du* 20 *janvier au* 18 *février.*

1 Lauréole.
2 Mousse.
3 Fragon.
4 Perce-neige.
5 *Taureau.*
6 Laurier-thym.
7 Mine.
8 Mézéréon.
9 Peuplier.
10 Coignée.
11 Ellébore.
12 Brocoli.
13 Laurier.
14 Coudrier.
15 *Vache.*
16 Buis.
17 Lichen.
18 If.
19 Pulmonaire.
20 Serpette.
21 Thlaspi.
22 Thymelé.
23 Chiendent.
24 Traînasse.
25 *Veau.*
26 Guède.
27 Noisetier.

28 Cyclamen.
29 Chélidoine.
30 Traineau.

## VENTÔSE

VIe mois. — *Du 19 février au 20 mars.*

1 Tussilage.
2 Cornouiller.
3 Violier.
4 Troène.
5 *Bouc.*
6 Asaret.
7 Alaterne.
8 Violette.
9 Marseau.
10 Bêche.
11 Narcisse.
12 Orme
13 Fume terre.
14 Vélar.
15 *Chèvre.*
16 Epinard.
17 Doronic.
18 Mouron.
19 Cerfeuil.
20 Cordeau.
21 Mandragore.
22 Persil.
23 Cochléaria.
24 Pâqueret e.
25 *Chevreau.*
26 Pissenlit.
27 Sylvie.
28 Capillaire.
29 Frêne.
30 Plantoir.

## GERMINAL

VIIe mois. — *Du 21 mars au 19 avril*

1 Primevère.
2 Platane.
3 Asperge.
4 Tu ipe.
5 *Coq.*
6 Blette.
7 Bouleau.
8 Jonquille.
9 Aune.
10 Greffoir.
11 Pervenche.
12 Charme.
13 Morille.
14 Hêtre.
15 *Poule.*
16 Laitue.
17 Mélèze.
18 Ciguë.
19 Radis.
20 Ruche.
21 Gainier.
22 Romaine.
23 Marronnier.
24 Roq ette.
25 *Pigeon.*
26 Lilas.
27 Anémone.
28 Pensée.
29 Myrtille.
30 Couvoir.

## FLORÉAL

VIIIe mois. — *Du 20 avril au 19 mai.*

1 Rose.
2 Chêne
3 Fougère.
4 Aubepine.
5 *Abeille.*
6 Ancolie.
7 Muguet.
8 Champignon.
9 Hyacinthe.
10 Rateau.
11 Rhubarbe.
12 Sainfoin.
13 Bouton d'or
14 Chamérisier.
15 *Ver à soie.*
16 Consoude.
17 Pimprenelle.
18 Corbeille d'or.
19 Arroche.
20 Sarcloir.
21 Staticé.
22 Frit llaire.
23 Bourrache.
24 Valériane.
25 *Carpe.*
26 Fusain.
27 Civette.
28 Buglose.
29 Sénevé.
30 Roulette.

## PRAIRIAL

IXe mois. — *Du 20 mai au 18 juin.*

1 Luzerne.
2 Hémérécole.
3 Trèfle.

4 Angélique.
5 *Canard.*
6 Melisse.
7 Fromental.
8 Martagon.
9 Serpolet.
10 Faux.
11 Fraise.
12 Bétoine.
13 Pois.
14 Acacia.
15 *Canne.*
16 Œillet.
17 Sureau.
18 Pavot.
19 Tilleul.
20 Fourche.
21 Barbeau.
22 Camomille.
23 Chèvrefeuille.
24 Caille-lait.
25 *Tanche.*
26 Jasmin.
27 Verveine.
28 Thym.
29 Pivoine.
30 Chariot.

## MESSIDOR

xe mois. — *Du 19 juin au 18 juillet.*

1 Seigle.
2 Avo ne.
3 Oignon.
4 Veronique.
5 *Mulet.*
6 Romarin.
7 Concombre.
8 Echalotte.
9 Absinthe.
10 Faucille.
11 Coriandre.
12 Ar ichaut.
13 Giroflée.
14 Lavande.
15 *Jumart.*
16 Tabac.
17 Groseille.
18 Orge.
19 Cerise.
20 Parc.
21 Menthe.
22 Cumin.
23 Haricot.
24 Orcanète.
25 *Pintade.*
26 Sauge.
27 Ail.
28 Vesce.
29 Blé.
30 Chalémie.

## THERMIDOR

xie mois. — *Du 19 juillet au 17 août.*

1 Epautre.
2 Bouillon-blanc.
3 Melon.
4 Ivraie.
5 *Bélier.*
6 Prèle.
7 Armoise.
8 Carthame.
9 Mûre.
10 Arrosoir.
11 Panis.
12 Salicot.
13 Abricot.
14 Basilic.
15 *Brebis.*
16 Guimauve.
17 Lin.
18 Amande.
19 Gentiane.
20 Ecluse.
21 Carline.
22 Câprier.
23 Lentilles.
24 Aulnée.
25 *Agneau.*
26 Myrthe.
27 Colza.
28 Lupin.
29 Coton.
30 Moulin.

## FRUCTIDOR

xiie mois. — *Du 18 aout au 21 septembre.*

1 Prune
2 Millet.
3 Lycopode.
4 Escourgeon.
5 *Barbeau.*
6 Tubéreuse.
7 Sucrion.
8 Apocyn
9 Réglisse.
10 Echelle.
11 Pastèque.
12 Fenouil.

13 Epine-vinette.
14 Noix.
15 *Gougeon.*
16 Grange.
17 Cardière.
18 Nerprun.
19 Sagette.
20 Hotte.
21 Eglantier.
22 Noisette.
23 Houblon.
24 Sorgho.
25 *Ecrevisse.*
26 Bigarade.
27 Verge d'or.
28 Maïs.
29 Marron.
30 Corbeille.

On a beaucoup raillé la substitution des noms des légumes, des fruits et des instruments aratoires aux noms des saints. La meilleure réponse à faire est encore ce passage de Fabre d'Eglantines :

« Les prêtres avaient assigné à chaque jour de l'année la commémoration d'un prétendu saint : ce catalogue ne présentait ni utilité ni méthode ; il était le répertoire du mensonge, de la duperie et du charlatanisme.

« Nous avons pensé que la nation, après avoir chassé cette foule de canonisés de son calendrier, devait y retrouver en place tous les objets qui composent la véritable richesse nationale, les dignes objets, sinon de son culte, au moins de sa culture ; les utiles productions de la terre, les instruments dont nous nous servons pour la cultiver, et les animaux domestiques, nos fidèles serviteurs dans ces travaux ; animaux bien plus précieux, sans doute, aux yeux de la raison, que les squelettes béatifiés tirés des catacombes de Rome.

« En conséquence, nous avons rangé, par ordre, dans la colonne de chaque mois, les noms des vrais trésors de l'économie rurale. Les grains, les pâturages, les arbres, les racines, les fleurs, les fruits, les plantes, sont disposés dans le calendrier, de manière que la place et le quantième que chaque production occupe sont précisément le temps et le jour où la nature nous en fait présent.

« A chaque *Quintidi*, c'est-à-dire à chaque demi-décade, les 5, 15 et 25 de chaque mois, est inscrit un animal domestique, avec rapport précis entre la date de cette inscription et l'utilité réelle de l'animal inscrit.

« Chaque *décadi* est marqué par le nom d'un instrument aratoire, le même dont l'agriculteur se sert au temps précis où il est placé ; de sorte que, par opposition, le laboureur dans le jour du repos, retrouvera consacré, dans le calendrier, l'instrument qu'il doit reprendre le lendemain ; idée, ce me semble, touchante, qui ne peut qu'attendrir nos nourriciers, et leur montrer enfin qu'avec la République est venu le temps où un laboureur est plus estimé que tous les rois de la terre ensemble, et l'agriculture comptée comme le premier des arts de la société civile.

« Il est aisé de voir qu'au moyen de cette méthode il n'y aura pas de citoyen en France qui, dès sa plus tendre jeunesse, n'ait fait insensiblement et sans s'en apercevoir une étude élémentaire de l'économie rurale. »

Un poète de l'époque s'exerca sur le nouveau calendrier et les vers suivants furent publiés.

## LES MOIS RÉPUBLICAINS.

Cheveux blancs, le front chauve et le corps tout voûté,
*Nivôse*, tout transi, par la glace arrêté,
Appelle *Pluviôse* ; il l'appelle et le prie
De fondre les glaçons en répandant la pluie.
Elle tombe, et bientôt dissipant les frimas,
*Ventôse* invite Flore à revoir nos climats.
Le riant *Germinal* féconde les semences,
Promet, fait concevoir de douces espérances ;
Et Flore et *Floréal*, son époux fortuné,

L'un et l'autre le front de roses couronné,
Couvrent de mille fleurs la terre rajeunie !
Voyez-vous *Frairial* reverdir la prairie ?
*Messidor* a donné le signal au faneur,
Il a remis la faux aux mains du moissonneur.
Cependant *Thermidor*, quand on emplit nos granges,
Colore les raisins et mûrit les vendanges.
O mortels ! *Fructidor* vous comblant de ses dons,
Règne sur les coteaux, brille dans les vallons :
Faites dans vos celliers, amis de la bouteille,
Couler les flots ambrés du nectar de la veille ;
*Vendémiaire* est là du matin jusqu'au soir
Qui préside lui même aux travaux du pressoir ;
Lui seul peut éclairer la vapeur de *Brumaire*
Et peut rendre plus court le règne de *Frimaire*.

Tel était ce calendrier dont on s'est moqué, mais qui avait le double mérite d'être poétique et de porter l'empreinte nationale ; Bonaparte, dans sa haine de la Révolution, le fit disparaitre ; il détruisit les lois, l'esprit et les nouveaux usages, mais il ne put remplacer cette œuvre de Romme et de Fabre d'Eglantine, et en revint à l'ancien et barbare calendrier grégorien.

# ATTAQUES CONTRE LE COMITÉ DE SALUT PUBLIC

LES MÉCONTENTS. — LE PLAN D'ATTAQUE ÉCHOUE. — OMNIPOTENCE DU COMITÉ DE SALUT PUBLIC. — PROMOTIONS DE GÉNÉRAUX. — HÉBERT PRÉPARE AVEC SIMON UNE ACCUSATION D'UN ACTE MONSTRUEUX CONTRE LA REINE. — LE CERTIFICAT CIVISME DE PALISSOT. — ORDRE DU JOUR D'HENRIOT SUR LA CARTE DE DÉPUTÉ. — LE RHUM DU DÉPUTÉ ÉPICIER ROBERT. — LE PRIX DU BOIS.

Le Comité de Salut Public commençait à devenir inquiétant pour les âmes louches par sa rigidité et sa vigueur ; aussi il s'organisa contre lui une véritable croisade conduite par tous ceux qu'offusquait ce pouvoir qui ne faiblissait pas. Parmi ceux qui essayèrent de se dresser contre lui nous voyons : Merlin (de Tionville) à qui le comité pardonnait difficilement la reddition de Mayence ; Cochon de Lapparetatz et Briez, coupables de ne s'être pas ensevelis dans les murs de Valenciennes. [1] Les deux Goupilleau mécontents d'avoir été contre-carrés dans leur mission de la Vendée ; Courtois déjà dénoncé comme déprédateur et Bourdon de l'Oise,

(1). Précis de l'Histoire de la Révolution Française. — par E. Hamel (2e. Ed. 1883).

ivrogne à ses moments perdus et que les Jacobins venaient de traiter durement.

Le 25 septembre, tous ces conjurés attaquèrent le Comité de Salut public qui fut défendu avec vigueur par Billaud-Varennes, Barrère, Jean-Bon, Saint-André, et Robespierre. Pendant que Briez se justifiait de la reddition de Valenciennes, Maximilien lui lança cette dure interruption « Etes vous mort ? »

Mais cet effort contre le Comité de Salut public échoua piteusement ; la Convention approuva ses actes à l'unanimité et son pouvoir, dès lors indiscuté, plana sur toute la Révolution.

Carnot put continuer son œuvre de défense soutenu non seulement par la Convention, mais par tous ses collègues ; il signa cette semaine des promotions importantes de généraux parmi lesquels Hoche, Ernouf et Dumas. [1]

Hébert ne chômait pas.

Tout en demandant que le procès de la Reine fut accéléré, il préparait ses armes pour y jouer un rôle qui révéla le caractère bas de cette nature vile. Profitant de son intimité avec le cordonnier Simon, il ménagea un incident odieux, accusant Marie-Antoinette, cette mère admirable, nous l'avons souvent constaté, d'avoir perverti son fils. Comment Hébert parvint-il à arracher à un enfant de huit ans soumis à l'influence de geôliers sans scrupules cet aveu ? c'est un secret entre Hébert et Simon. Quand cette infâme accusation se produira devant le tribunal Révolutionnaire Marie-Antoinette y fera une réponse superbe qu'aucune mère ne peut relire sans sentir son cœur bondir.

(1). Le père d'Alexandre Dumas, le grand romancier français auteur es *Trois Mousquetaires* et de dix autres chefs-d'œuvres.

Toujours est-il que l'aveu du pauvre petit prince, qui eut lieu seulement le 6 octobre, fut préparé de longue main. Cette complicité du Père Duchesne et de Simon a quelque chose de hideux et soulève le dégoût.

Voici Simon qui appelle Hebert.

*Le Républicain Simon.*
*Au Patriote et bougrement patriote père Duchesne.*
*Du temple, 30 septembre 1893, l'an II de la République, une et indivisible.*

« *Salut.*

« *Viens vite, mon ami, j'ai des choses à te dire, et j'aurai beaucoup de plaisir à te voir. Tâche de venir aujourd'hui, tu me trouveras toujours franc et bon républicain.*

Quelqu'un a tenu la plume, mais Simon veut ajouter quelque chose et il écrit de sa propre main et avec son orthographe.

« *Je te coitte bien le bonjour mois et moi et mon est pousse jean Brasse tas cher est pousse et mes petiste bon amis la petiste fils cent au blier ta cher sœur que jan Brasse. Je tan prie de ne pas manquer à mas de mande pour te voir ce las presse pour mois.* »

« SIMON, *ton amis pour la vie.* [1] »

Allons, Hébert, quitte les antichambres du ministère de la Guerre où le faible Bouchotte te laisse maquignonner les places et trafiquer les marchés et accours au Temple où le jeune prisonnier a été suffisamment poussé pour se faire le complice inconscient de l'odieuse et infâme calomnie que tu veux jeter à la face de la Reine, oubliant que c'est une mère.

(1) Archives Nationales.

Hébert croyait trouver là un regain de popularité, il n'a rencontré que le dégout des honnêtes gens.

C'était le moment où il y avait surenchère dans les idées avancées et la Commune refusait le certificat de civisme à Palissot qui avait besoin de ce certificat pour toucher une pension ; Palissot avait autrefois écrit contre Jean-Jacques Rousseau, mais il n'était pas entêté et très besoigneux ; il rétracta tout ce qu'il pouvait avoir écrit contre le philosophe de Genève et Chaumette consentit à lui délivrer le certificat qui lui permit de toucher la pension.

La vigilance était à l'ordre du jour, et les patrouilles d'Henriot faisaient leurs rondes sans discontinuer, on ne laissait passer que les députés et encore devaient-ils montrer leurs cartes et comme il y en avait de fausses, Henriot prenait ses précautions dans un ordre du jour.

## ORDRE DU JOUR D'HENRIOT

25 *septembre* 1793. *An II de la République Française.*

« D'après une lettre du citoyen maire, relative aux cartes des députés de la Convention Nationale, les citoyens en patrouilles, et autres composant la force armée, laisseront passer librement tous les citoyens députés porteurs de cette carte, dont les modèles ont été envoyés aux six chefs de Légions et aux quarante-huit commissaires pour servir de comparaison.

« Je recommande toujours la plus grande surveillance aux barrières pour empêcher la sortie du pain et des farines, ainsi qu'autour des établissements publics.

« Les réserves de cent hommes, les patrouilles fréquentes et le service de l'ordinaire.

HENRIOT

Mais si la carte donnait aux députés le droit de circuler librement, elle ne conférait pas de privilège en ce qui concernait les accaparements ; le conventionnel Robert, député de Paris, épicier de son métier, avait cru pouvoir, grâce à sa situation, acheter huit tonneaux de rhum ; les commissaires aux accaparements en furent instruits, ils déclarèrent Robert accapareur, saisirent le rhum, le firent vendre au prix maximum. Robert réclama à la séance de la Convention du 25. L'assemblée ne voulut même pas mettre ce sujet à l'ordre du jour. A Paris, on se moqua fort de l'épicier législateur et chacun voulut avoir de son rhum qui fut enlevé en un clin d'œil. « C'est du Rhum du député Robert » disait-on et le Conventionnel garda le surnom de Robert-Rhum[1]. »

Le même jour, la Convention fixa le prix du bois en assignants en prenant pour base celui de 1790 avec un vingtième en plus[2].

(1) *La Démagogie à Paris*, par Dauban, 212. Ce Robert était cependant un bon patriote, il avait voté la mort du roi ; il avait cédé à une pensée de négociant en achetant ces huit tonneaux, cela ne lui réussit pas. Après avoir été envoyé en Belgique, en mission, son incapacité le fit rappeler. La session achevée, il rentra dans la vie privée et il mourut dans l'obscurité.

(2) C'est à cette mesure que sera due, en grande partie, la disette de bois qui va se produire cet hiver où la moitié de Paris manquera de combustible ; personne ne voulait donner son bois pour du papier déprécié.

# LES SOIXANTE TREIZE SAUVÉS

Proclamation a l'armée de l'ouest. — Les Girondins décrétés d'accusation. — Proposition contre les soixante treize. — Intervention de Robespierre.— Il les sauve. — Leur arrestation. — Leur captivité. — Une jeune fille. — Pisse-vinaigre. — Violences de rougyff. — Le père Duchène tire a 600,000. — Menaces contre les filles publiques. — Chabot se marie. — Le premier Girondin monte sur l'échafaud.

Le premier octobre, la Convention nationale adresse à l'armée de l'Ouest, cette armée sortie de Mayence et qu'on avait transportée en poste dans la Vendée, la proclamation suivante :

## LA CONVENTION NATIONALE
A
L'ARMÉE DE L'OUEST

« Soldats de la Liberté ;

« Il faut que les brigands de la Vendée soient exterminés avant la fin du mois d'octobre !

« Le salut de la patrie l'exige ;

« L'impatience du peuple français le commande ;

« Son courage doit l'accomplir.

« La reconnaissance Nationale attend à cette époque tous ceux dont la valeur et le patriotisme auront affermi sans retour la liberté et la République. »

L'armée de l'Ouest comprit ce langage : elle n'attendit même pas la fin du mois pour exaucer les vœux de la Convention ; dans quinze jours on pourra crier dans les rues de Paris « la Vendée est vaincue » !

Autre fait du 1er octobre.

Toutes les sociétés populaires de Paris font une démarche auprès de la Convention afin de demander le prompt jugement de Brissot et des autres Girondins.

Deux jours après, le 3 octobre ! Amar [1] montait à la tribune et lisait un terrible rapport.

Mais avant de commencer, Amar demanda que l'Assemblée décrétât que les portes de la salle fussent fermées et que personne ne put sortir, même des tribunes. Le décret fut rendu sur le champ, et exécuté à l'instant même, mais pas assez promptement pour que quelques députés, ayant de justes craintes de se voir

(1) Amar, était né à Grenoble en 1755 ; il était avocat et venait d'acheter, 200,000 livres, une charge de trésorier de France qui donnait la noblesse ; il se montra d'abord rebelle aux idées nouvelles et finit par s'y rallier en 1792 ; presqu'aussitôt il fut nommé membre de la Convention. Il vota la mort du roi. Dans la séance du 21 janvier 1793, il demanda l'arrestation de tous ceux qui tiendraient des discours suspects. Envoyé en mission dans les départements de l'Ain et de l'Isère, il s'y montra très rigoureux. Il fit, en outre, le rapport du 3 octobre, demandant des poursuites contre Bazire, Chabot, Delaunay, Fabre d'Eglantine, pour agiotage dans l'affaire de la Compagnie des Indes. Au 9 thermidor, il fut un des adversaires acharnés de Robespierre. Impliqué dans le procès de Babœuf, il fut acquitté. Il se retira des affaires publiques et vécut ignoré durant l'Empire ; on ne lui appliqua pas la loi des régicides en 1816, et il mourut à Paris, cette même année, le 21 décembre.

compris dans la liste des accusés, ne pussent s'échapper.

La lecture du rapport dura deux heures.

Ses conclusions tendaient au renvoi devant le tribunal Révolutionnaire de quarante six députés girondins accusés de manœuvres contre-révolutionnaires.

Le décret fut prononcé sans même qu'une discussion fut ouverte ; quelques-uns des proscrits voulurent élever la voix, mais on refusa de les entendre ; ils allèrent alors, sans résistance, « se parquer dans l'enceinte de la barre, comme des agneaux destinés à la boucherie » [1]

Mais le rapport d'Amar contenait une deuxième partie, celle visant les soixante-treize députés qui avaient protesté contre les évènements des 31 mai et 2 juin : Amar demandait aussi que ces soixante-treize fussent mis en état d'accusation et les considérait comme aussi coupables que ceux qu'ils avaient soutenus.

Voter leur mise en accusation, c'était les envoyer sûrement à l'échafaud.

Un silence lugubre plana sur l'assemblée. [2] Les membres inculpés restaient immobiles sur leurs bancs.

Le décret d'accusation des soixante-treize va être sûrement voté ; un député quitte avec précipitation son banc et monte à la tribune, c'est Robespierre.

Un grand silence s'abat sur la Convention.

Robespierre est alors à l'apogée de sa puissance ; suivant qu'il va parler dans un sens ou dans l'autre, les soixante-treize sont perdus ou sauvés. « Robes-

(1) Dulaure (dép. du Puy-de-Dôme). *Mémoires* publiés dans le Tome XX de *la Revue rétrospective*.

(2) *Histoire de Robespierre* par E. Hamel, III. 153.

pierre seul, eût le mérite de la modération, tranchons le mot, de la clémence. »[1]

« La Convention nationale ne doit pas chercher à multiplier les coupables, c'est aux chefs de la faction qu'elle doit s'attacher ; la punition des chefs épouvantera les traîtres et sauvera la patrie. »[2]

Les soixante-treize, qui, la plupart, étaient ses ennemis, furent sauvés.

Au lieu d'envoyer ces soixante-treize députés au tribunal révolutionnaire, on se contenta de les mettre en état d'arrestation.

Ceux de ces membres qui se trouvaient à la séance furent sommés de sortir par la barre de la Convention à l'appel nominal qui fut fait et de se rendre à un réduit qui servait de vestibule aux latrines[3]. De là, ils furent conduits à la prsison de la Force.

On leur permettait de recevoir des visites et notamment celle d'une toute jeune fille de treize à quatorze ans; elle venait souvent voir Laurençot qui avait logé chez sa mère la citoyenne Brionville. Lorsque les conventionnels furent dispersés dans cinq prisons différentes, elle « passait souvent des journées entières à courir de prison en prison pour visiter tous les députés. »[4]

Un pauvre garçon limonadier, attaché à un café près de la Force, avait aussi pris les prisonniers en affection « et leur rendait quelquefois des services, qu'on n'attend que de l'amitié. » Ils voulurent tout d'abord lui donner de l'argent. Il refusa en disant :

(1) Michelet. T. V. p. 368.
(2) *Moniteur*. — 5 octobre 1793.
(3) Récit de Blanqui, député des Alpes Maritimes, un des 73.
(4) Id.

— Je prendais volontiers les quelques sous que l'on donne à un garçon quand on paie le café, mais jamais je ne recevrais rien, pour ce que je fais par amitié pour vous.

Les députés avaient donné à ce pauvre jeune homme un surnom ridicule, il l'appelaient « Pisse-vinaigre » [1], ce qui ne diminua ni son zèle ni son dévouement.

Comme on le voit, la captivité n'était ni bien dure ni bien sévère.

Malgré la voix de Robespierre, il y eut de nombreux exaltés qui demandèrent la mort des soixante-treize; Guffroy notamment voulait essayer de faire concurrence à Hébert et dès le mois de juillet 1793 avait fondé un journal portant l'anagramme de son nom *Rougyff ou la France en vedette;* il y poussait à la violence, « je sonne mon tocsin sur toutes les oreilles françaises, sur l'infernale Marie-Antoinette ; elle a paru à la conciergerie avec l'insolence de la p.. de Jupiter. Ces bougres de Dieux de l'ancien temps ont une morgue incorrigible. Il n'y que la guillotine qui puisse effacer leurs grimaces et les empêcher de nous faire la figure. On la mène, alerte, alerte, crack... Faites lui faire le saut de carpe en avant, les mains derrière le dos. Vite ou sinon ! » [2].

Voici pour les Girondins ;

« Qu'on prépare le crâne de Louis XVI, qu'on fasse un gobelet pour donner à boire aux députés qu'on veut essayer. Hola, hé, Sansom, prépare soixante guillotines... Allons, vite, que la guillotine soit en permanence dans toute la République. » [3]

(1). *Almanach des Bizarreries Humaines.*

(2). *Rougyff.*

(3). Guffroy était né à Arras en 1740 ; il était avocat ; le Pas-de-Calais l'élut député. Dans son « Rougyff » il soutenait que, pour

Ce genre plaisait à la foule grossière, puisque le numéro du *Père Duchêne* du 4 octobre fut tiré à six cent mille exemplaires : dans ce numéro on accusait Danton d'avoir émigré ; [1] il était tout simplement allé prendre un peu de repos à Arcis-sur-Aube.

Ce même jour, Chaumette, Procureur Syndic, fit prendre par la Commune un arrêté décidant que toutes les filles publiques qui seraient rencontrées dans les rues seraient conduites à l'hôpital ; que toutes les gravures et estampes licencieuses exposées aux yeux du public seraient saisies et lacérées ; que les autorités constituées, les instituteurs de la jeunesse, les pères et mères de familles étaient invités à faire exécuter cette ordonnance par tous les moyens possibles.

Le surlendemain,à la séance des Jacobins, Chabot fit part de son mariage.

« On sait, dit-il, que j'ai été prêtre, capucin même ; je dois donc motiver, à vos yeux, la résolution que j'ai prise. Comme législateur, j'ai cru qu'il était de mon devoir de donner l'exemple de toutes les vertus [2]. On me reproche d'aimer les femmes : j'ai cru que c'était anéantir la calomnie que d'en prendre une, que la loi m'accorde, et que mon cœur réclame depuis longtemps. Je

établir la République en France, il fallait réduire la population à cinq millions d'habitants. Il vota naturellement la mort du roi. Il fut un des ennemis acharnés de Robespierre, au 9 thermidor ; il fit porter des accusations fausses contre des gens dont il était le débiteur. Après la Convention, il fut nommé chef de bureau au ministère de la justice et occupait ce poste, quand il mourut, en 1801.

(1). Michelet 372.

2. Au moment même où Chabot tenait ce discours, il se rendait coupable de malversations, en vendant son influence à la Compagnie des Indes qu'on allait supprimer, et, comme nous le verrons plus tard, en commettant des faux dans ses rapports.

ne connaissais pas, il y a trois semaines, la femme que j'épouse. Elevée comme les femmes de son pays dans la plus grande réserve, on l'avait soustraite aux regards des étrangers. Je n'étais donc pas amoureux d'elle, je ne le suis encore que de sa vertu, de ses talents, de son esprit et de son patriotisme. »

Puis, Chabot donna lecture de son contrat de mariage.

La fiancée se nommait Frey ; c'était la sœur de deux banquiers allemands, dont il avait reçu deux cents mille francs comme dot, disait-il, — en réalité pour prix de ses complaisances coupables.

Enfin Chabot invita les Jacobins à assister à son mariage ; on décida d'envoyer une délégation.

Le lendemain de cette curieuse séance, le 7 octobre, eut lieu à Paris l'exécution du premier Girondin qui monta sur l'échafaud, Gorsas, qui avait pris une grande part à l'insurrection départementale.

Il était revenu secrètement à Paris et avat commis l'imprudence d'aller se cacher chez une dame Brigitte, qui tenait un cabinet de lecture au Palais-Royal et qu'on savait être sa maîtresse. Reconnu dans le cabinet de ecture même, il avait été arrêté, condamné et exécuté. [1]

1. Garat. *Mémoires*. — p. 446.

Du 17 au 24 Vendéminaire. Du 8 au 15 octobre.

# UNE INFAMIE D'HEBERT

LYON VAINCU. — HUMANITÉ DE COUTHON. — A QUOI ON RECONNAIT LES SUSPECTS. — PROHIBITION DES MARCHANDISES ANGLAISES. — ORDRE DU JOUR POUR LES SUBSISTANCES. — SUPPRESSION DE LA COMPAGNIE DES INDES. — CONCUSSION DE DELAUNAY, JULIEN DE TOULOUSE, CHABOT ET FABRE D'EGLANTINE. — COMMENT HÉBERT ORGANISA LE COMPLOT POUR OBTENIR DU DAUPHIN LA MENSONGÈRE DÉPOSITION. — UNE HONTE.

Cette semaine vit la soumission de Lyon.

La Convention avait envoyé Dubois-Crancé avec mission « d'épargner ceux qui se soumettraient et de se montrer seulement dur aux superbes. » Mais Lyon avait résisté et on avait du ouvrir le feu contre la ville. Le bombardement commença le 24 août. Couthon alla commander le siège à la place de Kellerman et de Dubois-Crancé rappelés. La ville fut prise d'assaut dans la nuit du 8 au 9 octobre.

Au moment même où Lyon était pris, la Convention, pour la punir de sa résistance, lançait contre cette ville un décret formidable d'une extrême sévérité. Une commission extraordinaire devait juger tous les contre-révolutionnaires lyonnais ; la ville devait être détruite à l'exception des maisons des pauvres et les édifices consacrés à l'industrie, à l'instruction et à l'humanité. Les maisons conservées devaient porter le nom de « Commune affranchie. »

Couthon qui représentait la Convention, loin d'exécuter le décret à la lettre, usa d'une grande modération ; il se contenta de se faire porter sur la place Bellecour, ne pouvant marcher à cause de ses infirmités ; là, à l'aide d'un marteau de franc-maçon servant dans les tenues maçonniques au vénérable pour diriger les débats, il frappa une des maisons de la place en disant : « Lyon, au nom de la loi, je te frappe. »

Cette manière originale et humaine d'exécuter un décret de destruction ne fut pas du goût des violents ; ils se plaignirent et, le 30 octobre, la Convention remplaça Couthon par Collot-d'Herbois et Fouché « deux bourreaux. »[1]

A Paris, la grande modération de Couthon n'aurait pas été de mise.

Dans la séance de la Commune du 10 octobre, Chaumette indiqua par une classification divisée en douze points, les caractères auxquels on pouvait reconnaître les suspects.

Les voici :

Sont suspects et doivent être arrêtés ceux :

1° Ceux qui, dans les assemblées du peuple, arrêtent son énergie par des discours astucieux, des cris turbulents et des murmures ;

2° Ceux qui, plus prudents, parlent mystérieusement des malheurs de la République, s'apitoient sur le sort du peuple, et sont toujours prêts à répandre de mauvaises nouvelles avec une douleur affectée ;

(1) *Précis de l'histoire de la Révolution*, par E. Hamel, p. 392.

3° Ceux qui ont changé de langage et de conduite suivant les évènements ; qui, muets sur les crimes des royalistes, des fédéralistes, déclament avec emphase contre les fautes légères des patriotes, et affectent pour paraître républicains une austérité, une sévérité étudiées, qui se démentent dès qu'il s'agit d'un modéré ou d'un aristocrate ;

4° Ceux qui plaignent les fermiers et marchands avides, contre lesquels la loi est obligée de prendre des mesures ;

5° Ceux qui ayant toujours les mots de liberté, république et patrie sur les lèvres, fréquentent les ci-devant nobles, les prêtres contre-révolutionnaires, les aristocrates, les feuillants, les modérés, et s'intéressent à leur sort ;

6° Ceux qui n'ont pris aucune part active dans tout ce qui intéresse la révolution, et qui, pour s'en disculper, font valoir le payement des contributions, leurs dons patriotiques, leur service dans la garde nationale, par remplacement ou autrement ;

7° Ceux qui ont reçu avec indifférence la Constitution républicaine et ont fait part de fausses craintes sur son établissement et sa durée ;

8° Ceux qui n'ayant rien fait contre la liberté, n'ont aussi rien fait pour elle ;

9° Ceux qui ne fréquentent pas leurs sections et qui donnent pour excuse qu'ils ne savent pas parler, et que leurs affaires les en empêchent ;

10° Ceux qui parlent avec mépris des autorités constituées, des signes de la loi, des sociétés populaires et des défenseurs de la liberté ;

11° Ceux qui ont signé des pétitions contre-révolutionnaires ou fréquenté des sociétés ou clubs anticiviques ;

12° Les partisans de Lafayette et les assassins qui se sont transportés au Champ de Mars.

Le même jour, le 10, Saint Just, au nom du Comité de Salut Public, proposa à la Convention de décréter que le gouvernement serait révolutionnaire jusqu'à la paix. La Convention accepta ce décret.

Le Comité de Salut Public se trouva ainsi substitué à la Convention elle-même dont les pouvoirs furent en fait, suspendus.

On continua ensuite à prendre des mesures contre les ennemis ; les marchandises anglaises furent proscrites. Tous ceux qui recevraient ces marchandises, les feraient annoncer, soit par affiches, soit par les journaux, soit de toute autre manière, devaient être punis de vingt ans de fer.

On décréta en outre que tous les anglais qui se trouvaient alors en France seraient mis en arrestation sur le champ et leurs propriétés saisies. La même peine fut portée contre ceux qui recèleraient ces étrangers ou une partie de leurs biens.

En même temps, le 13 octobre, on faisait afficher l'ordre du jour suivant relatif aux subsistances.

*Ordre général du 22 vendémiaire.*

« Les commandants des postes aux barrières ne laisseront sortir aucun pain, ni bois, ni charbon, ni chandelle, à moins qu'on ne soit muni d'un ordre de la mairie.

« Les adjudants feront faire de nombreuses patrouilles dans les rues pour dissiper les attroupements à la porte des marchands de toute espèce ; si quelques-uns fermaient leur porte, on la leur ferait ouvrir en se conformant à la loi du maximum, et on arrêterait les rebelles à la loi.

« Les sans-culottes qui ont fait la révolution n'ont joui d'aucun de ses bienfaits que de la liberté et de l'égalité; il faut au moins qu'ils jouissent du fruit de leurs sueurs.

« Les adjudants sont invités à donner communication de l'ordre à tous les citoyens. Le service à l'ordinaire.

RECORDON,

*commandant général adjudant.* »

*
* *

Enfin on abolit la Compagnie des Indes.

Cette suppression fournit l'occasion à un groupe de députés de former une coalition pour spéculer sur les actions de cette compagnie et réaliser des bénéfices aussi considérables qu'illicites.

Tout d'abord, ils commencèrent, de complicité avec l'abbé d'Espagnac, qui fournissait les fonds à faire baisser les actions en portant des motions violentes contre la compagnie; ils réussirent ainsi à faire tomber des actions de 4,500 livres à 650.

Quand cette dégringolade fut obtenue, nos coquins achetèrent et aussitôt, par d'autres motions plus douces, ils firent remonter le cours.

La coalition se composait de Julien de Toulouse, Delaunay d'Angers, Chabot.

Après des périodes d'agiotage, l'opinion publique réclama la suppression de la Compagnie. C'est alors que les Conventionnels dont nous parlons proposèrent aux directeurs de falsifier le décret qui serait présenté par Delaunay, moyennant une prime de cinq cent mille francs. Le marché fut conclu.

Chabot offrit à Bazire d'entrer dans le complot, mais celui-ci refusa.

Quand Delaunay déposa sa proposition, il demanda que la compagnie fut chargée de la liquidation. C'était en prolonger la durée pour un temps indéterminé. Fabre d'Eglantine qui spéculait à la baisse de son côté, s'emporta contre le projet ; on le fit taire en lui donnant une part de cent mille francs.

Mais Cambon, au-dessus du soupçon et à l'abri de la tentation par une probité rigide, fit repousser cette partie de la proposition et fit voter que la liquidation serait faite par l'Etat et qu'en outre ce dernier ne serait pas tenu des dettes si le passif de la compagnie excédait son actif.

Delaunay et ses complices rédigèrent alors le décret tel que la Convention l'avait voté, le donnèrent à signer à Cambon et aux autres membres de la commission qui ne se doutaient de rien, et ils y ajoutèrent ensuite deux phrases très courtes dont ils avaient soigneusement laissé la place au bout des lignes, phrases qui atténuaient complètement le sens du décret et donnaient ouverture à toutes les prétentions de la compagnie. [1] Ainsi à l'article de la liquidation par l'Etat on ajoutait : « d'après les statuts et règlements de la compagnie. »

La copie ainsi falsifiée après la signature de Cambon et des membres de la commission qui n'étaient pas complices fut remis par Delaunay, Chabot, Fabre d'Eglantine et Julien de Toulouse, à la commission de l'envoi des lois qui fit imprimer et promulguer le décret falsifié.

Le complot devait être découvert, et nous verrons les coupables arrêtés, le mois prochain, puis plus tard

(1) Thiers, v. p. 185.

comparaître devant le tribunal révolutionnaire et payer de leur tête ces trafics honteux.

***

Pendant ce temps, Hébert continuait de préparer son odieux projet.

Nous avons vu Simon l'appeler au temple pour un rendez-vous important.

Que se passa-t-il entre le cordonnier et Hébert ; il n'est pas facile de le deviner.

L'homme expert qu'était le rédacteur du *Père Duchesne,* amena l'homme grossier et exalté qu'était Simon à porter un grand coup contre la reine.« Il était réservé à Hébert de grandir Marie-Antoinette en essayant de l'avilir. » [1]

« Il eut l'infâmie d'accuser une mère d'avoir dépravé son fils pour énerver son corps, éteindre son intelligence et se ménager de la sorte le moyen de régner plus tard. » [2]

« Il mentit d'une manière déshonorante à jamais. [3]

Simon se fit le complice de cette monstrueuse machination inventée par Hébert ; il apprit à ce pauvre enfant de huit ans ces horribles détails que ses lèvres répétaient sans en comprendre la portée ni le sens.

Il fit prendre cette déposition par des commissaires de la Commune qui se rendirent au Temple le 8 octobre.

Après avoir entendu le malheureux dauphin, les commissaires essayèrent de dérober par surprise un aveu à la jeune princesse qui elle, mal préparée, et plus âgée, échappa à ce piège.

Ecoutons-la raconter elle-même ces détails pénibles et écœurants.

(1) Louis Blanc. IX, 393.
(2) 3. id.

« Nous étions occupés à faire nos chambres et à nous habiller. Ma tante n'ouvrit que quand elle fut habillée. Porte me pria de descendre, j'embrassai ma tante qui était toute sanglottante et je descendis. C'était la première fois que je me trouvais avec des hommes ; j'ignorais ce qu'ils me voulaient, mais je recommandai mon âme à Dieu. Chaumette, dans l'escalier, voulut me faire des politesses ; je ne lui répondis pas. Arrivée chez mon frère, je l'embrassais tendrement ; mais on l'arracha de mes bras, en me disant de passer dans l'autre chambre, Chaumette me fit asseoir ; il se plaça en face de moi. Un municipal prit la plume... Chaumette m'interrogea sur mille vilaines choses dont on accusait ma mère et ma tante... Il y a des choses que je n'ai pas comprises, mais ce que je comprenais était si horrible, que je pleurais d'indignation. » [1]

Voilà donc le complot.

Hébert recherchant cette basse popularité qu'on ramasse dans les bas fonds des foules corrompues, comme il y en a toujours dans les grandes villes, conçoit ce projet odieux.

Il en fait part à Simon qui était brutal et grossier, mais avait un patriotisme ardent, une intelligence bornée lui interdisant de choisir les armes pour combattre pour la Révolution.

Dès ce moment Hébert dirige et Simon exécute.

Quand Simon s'est acquitté de sa tache, que le Dauphin a la mémoire sâlie par une abominable leçon, le cordonnier appelle Hébert au Temple ; celui-ci s'y rend et s'assure que tout est bien suivant ses désirs.

Il va alors à la Commune et apporte ses ordures ; on n'ose pas les dédaigner ; Chaumette qui

(1) *Journal de Cléry*, p. 233.

était un violent, mais un pudibond est scandalisé, il prend des réquisitions et une délégation se rend, le 8, au Temple. Le Dauphin répète ce qu'on lui a appris. Il a huit ans. Sa sœur sans être plus instruite est plus clairvoyante, elle, refuse de se laisser arracher un semblant d'aveu.

Mais le prince a parlé, cela suffit; Fouquier-Tinville guette, Hébert lui apporte un passage de son acte d'accusation.

Voilà le complot. Par ma profession, j'ai été à même d'approcher bien des criminels, de scruter bien des âmes basses, je vois la machination d'Hébert comme si j'y avais assisté.

Avec un élan de cœur, dans le cours du procès, Marie-Antoinette fera justice de ces ignominies pour lesquelles la vérité et l'histoire n'ont que de l'indignation et du dégoût.

Hébert tenait le public au courant et, au moment où la reine allait comparaître devant le Tribunal Révolutionnaire, il écrivait dans le *Père Duchesne* :

« J'espère qu'aujourd'hui, le Tribunal Révolutionnaire va faire jouer l'architigresse d'Autriche à la main chaude. Il y a longtemps que nous aurions du voir la b... de tête à la lunette. Il fallait la voir quand on lui a mis devant sa face ridée, le miroir de la vérité. Cependant, autant qu'elle a pu, elle a fait contre mauvaise fortune, bon cœur ; mais f... ! quand elle a été convaincue d'avoir recueuilli le premier fruit de la vigne qu'elle avait plantée, et d'avoir fait avec le petit avorton du Temple comme le paillard Loth avec ses filles, alors la g... a perdu la carte. » [1]

Il s'agit d'un enfant de huit ans.

(1) *Le Père Duchesne*, n° 298.

En apprenant ces ignobles machinations, Robespierre s'écria :

— Le misérable ! non content de la présenter comme une messaline, il a voulu en faire une agrippine. [1]

Les crimes de Marie-Antoinette sont assez grands pour qu'on ne lui impute pas des turpitudes contre lesquelles protestent et la vérité et son amour maternel qui fut admirable toujours, comme son courage et sa superbe attitude dès le jour où le malheur l'eut frappé au cœur et au front.

(1) Rapporté par Laurent de l'Ardèche.

---

## LVII

23 Vendéminaire. 14 Octobre.

# PROCÈS ET MORT DE MARIE-ANTOINETTE

Le 14 octobre, la fille de Marie-Thérèse, Marie-Antoinette jadis si altière comparut devant le Tribunal Révolutionnaire présidé par Herman.

Herman était d'Arras comme Robespierre dont il était l'ami. « C'était un homme de maintien posé, de parole douce, de figure sinistre ; il louchait extrêmement d'un œil et paraissait borgne. » [1]

Les trois juges étaient Foucault, Douzé-Verneuil et Lanes.

Fouquier-Tinville était au siège de l'accusation.

Fabricius tenait le grimoire de greffier.

Voici la composition du jury.

I. Gannay, perruquier.
II. Grenier-Trey, tailleur.
III. Antonnelle (marquis)
IV. Chatelet, peintre.
V. Sourbebielle, chirurg.
VI. Picard.
VII. Trinchard, menuisier.
VIII. Jourdeuil, ex-huissier.
IX. Deveze, charpentier.
X. Deydier, serrurier.
XI. Gimond, tailleur.

(1) Michelet, V. 392. Michelet tenait ces détails d'un homme de lettres d'Arras qui avait connu Herman.

Marie-Antoinette entra, vêtue d'une simple robe noire avec un léger volant; sur sa tête un bonnet, et sur ses épaules un fichu. Elle portait des souliers à talons hauts auxquels la Saint Huberty, l'actrice de l'opéra, avait donné son nom. [1]

La souffrance et le chagrin avaient altéré les traits du visage et ses beaux cheveux blonds avaient blanchi, mais elle était encore très belle.

Le président commença l'interrogatoire.

D. — Quelle est votre nom ?

R. — Marie-Antoinette de Lorraine d'Autriche.

D. — Votre état ?

R. — Je suis veuve de Louis Capet, ci-devant roi de France

D. — Votre âge ?

R. — Trente huit ans.

Le greffier donna lecture de l'acte d'accusation.

Elle était prévenue d'avoir conspiré contre la France. A côté des articulations graves, on trouvait de ces phrases déclamatoires et vides comme celle-ci. « Il résulte qu'à l'instar de Messaline, Brunehaut, Frédegonde et Médicis, que l'on qualifiait autrefois de reines de France et dont les noms à jamais odieux ne s'effaceront pas des fastes de l'histoire, Marie-Antoinette veuve de Louis Capet a été depuis son séjour en France, le fléau et la sangsue des français, ».

On l'accusait d'avoir fait passer des millions à l'Empereur d'Autriche pour soutenir la guerre contre la France ;

D'avoir essayé, à l'intérieur, d'opérer une contre-révolution par les agents soldés par elle ;

D'avoir organisé la disette pour exciter le peuple ;

(1) Goncourt. *La Saint Huberty*, p. 127.

On lui imputait d'avoir organisé le voyage de Varennes, d'avoir inspiré le massacre du Champ de Mars.

Enfin d'avoir eu toujours pour but : « d'anéantir la liberté et de faire rentrer les français sous le joug tyrannique. »

On l'accusait aussi d'avoir fait parvenir aux puissances étrangères les plans de campagne et d'attaque convenus dans les conseils.

Tout cela était grave, tout cela était vrai.

Fouquier-Tinville recueuillit les immondices du complot d'Hébert et il inséra ce paragraphe dans son acte d'accusation :

« Qu'enfin la veuve Capet, immonde sous tous les rapports, et nouvelle Agrippine, est si perverse et si familière avec tous les crimes, qu'oubliant sa qualité de mère et la démarcation prescrite par les lois de la nature, elle n'a pas craint de se livrer avec Louis Charles Capet, son fils, et de l'aveu de ce dernier, à des indécences dont l'idée et le nom font frémir d'horreur. »

On procède ensuite à l'audition des témoins.

I. On entend d'abord *Laurent Lecointre*, député à la Convention, qui raconta surtout le banquet des gardes du corps de 1789 durant lequel on joua l'air : *O Richard, ô mon Roi* ! et à la suite duquel la cocarde nationale fut foulée aux pieds.

II. Le chirurgien *Roussillon* vint reprocher à l'accusée d'avoir été l'instigatrice des massacres de Nancy et du Champ de Mars.

III. Puis *Hébert* fut entendu :

L'accusateur est admis à la barre comme témoin.

Le substitut du procureur de la Commune affirme que les missions dont il a été chargé par la Commune « lui ont prouvé la conspiration d'Antoinette, notamment un jour, au Temple, il a trouvé un livre d'église à elle appartenant, dans lequel était un de ces signes contre-révolutionnaire, consistant en un cœur enflammé traversé par une flèche, sur lequel était écrit : *Jesus Miserere nobis !*» Hébert indique ensuite sommairement les diverses tentatives d'évasion du Temple.

Mais tout cela était le prétexte de l'intervention d'Hébert ; sa véritable raison en se trouvant à la barre était de venir couronner son œuvre de diffamation préparée depuis longtemps et il termina sa déposition en disant :

« Enfin, dit-il, le jeune Capet, dont la constitution physique dépérissait chaque jour, fut surpris par Simon dans des pollutions indécentes et funestes pour son tempérament ; que celui-ci lui ayant demandé qui lui avait appris ce manège criminel, il répondit que c'était à sa mère et à sa tante qu'il était redevable de cette habitude funeste. De la déclaration que le jeune Capet a fait en présence du maire de Paris et procureur de la Commune, il résulte que ces femmes le faisaient souvent coucher entre elles deux, que là, il se commettait des traits de la débauche la plus effrénée, qu'il n'y avait pas même à douter, par ce qu'à dit le fils Capet, qu'il n'y ait eut un acte incestueux entre la mère et le fils.

« Il y a lieu de croire que cette criminelle jouissance n'était point dictée par le plaisir, mais bien par l'espoir politique d'énerver le physique de cet enfant, que l'on se plaisait encore à croire destiné à occuper un trône, et sur lequel on voulait, par cette manœuvre, s'assurer le droit de régner alors sur son moral. »

On croirait, à entendre cette déposition vénimeuse, écouter la lecture d'un de ces pamphlets ordurier, que le comte de Provence lançait, avant la Révolution contre sa belle-sœur.

Jusque là, Marie-Antoinette promenait ses doigts sur la barre de son fauteuil avec l'apparence de la distraction et comme si elle eut jouée du piano. [1]

A cette injure, elle eut un soubressaut, enveloppa Hébert d'un regard de mépris,mais garda le silence. Un juré demanda au président de l'interroger sur cette accusation.

— Si je n'ai pas répondu dit-elle, avec un indescriptible accent d'indignation où la pudeur de la mère se révoltait toute entière, c'est que la nature se refuse à répondre à une pareille inculpation faite à une mère. J'en appelle à toutes celles qui sont ici.

Il y eut dans l'auditoire un frémissement d'approbation.

On entendit trente-sept témoins ; les trois quarts étaient inutiles ; quelques-uns, comme Bailly et Michonis qu'attendaient l'échafaud, comparurent plutôt en accusés eux-mêmes que comme témoins.

Le Comte d'Estaing, un ancien ennemi de la reine, ne voulut rien dire contre elle ; il déposa même en sa faveur.

« J'ai entendu des conseillers de cour dire à l'accusée (au 5 octobre 1789) que le peuple de Paris allait arriver pour la massacrer, et qu'il fallait qu elle partit ; à quoi elle avait répondu avec un grand caractère : Si les parisiens viennent ici pour m'assassiner, c'est aux pieds de mon mari que je le serai, mais je ne fuirai pas. »

A ce moment on apporta un paquet appartenant à Marie-Antoinette, on l'ouvrit, il contenait des aiguilles, de la laine, un petit miroir, une image de piété avec un cœur enflammé et des cheveux, ceux de ses enfants et ceux du roi, et quelques mémoires de blanchisseuses.

(1) Histoire parlementaire. XXIX, p. 409.

Enfin le portrait en miniature de la princesse de Lamballe et un rouleau de vingt-cinq louis d'or.

C'étaient là, les seules pièces à conviction.

La Tour du Pin, ancien ministre de la guerre, reconnût avoir remis à la reine l'état exact de l'armée française.

Ceci était grave ; c'était un de ces états que Marie-Antoinette avait fait passer à son frère.

Dufriche Valazé, ancien député de la Convention, confirma cette déposition ; ayant été nommé membre de la commission des vingt-un, il vit une lettre du ministre écrite au roi et constatant que la reine avait eu communication du plan de campagne.

Michonis vient expliquer, comme il peut, comment il s'est laissé aller à introduire à la conciergerie un étranger qui a remis à Marie-Antoinette un bouquet d'œillets ; dans une fleur se trouvait un billet.

Michonis, quelques jours plus tard paya cet acte de sa tête.

Marie-Antoinette tire alors de sa poche un papier qu'elle remet à l'un de ses défenseurs.

Fouquier-Tinville se lève aussitôt et somme la reine de déclarer quel est l'écrit qu'elle vient de remettre.

C'était une observation sur un point de sa défense qu'elle avait mis en écrit de peur de l'oublier et dont elle faisait part à ses avocats.

Jourdheuil, huissier, déclara qu'au mois de septembre 1792, il avait trouvé une liasse de papiers de banque chez d'Offry dans laquelle était une lettre d'Antoinette qu'elle écrivait à celui-ci, lui demandant : « Peut-on compter sur vos Suisses ? Feront-ils bonne contenance quand il en sera temps ? »

Fouquier-Tinville prit alors la parole et prononça son réquisitoire.

Il est incontestable que la reine était coupable de trahison, mais on en avait pas à ce moment les preuves. [1] L'accusateur public se tint dans les généralités ; il accusa beaucoup, ne prouva rien.

Chauveau et Tronçon-Ducoudray, nommés d'office présentèrent la défense de la reine, discutant minutieusement des dépositions inutiles du reste.

Herman résuma les débats et posa les questions au jury.

Marie-Antoinette était-elle coupable d'avoir participé à des manœuvres et intelligences avec les puissances étrangères ? manœuvres tendant à leur fournir des secours en argent, à leur donner l'entrée du territoire français et à faciliter le progrès de leurs armes ?

Etait-elle coupable d'avoir participé à un complot et conspiration tendant à allumer la guerre civile ?

Les jurés, après une délibération d'une heure, répondirent oui à l'unanimité aux questions qui leur étaient soumises.

La reine ramenée à l'audience entendit sans faiblesse son arrêt de mort.

Il était quatre heures du matin ; les débats duraient depuis l'avant veille et n'avaient pas discontinué ; le tribunal était resté en permanence.

On reconduisit Marie-Antoinette à la conciergerie. Elle se mit aussitôt à écrire une lettre à sa belle-sœur. [2]

(1) Ces preuves sont : 1° Les aveux de Bouillé le père (1797). — 2° La déclaration de Bouillé le fils (1825), qui avait en main un billet où le roi et la reine disaient qu'ils feraient *appel aux armées étrangères*. — 3° La lettre où la reine écrit à son frère, le 1er juin 1791, pour obtenir un secours de troupes autrichiennes. (Pièce conservée aux archives nationales). — 4° Par les dépositions de La Tour de du Pin et de Valazé. — 5° La correspondance de Marie-Antoinette publiée depuis.

(2) Le *fac-simile* de cette lettre se trouve dans *Louis XVII, sa vie son agonie et sa mort*, par M. de Beauchesne. T. II, p. 158.

« Je viens d'être condamnée non pas à une mort honteuse, elle ne l'est que pour les criminels, mais à aller rejoindre votre frère... J'ai un profond regret d'abandonner mes pauvres enfants. Dans quelle position je vous laisse ! — Que mon fils n'oublie jamais les derniers mots de son père, que je lui répète expressément : « qu'il ne cherche jamais à venger notre mort. » — J'avais des amis ; l'idée d'en être séparé pour jamais et leurs peines sont un des plus grands regrets que j'emporte en mourant ; qu'ils sachent du moins que jusqu'à mon dernier moment j'ai pensé à eux. Adieu, je vous embrasse de tout mon cœur, ainsi que ces pauvres et chers enfants. Mon Dieu qu'il est déchirant de les quitter pour toujours. Adieu ! adieu ! »

Elle craignait de ne pouvoir se confesser à un prêtre non assermenté ; mais l'abbé Magnin, grâce à un déguisement et peut-être à la complaisance de la Commune, parvint à aller entendre la dernière confession.

Ayant mis son cœur en règle par la lettre à Madame Elisabeth, son âme par la confession, elle repassa son bonnet, fit sa toilette comme à l'ordinaire. [1] Puis elle se reposa un moment sur son lit de sangle, demandant aux gendarmes qui étaient dans sa cellule derrière un paravent :

— Croyez-vous que le peuple me laissera aller à l'échafaud sans me mettre en pièces ?

Un d'eux répondit :

— Il ne vous fera aucun mal madame [2]

A cinq heures on battit le rappel dans toutes les sections ; à sept heures trente, mille hommes étaient sur pied ; on avait placé des canons aux extrémités des

(1) Mercier. *Le nouveau Paris.* III. Ch. LXXXII.

(2) Id.

ponts, places et carrefours, depuis le palais de justice jusqu'à la place de la Révolution.

A onze heures douze minutes, la charrette sortait de la conciergerie, car on ne lui donna même pas une voiture fermée comme à Louis XVI, on la fit monter sur la charette ordinaire des exécutions. En guise de banquette, il y avait une planche placée en travers ; elle s'y assit et un prêtre constitutionnel, en laïque, s'assit à côté d'elle et lui parla religion. Elle avait l'air de ne pas l'écouter.

Elle portait un jupon blanc sur un autre jupon noir, avec une camisolle de nuit blanche, un ruban de faveur noir autour des poignets, un fichu de mousseline crême blanc, un bonnet avec un bout de ruban noir. [1]

On lui avait lié les mains derrière le dos, et David en a laissé le portrait pris, en quelques coups de crayons rapides, d'une fenêtre de la rue Saint-Honoré ; [2] on lui avait coupé les cheveux ras. L'attitude de Marie-Antoinette était ferme ; son regard dédaigneux, tranquille, planait sur la foule qui criait de temps en temps vive la République. Quand la charrette passa devant l'église Saint-Roch, on battit des mains ; tout le long de la rue Saint Honoré, des drapeaux tricolores flottaient au haut des maisons.

Arrivée sur la place de la Révolution, elle descendit de la charrette avec légéreté et promptitude. On apercevait à ce moment sur son visage les signes d'une profonde émotion. [3]

(1) Relation du Vicomte Charles Desfossez, qui faisait partie d'un détachement de la section des Gravillers, rangé près de la charrette. « Je traçais ce portrait, dit-il, en rentrant chez moi. »

(2) La *Démagogie à Paris,* p. 466, reproduit le fac-simile de ce dessin. L'original appartient à la cour de Russie.

(3) *Histoire Parlementaire.* XIX-410.

Elle fit tomber elle-même son bonnet, et monta à l'échafaud ; en franchissant les degrés, son pied s'étant posé, par mégarde, sur celui du bourreau, elle lui dit :

— Pardon, monsieur, je ne l'ai pas fait exprès.

A midi un quart, le couperet s'abattit et la tête fut tranchée ; Louison prit la tête, la montra au peuple qui cria vive la République ! [1]

(1) Mercier. *Le Nouveau Paris*. III. Ch. XCVII. — *Les Revolutions de Paris*, n° 212. — *Histoire de la Révolution* par Deux Amis de la Liberté, t. XXI, p. 301.

Du 25 vendémiaire au 2 brumaire — Du 16 au 23 octobre.

# LA BATAILLE DE WATIGNIES

MOT DU PRINCE DE COBOURG. — LE PETIT TAMBOUR STHRAU. — UN HÉROS. — JOURDAN COMBAT AVEC SES SOLDATS. — CARNOT MARCHE EN TÊTE DES COLONNES. — ÉLAN ADMIRABLE. — MAUBEUGE EST DÉBLOQUÉ. — DROUET PRISONNIER. — EN VENDÉE. — AVENTURES DU FAUX ÉVÊQUE D'AGRA. — VICTOIRE DE CHOLET. — MORT DE D'ELBÉE ET DE BONCHAMP. — MAGNANIMITÉ DE BONCHAMP. — LES DÉFENSEURS DE LA REINE REMIS EN LIBERTÉ. — ENCOMBREMENT DES PRISONS. — DÉVERGONDAGE. — ARRÊTÉS CONCERNANT LES BOUTIQUES, L'HORLOGE DU PALAIS ET LA CROISÉE DE CHARLES IX.

A l'heure même où la tête de Marie-Antoinette tombait sous le couperet de la guillotine, place de la Révolution, les armées de la République remportaient la bataille de Wattignies. [1]

Carnot était accouru sur la frontière du Nord auprès du général Jourdan. Le prince de Cobourg qui occupait la ville de Wattignies, située sur une hauteur, défendue par de nombreuses ravines, avait dit :

(1) Nous nous sommes servis pour le récit sommaire de cette bataille, du volume très complet de M. Pierart. *Recherches historiques sur Maubeuge et son canton.*

— J'avoue que ces français sont de fiers républicains ; mais s'ils me débusquent d'ici, je me fais républicain moi-même.

Le prince de Cobourg ne se fit pas républicain, mais il fut débusqué tout de même.

L'action commença le 15 octobre à neuf heures du matin. Les français essaient de marcher sur la ville ; ils sont balayés tour à tour par la cavalerie et par les canons autrichiens ; sous un feu roulant ils montent quand même. Il y eût de beaux actes d'héroïsme. Un petit tambour âgé de quinze ans, nommé Sthrau va battre la charge derrière un régiment autrichien ; l'ennemi croit être pris par derrière et il y eût un moment d'hésitation ; mais on vit bien vite de quoi il s'agissait ; on s'empara du tambour qui tomba percé de coups de baïonnettes. — Un volontaire avait reçu une blessure au bras droit ; il fallut l'amputer ; il s'échappa de la tente d'ambulance, saisit un fusil de la main qui lui restait et revint au combat.

Au milieu de la mitraille qui faisait pleuvoir le fer et le feu, Jourdan se battait comme un simple soldat, un fusil à la main, sur le front des troupes, cherchant la mort. [1]

La nuit surprit nos soldats en train de monter sur le flanc de la colline. L'armée coucha sur ses positions.

Pendant la nuit Carnot avait reçu avis du comité de Salut Public que les Prussiens avaient forcé les lignes de l'Alsace, les portes de la France. Il fallait donc vaincre à tout prix.

Le matin du 16, un épais brouillard couvrait la campagne ; on n'y voyait pas à trente pas. Quarante-cinq mille français se disposaient à marcher à la première

(1) *Manuscrit du maréchal Jourdan.*

éclaircie de soleil ; le brouillard se dissipa enfin et l'armée républicaine s'ébranla au chant de *la Marseillaise* et du *ça ira !* Jourdan et Carnot s'avançaient à la tête de leurs colonnes, leurs chapeaux à la pointe de leurs épées. Quand revint le soir, les français étaient victorieux.

Un poète contemporain, dans un poème magnifique, a chanté cette épique journée :

> Plus d'obstacles ! On se sent une ardeur décisive.
> De tous côtés, on grimpe, on se hisse, on arrive
> Jusqu'aux épaulements. Ils sont escaladés.
> On surprend des canons des mieux barricadés ;
> Et dans une fumée ardente, on voit éclore,
> Comme un fleuve de feu, le drapeau tricolore (1).

Les autrichiens s'étaient pourtant battus comme des lions ; Wattignies avait été pris et repris jusqu'à huit fois. « Le feu des français fut tel, écrivait le prince de Hordemberg, que de l'aveu des autrichiens, jamais, même pendant la guerre qu'ils avaient faite contre les turcs, on n'avait entendu un si terrible tonnerre d'artillerie. » [2]

Au plus fort de la mêlée, les soldats français chantaient à tue-tête ;

> Allons Enfants de la Patrie !
> Le jour de gloire est arrivé.

« Wattignies, a dit plus tard Napoléon Ier, est le plus beau fait d'armes de la Révolution. »

Le lendemain les troupes françaises débloquèrent Maubeuge et entrèrent dans la ville. Quelques jours auparavant, Drouet, qui avait été envoyé à l'armée du Nord, avait voulu sortir de Maubeuge et avait été fait

(1) *Wattignies*, par Emlie Blémont.

(2) *Mémoires tirés des papiers d'un homme d'Etat.* II, p. 409.

prisonnier par les autrichiens qui, ayant reconnu l'ancien maître de poste de Sainte-Menéhould, l'envoyèrent dans la forteresse du Spielberg. [1]

Paris apprit la victoire de Wattignies en même temps que l'entrée de Couthon à Lyon ; la joie illumina tous les cœurs et augmenta tous les courages.

***

La République était encore victorieuse en Vendée.

Un aventurier, l'abbé Guillot de Folleville, qui se disait faussement évêque d'Agra, parvint à se faire reconnaître comme tel par les Vendéens et prit le commandement général de l'armée des blancs ; les autres chefs militaires consentirent à lui obéir. [2]

Il s'était donné comme évêque à des religieuses de Poitiers qui l'admiraient fort ; les religieuses en écrivirent aux Missionnaires et bientôt personne ne douta plus de la réalité de son épiscopat. [3] Il se prétendait envoyé par le pape et en avoir reçu les pouvoirs ; pourtant la tenue était au moins bizarre pour un évêque ; un jour, l'abbé Coudrin était allé le voir à Poitiers et il trouva le faux évêque dansant. [4] Surpris et embarrassé, il allégua qu'il en usait ainsi pour dissimuler son caractère sacré. [5] Néanmoins, en Vendée, il parvint à s'emparer du Conseil Supérieur et à diriger les chefs de l'armée royaliste.

(1) Dans notre sixième volume (année 1794), nous le verrons essayer de s'évader, le 6 juin.

(2) *La préparation de la guerre de Vendée* (1892), par Ch. L. Chassin. T. III, p. 561.

(3) Note du *manuscrit original de Mme la Marquise de La Rochejacquelein*, publié par son petit-fils en 1889, p. 157.

(4) Vie du T. R. P. Coudrin, fondateur de la Compagnie du Sacré Cœur de Jésus et de Marie (Picpus) par un père de la même congrégation (1892). Ch. XVI, p. 644.

(5) *Mémoires de Mgr Bugnault de Beauregard, évêque d'Orléans.*

L'abbé Guillot dit de Folleville, avait d'abord prêté serment et avait même été curé de Dol. [1]

En 1792, il rétracta son serment, vint à Poitiers, et par sa jeunesse, son air de douceur trompa les religieuses « filles de la sagesse », [2] auprès desquelles il se donna comme évêque d'Agra pour les séduire tout à fait ; les sœurs établirent, par leurs correspondances, sa réputation et son influence. En Vendée, l'évêque d'Agra eût un rôle à la fois religieux et militaire. Tantôt il célébrait les offices pontificaux, [3] tantôt il excitait les soldats et les poussait au combat. On le voyait passer les troupes en revue et les haranguer, « Race antique et fidèle des serviteurs de nos rois, pieux zélateurs du trône et de l'autel, enfants de la Vendée, marchez, combattez et triomphez ; c'est Dieu qui l'ordonne. » [4]

Dieu fut mal obéi.

Le 16 octobre, le jour de la mort de Marie-Antoinette et de la victoire de Wattignies, vingt-deux mille soldats bleus, [5] entrèrent dans Cholet ; le lendemain ils mirent en déroute quarante mille vendéens commandés par Bonchamp, d'Elbée, La Rochejacquelein. [6]

Du côté des Républicains, Marceau et Kléber commandaient ; la Convention avait envoyé Bourbotte, Chaudieu, Fagau, Bellegarde, Thurreau, Merlin (de

(1) *Dol et ses alentours*, par Toussaint Gauthier, p. 21.

(2) *Histoire de la Vendée, par l'abbé Déniau*. II, p. 40.

(3) *La préparation de la guerre de la Vendée*, par L. Ch. Chassin. III, p. 564.

(4) *Mémoires de Mme de Bonchamp*.

(5) *Guerre des Vendéens et des Chouans*, par Savary. T. II, p. 174.

(6) Récit de Kléber, rapporté par Savary.

Thionville) et Carrier, l'homme des horreurs de Nantes. Ce dernier eût un cheval tué sous lui. [1]

D'Elbée et Bonchamp furent tués dans cette journée ; quelques jours auparavant, Lescure avait été blessé mortellement. La débandade des Vendéens fut complète, ils se mirent à fuir et se repliaient du côté de Saint-Florent où Bonchamp agonisant, sauva la vie à quatre mille prisonniers républicains que les Vendéens traînaient à leur suite et qu'ils voulaient égorger. [2] Les débris de la Vendée allèrent se réfugier sur la rive droite de la Loire.

Barrère annonça à la Convention que la Vendée avait vécu ; c'était un peu tôt, mais ce devait venir une réalité quelques jours plus tard.

***

A Paris, le Comité de Sûreté Générale avait fait arrêter les défenseurs officieux de la Reine, Tronçon-Ducoudray et Chauveau-Lagarde, craignant qu'ils ne fussent dépositaires de quelques secrets ou de quelques plans de conspiration contre l'autorité de la Convention Nationale ; après les plus rigoureuses recherches dans leurs papiers, après de scrupuleux interrogatoires, on les remit en liberté.

Du reste les prisons regorgeaient ; les commissaires de police de section recevaient indistinctement toutes les dénonciations ; un domestique à qui on avait refusé une augmentation, dénonça même son maître et le fit arrêter. [3]

Dans plusieurs prisons on traitait assez mal les prisonniers ; ils étaient mal nourris, on leur donnait à

(1) *Mémoires de Mme de Bonchamp.*

(2) Id.

(3) Extrait du rapport de police du 19 octobre.

peine de la paille pour se coucher. Des anglais mis en arrestation se plaignaient de manquer de tout, de n'avoir même pas d'eau pour boire. [1]

Au dehors, la corruption s'étalait en certains endroits ; au Palais-Royal notamment « des jeunes gens de l'un et l'autre sexe, depuis l'âge de sept ans jusqu'à quatorze et quinze, se livrent presque publiquement aux polissonneries et aux excès de la débauche la plus infâme ; ils sont presque nus comme la main, et offrent aux passants le plus avillissant spectacle. » [2]

Pourtant les mesures de police préoccupaient la Commune ; sur la réquisition de Chaumette, elle arrêta que les marchands seraient tenus d'ouvrir leurs boutiques les dimanches, sous peine d'être déclarés suspects et que les jours de décade, ils seraient libres ou de les ouvrir ou de les fermer.

Le 20 octobre, le Conseil Général ordonna encore que le cadran de l'Horloge du Palais de Justice qui, disait-on, avait cessé de marquer l'heure au moment où sonna celle du massacre de la Saint-Barthélemy, serait rapportée à sa place et qu'une inscription serait mise au bas pour rappeler la conduite abominable de Charles IX, de Catherine de Médicis, des prêtres et des rois.

Enfin, un autre arrêté portait qu'il serait planté un poteau infâmant à la mémoire des rois, sous les fenêtres d'où Charles IX est accusé d'avoir tiré sur le peuple avec cette inscription : « *c'est de cette fenêtre que l'infâme Charles IX, (d'éxécrable mémoire)*, a tiré sur le peuple. » [3]

(1) Id.

(2) Id.

(3) Cette inscription existait encore en 1799. Nous ignorons à quelle époque on l'a fait disparaître.

Du 3 au 10 brumaire | Du 24 au 31 octobre

# LE PROCÈS DES GIRONDINS

Huit jours après Marie-Antoinette, les vingt-et-un Girondins comparurent devant le tribunal révolutionnaire.

Ils étaient accusés de manœuvres contre-révolutionnaires et de conspirations contre l'unité et l'indivisibilié de la République, la liberté et la sûreté du peuple français.

Les Girondins furent surtout poursuivis et condamnés pour leurs opinions; il faut reconnaître qu'ils avaient tout fait pour amener ce résultat tragique.

Quand, au 31 mai, ils furent décrétés d'accusation, on commença par les traiter avec douceur; ils furent simplement consignés chez eux; on leur permit même de se promener dans Paris, accompagnés d'un seul gendarme, dont ils se débarrassaient, du reste, le plus aisément du monde; plusieurs voulurent fuir et on ne courut pas après eux. Enfin, le traitement de député, de dix-huit francs par jour, leur fut maintenu.

Comment répondirent-ils à ces mesures, d'une extrême bienveillance?

Ils continuèrent leurs polémiques, ils écrivirent des lettres violentes contre le Comité de Salut public, qu'ils traitèrent de réunion d'imposteurs et d'assassins

Enfin, les Girondins, qui avaient fui en province, avaient essayé d'y organiser la guerre civile.

On saisit, chez le Girondin Lacaze, une lettre que son cousin lui répondait :

« Votre dernière lettre, mon cher cousin, m'avait fait naître quelque espoir de salut, mais celle que je reçois aujourd'hui me l'ôte. Il faut une insurrection générale contre cette ville abominable (Paris) ; il faut l'ecraser. Cette insurrection se prépare, soyez-en sûr, mon cher Lacaze, et vous la verrez bientôt éclater. »

« Depuis le jour où ils avaient cherché leur condamnation, et tout fait pour la motiver, ils levèrent l'étendard de la guerre civile, et l'on eut contre eux des faits positifs, il devint facile de les condamner » [1]

Il faut dire les choses comme elles ressortent des faits historiques : on poursuivit les opinions, avec ce prétexte légal et facile ; il faut ajouter que s'ils eussent été vainqueurs, les Girondins auraient été, à coup sûr, aussi impitoyables à l'égard des Montagnards ; on les guillotina vaincus ; vainqueurs, ils auraient immolés leurs proscripteurs .

Enfin, les vingt-et-un accusés se défendirent mal, sans habileté et sans dignité ; rejettant les responsabilités sur des absents, désavouant leurs actes, exprimant de tardifs et hypocrites repentirs.

« Ils semblaient presque s'abandonner les uns les autres, et chacun paraissait condamner la mesure à laquelle il n'avait pas pris part. — Qu'on nous laisse parler, disaient les Girondins, nous sommes sauvés. — Funeste idée, qui, sans assurer leur salut, leur fit perdre

(1) Thiers. V, 152.

une partie de cette dignité, seul dédommagement d'une mort injuste [1]. »

Suivons-les donc au tribunal révolutionnaire.

Ils furent amenés à l'audience et donnèrent leurs noms dans l'ordre suivant :

I. — Jean-Pierre *Brissot*, 35 ans, homme de lettres, ci-devant député, d'Eure-et-Loir.

II. — Pierre-Victorin *Vergniaud*, 35 ans, homme de loi, de la Gironde.

III. — Armand *Gensonné*, 35 ans, homme de loi, de la Gironde.

IV. — Claude-Romain *Laure-Duperret*, 46 ans, agriculteur, des Bouches-du-Rhône.

V. — Jean-Louis *Carra*, 50 ans, homme de lettres, de Saône-et-Loire.

VI. — Jean-François-Martin *Gardien*, 35 ans, ex-procureur, syndic de Châtellerault, d'Indre-et-Loire.

VII. — Charles-Eléonore *Dufriche-Valazé*, 42 ans, cultivateur-propriétaire, de l'Orne.

VIII. — Jean *Duprat*, 33 ans, négociant, des Bouches-du-Rhône.

IX. — Charles-Alexis *Brulart Sillery*. 57 ans, rentier, de la Somme.

X. — Claude *Fauchet*, 45 ans, évêque du Calvados, du Calvados.

XI. — Jean-François *Ducos*, 28 ans, homme de lettres, de la Gironde.

XII. — Jean-Baptiste *Boyer-Fonfrède*, 27 ans, cultivateur-propriétaire, de la Gironde.

XIII. — Marc-David *Lasource*, 39 ans, du Tarn.

(1) Thiers. V, 154.

XIV. — Benoist *Lesterp-Beauvais*, 43 ans, receveur de district, de la Haute-Vienne.

XV. — Gaspard *du Chastel*, 27 ans, cultivateur, des Deux-Sèvres.

XVI. — Pierre *Mainvieille*, 28 ans, des Bouches-du-Rhône.

XVII. — Jacques *Lacaze*, 42 ans, négociant, de la Gironde.

XVIII. — Pierre *Le Hardy*, 35 ans, médecin, du Morbihan.

XIX. — Jacques *Boileau*, 41 ans, juge de paix, de l'Yonne.

XX. — Charles-Louis *Antiboul*, 40 ans, homme de loi, du Var.

XXI. — Louis-François-Sébastien *Vigée*, 36 ans, de Mayenne-et-Loire.

Ce qui frappe, c'est la jeunesse de ces députés, presque tous célèbres, et dont la moitié n'a pas atteint la quarantaine. Ducos a l'air d'un enfant, et Boyer-Fonfrède sacrifie, non seulement sa jeunesse, mais encore sa grande fortune et sa jeune épouse.

Passons rapidement sur l'acte d'accusation. On incrimina toute leur conduite, depuis l'ouverture de la Convention; il faudrait résumer toute l'histoire des agissements girondins; la mauvaise foi et le mensonge dénaturèrent les intentions de ces hommes, qui eurent soif du pouvoir, à coup sûr, furent autoritaires et arbitraires, mais aimèrent profondément la République et la Liberté, jusqu'à en mourir.

Pache fut d'abord entendu ; sa déposition était une nouvelle incrimination des actes des conventionnels. Puis vint Chaumette, et ce fut tout pour le premier jour.

***

La seconde audience s'ouvrit par la déposition de Destournelles, ministre des contributions publiques, et qui amena un incident piteux.

— Est-il indispensable, demanda-t-il avant de déposer, que je dise le prénom qui me fut donné à ma naissance?

Sur la réponse affirmative du président :

— Je le profère à regret, ce prénom est Louis.

Quelle palinodie chez un des grands personnages de la République!

Destournelles vint rappeler que Carra avait proposé, à la tribune des Jacobins, d'appeler le duc d'York au trône de France.

Puis défilèrent Delescure et Hébert ; ce dernier donna des détails sur son arrestation, par ordre de la Commission des Douze. A un moment donné, Brissot l'interrompit et déclara, avec autant de vérité que de dignité :

— Hébert a publié, dans ses feuilles, que depuis la Révolution j'ai amassé des millions et que c'est pour les placer que ma femme est allée en Angleterre; c'est par de pareilles calomnies que l'on est parvenu à attirer sur moi la haine du peuple; je déclare n'avoir pas un sou de propriété.

Hébert continua en prononçant un vrai réquisitoire haineux, où il fit le procès politique de la Gironde.

A l'audience du 5 brumaire (26 octobre), Fouquier-Tinville lut une lettre signée Fonfrède, dans laquelle le 31 mai était blâmé et on appelait, au secours de la Convention avilie, une force départementale.

Cette lettre était fausse ; Boyer-Fonfrède le déclara et Fouquier-Tinville, sans en soutenir l'authenticité, se contenta d'affirmer « qu'elle ne devait pas être regardée comme non avenue », car elle renfermait les opinions avancées par l'accusé lui-même.

Quelle humiliation de songer que ce procès fut conduit au nom de la justice!

Il s'agit d'une exécution politique; on exécuta.

Chabot succéda à Hébert.

La peur succédait à la haine.

Chabot, en effet, sur qui les bruits de concussions commençaient à courir, vint accabler les Girondins, en mêlant la vérité à la fantaisie, et il espéra, en montrant du zèle, faire taire les accusations qui commençaient à peser sur lui. Il n'y réussit pas, puisque ses turpitudes furent dévoilées et il fut arrêté, jugé et condamné à son tour, mais ce fut pour des actes infamants.

Fabre d'Eglantine — un autre complice de Chabot, dans la vilaine affaire de la Compagnie des Indes — fut entendu dans la séance du 25 octobre; Fabre alla jusqu'à oser accuser Vergniaud d'avoir participé au pillage du garde meuble.

Vergniaud répondit avec un dédain qui ne voulait même pas s'abaisser à la colère :

— Je ne me crois pas réduit à l'humiliation de me justifier d'un vol.

Les débats se traînaient; Vergniaud était parvenu à prendre la parole et avait rappelé, avec une éloquence entraînante, l'amour des Girondins pour la République et les services rendus. On commençait à parler d'acquittement. Hébert eut peur de voir le procès lui échapper; il se rendit aux Jacobins; il représenta que les accusés, servis par des journalistes complaisants, altéraient la vérité. « A quoi bon des témoins et des formes pour juger des hommes qu'il eut fallu condamner tout de suite », [1] s'écrie un envoyé des sections.

On envoya une députation à la Convention; elle fut conduite par Xavier Audouin, le gendre de Pache, et demanda que le tribunal révolutionnaire fut dispensé des formes ordinaires quand la conviction serait faite.

C'était supprimer toutes les garanties de la défense; la justice n'existait même plus de nom; c'était l'exécution sans phrases.

Robespierre proposa que les débats ne pourraient être clos qu'après trois jours seulement et après que le président aurait demandé au jury s'il était assez éclairé.

Cette mesure, moins infâme que celle d'Hébert, n'en était pas moins la négation de la défense, et c'était livrer les accusés au bon plaisir à et l'arbitraire des juges, déjà passionnés et prévenus.

Robespierre aurait pu se lever et réclamer la liberté de la défense et le respect de la justice; il avait, à ce moment, assez d'autorité pour se faire entendre et triompher. Il aurait peut-être sauvé les Girondins, qu'il devait estimer au fond; mais il aurait une belle page dans l'histoire. Il ne le voulut pas et il laissa assassiner lâchement ces hommes, si séduisants par leur talent et leur probité. Une part de la responsabilité de ce crime, commis avec les formes dérisoires de la justice, lui incombe; l'histoire ne peut que le blâmer.

Pendant ce temps, les vingt-et-un passaient leurs nuits à vivre gaiement leurs dernières heures, avec une rare insouciance. Ils avaient organisé, dans leur prison, une sorte de tribunal, où ils jouaient eux-mêmes les rôles de juges, d'accusés et d'accusateurs. C'était la

(1) Séance des Jacobins, 28 octobre.

parodie de leur propre jugement. L'accusé était toujours condamné à mort; on le prenait alors, on faisait semblant de l'exécuter; puis, on évoquait son ombre; il revenait des enfers couvert d'un drap blanc et, racontait ses souffrances de l'autre monde, prédisant aux jurés improvisés que leur tour arriverait[1].

L'odieux décret, enlevant aux accusés le droit d'être entendus et de se défendre, fut rendu le 29 octobre; dès l'ouverture de l'audience du 30 octobre, le président demanda aux jurés s'ils étaient suffisamment fixés. Les jurés se retirèrent pour délibérer; ils eurent un restant de pudeur et déclarèrent que leur religion n'était pas complètement éclairée; les débats reprirent donc et durèrent jusqu'à deux heures de l'après-midi. On suspendit alors la séance jusqu'à six heures. — Quels pourparlers eurent lieu pendant ces quatre heures? On ne sait, nous n'en avons trouvé nulle trace; toujours est-il qu'à la reprise, à six heures, Antonnelle, au nom de ses collègues, déclara que la cause était entendue. Les jurés se retirèrent dans la chambre du conseil. Après trois heures de délibération, ils en rapportèrent, à l'unanimité, une réponse affirmative.

On introduisit les accusés. En écoutant le jugement, Camille Desmoulins, qui assistait à l'audience, se jetta tout à coup dans les bras d'un ami qui l'accompagnait, en s'écriant :

— Ah! mon Dieu! mon Dieu! C'est moi qui les tue. Mon *Brissot dévoilé*, ah! mon Dieu! c'est ce qui les tue!

On fit entrer les accusés.

Pendant ce temps, Camille, de plus en plus ému, essayait de sortir :

— Je m'en vais, je m'en vais, je veux m'en aller!

(1) Riouffe. *Mémoires d'un Détenu*, p. 52.

Et il quitte l'audience le visage mouillé de larmes.

Le président prononça contre tous les accusés la peine de mort.

Brissot paraissait abattu et sans force; Gensonné, très pâle, tremblant, demanda la parole sur l'application de la loi. Boileau, élevant son chapeau en l'air, s'écria :

— Je suis innocent!

Il se produit un violent tumulte parmi les condamnés; plusieurs crient : Vive la République! D'autres invectivent les juges 1.

Valazé, qui avait caché un poignard dans sa poche, se le plonge dans la poitrine et meurt.

Sillery laissa tomber ses béquilles en s'écriant, le visage plein de joie :

— Ce jour, est le plus beau de ma vie 2.

Boyer-Fonfrède embrassa son ami Ducos.

— Mon ami, c'est moi qui te donne la mort.

Ducos répondit :

— Mon ami, console-toi, nous mourrons ensemble.

L'abbé Fauchet était très abattu; Duprat montrait un grand courage 3.

Au moment de sortir, on ne sait trop pourquoi, quelques-uns se mirent à jeter des poignées d'assignats au peuple, en criant :

— A vous, amis 4.

Voulaient-ils appeler les citoyens à leur secours? C'était de la démence. Voulaient-ils exprimer leur mépris? Peut-être.

(1) *Histoire Parlementaire*, XXX, 123.

(2) *Mystère de la Mère Dieu dévoilée*, par Vilate.

(3) *Mystère de la Mère Dieu dévoilée*.

(4) *Révolution de Paris*. N° 213.

Toujours est-il que le peuple ne bougea pas et les assignats furent foulés aux pieds.

Le tribunal décida que le cadavre de Valazé serait porté sur le lieu du supplice dans une charrette, pour être ensuite enterré dans le même cimetière que les autres condamnés [1].

Il était minuit.

La foule s'écoula en criant : « Vive la République! Périssent tous les traîtres! »

A peine réunis dans leur prison, les condamnés entonnèrent en chœur :

Allons enfants de la patrie!
Le jour de gloire est arrivé;
Contre nous de la tyrannie,
*Le couteau* sanglant est levé!

Les Girondins ne s'endormirent pas cette nuit-là. Ducos avait même le courage de plaisanter, et tous ces hommes, que quelques heures à peine séparaient de l'échafaud, s'entretenaient de la France [2], de la Patrie et de la République.

Vergniaud avait du poison, mais n'en ayant qu'une seule dose, il le jeta, voulant mourir avec ses amis.

Le 31 octobre, le temps était pluvieux et sombre.

Cinq charrettes sortirent de la Conciergerie; sur l'une d'elles, le cadavre de Valazé, la tête appuyée à une planche et qui, de sa banquette, regardait la foule de ses yeux mal clos

Tout à coup, les vingt Girondins se mirent à chanter l'Hymne des Marseillais, glorifiant ainsi la patrie qu'ils avaient tant aimée. On leur avait lié les mains derrière le dos.

(1) *Histoire Parlementaire*, XXX, 123.
(2) *Mémoires d'un Détenu*, par Riouffe.

Arrivés place de la Révolution, en face de l'échafaud, leur courage ne faiblit pas; ils chantaient toujours. Sillery monta le premier; au pied de la guillotine, ils s'embrassaient les uns les autres, la figure rayonnant de foi et de fierté. Peu à peu, le chœur devenait plus faible; bientôt, on n'entendit plus qu'une seule voix, lente grave, celle de Vergniaud.

Au bout de trente minutes, les chants avaient cessé [1].

(1) Nous n'avons pas parlé du fameux banquet des Girondins, qui est une pure légende. M. Thiers l'admet comme vrai; Charles Nodier en fait la description; Michelet le constate, et de Lamartine se complait à donner des détails.

Cette légende du banquet ne repose sur aucun document; les journaux de l'époque n'en parlent pas; Riouffe, qui était dans la même prison, et nous a conservé des détails si curieux et si complets sur les derniers jours des Girondins, n'en dit mot. — Seul, Buzot écrit — ou on lui fait écrire : — « Mes amis firent ensemble leur dernier repas; il fut aimable, la gaieté même n'y manqua point; un domestique de Duprat les servit. » — C'est tout.

Qu'il y ait eu un repas, c'est possible, mais de là à un banquet, il y a loin. Condamnés à minuit, exécutés à midi, il n'y avait guère place pour un festin. Mais y eut-il même le repas dont parle Buzot? — Comment Buzot l'eût-il su? Au moment où ses amis moururent il se cachait avec Pétion dans les caves de Saint-Emilion, et aucun des condamnés ne put écrire; Buzot mourut, dévoré par les loups dans un champ de blé, sans avoir reçu aucune nouvelle de Paris. — Comment donc a-t-il pu être informé que les Girondins avaient fait un repas? — Notons que les *Mémoires* de Buzot ont été publiés en 1823, trente ans après sa mort. Ce passage a été, à coup sûr, ajouté après coup, par une main étrangère.

Mais enfin, admettons un repas pris ensemble; il n'a pas eu le caractère que M. Thiers lui prête, que la lithographie et la gravure ont consacré. (Voir un savant ouvrage de M. Edmond Biré : *Légende des Girondins.*)

Lamartine et Charles Nodier nous apprennent que le repas « soigné et délicat avait été envoyé par un ami pour le dernier banquet, par le député Bailleul, collègue des Girondins, proscrit comme eux, mais échappé à la proscription et caché dans Paris. » — Ici le mensonge perce grossièrement. — Bailleul n'était pas du tout caché dans Paris, mais bien enfermé, lui aussi, à la Conciergerie, depuis le 9 octobre. Il ne fut remis en liberté que le 8 août 1794, deux jours après le 9 thermidor. Comment aurait-il envoyé le « repas soigné et délicat »?

Il est donc certain que le banquet n'a jamais existé; c'est une légende poétique, mais rien de plus.

## LX

Du 1er au 7 novembre

# LA DÉPRÊTRISATION

UN CURÉ QUI SE DÉCLARE CHARLATAN. — GOBEL ET SES VICAIRES RENONCENT A LA PRÊTRISE. — EXEMPLE SUIVI PAR LES ÉVÊQUES ET PRÊTRES DÉPUTÉS. — DIGNE PROTESTATION DE GRÉGOIRE. — SIÉYÈS ADHÈRE A LA DÉPRÊTRISATION. — LA CHEMISE DE SAINT LOUIS ET LA CHASSE DE SAINTE GENEVIÈVE. — PROCÈS ET MORT DU DUC D'ORLÉANS ET D'OLYMPE DE GOUGES. — TALLEYRAND DÉCRÉTÉ D'ACCUSATION. — LE BONNET ROUGE, COIFFURE OFFICIELLE. — FEMMES FOUETTÉES.

Cette semaine vit un spectacle, qui a conservé dans l'histoire le nom de la « déprêtrisation », sorte de comédie, où beaucoup de prêtres furent poussés par ceux qui rêvaient de remplacer l'ancien fanatisme religieux par un fanatisme nouveau, celui de l'intolérance.

Le 7 novembre, le président Laloy, en ouvrant la séance de la Convention, lut une lettre d'un nommé Paiens, curé de Boissire-la-Bertrand, district de Melun [1].

(1) *Moniteur,* 9 novembre 1793.

« Citoyens représentants, disait-il, je suis prêtre, je suis curé, c'est-à-dire charlatan. Jusqu'ici, charlatan de bonne foi, je n'ai trompé que parce que j'ai été trompé; maintenant, que je me suis décrassé, je vous avoue que je ne voudrais pas être charlatan de mauvaise foi. Néanmoins, la misère pourrait m'y contraindre, car je n'ai absolument que les 1,200 livres de ma cure pour vivre; d'ailleurs, je ne sais guère que ce qu'on m'a forcé d'apprendre, des *oremus.* » Et il terminait en demandant qu'on lui accordât une pension.

Sergent protesta.

— Un prêtre qui dit qu'il était la veille un charlatan et qui ne l'est plus le lendemain, l'est encore.

C'était le bon sens indigné qui inspirait Sergent; néanmoins, la lettre du pitre Parens fut renvoyé au Comité des finances.

A ce moment, on annonça une députation de la Commune, qui conduisait Gobel, évêque de Paris, et son clergé.

La députation, présidée par Chaumette, procureur de la Commune, se composait de Mornod, président par intérim, Lhuillier, procureur général du département de Paris, et Pache, maire.

Gobel, avec une modération de langage où on sentait la contrainte et où se cache l'amertume, lut une déclaration :

« Né plébéien, dit-il, j'eus de bonne heure, dans l'âme, les principes de la liberté et de l'égalité. — La volonté du peuple souverain est devenue une loi suprême; mon premier devoir est la soumission à ses ordres : c'est cette volonté qui m'avait élevé au siège de l'évêché de Paris. — Aujourd'hui que la Révolution marche à grands pas vers une heureuse fin, qu'il ne doit plus y avoir d'autre culte public et national que celui de la liberté et de la sainte égalité, parce que le souverain le veut ainsi; conséquent à nos principes, je me soumets à sa volonté, et je viens vous déclarer, ici, hautement, que, dès aujourd'hui, je renonce à exercer mes fonctions du culte catholique. Les citoyens, mes vicaires, ici présents, se réunissent à moi. En conséquence, nous vous remettons tous nos titres. — Puisse cet exemple servir à consolider le règne de la liberté et de l'égalité! Vive la République! »

Gobel se coiffa du bonnet rouge, remit sa croix et son anneau.

Le curé de Vaugirard va jusqu'à remettre ses lettres de prêtrise et s'exprime ainsi [1] :

« Revenu des préjugés que le fanatisme avait mis dans mon cœur et dans mon esprit, je dépose mes lettres de prêtrise ».

Laloy répondit par un discours de circonstance, affirmant la liberté des cultes et déclarant à Gobel : « Vous venez de vous élever à la hauteur de la Révolution où la philosophie vous attendait. Citoyens, vous avez fait un grand pas vers le bonheur commun. »

Puis il déclara que les croix et les anneaux, déposés sur le bureau, étaient des « hochets qui insultaient l'Etre suprême. Ils ne pouvaient servir à son culte, puisqu'il n'exige que la pratique des vertus sociales et morales : telle est sa religion; il ne veut de culte que celui de la Raison; il n'en prescrit pas d'autre, et ce sera désormais la religion nationale. »

Sur la demande d'un grand nombre de membres, le président embrasse Gobel; les prêtres quittent alors la barre; et, précédés par Chaumette, ils vont s'asseoir dans les tribunes, le bonnet rouge sur la tête.

(1) *Histoire Parlementaire* xxx, 186.

Les prêtres faisant partie de la Convention, ne veulent pas demeurer en reste.

Coupé de l'Oise, curé de Sermaise, près de Noyon, abjure aussi sa qualité de prêtre, mais, quoique sans fortune, il renonce à toute pension.

Thomas Lindet, évêque d'Evreux, abdique l'évêché du département de l'Eure et renonce aux fonctions du culte, mais il demande qu'on remplace les fêtes religieuses par des fêtes nationales. « Mesurez le vide immense qu'opèrera la désertion des solennités religieuses. Remplacez ce que vous détruisez ; prévenez les murmures qu'occasionneraient dans les campagnes l'ennui et la solitude. »

Julien (de Toulouse), ministre protestant, succède à l'évêque d'Evreux et tient un langage analogue ; Gay-Vernon, évêque ; Lalande, évêque de la Meurthe ; Villers, curé, renoncent à leurs qualités religieuses.

Grégoire, évêque de Blois, qui était retenu dans les comités, arrive dans la salle, lui qui avait présidé la Convention en soutane violette et accompli sa mission aux armées, qu'il avait passées en revue, revêtu de son costume sacerdotal, demande ce dont il s'agit ; on le met au courant en quelques mots, on le presse d'imiter l'exemple de Gobel.

Grégoire monte à la tribune au milieu d'un silence, où perce une vive curiosité.

« — J'entre ici, dit Grégoire, n'ayant que des notions très vagues sur ce qui s'est passé avant mon arrivée. On me parle de sacrifices à la patrie... j'y suis habitué.

« S'agit-il d'attachement à la cause de la liberté ? Mes preuves sont faites depuis longtemps.

« S'agit-il du revenu attaché aux fonctions d'évêque ? Je vous l'abandonne sans regret.

« S'agit-il de la religion? Cet article est hors de votre domaine et vous n'avez pas le droit de l'attaquer.

« On me tourmente aujourd'hui pour me forcer à une abdication qu'on ne m'arrachera pas!... J'ai tâché de faire du bien dans mon diocèse; je reste évêque pour en faire encore. J'invoque la liberté des cultes!... »

Plusieurs voix crièrent :

— On ne veut forcer personne.

Après cette digne et fière déclamation, Grégoire descendit de la tribune, donnant un exemple de dignité, en face des palinodies de Gobel, auxquelles s'associa l'abbé Siéyès, en envoyant, le surlendemain, une longue lettre pour réitérer l'abandon fait, depuis longtemps, de son caractère ecclésiastique; il terminait en renonçant à la pension de dix mille livres, dont il bénéficiait pour abandon d'anciens privilèges.

***

Les prêtres déprêtisés ne s'en tinrent pas là ; accompagnés de ministres protestants et de rabbins juifs, ils se rendirent à la Commune, apportant des vases ayant servi au culte, des croix, des ornements et autres ustensiles religieux, parmi lesquels figuraient la chappe de Moïse et la verge d'Aaron [1].

La section des Quinze-Vingts apporta à la Commune, qui la détruisit, la chemise de saint Louis, conservée jusque-là dans l'église du district.

La châsse de sainte Geneviève fut apportée à la Monnaie; on enleva les pierres précieuses, qui furent vendues, et l'or fut converti en pièces de monnaies ; elle produisit 23,830 livres; le procès-verbal du dépouillement de la châsse fut envoyé au pape. L'arrêté ajoute que « les ossements et guenilles qui se trouvaient dans

(1) *Histoire Parlementaire*, XXX, 143.

cette boîte » furent brûlés sur la place de Grève, « pour expier le crime d'avoir servi à propager l'erreur et à entretenir le luxe d'une foule de fainéants. »

C'est au milieu de ces mouvements divers que se déroula, devant le Tribunal Révolutionnaire, le procès de Philippe-Egalité, qui, arrêté à Marseille depuis six mois, avait été enfin transféré à la Conciergerie.

La personnalité du duc d'Orléans est peu sympathique, mais sa condamnation n'en est pas moins une iniquité.

On lui reprocha d'avoir confié l'éducation de sa fille à Mme de Genlis, qui, depuis, avait émigré; d'avoir été en relations avec Brissot et d'avoir dîné chez Ducos. Enfin, d'avoir eu pour ami Sillery, le mari de Mme de Genlis, qui avait voté contre la mort de Louis XVI, pour laquelle lui, duc d'Orléans, s'était prononcé.

Le président lui demanda :

— Pourquoi souffriez-vous qu'on vous appelât prince?

— J'ai fait, répondit-il, ce qui dépendait de moi pour l'empêcher. J'avais même fait afficher, à la porte de ma chambre, que ceux qui me traiteraient ainsi seraient condamnés à l'amende en faveur des pauvres.

Le seul grief, non pas sérieux, mais qui peut être relevé, étant donnée la sévérité des temps exceptionnels, est celui-ci :

Il aurait dit à Poultier :

— Que me demanderas-tu, quand je serai roi ?

Et Poultier aurait répondu :

— Un pistolet pour te brûler la cervelle.

Le mot est trop bien arrangé pour qu'il soit vrai; dans tous les cas, on n'en apporta aucune preuve; néanmoins, on voulait le condamner, sans preuves, sans griefs, sans rien ; on le condamna à mort comme complice de conspiration contre l'Unité de la République.

Le duc d'Orléans écouta son arrêt avec le plus grand calme, il déjeuna, mangea des huîtres et se montra tres gai.

Un témoin oculaire, un de ses ennemis, raconte :

« Je l'ai vu traverser les cours et les guichets de la Conciergerie, après son jugement; il était suivi d'une douzaine de gendarmes qui l'entaînaient, le sabre nu; et je puis dire qu'à sa démarche, fière et assurée, à son air vraiment noble, on l'eut plutôt pris pour un conquérant qui commande à ses soldats, que pour un malheureux que les sbires conduisent au supplice [1]. »

Le général Coustaut avait été condamné en même temps que lui; on les mit sur la même charrette; il eut, en outre, pour compagnons, un couvreur de Corbeil, Lesage, et un vieux noble de soixante-quinze ans, Laroque.

Quand Laroque vit entrer le duc dans la salle où le bourreau venait prendre les condamnés, il s'écria :

— Je ne regrette plus la vie, puisque celui qui a perdu mon pays reçoit la peine de ses crimes; mais ce qui m'humilie, c'est d'être obligé de marcher à l'échafaud en si mauvaise compagnie.

Philippe-Egalité ne répondit pas,

Quand il passa devant son palais, il vit les mots : « Propriété Nationale », qu'on avait peints en gros caractères. Sa maîtresse, M$^{me}$ de Buffon, était à la croisée du coin de la rue des Bons-Enfants, et le duc détourna la tête; ce fut son seul moment d'émotion.

Au moment de monter à l'échafaud, il dit aux aides du bourreau, qui voulaient lui ôter ses bottes :

(1) Dauban, *la Démagogie en 1793*, p. 501,

— C'est du temps perdu; vous me débotterez plus aisément quand je serai mort; dépêchons-nous[1].

Il monta l'escalier sans faiblir et mourut avec un courage peu ordinaire

Quelques jours avant, Olympe de Gouges, également condamnée à mort, avait été exécutée, coupable seulement d'avoir écrit quelques brochures et quelques placards, dans lesquels elle invitait les citoyens à se réunir dans les assemblées primaires, pour choisir la forme de gouvernement : la République ou la monarchie.

Olympe de Gouges était la première qui eut fondé des Sociétés de femmes; au moment du procès de Louis XVI, elle avait demandé à défendre le roi, par une sorte de vantardise qui la poussait à chercher une renommée facile. Pendant son procès, « elle faisait sans cesse des minauderies; tantôt elle haussait les épaules, puis elle joignait les mains, et levait les yeux vers le plafond de la salle . »[2]

Avant le prononcé du jugement, Olympe de Gouges, interpellée de déclarer si elle avait quelques observations à faire sur l'application de la loi, répondit au tribunal :

— Mes ennemis n'auront pas la gloire de voir couler mon sang; je suis enceinte et je donnerai à la République une citoyenne ou un citoyen.

Un examen, opéré le jour même, fit reconnaître qu'elle se trompait ou qu'elle trompait, et elle fut conduite à l'échafaud. Elle avait vingt-huit ans.

***

La même année, sur une dénonciation d'un nommé

(1) L'abbé Montgaillard, t. IV, p. 151.

(2) *Bulletin du Tribunal Révolutionnaire*, n. 66 et 67.

Viard, agent secret envoyé en Angleterre, et sur un rapport de Ruhl, Talleyrand, qui se trouvait en Angleterre, fut décrété d'accusation, pour avoir écrit une lettre à Louis XVI en 1791, lettre dont on dénatura, du reste, le sens. Talleyrand envoya une protestation [1]; le vote ne fut suivi d'aucune sanction, Talleyrand ne fut traduit devant aucun tribunal et aucune enquête ne fut faite [2].

La Commune trouvait du temps pour les mesures d'une importance médiocre; le 29 octobre, la Convention avait décrété qu'on ne pourrait obliger les citoyens à coiffer le bonnet rouge, comme le voulaient quelques sociétés; la Commune décida que tous ses membres porteraient désormais le bonnet phrygien.

Cette coiffure était, du reste, fort estimée par certaines femmes extravagantes, qui, non contentes de l'arborer, avaient encore mis des culottes et voulaient obliger les marchandes des halles à en faire autant; mal leur en prit, car les harangères se fâchèrent et fouettèrent en place publique ces novatrices du costume [3].

Du reste, ces dames de la halle étaient coutumières du fait, et, le 3 novembre, elles fouettèrent et couvrirent de boue un vendeur du *Père Duchène*, qui venait crier un numéro de ce journal, qui leur déplaisait [4].

(1) *Moniteur*, 24 décembre 1793.

(2) Robinet, *Danton émigré*, p. 20

(3) *Révolution de Paris*, XVII, 160.

(4) *Journal de Paris*, 1793, no CCCIX.

## XLI

Du 8 au 15 novembre

# FÊTE DE LA DÉESSE RAISON

**Fêtes de la Raison. — Vers de Chénier. — La Maillard a la Convention. — Mascarades. — Orgies. — Procès et mort de Mme Roland. — Bailly et Manuel. — Suicide de M. Roland. — Les femmes dévergondées et Chaumette. — Edilité rouge. — Les honneurs du Panthéon décrétés pour Marat. — Emigration des horlogers suisses a Besançon.**

Trois jours après la ridicule mise en scène de la déprêtrisation, eut lieu la parodie de la fête de la déesse Raison, décrétée par la Commune, sur la proposition de Chaumette.

La fête eut lieu dans l'église Notre-Dame, au milieu de laquelle on avait élevé un temple, au fronton duquel on lisait : « A la philosophie. » Le siège de la déesse Raison était sur la crète d'une montagne.

A l'entrée de l'église, on avait placé les bustes des philosophes. Les autorités constituées se rendirent gravement à cette cérémonie.

La déesse Raison était représentee par une des plus jolies actrices du temps, la Maillard, chanteuse de l'Opéra, qui était demie nue, vêtue surtout d'un manteau bleu de ciel; elle était accompagnée par de nombreuses jeunes filles, habillées de blanc, couronnées de chêne.

Marie-Joseph Chénier avait composé un hymne de circonstance, mis en musique par Gossec.

Voici cette poésie, animée d'un véritable souffle, et qui vaut mieux que la cérémonie étrange pour laquelle elle fut composée :

### A LA LIBERTÉ

*Musique de Gossec*

Descends, ô Liberté! fille de la Nature;
Le peuple a reconquis son pouvoir immortel.
Sur les pompeux débris de l'antique imposture,
Ses mains relèvent ton autel.

Venez, vainqueurs des rois, l'Europe vous contemple;
Venez, sur les faux dieux étendez vos succès;
Toi, sainte Liberté, viens habiter ce temple,
Sois la déesse des Français.

Ton aspect réjouit le mont le plus sauvage,
Au milieu des rochers enfante les moissons;
Embelli par tes mains, le plus affreux rivage
Rit, environné de glaçons.

Tu doubles les plaisirs, les vertus, le génie;
L'homme est toujours vainqueur sous tes saints étendards;
Avant de te connaître, il ignore la vie;
Il est créé par tes regards.

Au peuple souverain tous les rois font la guerre,
Qu'à tes pieds, ô déesse! ils tombent désormais;
Bientôt sur le cercueil des tyrans de la terre
Les peuples vont jurer la paix.

Guerriers libérateurs, race puissante et brave,
Armés d'un glaive humain, sanctifiez l'effroi;
Terrassé par vos coups, que le dernier esclave
Suive au tombeau le dernier roi!

Après la cérémonie, le cortège se forma et la déesse Raison, portée sur un palanquin, fut conduite à la Convention, qui décréta, sur la proposition de Chabot, que l'église Notre-Dame serait désormais consacrée à la déesse Raison. La Maillard alla se placer à côté du président, qui l'embrassa.

Le lendemain de cette fête donna lieu à des spectacles écœurants ; Louis Blanc a consacré à ces turpitudes une belle page indignée ; nous ne pouvons mieux faire que de reproduire ce cri de la conscience indignée de notre maître [1].

« Le mouvement dégénéra donc en une véritable orgie. La Raison, représentée d'abord par une artiste aimée du public, chercha bientôt sa personnification dans d'impures courtisanes. Elle trôna sur des tabernacles entourés de canoniers qui, la pipe à la bouche, lui servaient de grands prêtres. Elle eut des cortèges de bacchantes qui suivaient, d'un pas aviné, à travers les rues, son char rempli de musiciens aveugles, et roulant, à côté de lui, un autre char où figurait, au sommet d'un rocher tremblant, un Hercule d'Opéra, armé d'une massue de carton. Il y eut un moment où Paris devint la ville aux mascarades, et cela tout en criant : A bas les momeries ! Des représentants du peuple ne rougirent pas de quitter leurs chaises curules pour danser la Carmagnole avec des filles revêtues d'habits scandaleux. »

Louis Blanc refait ensuite, d'après un témoin oculaire [2], le récit de ces saturnales :

« Ici des mulets chargés de croix, de chandeliers, de bénitiers, d'encensoirs, de goupillons, et rappelant les

(1) *Histoire de la Révolution*, par Louis Blanc, IX, 481.
(2) Mercier, *le Nouveau Paris*, IV, ch. CXLV.

montures des prêtres de Cybèle; là, les sectateurs du nouveau culte, assis à califourchon sur des ânes, en chasuble, les guidant avec des étoles, et s'arrêtant à la porte des cabaretiers, qui leur versaient à boire dans les vases sacrés enlevés aux autels. Les églises fournirent un théâtre à des spectacles, dont le scandale ne fut même pas épargné à la pudeur de l'enfance. On s'y enivra, on y fit l'amour, les harengères y vinrent vendre leurs poissons. »

L'église Saint-Eustache devint une sorte de maison de joie, où l'on mangeait, où l'on buvait et où les filles couraient après les hommes, ne demandant pas mieux que de se laisser retenir.

Les prêtres réfractaires, qui avaient pu rester en France, excitaient la populace à ces effronteries, pour ne pas être soupçonnés, et ici, il faut le témoignage d'un témoin peu porté à médire des prêtres, pour le croire, que ces hommes qui, la nuit, disaient la messe dans les caves, poussaient le jour le souci de leur sécurité jusqu'à prendre part aux scandales que leur âme condamnait.

Ecoutons l'abbé de Montgaillard [1].

« Nous pouvons citer plusieurs ecclésiastiques (et dans ce nombre, il en est qui ont occupé des siéges épiscopaux et qui ont été élevés au cardinalat) qui poussaient le civisme jusqu'à se servir des vases sacrés pour satisfaire des besoins profanes. »

Ce serait incroyable, si ce n'était un prêtre royaliste qui raconte ce qu'il a vu.

Cela se passait au lendemain du jour où M$^{me}$ Roland, Bailly et Manuel venaient de monter sur l'Echafaud.

(1) *Histoire de France*, IV, p. 85.

Mme Roland, qu'on a justement appelée, le plus grand homme de la Gironde, comparut devant le Tribunal révolutionnaire le 8 novembre. Fouquier-Tinville lui reprocha d'avoir été l'instigatrice de la conspiration fédéraliste. On entendit des témoins qui déposèrent avoir vu à la table de l'accusée Brissot et ses amis ridiculiser les opinions des membres les plus éclairés de la Montagne. Qu'était-il besoin de témoins et de débats ; elle était condamnée d'avance ? Les idées qu'elle représentait et qu'elle avait vaillamment défendues étaient vaincus et on tuait le philosophe croyant détruire l'idée.

Mme Roland se défendit avec crânerie et avec courage, n'abandonnant aucun de ses amis, faisant l'éloge de Brissot et des autres proscrits ; le président, comme s'il avait peur que la condamnation ne vint pas assez vite, l'interrompit :

— Vous ne pouvez, lui dit-il brutalement, abuser de la parole pour faire l'éloge du crime, c'est-à-dire de Brissot et consorts. [1]

Mme Roland veut protester ; on lui coupe la parole elle se tourna alors vers l'auditoire ;

— Je vous demande acte de la violence que l'on me fait.

Mais les spectateurs sont plus passionnés que les juges que la haine aveugle cependant.

— Vive la République ! A bas les Traîtres ! lui répond-t-on du fond de la salle.

A l'unanimité elle fut condamnée à mort.

Mme Roland qui savait d'avance quelle serait la sentence, ne bougea pas ; elle avait mis ce jour-là un costume blanc qui faisait ressortir, non pas la beauté, mais le charme de son visage éclairé par son intelligence

(1) *Bulletin du Tribunal révolutionnaire.* Nos 75, 76.

supérieure. A trente neuf ans, c'était sinon une belle femme, du moins une jolie femme et toute sa personne avait cette distinction que donne l'éducation raffinée et la fréquentation d'un milieu poli.

L'exécution eût lieu le lendemain ; Mme Roland se montra héroïque et on assure, sans que les preuves soient bien établies, qu'en passant devant la statue de la Liberté elle s'écria :

— O Liberté ! que de crimes on commet en ton nom !

On lui avait donné comme compagnon de supplice un brave homme, Lamarche, qui n'avait ni son énergie ni sa résignation.

Elle le fit passer le premier.

— Passez, lui dit-elle, vous n'auriez pas le courage de me voir mourir.

Roland qui s'était réfugié à Rouen, chez des amis sûrs, ne voulut pas survivre à sa femme, il alla errer sur la grande route et, au pied d'un chêne dans les branches duquel sifflait le vent furieux de novembre, il se perça le cœur avec sa canne à épée. Dans sa poche on trouva un papier sur lequel il avait écrit : « Respectez les restes d'un homme vertueux. »

La postérité a ratifié cette courte oraison funèbre que personne ne mérite mieux que lui en dépit des défaillances que les hommes au pouvoir ne sont pas toujours les maîtres d'éviter.

C'est pour avoir eu une de ces défaillances durant le massacre du champ de Mars en 1791, que Bailly monta sur l'échafaud.

Bailly comparut devant le tribunal Révolutionnaire le 10 et il mourut le 11.

Fouquier-Tinville lui reprocha d'avoir organisé la fuite de Varennes ce qui était un mensonge ridicule et d'avoir fait fusiller le peuple au Champ de Mars.

Le massacre du 17 juillet 1791 fut un crime odieux ; on aurait pu l'éviter ; mais que Bailly en ait été l'auteur responsable, c'est ce que l'on ne peut soutenir avec justice ; il manqua de prévoyance et d'autorité, mais n'eut aucun dessein criminel [1]

Il n'en fut pas moins condamné à mort par des juges que la pression des partis animaient.

Bailly ne se départit pas de son calme ; ramené à la Conciergerie, il fit une partie de piquet avec son neveu Bathèda et s'arrêtant, il lui dit :

— Mon ami, reposons-nous un instant et prenons une prise de tabac, demain je serai privé de ce plaisir, puisque j'aurai les mains liées derrière le dos. [2]

Le matin du supplice il se leva après avoir dormi très tranquillement ; il prit deux tasses de café :

— J'ai un voyage difficile à faire, dit-il, et je me méfie de mon tempérament. [3]

L'arrêt portait que l'exécution aurait lieu sur le Champ de Mars et que le drapeau rouge serait attaché derrière la charrette.

A midi, on vint prendre Bailly à la Conciergerie.

Les guichetiers, avant de le remettre aux gendarmes, s'amusèrent de ce grand savant qui allait à la mort avec l'admirable stoïcisme d'un philosophe. Ils se le jettaient de l'un à l'autre en riant et disant :

— Tiens voilà Bailly, prends Bailly ? et ils se le renvoyaient comme ils l'auraient fait d'un homme ivre. [4]

Ce sont de ces scènes que l'on raconte avec un tremblement d'indignation au bout de la plume.

On lui attacha les mains derrière le dos et à une heure un quart, on était arrivé au Champ de Mars. Des forcenés se placèrent devant l'Echafaud en s'écriant que

(1) Voir notre troisième volume, 1791 p. 293.

(2-3-4) *Notice sur Bailly*, par François Arago.

la terre sacrée de la Fédération ne devait pas être souillée du sang « d'un grand criminel ».

Il fallut démonter la guillotine et la remonter pièce par pièce dans un des fossés. Pendant ce temps la pluie tombait, fine et froide, sur les épaules de Bailly qui attendait tête nue.

Un des spectateurs lui cria :

— Tu trembles, Bailly ?

— Oui, mon ami, répondit-il, j'ai froid !

Il descendit dans le fossé et mourut avec sérénité :

Quand le couperet se fut abaissé, « des misérables, rebut de la population », se mirent à pousser des cris de joie. [1]

Le 14 novembre, Manuel, l'ancien conventionnel, l'ancien procureur de la Commune, fut condamné à mort pour complicité de la conspiration girondine ; il avait quarante ans.

***

A la Commune, Chaumette, le successeur de Manuel, continuait ses propositions. Il fit décréter que les statues des Saints qui ornaient le portail de Notre-Dame, seraient détruites. Le conseil arrêta aussi que le département serait invité à faire abattre les clochers, « qui par leur domination sur les autres édifices, semblaient contrarier les principes de l'égalité ».

Le 15, les femmes qui avaient arboré le pantalon masculin et que nous avons vues, la semaine passée,

(1) Notice par François Arago — M. Thiers raconte que l'on fit démonter l'échafaud pour le placer sur un tas d'ordures ; qu'on obligea Bailly à aider au transport des pièces de la guillotine (comment l'aurait-il fait, il avait les mains liées derrière le dos), et qu'enfin on le traîna plusieurs fois autour du Champ-de-Mars en le couvrant de boue. — C'est là l'exagération de la légende. La vérité est assez horrible sans l'exagérer par des détails imaginaires.

fouettées par les harangères sur le carreau des halles, vinrent réclamer à la barre de la Commune ; mais Chaumette les morigéna et les rappela aux devoirs de leur sexe. Il les renvoya au foyer domestique, auprès des berceaux de leurs enfants. [1]

« Femmes impudentes, dit-il en terminant, qui voulez devenir des hommes, n'êtes-vous pas assez bien partagées ? que vous faut-il de plus ? Vous dominez sur nos sens ; le législateur, le magistrat sont à vos pieds ; votre despotisme est le seul que nous ne puissions abattre parce qu'il est celui de l'Amour et par conséquent, l'œuvre de la nature. Au nom de cette même nature, restez ce que vous êtes, et loin de nous envier les périls d'une vie orageuse, contentez-vous de nous les faire oublier au sein de nos familles, en reposant nos yeux sur le spectacle enchanteur de nos enfants, heureux par vos tendres soins ».

C'était ce Chaumette qui malgré ces éclairs de bon sens, demandait que l'on format une armée révolutionnaire, que suivrait un tribunal ambulant ; il voulait aussi envoyer à l'échafaud ceux « qui auraient reçu avec indifférence la Constitution républicaine ; ceux qui n'ont rien fait pour elle ».

Ces idées rouges ne l'empêchaient pas d'avoir des idées plus raisonnables dans ces sombres journées.

Ainsi, il écrivait au président du Directoire de Paris, la lettre suivante :

« *Affaire pressée*,

« Il m'a été dénoncé, citoyen administrateur, un abus contre lequel j'invoque à la fois et votre surveillance et votre humanité. Après les exécutions publiques des jugements criminels, le sang des suppliciés de-

(1) Louis Combes. *Curiosités Révolutionnaires*.

meure sur la place où il a coulé. Des chiens viennent s'en abreuver. Une foule d'hommes repaissent leurs regards de ce spectacle qui porte les âmes à la férocité. Des hommes d'un naturel plus doux, mais dont la vie est faible, se plaignent d'être exposés à marcher sans le vouloir dans le sang humain. Vous sentez combien un pareil abus doit être promptement réprimé. Je m'en repose à cet égard sur votre amour pour l'ordre et les bonnes mœurs ».

« Chaumette ».

Cette lettre donne une idée sanglante de l'aspect de certains coins de Paris.

***

La Convention, sur la proposition de David, décréta que les honneurs du Panthéon seraient décernés à Marat par dérogation au décret portant que nul ne pourrait obtenir ces honneurs que vingt ans après sa mort.

Enfin, cette semaine, deux arrêtés furent rendus par les députés en mission, Bassol et Bernard de Saintes, qui fondèrent l'industrie de l'horlogerie à Besançon.

Le promoteur de ces deux arrêtés fut un horloger du Locle, Laurent Mégevand, esprit entreprenant, industriel actif et chef du parti républicain dans le canton de Neufchâtel, alors sous la suzeraineté du roi de Prusse.

Mégevand était venu souvent à Paris où il s'était lié avec Mirabeau, Condorcet, Vergniaud, Fonfrède ; il était riche et allié à la famille Breguet, importante par ses magasins d'horlogerie.

Il résolut de transporter en France une industrie dont la Suisse avait eu jusque là le monopole.

Il obtint les deux arrêtés suivants :

D'abord cette décision des Représentants du peuple.

« Instruits que plus de quatre cents patriotes du
» Locle et de la Chaux-de-Fonds, tous connus par leur
» attachement à la Révolution française, presque tous
» associés avant leur passage sur le territoire de la Ré-
» publique à toutes les sociétés populaires du Doubs,
» tous vexés et proscrits par un gouvernement ennemi
» de l'égalité, ont cherché un asile dans la ville de
» Besançon, où ils se proposent d'exercer leur industrie
» et leurs talents dans l'horlogerie, d'une manière qui
» promet à la République les plus grands avantages
» par cette nouvelle branche de commerce, etc.

» Considérant que cette nouvelle industrie introduite
» dans la République doit payer amplement, même
» dans le cours de la première année, les sacrifices que
» l'humanité commande en faveur des artistes qui
» abandonnent leurs ateliers et leurs foyers pour se
» soustraire à l'oppression et pour transporter sur le
» sol français une source d'industrie aussi précieuse ;
» que cet établissement épargnerait à la nation plus de
» cinquante millions sortant toutes les années de la
» France en échange des montres et produits que les
» étrangers y font passer, etc. »

Dix articles de l'arrêté stipulent les avantages de tous genres accordés aux horlogers du Locle, de la Chaux-de-Fonds et d'ailleurs, qui voudront immigrer en France : facilités de transport de mobiliers et d'outillage, exemption des droits de douane, indemnités de logement, avances de matières d'or et d'argent pour la fabrication des boîtes de montres, etc.

Cinq jours après, le Comité de Salut public, composé de Carnot, Barrère, Robespierre, Prieur, Lindet et

Billaud-Varenne, ratifiait ainsi l'arrêté des représentants du peuple :

« Le Comité de Salut public approuve l'établisse-
» ment d'une manufacture d'horlogerie dans la ville
» de Besançon, où pourront être admis les citoyens
» dont le talent et le patriotisme seront reconnus. Les
» logements et le secours qui pourraient être nécessaires
» pour le succès de ces établissements seront fixés par
» les représentants du peuple désignés pour ces dépar-
» tements. Lesdits représentants sont invités à prendre,
» le plus promptement possible, les mesures nécessaires
» à cet objet et auxquelles ils sont autorisés en vertu
» des pouvoirs illimités dont ils sont revêtus ».

Six mois après, plus de mille ouvriers suisses étaient installés à Besançon.

On acheta, à cinq kilomètres de la ville, à Beaupré, un important domaine où on installa « l'horlogerie nationale » où l'Etat entretenait deux cents apprentis. A côté de l'Institution officielle, des fabriquants particuliers vinrent de Suisse s'établir et créèrent de nombreux ateliers privés ; en 1794, on comptait à Besançon, deux mille ouvriers du Locle et de la Chaux-de-Fonds. [1]

(1) En 1893, Besançon a célébré solennellement le centenaire de l'introduction de l'industrie de l'horlogerie en Franche-Comté ; on organisa, dans ce but, une exposition d'horlogerie des plus curieuses.

## LXII

Du 16 au 23 Novembre.

# ÉTAT GÉNÉRAL

MASCARADES RELIGIEUSES. — EN PROVINCE. — LES TROIS MARTYRS DE LA RÉVOLUTION, LE PELLETIER, MARAT ET CHALIER. — HYMNES DE CIRCONSTANCE. — EXÉCUTION DU GÉNÉRAL HOUCHARD. — LETTRE DE DESAIX. — CHABOT ATTAQUÉ. — ARRESTATION DE TROIS CONVENTIONNELS CONCUSSIONNAIRES. — ROBESPIERRE PRÉSENTE UN RAPPORT SUR L'ETAT GÉNÉRAL. — IL DÉFEND LA TÊTE DE M$^{me}$ ELISABETH. — DANTON EN CONGÉ. — SON RETOUR A PARIS. — LE TRAITEMENT DU BOURREAU. — DÉTAILS SUR LES INHUMATIONS. — LE DÉCALOGUE RÉPUBLICAIN. — INTERDICTION DES PERRUQUES A LA « JACOBINE ».

Les manifestations provoquées par le culte nouveau de la déesse Raison continuent tant à Paris que dans les départements. A Paris, dans la séance du 22 novembre, la Section de l'Unité défile à la barre de la Convention précédée de sapeurs et canoniers revêtus d'habits sacerdotaux ; puis viennent des hommes « couverts de dalmatiques, chasubles, chappes. Ces habits sont tous de la ci-devant église Saint-Germain-des-Prés ; remarquables par leurs richesses, ils sont de velours et d'autres étoffes précieuses, rehaussés de magnifiques broderies d'or et d'argent ». On apporte ensuite sur des brancards, des calices, des ciboires, des soleils, des chandeliers, des plats d'or et d'argent, une châsse superbe, une croix de pierreries et « mille autres ustensiles de pratiques superstitieuses ». [1]

Le cortège entre dans la salle au son des musiques ; puis vient un drap noir figurant le fanatisme, et les porteurs chantent :

Malbroug est mort,
Mironton Mironton Mirontaine,
Est mort et enterré.

Les citoyens revêtus des habits sacerdotaux se mettent à danser devant le bureau au chant du *Ça ira* et de la *Carmagnole*.

Le président Laloy accepte toutes ces ridicules manifestations auxquelles un enfant fut mêlé en venant réciter un discours.

Dans les départements, des scènes analogues, s'étaient produites. Le conventionnel Cavaignac écrivait d'Auch que le peuple avait célébré la fête de la Raison, il avait « brûlé dans un tombereau, deux vierges à miracles, des croix, des saints, et avait dansé toute une nuit la Carmagnole autour de ce brasier patriotique ».

Des nouvelles analogues arrivaient de la Somme, du Pas-de-Calais, de l'Oise.

Le culte catholique était du reste remplacé par un autre, celui de Marat, de Lepelletier et de Chalier, le patriote lyonnais massacré.

Le *Chansonnier de la Montagne* [2] ne contient pas

(1) *Moniteur.*

(2) Paris, Favre, librairie, maison Egalité, Galerie de bois an II.

moins de huit pièces chantées dans des cérémonies publiques en l'honneur de Marat et de Lepelletier.

Un *Hymne funèbre* fut écrit « sur l'air chéri » par le citoyen Moline, sécrétaire-greffier attaché à la Convention nationale, et interprété par les jeunes orphelins de la patrie, élèves de Léonard Bourron, à la fête civique de Marat et Lepelletier, donnée par la section de Gravilliers, le 22 brumaire an II. Le citoyen Moline y célèbre les vertus du « cher Marat » qui reçut

. . . . . . l'immortalité
En expirant pour la patrie.

Il se promet, étant né républicain, et

Soumis aux lois de la nature

d'étonner

.......la race future

Voici un autre passage :

Restes chéris, mânes célèbres
Des Marat et des Pelletier,
Recevez ces honneurs funèbres
Des citoyens des Gravilliers.
Nous aspirons à cette gloire
Que vous avez su mériter ;
Nous brûlons de vous imiter
En célébrant votre mémoire.
Si nous devons gémir de vous avoir perdus.
Vivons et grandissons pour chanter vos vertus.

Des *Stances*, lues à la fête des employés du département de l'intérieur (24 brumaire an II), canonisent Marat et Lepelletier « saints de la patrie », réclament des autels en leur honneur, et déclarent que

De Marat l'esprit prophétique,
Semblable à la divinité,
Procurera l'éternité
A l'arbre de la République.

Pour une fête de Marat et Lepelletier à Franciade

(Saint-Denis) le décadi 30 brumaire an II, on composa, sur l'air des « soixante mille francs » les couplets suivants :

Tête en mains, le grand saint Denis
S'en vict lestement de Paris
Sans boire une rasade,
Hélas ! le chef de ce grand saint
La Monnoie à présent le tient ;
Grâces à Franciade.
Il fit cent miracles divers,
De son nom remplit l'Univers,
Prépare la croisade.
Nous serions-nous donc attendus
Qu'il nous ferait de bons écus ?
Vive la Franciade !
. . . . . . . . . . . . . . . . .
Nous sommes venus de Paris
Pour fêter nos martyrs chéris,
Dans ce jour de décade.
Apôtres de la liberté,
Nous jurons tous fraternité
Avec toi, Franciade.

Un anonyme adapta à « l'air chéri » un *Hymne* qui fut chanté sur le théâtre de la rue de Louvois, le décadi 1er frimaire :

Pelletier, Marat, votre gloire
Est immortelle comme vous,
De fleurs quand nous ornons nos têtes,
C'est un hommage mérité ;
Les martyrs de la Liberté
Sont les seuls objets de nos fêtes.

Enfin le citoyen Bonneville fournit au théâtre national, rue de la Loi, des couplets patriotiques en langue provençale, qu'on exécuta sur l'air des *Acabaïres*, et qui s'achèvent par une évocation de Marat :

Marat, Lepelletier, martyrs pour la patrie,
Recevez nos cœurs
L'hommage et les douleurs.
Votre trépas que tout Français envie...

Chalier, n'était pas non plus oublié, et cette trinité de martyrs révolutionnaires étaient représentés sur des gravures nombreuses et jusque sur des tabatières.[1]

La Commune de Paris accepte le portrait du patriote lyonnais, et, dans le compte-rendu de la séance du 18 novembre, nous lisons :

« Le citoyen Dorfeuille, président du tribunal de justice populaire à Commune-Affranchie (ci-devant Lyon), envoie au conseil général l'image de Chalier, immolé par les révoltés de Lyon. Au bas de cette gravure, se trouve l'inscription suivante :

En l'égorgeant au nom des lois
La tyrannie osa crier victoire ;
L'homme libre jura de venger sa mémoire,
Et le peuple reprit ses droits.

« Le conseil arrête que cette gravure sera placée dans le lieu de ses séances, et charge Beauvallet, l'un de ses membres, de faire le buste de Chalier d'après cette gravure, afin de rappeler d'une manière sensible à tous les patriotes les traits de ce héros de la liberté. »

***

Pendant ce temps la guillotine ne chômait pas, et le 16, le général Houchard était exécuté. On lui reprochait, étant sous les murs de Mayence, de n'avoir pas obéi aux ordres qu'il avait reçus. Houchard nia avoir reçu ces ordres ; il est certain qu'il avait péché plus par ignorance que par mauvaise volonté. C'était un soldat fort médiocre.

Au même moment, Desaix, un des anciens subordonnés d'Houchard, était nommé général de division ; il avait été blessé aux deux jambes à l'armée du Rhin.

(1) Musée Carnavalet.

Il écrivait à sa sœur cette lettre touchante qui mérite d'être reproduite en entier.

La lettre est datée du 11 novembre 1793 :

« C'est depuis longtemps, charmante petite sœur, que je n'ai reçu de tes nouvelles, j'en suis bien désolé ; j'aime bien savoir ce qui t'arrive, je désirerais à toutes les minutes apprendre que tu es gaie, que tu danses et que tu es contente ; mais point du tout, malgré mon impatience, les courriers ne m'apportent rien, je m'en attriste. Je suis resté, il est vrai, quelques jours sans écrire à maman, mais je ne le pouvais dans la retraite que nous avons faite : le poste de l'armée s'était retiré fort loin, j'étais accablé d'ouvrage, je n'avais pas le temps d'écrire ni le moyen d'envoyer des lettres.

» Je craignais bien que vous ne fussiez inquiètes de moi ; je sais combien vous m'êtes toutes attachées, et combien vous désirez qu'il ne m'arrive pas de malheurs. Je t'assure que vous avez bien tort de vous tourmenter si fort ; je vais toujours très bien ; ma santé est bonne ; ma blessure est entièrement guérie, je n'en attends plus que quelques autres, pourvu qu'elles soient glorieuses et utiles à mon pays. Que j'aurai plaisir, charmante petite sœur, de te présenter mes cicatrices glorieuses, de te raconter mes souffrances et mon courage ! Tu me couvriras de tes baisers, de tes tendres caresses, et je serai dans l'enchantement ; ce sera ma récompense la plus agréable. Aime-moi bien, charmante petite sœur.

» Quand la guerre terrible et effroyable qui ravage et dévaste, qui sépare les amis, sera enfin terminée, *simple, ignoré, paisible, content d'avoir contribué à rétablir la paix* et à repousser les cruels ennemis, les barbares étrangers qui veulent nous faire la loi, *je viendrai près de toi, et nous ne nous séparerons plus ; nous admirerons la vieillesse de la bonne maman, nous chercherons à la rendre heureuse.*

« Je ne crois pas avoir le plaisir de t'embrasser cette année encore ; l'hiver approche, et la campagne ne finit pas ; elle est bien dure. Plains nos malheureux volontaires couchés à terre dans la boue jusqu'aux genoux, et fatigués d'un service pénible et continuel. Plains-moi aussi, charmante sœur, je suis élevé à un grade difficile et pénible *que je n'ai accepté qu'avec le plus grand regret.* Je suis général de division et commande l'avant-garde ; c'est bien de l'ouvrage pour ton frère, que tu sais *bien jeune encore et pas très expérimenté.*

» J'espère que la fortune m'aidera, qu'elle me sourira, et qu'avec un zèle sans bornes, bien de la bravoure, je réussirai à faire triompher les armes de la République ; tu ne saurais croire combien j'en ai le désir. *Si la victoire me couronnait, j'en déposerais les couronnes entre les mains de maman, comme autrefois je lui donnais celles de lierre que me méritait mon assiduité au collège.* Je lui suis bien attaché, à cette bonne maman ; je l'aime au delà de tout ce qu'on peut dire. Que je voudrais la savoir contente et heureuse !

» Dis-moi ! Avez-vous besoin de quelque chose ? Parle vite ! Je serai trop heureux de me priver pour vous offrir tout ce que je possède. Si je n'avais pas eu de malheur pour mes chevaux, j'aurais pu payer mes dettes, mais malheureusement ils sont hors de prix. Le joli cheval qui m'avait rendu des services réels, qui avait été blessé d'un coup de sabre et que j'aimais beaucoup est devenu aveugle ; pour le remplacer, il faut *deux mille* livres. Tu sais combien cela se trouve peu facilement. Mais, je t'en conjure, dis si maman est à court d'argent. J'ai quelques assignats de mes économies ; je lui en ferai parvenir. Si je la savais dans le besoin, je serais au désespoir ; je serais bien loin du bonheur. »

« Desaix ».

Tandis que ces vaillants soldats luttaient héroïquement aux armées, à Paris, les corruptions sévissaient dans le sein de la Convention, et les turpitudes des corrompus, de Chabot et des autres que nous avons racontées plus haut étaient dénoncées au club des Jacobins. Il s'agit du décret falsifié concernant la Compagnie des Indes de complicité avec Jullien (de Toulouse) et Delaunay.

Ce fut Dafourny qui attaqua Chabot, lui reprochant son faux et mêlant des accusations sur sa vie privée : « avant ton mariage, dit-il, tu avais une compagne et elle était devenue mère, qu'as-tu fait pour elle ! Pourquoi l'as-tu abandonnée ! »

Le club nomma une commission chargée d'examiner la conduite de l'ex-capucin, qui, se sentant perdu, courut tout dévoiler au Comité de Sûreté Générale et dénonça ses complices.

Le lendemain, Chabot, Delaunay et Bazire furent arrêtés ; Julien parvint à s'enfuir.

***

Ce fut au milieu de ces circonstances que Robespierre, au nom du Comité de Salut public qui voulait dégager sa responsabilité des folies et des exagérations des en ragés, donna lecture d'un rapport sur la situation générale de la République.

Après avoir montré la main de l'Angleterre dans les difficultés intérieures, après avoir affirmé que la France était nécessaire à la civilisation et au monde, il termina en dénonçant les hébertistes : « Fuyez à la fois, dit-il, le cruel modérantisme et l'exagération systématique des faux patriotes ; le peuple hait tous les excès ; il ne veut être ni trompé, ni protégé ; il veut qu'on le défende en l'honorant. »

Quatre jours après, le 21 novembre, Robespierre, à la tribune des Jacobins cette fois, lutta contre les hébertistes qui demandaient la tête de Madame Elisabeth.

Pour défendre cette figure touchante de la vertueuse sœur de Louis XVI, Maximilien s'écria : « A qui persuadera-t-on que la punition de la méprisable sœur de Capet, en imposerait plus à nos ennemis que celle de Capet lui-même et de sa criminelle compagne. »

L'épithète de « méprisable », appliquée à pareille femme, indigne Louis Blanc, il qualifie cet acte de « lâcheté ». Ernest Hamel trouve « le mot de trop », mais ce dernier fait observer qu'il « était presque nécessaire d'envelopper la défense d'une certaine rudesse de langage. » L'autorité de Robespierre était assez grande encore pour défendre une innocente sans l'insulter.

Il continua en protestant contre les violences hébertistes et contre les mascarades religieuses ; il se trouva d'accord avec Danton qui venait de passer un mois à Arcis sur-Aube, en vertu d'un congé régulier de la Convention, le grand tribun voulu être loin de Paris durant « cette tuerie du 31 octobre, où le sang le plus pur de la Gironde allait couler. »[1] Il se retrouva auprès de sa

(1) *Camille Desmoulins et les Dantonistes*, par J. Claretie. page 265.

mère, auprès de sa nourrice, la vieille Marguerite Hariot. Le soir, il s'oubliait au coin du feu, tisonnant à côté de sa mère, formant des rêves d'une vie calme et douce, lui promettant de revenir bientôt pour ne plus repartir.

Il avait compté sans la Révolution, cette terrible dévoreuse d'hommes ; il revint à Paris et ne devait plus le quitter.

Dès son arrivée, il reprit sa part dans les discussions.

Le 23 novembre, au cours de la discnssion sur la déclaration officielle du gouvernement révolutionnaire provisoire, il demanda et obtint qu'on remplaçât les procureurs généraux syndics, élus par les Communes, par des agents nationaux ou préfets nommés, pour chaque département, par le Comité de Salut public. [1]

La Convention, à l'unanimité, nomma Danton du Comité de Salut Public. Mais Danton, le lendemain, refusa.

— Je déclare, dit-il, que je n'ai point accepté et que je n'accepte point, parce que lorsque je fis la motion d'organiser le Comité de Salut public en Comité de gouvernement, je fis le serment de n'être d'aucun comité, non que je renonce au droit d'aller dans les comités pour y être utile, autant qu'il sera en moi, mais je dois avant tout tenir mon serment. [2]

Le même jour, la Convention s'occupa du traitement du bourreau ; on porta ce traitement à trois mille livres ; on lui adjoignit quatre aides avec un traitement de mille livres chacun. [3] Le transport de la guillotine restait aux dépens du Trésor public.

(1) *Danton, homme d'Etat,* par le docteur Robinet, page 192.
(2) Id.
(3) *La Guillotine pendant la Révolution,* par Lenôtre.

Les sujets des délibérations de la Commune étaient aussi sombrés. Chaumette fit arrêter qu'on graverait à l'entrée des cimetières, cette inscription : « l'Homme juste ne meurt jamais, il vit dans la mémoire de ses concitoyens. » On decida, en même temps, que les draps mortuaires noirs lamés d'argent, employés jusque-là, seraient remplacés par des draperies aux trois couleurs.

Enfin on faisait afficher dans le lieu des séances des sections, des placards où on lisait les commandements de la liberté et ceux du vrai républicain.

### *Les six commandements de la Liberté.*

1. A la section tu te rendras
De cinq en cinq jours strictement.
2. Connaissance de tout prendras
Pour ne pécher comme ignorant.
3. Lorsque ton vœu tu émettras
Que ce soit toujours franchement.
4. Tes intérêts discuteras
Ceux des autres pareillement.
5. Jamais tu ne cabaleras,
Songe que la loi le défend.
6. Toujours tes gardes monteras
Par toi-même et exactement.

---

### *Les dix commandements du vrai républicain.*

1. Français, ton pays défendras
Afin de vivre librement.
2. Tous les tyrans tu poursuivras
Jusqu'au delà de l'Indoustan.
3. Les lois, les vertus, soutiendras
Même s'il le faut de ton sang.

4. Les perfides dénonceras
Sans le moindre ménagement.

5. Jamais foi tu n'ajouteras
A la conversion d'un grand.

6. Cmme un frère soulageras
Ton compatriote souffrant.

7. Lorsque vainqueur tu te verras
Sois fier mais sois compatissant.

8. Sur les emplois tu veilleras
Pour en expulser l'intrigant.

9. Le dix août tu sanctifieras
Pour l'aimer éternellement.

10. Le bien des fuyards verseras
Sur le sans-culotte indigent.

Enfin la Commune, qui réglementait tout, interdit les perruques, dites à la « Jacobine », dont s'affublaient les aristocrates pour se donner des airs de patriotes. [1] Ces perruques étaient longues, noires et plates, et divisée en deux au milieu de la tête, assez semblable à la coiffure du Christ, telle que le représentent les gravures ; les cheveux longs, partagés au milieu du front et tombant négligemment, épars, sur les épaules. [2]

(1) *Moniteur,* 24 novembre 1793.
(2) *L'art pendant la Révolution,* par Spire Blondel, p. 195

## LXIII

Du 24 au 30 novembre.

# MANŒUVRES CONTRE-RÉVOLUTIONNAIRES

ROBESPIERRE ET DANTON SE PRONONCENT CONTRE LES MASCARADES RELIGIEUSES. — DANTON DEMANDE DES JEUX NATIONAUX ET SE DÉCLARE POUR L'ETRE SUPRÊME. — HÉBERT SE RÉTRACTE. — EXÉCUTION DE BARNAVE ET DE DUPORT-DUTERTRE. — CONDAMNATION DU GÉNÉRAL LAMARLIÈRE. — MANŒUVRES CONTRE-RÉVOLUTIONNAIRES DÉNONCÉES PAR ROBESPIERRE.

Robespierre s'était prononcé contre les processions ridicules où des hommes ivres trainaient des ornements d'église et où des ânes étaient affublés de chasubles. Danton développa les mêmes idées et, dans la séance du 26, il proposa qu'il n'y eût plus de mascarades antireligieuses. « Si nous n'avons pas honoré le prêtre de l'erreur et du fanatisme, dit-il, nous ne voulons pas plus honorer le prêtre de l'incrédulité : nous voulons servir le peuple ».

A partir de ce jour les processions hébertistes cessèrent à la barre de la convention. Du reste, Romme, connu pour ses opinions religieuses, avait remplacé Laloy au fauteuil et on savait le nouveau président peu disposé à favoriser de pareils scandales.

A la fin de la même séance du 26, Danton remonta à la tribune et prononça un discours sur la nécessité d'instituer des fêtes nationales. Il demandait que les meilleurs artistes fûssent conviés à élever un vaste temple où seraient célébrés les jeux nationaux.

« Si la Grèce, dit-il, eût ses jeux Olympiques, la France solennisera aussi ses jours sans culotides ; le peuple aura des fêtes dans lesquelles il offrira de l'encens à l'Etre suprême, au maître de la nature, car nous n'avons pas voulu anéantir la susperstition pour rétablir le règne de l'athéïsme ».

Ces paroles démentent, de la façon la plus formelle, les nombreux historiens qui représentent Danton comme un matérialiste.

Robespierre, d'accord avec Danton, semble avoir fait réfléchir les Hébertistes; Chaumette se modère et Hébert lui-même se rétracte quelques jours plus tard. Voici un passage bien significatif d'un de ses discours aux Jacobins.

« On a dit que les parisiens étaient sans foi, sans religion, qu'ils avaient substitué Marat à Jésus ; déjouons ces calomnies. » [1]

La semaine suivante même Hébert s'écrie :

« On m'accuse d'athéïsme, je nie formellement l'accusation. Je prêche aux habitants des campagnes de lire l'Evangile ; ce livre de morale me paraît excellent, et il faut en suivre les maximes pour être parfait Jacobin. Le Christ me semble le fondateur des Sociétés populaires. » [2]

⁂

Pendant ce temps, le tribunal Révolutionnaire continuait sa besogne.

(1) Séance du 28 novembre 1793, aux Jacobins.

(4) Séance des Jacobins du 11 décembre 1793.

Le 28 novembre, Barnave et Duport-Dutertre furent condamnés à mort et exécutés le lendemain ; l'un avait trente-deux ans à peine, l'autre trente-neuf ; on les condamna pour avoir conspiré avec la ci-devant Cour.

Barnave se défendit avec un grand sang-froid et déploya ses merveilleuses qualités d'orateur qui avaient enthousiasmé en 1789, l'Assemblée nationale ; inutile d'ajouter que ces discours inutiles furent écoutés avec impatience par des juges qui avaient hâte de prononcer la condamnation.

Duport-Dutertre était marié à une jeune femme qui l'aimait tendrement ; chaque jour elle venait le voir à la prison et elle mourût peu de jours après lui, de douleur de l'avoir perdu.

L'avant-veille, on avait condamné à mort un général qui avait mérité de mourir, le général Lamarlière, ancien commandant d'une division à l'armée du Nord. Custine lui avait confié la place de Lille, il avait commis des fautes telles qu'elles ressemblent à de la trahison ; il avait ouvert les portes de la ville à toute heure de la nuit ; il avait accumulé un grand nombre de prisonniers dans la citadelle à un moment où le manque de vivres et la faiblesse de la garnison rendaient cette présence dangereuse ; à plusieurs reprises, avec sa permission, des parlementaires ennemis avaient été introduits sans avoir les yeux bandés. Enfin le général Favart vint à la barre des témoins faire la critique au point de vue militaire des actes de Lamarlière dont les fautes grossières sous le rapport stratégique étaient plus que de l'incapacité. L'exécution eût lieu le lendemain de la condamnation, suivant l'habitude.

*
* *

Le seul évènement important de la semaine, en dehors de ceux que nous venons de résumer, fût le discours prononcé le 28 aux Jacobins par Robespierre et dans lequel il dénonça une manœuvre des aristocrates pour essayer de perdre les hommes encore populaires de la Révolution.

On envoyait de l'étranger, des lettres aux patriotes et aux Girondins sachant qu'une surveillance spéciale était exercée à la poste et que de pareilles lettres avaient de grandes chances d'être saisies.

Dans une lettre adressée à Brissot dans sa maison, rue Grétry, 11, et qu'on n'avait évidemment mise à la poste que pour qu'elle fut saisie, on lit le passage suivant :

« Je vous préviens que je viens d'expédier à mes correspondants d'Amsterdam, de Gênes et de Genève, enfin à tous nos associés de se tenir prêts d'un commun accord ; que s'il vous arrive la moindre chose, qu'il ne soit plus question de leurs dix-sept millions. Tous nos amis ici sont décidé à cela, ainsi que la Convention pour les biens des émigrés rompue ; prévenez-en, s'il en est temps, comme je l'espère, Danton, Robespierre et Lecointre ; j'espère que tout sentiment n'est pas éteint en eux, et surtout leur position étant la plus considérable, ça sera sur eux que nous tomberons les premiers. Pour Pétion, il n'est plus rien à craindre, vous êtes déjà vengé de lui, même pour sa fortune ; les agents de l'égalité s'en sont emparés. Pour Bazin, Legendre, Buzot et Collot-d'Herbois, qu'ils tremblent de pousser trop loin leurs criaillements, nous les tenons : qu'ils vous ménagent, s'ils ne veulent point se perdre ».

Cela était signé A. C. D.

Cette lettre fut naturellement saisie, envoyé au Comité de Salut public qui autorisa Robespierre à la communiquer aux Jacobins.

Robespierre en avait reçu une seconde dans le même

genre ; elle n'est pas moins curieuse ; il la reçut par la poste. Cette lettre ne fut pas interceptée quoi qu'on eût tout fait pour attirer l'attention des policiers.

Le cachet portait l'empreinte du portrait du pape ; sur l'enveloppe était écrit au crayon : *Valeurs* ; plus bas: *Très pressée* ; sur l'autre côté on avait écrit : « on prie les personnes par les mains desquelles passera cette lettre de ne pas l'ouvrir ».

Le correspondant anonyme s'adressant à Maximilien commençait ainsi :

« Je connais trop bien, citoyen, ta façon de penser aristocrate, pour que je te puisse laisser dans l'incertitude sur l'état de mes affaires, et cela est d'autant plus important que la place que tu occupes est plus éminente. Je sais que tu veux la République, mais tu veux aussi les nobles et les prêtres, selon que tu me l'as mainte et mainte fois déclaré à Paris lorsque j'y séjournais. Je te parle à cœur ouvert, parce que je suis persuadé de ton civisme, on ne te fera pas de mal. Les patriotes, ces f... sacrés coquins, pour me servir de ton expression, sont battus de toutes parts. »

Et plus loin :

« J'ai écrit au comte d'Artois, pour ce que tu sais bien ; il m'a dit que tu devais te tenir tranquille jusqu'à ce que le prince de Cobourg soit proche de Paris. Il accepte la proposition de livrer Paris à ce général autrichien ».

Ces manœuvres perfides de l'aristocratie ne tendaient qu'à jeter la suspicion sur les patriotes qui avaient, à ce moment, la plus grande influence populaire.

Robespierre venait de se prononcer contre les mascarades religieuses, et contre la mort de Mme Elisabeth. Danton parlait de clémence ; on écrivait ces lettres destinées à être ouvertes, à être placées sous les yeux de membres du Comité du Salut public; Robespierre et Danton étaient représentés comme des agents du duc d'Artois, prêts à livrer Paris.

Robespierre déjoua cette manœuvre en la dénonçant publiquement et en flétrissant « ces misérables qui sèment au milieu de nous la division, l'imposture, la calomnie, la corruption, qui cherchent d'immoler les fondateurs de la République et les représentants du peuple français, aux vils tyrans qui les soudoient ».

Battus de ce côté, les aristocrates durent chercher un autre moyen de diviser ceux qui résistaient à leurs efforts et à leurs manœuvres.

---

## LXIV

Du 1er au 7 décembre.

# EXECUTION DE Mme DUBARRY

Décret sur le salpêtre. — La Commune décapitée. — L'épuration aux Jacobins. — Robespierre défend Danton. — Incident touchant. — Apparition du « Vieux Cordelier ». — Exécution de Rabaud, Kersaint et de la Dubarry.

Les organisateurs de la défense nationale eurent un moment de crainte ; la poudre manquait aux armées et non seulement la matière première, mais encore les bras faisaient défaut pour la fabriquer. Le Comité de Salut public fit rendre un décret portant que tout citoyen serait tenu de fouiller le terrain de sa cave pour extraire les terres imprégnées de salpêtre qui s'y trouveraient. Le Comité de Sûreté Générale se chargea de l'exécution de ce décret qu'explique l'âpre désir de vaincre à tout prix. Celui qui ne fournissait pas sa part de salpêtre était suspect, et de nombreuses arrestations furent opérées. Ceux qui avaient obéi à ces prescriptions, mettaient sur le devant de leurs portes des inscriptions dans le genre de celle-ci :

« Pour donner la mort aux tyrans, les citoyens

logés dans cette maison, ont fourni leur contingent de salpêtre. »

Tout en regardant vers la frontière, le Comité de Salut public veillait au dedans de Paris même et ne craignait pas d'abattre la grande puissance de la Commune. Sur le rapport de Chaumette, le Conseil général de la Commune avait décidé, le 1er décembre, que les comités révolutionnaires des sections, correspondraient avec lui, au sujet de la police et des arrestations. C'était usurper le pouvoir le plus formidable, celui de faire arrêter les citoyens quels qu'ils fussent. Mais le Comité de Salut public, constitué en gouvernement révolutionnaire provisoire, résolut de porter un dernier coup au parti hébertiste qui était encore puissant à la Commune ; il demanda à la Convention d'annuler cette décision, ce qui fut fait séance tenante et signifié le 4 décembre au matin, avant que le Conseil général, qui avait convoqué les comités révolutionnaires, ouvrit la séance. Le décret fut aussitôt envoyé à l'Hôtel de Ville, et la Commune leva la séance, se soumettant et se déclarant ainsi vaincue.

Le pouvoir passait donc dans les mains du Comité de Salut public seul ; d'après la proposition de Danton acceptée, le poste de procureur-syndic de la Commune élu, était remplacé par un « agent national », fonctionnaire nommé par le Comité de Salut public dont il dépendait ; les libertés municipales faisaient place peu à peu à la centralisation d'un pouvoir unique.

⁂

Aux Jacobins, sur la proposition de Robespierre, il avait été décidé que tous les membres de la Société seraient soumis à un scrutin épuratoire. La Société était devenue en effet très nombreuse, et plusieurs aristocrates étaient parvenus à s'y glisser sous la marque révolutionnaire

Dubois Crancé voulait qu'on posât à chacun cette question : « Qu'as-tu fais pour être pendu, si la Réaction triomphe. »

On adopta une autre procédure.

A l'appel de son nom, chaque membre paraissait à la tribune ; chacun avait le droit de l'inculper, il se défendait, et on procédait au vote pour voir s'il était conservé ou exclu.

Le 3 Décembre, ce fut le tour de Danton.

Les Hébertistes essayèrent de l'attaquer ; ils lui en voulaient d'avoir proposé l'organisation du Comité de Salut en gouvernement provisoire, ce gouvernement qui avait enlevé à la Commune où ils étaient les maîtres jusque-là, sa puissance et sa prépondérance.

Danton monte à la tribune au milieu des murmures de la salle.

— J'ai entendu, dit Danton, des rumeurs. [1] Déjà des dénonciations graves ont été dirigées contre moi ; je demande enfin à me justifier aux yeux du peuple, auquel il ne me sera pas difficile de faire reconnaître mon innocence et mon amour pour la liberté.

« Je somme tous ceux qui ont pu concevoir contre moi des motifs de défiance, de préciser leur accusation, car je veux y répondre en public. J'ai éprouvé une sorte de défaveur en paraissant à la tribune. Ai-je donc perdu ces traits qui caractérisent la figure d'un homme libre ? Ne suis-je pas ce même homme qui s'est trouvé à vos côtés dans les moments de crise ? Ne suis-je

(1) Discours d'après le *Moniteur*. Ce n'est évidemment qu'un résumé de l'improvisation du grand Tribun.

pas celui que vous avez souvent embrassé comme votre ami et qui doit mourir avec vous ? Ne suis-je pas l'homme qui a été accablé de persécutions ?

« J'ai été un des plus intrépides défenseurs de Marat ; j'invoquerai l'ombre de l'ami du peuple pour ma justification. Vous serez étonné quand je vous ferai connaître ma conduite privée, de voir que la fortune colossale, que mes ennemis et les vôtres m'ont prêtée, se réduit à la petite portion de bien que j'ai toujours eue. Je défie les malveillants de fournir contre moi, la preuve d'aucun crime. Tous leurs efforts ne pourront m'ébranler, je veux rester debout avec le peuple. Vous me jugerez en sa présence. Je ne déchirerai pas plus la page de mon histoire que vous ne déchirerez les pages de la vôtre qui doivent immortaliser les portes de la liberté. »

Le *Moniteur* ajoute : « L'orateur, après plusieurs morceaux véhéments, prononcés avec une abondance qui n'a pas permis d'en recueillir tous les traits, termine en demandant qu'il soit nommé une commission de douze membres chargée d'examiner les accusations dirigées contre lui, afin qu'il puisse y répondre en présence du peuple. »

Robespierre succéda à Danton.

« Je demande, dit-il, qu'on veuille bien préciser les griefs portés contre lui. Personne n'élève la voix, eh bien je vais le faire ».

Et il résume les accusations des Hébertistes qu'il réfute en même temps et finit par se solidariser avec Danton. « Danton veut qu'on le juge. Il a raison ; qu'on me juge aussi. Qu'ils se présentent ces hommes qui sont plus patriotes que nous. »

Les Hébertistes réduits au silence éprouvèrent une

nouvelle défaite et Danton fut admis au milieu des acclamations.

Le 6 décembre, l'épuration donna lieu à une scène touchante.

On épurait un nommé Petit, qu'on accusait de s'être refusé à remplir les fonctions de juré au tribunal révolutionnaire. Petit se défendait assez mal et déjà les murmures couvraient sa voix, lorsqu'on fit remarquer qu'un enfant de douze ans pleurait dans un coin ; c'était le fils de Petit.

Il monte précipitamment à la tribune où il prend la place de son père ; il affirme que son père est patriote puisqu'il élève ses enfants « dans les principes les plus purs de la Révolution. »

On applaudit avec enthousiasme le discours de cet enfant. Le président lui donna l'accolade fraternelle, son père fut admis et lui-même reçut une carte d'entrée pour les séances suivantes. [1]

***

Camille Desmoulins, reflétant les idées de Danton, fit paraître un journal, le 5 décembre, le *Vieux Cordelier*, où il partit en guerre contre les ultra-révolutionnaires.

Ces appels à la clémence auraient été plus utiles que jamais, s'ils avaient été entendus ; mais l'œuvre sanglante continuait toujours ; Rabaud Saint-Etienne, le pasteur protestant de Nîmes, était envoyé à l'échafaud ; on exécuta aussi Kersaint, ancien député, qui payait de sa tête sa fidélité à des opinions modérées.

Parmi ces exécutions, il en est une qui ne soulève ni regrets ni remords, celle de Mme Dubarry, qui fut condamnée à mort le 5 décembre, pour avoir entretenu des relations avec les émigrés.

(1) *Histoire Parlementaire*. XXX. 331.

Elle monta dans la même charette que Marie-Antoinette ; elle mourut avec des cris d'effroi, appelant au secours, au milieu de l'indifférence générale. La Maîtresse de Louis XV, qui avait causé tant de ruines, périt au milieu de l'effondrement de l'ancien régime qu'elle avait préparé par ses folies et ses délapidations.

---

## LXV

Du 8 au 15 décembre.

# L'ÉPURATION AUX JACOBINS

HÉBERT EST ADMIS. — EXCLUSIONS. — ROBESPIERRE CONTRE ANACHARSIS CLOOTZ. — IL EST EXCLU. — DESMOULINS, DANTON ET ROBESPIERRE ADMIS. — SUICIDE DE CLAVIÈRE. — HÉROÏSME DE BARRA. — HONNEURS DU PANTHÉON.

L'attention des Révolutionnaires fut retenue aux Jacobins où l'épuration se poursuivait.

Le 11 décembre, ce fut le tour d'Hébert ; malgré quelques critiques sur sa facilité à dénoncer dans le *Père Duchesne*, il fut admis en même temps que Dufourny, Merlin (de Thionville) et Antonelle.

Le 12 décembre, il y eût une séance extraordinaire, ce fut le tour de plusieurs conventionnels en vue.

Bourdon (de l'Oise), Bentobolle, Reverchon, Bary, Chaudron-Rousseau, Brisson, Billaud-Varennes et Robespierre, furent admis.

Coupé (de l'Oise) fut exclu pour avoir refusé d'appuyer, à la Convention, la demande d'un prêtre marié ; Casabianca, député de la Corse, fut exclu en vertu de l'arrêté antérieurement pris et qui prononçait la radiation de tout représentant du peuple qui n'avait pas voté la mort de Louis XVI. (1)

Servières, Dubois-Crancé, David, Léonard Bourdon, Charles Duval, Dalagneule, Dubouchet et Deydier furent admis sans grandes discussions. Duhem, à qui Robespierre avait reproché ses relations avec les dilapidateurs des deniers publics fut exclu.

Vint ensuite le tour d'Anacharsis Clootz, l'organisateur, avec Hébert et Chaumette, de la déprêtrisation exécutée par Gobel.

On commença par lui demander où il était né.

— Je suis de la Prusse, répondit Anacharsis Clootz, département futur de la République française.

Après qu'un citoyen lui eût reproché ses relations avec les banquiers aristocrates, Vandenyver frères, dont Clootz avait jadis sollicité l'élargissement. Robespierre monta à la tribune et prononça un véritable réquisitoire.

« Pouvons-nous regarder, commença-t-il, comme patriote un baron allemand ? Pouvons-nous regarder comme un sans-culotte, un homme qui a plus de cent mille livres de rentes ? Pouvons-nous croire républicain, un homme qui ne vit qu'avec les banquiers et les contre-révolutionnaires, ennemis de la France ? Nous, citoyens, mettons-nous en garde contre les étrangers qui veulent paraître plus patriotes que les Français eux-mêmes. »

Puis Robespierre lui reprocha « ses opinions extravagantes », et « le mouvement contre le culte, mouvement qui, mûri par le temps et la raison, eût pu devenir excellent, mais dont la violence eût pu entraîner les

(1) *Histoire Parlementaire.* T. XXX, p. 333 et suiv.

plus grands malheurs, et qu'on doit attribuer aux calculs de l'aristocratie. »

Clootz fut rayé.

On vota aussi que tous les nobles, prêtres, banquiers, étrangers, seraient rayés du tableau.

Le 13 décembre, tous les membres du tribunal révolutionnaire furent épurés ; tous furent admis.

Le 14, Charles Cochon, Deville, Duchesse, les deux Echasseriaux, furent admis ; après une discussion assez vive sur l'accroissement subit de sa fortune, Fabre d'Eglantine fut également reçu.

Enfin arriva le tour de Camille Desmoulins, à qui on reprocha ses relations avec le général Dillon.

Camille se défendit, « Je chéris la République, dit-il, je l'ai toujours servie, mais je me suis trompé sur beaucoup d'hommes, tels que Mirabeau, les Lameth, etc, que je croyais de vrais défenseurs du peuple, et qui, néanmoins, ont fini par trahir ses intérêts. Une fatalité bien marquée a voulu que de soixante personnes qui ont signé à mon contrat de mariage, il ne me reste plus que deux amis, Robespierre et Danton. Tous les autres sont émigrés ou guillotinés. »

Un citoyen s'écria :

— Desmoulins vient de nous dire ingénieusement qu'il avait mal choisi ses amis. Prouvons-lui que nous savons mieux choisir les nôtres en l'accueillant avec empressement.

Robespierre dut venir défendre Camille ; néanmoins, il mêla quelques conseils aigres à ses éloges. « J'engage dit-il en terminant, Camille Desmoulins à poursuivre sa carrière, mais à n'être plus aussi versatile, et à tâcher de ne plus se tromper sur le compte des hommes qui jouent un grand rôle sur la scène politique. »

Desmoulins fut admis et Danton après lui, ainsi

que plusieurs autres conventionnels de deuxième rang.

Comme on le voit, les exclus furent rares, et on ne compta guère que des modérés avérés, ou des Hébertistes fougueux, et parmi ceux-ci Anacharsis Clootz.

***

Le 9 décembre, Clavière, l'ancien ministre des finances, des contributions publiques, comme on disait alors, s'était suicidé le jour même où il devait paraître devant le tribunal révolutionnaire. On lui avait signifié l'acte d'accusation et la liste des témoins. Dès qu'il eut vu le nom de Cambon :

— Je suis perdu, mes amis, dit-il à ses compagnons de prison.

Il se coucha comme les autres prisonniers et s'enfonça un large couteau dans le flanc. Le lendemain matin, on s'aperçut de sa mort au sang qui s'était échappé de sa blessure, il n'avait poussé ni un cri, ni un soupir.

C'était un honnête homme, dont les talents financiers avaient rendu de grands services à la Révolution, mais qui, lié à la Gironde, périt avec elle.

Enfin, ce fut cette semaine, le 15 décembre, que les troupes de la République infligèrent, au Mans et dans les environs, une défaite aux Vendéens.

Dans cette lutte, un jeune tambour de treize ans, Barra, chargea les blancs à la tête de la cavalerie ; les Vendéens parvinrent à s'en emparer et voulurent l'obliger à crier : Vive le roi.

— Vive la République ! repondit l'enfant, de toute la force de ses jeunes poumons.

Il tomba, percé de coups de baïonnette.

Quelques jours plus tard, Robespierre fit décréter les honneurs du Panthéon à ce jeune héros de la République.

## LXVI

Du 16 au 23 décembre.

# PRISE DE TOULON

LES AGENTS DU POUVOIR EXÉCUTIF. — ARRESTATION DE VINCENT, RONSIN ET MAILLARD. — LES FEMMES DES SUSPECTS A LA CONVENTION. — LES MAÇONS LIMOUSINS. — LA FÊTE DE CHALIER. — PROCESSION TRIOMPHALE. — PRISE DE TOULON. — LE PLAN DE BONAPARTE.

Les agents du pouvoir exécutif, devant l'appui trouvé dans les différentes mesures récemment prises, crurent devoir faire du zèle et, dans plusieurs villes, opposèrent leurs volontés à celle même de la Convention ; à Saint-Germain, ce fut un courrier qui fut arrêté et les dépêches retenues. Ici, c'était un député à qui on mettait la main au collet pour vérifier son passeport ; ailleurs, un autre député était également arrêté, et on ne le laissait continuer sa route qu'après avoir contresigné son passeport.

Couthon fit décréter que les ministres donneraient la liste de leurs agents et qu'une enquête serait faite sur chacun d'eux.

Le même jour, 17 décembre, Fabre d'Eglantine demanda et obtint que Vincent, le jeune hébertiste secrétaire du ministère de la guerre qui avait fait afficher sous forme de placards une lettre contre la Convention que lui avait écrite le général de l'armée Révolutionnaire Ronsin, fut arrêté; Maillard, l'huissier des journées d'octobre et des massacres de septembre et Ronsin furent également décrétés d'arrestation.

Ce décret n'avait pas beaucoup ému Ronsin qui, le soir, se trouvait à la séance des Jacobins. Bourdon (de l'Oise) l'ayant aperçu, le devança à la tribune et Ronsin, après quelques observations, sortit de la salle. [1]

Les arrestations étaient du reste nombreuses et le 21 décembre une foule de femmes dont les maris, les pères ou les fils étaient en prison comme suspects vinrent solliciter l'élargissement de leurs parents.

Robespierre, après avoir affirmé que la Révolution ne désarmerait pas devant les manœuvres de l'aristocratie, reconnut que des erreurs pouvaient avoir été commises et il demanda qu'une commission, sorte de comité de justice, fut nommée pour mettre en liberté tous les citoyens injustement arrêtés.

L'effet de cette sage mesure fut bientôt annulé, car devant le succès du numéro 4 du *Vieux Cordelier* demandant une ère de clémence, on craignait que l'œuvre de la Révolution ne fut compromise et Billaud-Varennes fit rapporter le décret si humain obtenu par Robespierre.

Aux femmes réclamant leurs parents, succèda une députation des Cordeliers qui, en termes impératifs et avec les intentions manifestes de manquer de respect à la Convention, somma les députés de statuer un peu

(1) *Moniteur*.

plus tôt sur l'affaire Vincent, Ronsin et Maillard. On renvoya cette députation avec un décret qui la rappelait au respect dû à la Convention.

***

La Commune prenait quelques mesures vexatoires pour ne pas en perdre l'habitude ; ainsi des maçons qui venaient travailler à Paris pendant l'été et qui ensuite allaient passer une partie de l'hiver et du printemps dans leur pays, la Marche et le Limousin, vinrent se plaindre qu'on leur refusait, dans les bureaux, des passeports pour sortir de Paris. La Commune ratifia en bloc tous ces refus « parce que ces citoyens devaient passer par des pays occupés par les rebelles et il était à craindre qu'ils ne fussent séduits ou arrêtés par eux ». Les maçons furent donc obligés de rester à Paris où du reste le travail manquait car on batissait peu pendant ces journées troublées.

Le 21 décembre, les Cordeliers célébrèrent en grande pompe la fête de Chalier, dont une députation de Lyonnais avait apporté à Paris la tête et les cendres qui furent offertes à la Convention.

On fit une véritable procession qui partit de la Bastille avec de nombreuses stations sur des autels de la Patrie et sous des arcs de triomphe ; à chaque station des discours étaient prononcés. La tête de Chalier avait été placée dans une espèce de cénotaphe porté par un char de triomphe.

Les Cordeliers furent admis à la barre, offrirent la tête, les cendres dans une urne et le buste de Chalier qui furent reçus avec « reconnaissance » par le président (Voulland). Sur la proposition de Couthon, on décréta pour Chalier les honneurs du Panthéon.

Le 18 décembre, la Révolution remportait une grande victoire dans le Midi : Toulon était repris aux Anglais.

Ricord, Barras, Freron et Robespierre jeune écrivirent à la Convention :

« La ville infâme offre en ce moment le spectacle le plus affreux. Les féroces ennemis de la Liberté ont mis le feu à l'escadre avant de s'enfuir. L'arsenal est embrasé ; la ville est presque déserte ; on y rencontre que des forçats qui ont brisé leurs fers, dans le bouleversement du royaume de Louis XVII. Nous déférons de faire entrer l'armée, jusqu'après la visite des magasins à poudre ; nous nous occuperons, dans le jour, des mesures à prendre pour venger la Liberté et les braves morts pour la patrie. »

Quand elle eut appris la reprise de Toulon où s'était distingué un jeune capitaine d'artillerie, Bonaparte, dont le nom fut prononcé pour la première fois en public, la Convention décida qu'une fête nationale serait célébrée pour fêter cette victoire ; elle décréta que le nom de Port-la-Montagne serait substitué à celui de Toulon et que les maisons formant l'intérieur de la ville seraient rasées. Ce décret ne fut exécuté qu'en partie.

La victoire fut remportée d'après le plan de Bonaparte qui parvint à le faire adopter grâce à l'appui de Robespierre jeune avec lequel il s'était lié.

Quand les troupes Républicaines entrèrent dans la ville, la moitié était en feu : les anglais, avant de partir, avaient allumé l'incendie que les forçats éteignaient de leur mieux avec un dévouement qu'on n'eut pas attendu de cette masse d'hommes flétris.

La prise de Toulon causa une grande joie dans Paris et débarrassa la Convention de la crainte de voir les Anglais partir de cette ville pour ravager le Midi ou y soutenir la révolte.

---

## LXVII

Du 26 au 31 décembre.

# PRINCIPES DU GOUVERNEMENT RÉVOLUTIONNAIRE

Le 5e numéro du « vieux cordelier ». — Attaques contre Hébert. — Tristesses du ménage de Camille. — Lettre de Lucile. — Discours de Robespierre sur les principes du gouvernement révolutionnaire. — Ordre du jour d'Henriot sur les hommes ivres. — Fête de la reprise de Toulon. — Récrimination de Chabot. — Exécution de Dietrich, Le Brun et Lauzun. — Impression.

Camille Desmoulins publia le numéro cinq de son *Vieux Cordelier*; le succès fut aussi grand que celui des précédents numéros; on faisait queue à la porte des libraires et, l'édition ayant été vite épuisée, certains exemplaires furent revendus jusqu'à un louis. Cette semaine, l'étincellant écrivain concentra toute sa verve et toute sa raillerie contre Hébert à qui il rappela ses méfaits, qu'il traita même de voleur, lui reprochant d'avoir fait payer deux cents mille livres par le ministre de la guerre Bouchotte des éditions du *Père Duchêne* n'en valant pas la moitié.

Ces attaques furent l'objet d'un grand débat aux Jacobins, comme nous le verrons la semaine prochaine.

Au moment où Camille lance ses traits acérés contre Hébert, il est obligé lui aussi de se défendre et la tristesse est entrée dans son foyer.

Voici le tableau de cet intérieur si gai et si riant il y a quelques mois :

C'est une lettre de Lucile à Fréron, alors à Lyon, qui va nous le dépeindre. «... Marius [1] n'est plus écouté, il perd courage, il devient faible. Déglantine est arrêté, mis au Luxembourg ; on l'accuse de faits très-graves. Il n'était donc pas patriote ! lui qui avait si bien été jusqu'à ce moment. Un patriote de moins c'est un malheur de plus.

« Ces monstres là ont osé reprocher à Camille d'avoir épouser une femme riche. Ah ! qu'ils ne parlent jamais de moi, qu'ils ignorent que j'existe, qu'ils me laissent aller vivre au fond des déserts, je ne leur demande rien, je leur abandonne tout ce que je possède pourvu que je ne respire pas le même air qu'eux ! (*Ici, — détail qui donne je ne sais quoi de sinistre et de trop vivant à ce document qui sent la mort, — Lucile laisse échapper de sa plume une tache d'encre, et, cette plume allant mal, elle essaye de la façonner en traçant en marge des zigzags qui rendent cet autographe plus étrange et plus précieux.*) [2] Puissai-je les oublier, eux et tous les maux qu'ils nous causent, je ne vois autour de moi que des malheureux. Je suis trop faible, je l'avoue, pour soutenir un pareil spectable. La vie me devient un pesant fardeau. Je ne sais plus penser. Penser, bonheur si pur, si doux. Hélas, j'en suis privée... Mes yeux se rem-

(1) Danton.

(2) Jules Claretie. *Danton et les Dantonistes*. p. 297.

plissent de larmes... Je renferme en mon cœur cette douleur affreuse, je montre à Camille un front serein, j'affecte du courage pour qu'il *ne perde pas le sien !* et continue d'en avoir.

« Je ne fais plus le chat, je ne rêve plus, je ne ris plus ».

Pendant ce temps, Robespierre, au nom du Comité de Salut public, lisait à la tribune de la Convention, 25 décembre, un discours où il définissait les principes du gouvernement Révolutionnaire.

« Les succès endorment les âmes faibles, ils aiguillonnent les âmes fortes. Laissons l'Europe et l'Histoire vanter les miracles de Toulon et préparons de nouveaux triomphes à la liberté ».

La Convention ayant reconnu l'impossibilité de faire fonctionner la constitution au milieu des troubles du dedans, en face des dangers du dehors, avait décrété que le gouvernement serait révolutionnaire jusqu'à la paix.

Mais quel était l'esprit de ce gouvernement révolutionnaire, transitoire ?

« La théorie du gouvernement révolutionnaire est aussi neuve que la Révolution qui l'a amenée.

« Les fonctions du gouvernement constitutionnel est de conserver la République ; celui du gouvernement révolutionnnaire est de la fonder.

« La Révolution est la guerre de la Liberté contre ses ennemis, la Constitution est le régime de la liberté victorieuse et paisible.

« Le gouvernement révolutionnaire n'a rien de commun avec l'anarchie ni avec le désordre ; son but, au contraire, est de les réprimer pour amener et pour affermir le règne des lois, il n'a rien de commun avec l'arbitraire. On ne sent point les pressions particulières qui doivent le diriger, mais l'intérêt public ; il doit se rapprocher des règles ordinaires dans tous les cas où elles peuvent être rigoureusement appliquées sans compromettre la liberté publique. La mesure de sa force doit être l'audace ou la perfidie des conspirateurs ; plus il est terrible aux méchants, plus il doit être favorable aux bons ; plus les circonstances lui imposent des rigueurs nécessaires, plus il doit s'abstenir des mesures qui gênent inutilement la liberté et qui blessent les les intérêts privés sans aucun avantage pour lui. Il doit voguer entre deux écueils : la faiblesse et la témérité, le modérantisme et l'excès, le modérantisme qui est à la modération ce que l'impuissance est à la lâcheté, et l'excès qui ressemble à l'énergie comme l'hydropisie à la santé ».

Ce discours couvert d'applaudissements, par un vote unanime de la Convention, fut envoyé aux départements et à l'armée.

L'impression produite dans le pays fut considérable.

***

A côté de ces grandes manifestations de l'esprit révolutionnaire, notons les petites mesures prises un peu partout pour assurer le respect des principes et de ceux qui les défendent.

Ainsi Henriot fait afficher l'ordre du jour suivant :

« Les citoyens de service à tous les postes doivent arrêter les hommes ivres lorsqu'ils se permettent des propos indécents, tant envers la garde qu'envers les passants : l'homme qui prend de trop ce que d'autres n'ont pas assez, mérite une réprimande de la part de ses concitoyens ».

Nous arrivons au 30 décembre.

Ce jour-là, fut célébré la fête en l'honneur de la prise

de Toulon ; comme toujours, ce fut David qui en fut l'organisateur.

Les quarante-huit sections conduisirent les blessés qu'elles pouvaient avoir, retour de la guerre, et les placèrent dans quatorze chars représentant les quatorze armées de la République.

Dans le défilé, on vit les groupes de jeunes filles vêtues de blanc, les groupes de guerriers habituels ; on entendit comme d'habitude les chants de circonstance.

La Convention en masse, entourait le char de la Victoire, orné avec les drapeaux pris aux ennemis.

Le cortège parti du jardin des Tuileries se rendit au champ de Mars où, au bruit d'une musique guerrière et des chants de triomphe, le Conseil général de la commune de Paris reconduisit les guerriers blessés et leur offrit un banquet civique et fraternel. [1]

Pendant que ces manifestations patriotiques se produisaient au milieu de la joie et des cris de triomphe de Paris, les prisons étaient pleines et la guillotine ne chômait pas.

Chabot, arrêté pour ses concussions dans l'affaire de la Compagnie des Indes et détenu au Luxembourg se plaignait à la Convention des rigueurs qu'on exerçait à son égard et qu'on faisait rejaillir sur sa femme et sur sa fille. On n'écouta pas les récriminations peut être fondées de ce conventionnel déchu qui avait exercé naguère une si grande influence et on passa dédaigneusement à l'ordre du jour.

Le 28 décembre, Dietrich, l'ancien maire de Strasbourg, chez qui Rouget de l'Isle avait pour la première fois chanté *La Marseillaise*, fut condamné à mort et exécuté le lendemain. Il avait quarante-cinq ans. C'était

(1) Moniteur.

un patriote sincère, mais il était demeuré fidèle aux idées de la Gironde et il fut compris dans leur défaite. On prit prétexte « qu'il avait entretenu des manœuvres et des intelligences avec les ennemis intérieurs et extérieurs de la République ».

La veille, pour le même motif et sans plus de justice, on avait exécuté Le Tondu dit Le Brun, ancien ministre des affaires étrangères ; il avait trente ans.

Enfin l'année se termina par l'exécution du duc de Lauzun qui s'était rallié à la Révolution par amitié du duc d'Orléans. On lui avait confié une armée et il y avait fait preuve d'une bravoure et d'un courage réel ; mais, en Vendée, on lui reprocha avec raison sa longue inaction et son obstination à ne pas poursuivre les blancs. Il mourut avec cette désinvolture de grand seigneur qu'il avait toujours gardée. Condamné à onze heures et demie du matin, il conserva l'air riant et poli. Revenu à la Conciergerie il demanda un chapon et une bouteille de bordeaux. Il dîna de bon appétit et passa la nuit à dormir avec une quiétude parfaite. Le matin, en se levant, il se fit apporter des huîtres et il mangeait encore quand le bourreau vint le chercher. Il monta à l'échafaud avec la même sérénité qu'il avait affronté les ennemis sur les champs de bataille.

C'était la soixante-deuxième exécution capitale pour le mois de décembre.

C'est sur cette pénible impression que nous achevons le récit de cette année politique de 1793 où nous avons vu les plus grands évènements dont l'Histoire ait conservé le souvenir et où le rôle de la France fut beau jusqu'au sublime, arrêtant l'Europe soulevée contre elle et l'empêchant de l'écraser à force d'audace, d'énergie, d'héroïsme et d'impétuosité.

La Convention mérita le surnom de « La Superbe » que la postérité a ratifié.

Et maintenant nous allons continuer notre tâche.

C'est le cœur angoissé et la plume hésitante mais la conscience fermement résolue à dire la vérité encore et toujours que nous allons entreprendre le récit de l'an 1794 ; nous assisterons à bien de sombres journées, nous verrons les meilleurs citoyens sacrifiés à d'irréparables divisions; ils montèrent sur l'échafaud laissant la liberté compromise, la République affaiblie et la France ayant au flanc de ces cruelles blessures qui mettent un siècle à se cicatriser et guérir.

*Clion (Indre), 28 octobre 1794.*

FIN DU CINQUIÈME VOLUME

# TABLE

### III. — Condamnation de Louis XVI



### IV. — La Mort de Louis XVI



### V. — Assassinat de Lepeletier Saint-Fargeau



### VI. — La Guerre déclarée à l'Angleterre

### XVI. — Dumouriez jette le masque



### XVII. — Trahison de Dumouriez



### XVIII. — Marat décrété d'accusation

XXIX. — **Nantes menacée**



XXX. — **Les Girondins en Province**



XXXI — **La Constitution est acceptée**



XXXII. — **Fête décommandée**

## LII. — Etat général



## LIII. — Manœuvres contre-révolutionnaires



## LIV. — Exécution de Mme Dubarry

### LV. — L'Epuration aux Jacobins



### LVI. — Prise de Toulon



### LVII. — Principes du gouvernement révolutionnaire



FIN DE LA TABLE

www.ingramcontent.com/pod-product-compliance
Lightning Source LLC
LaVergne TN
LVHW010522100826
845148LV00001B/65
*9782012695917*